L'ÉGLISE

ET

LE CHATEAU

DE TRESQUES

PAR

M. l'Abbé T. BOUZIGE

NIMES

IMPRIMERIE LAFARE, DUCROS COUSINS Successeurs
1, Place de la Couronne, 1

1900

p. 129 Armes

L'Église et le Château de Tresques.

L'ÉGLISE ET LE CHATEAU
DE TRESQUES

L'ÉGLISE & LE CHATEAU

DE TRESQUES

par M. l'Abbé T. BOUZIGE

Quod hic factum corporaliter in parietibus, spiritaliter fiat in mentibus : et quod hic perfectum cernimus in lapidibus et lignis, hoc, ædificante gratia Dei, perficiatur in corporibus vestris.

SAINT-AUGUSTIN, serm. 256.

Puisse la restauration matérielle, opérée en ces murs, se réaliser spirituellement dans vos âmes, et, ce que nous voyons accompli dans les pierres et le bois, s'accomplir par la grâce de Dieu dans vos personnes.

NIMES

IMPRIMERIE LAFARE, DUCROS COUSINS SUCCESSEURS

1, Place de la Couronne, 1.

1900

PRÉFACE

Après avoir créé le Comité de l'Art chrétien, par une ordonnance du 26 février 1876, Mgr Besson, Évêque de Nimes, adressa, le 27 mars suivant, un questionnaire à ses prêtres, dans le but de provoquer des renseignements archéologiques, topographiques et historiques, sur toutes les églises et chapelles de son diocèse.

Pour répondre à ce questionnaire, nous entreprîmes aussitôt une étude spéciale sur chacune des quatre églises situées dans le périmètre de la paroisse de Tresques.

Le cadre de cette étude était assez restreint et ne pouvait s'étendre au-delà de certaines limites parfaitement fixées. Il se bornait à la recherche du genre d'architecture, au relevé des dimensions et à l'examen des dispositions particulières de chaque édifice. Il s'agissait de déterminer, pour chacun d'eux, son âge ou son époque, de faire connaître son état de conservation, de décrire brièvement sa structure et d'indiquer sa convenance.

Parmi ces quatre églises, l'une d'elles, celle de Tresques, attenante au château, nous parut de beaucoup la plus intéressante. Ses antiques murailles, en partie recouvertes de lierre, son clocher massif lézardé et muni de vieilles gargouilles devenues inutiles depuis des siècles, son abside considérablement surhaussée et enclavée entre les murs épais d'une ancienne forteresse, tout l'ensemble de l'édifice à l'aspect sévère, établi sur d'énormes rochers de grès, composé de deux nefs irrégulières et formé de constructions étrangement variées de style, d'âge et d'appareil, tout, dans ce monument, nous parut de nature à exciter une légitime curiosité.

Comment considérer, en effet, cette étonnante agglomération de vieilles bâtisses, aussi disparates que disgrâcieuses, sans devenir aussitôt rêveur et sans désirer ardemment connaître : pourquoi telle fenêtre avait été aveuglée et telle autre agrandie ? Pourquoi, ici ce blocage, là ce grès devenu rouge ? Quelle était la raison de cette partie de mur en recul et de cette autre partie en diminution d'épaisseur ? Nous nous surprîmes donc examinant, scrutant, interrogeant pour ainsi dire chaque pierre... Et ces pierres semblaient nous répondre et nous révéler les choses du passé. Elles paraissaient rappeler le souvenir de guerres, d'incendies, de dévastations. *Etiam lapides clamabunt* (1).

Ce fut en considérant ces témoignages visibles de dégradations, plus ou moins considérables, suivies de reprises, plus ou moins heureuses ou malheureuses, qu'il nous fut possible de rédiger une courte notice, destinée au Comité de l'Art chrétien ; notice, qui fut jugée digne d'un certain intérêt, par M. le rapporteur de cette compagnie (2).

Mais quelques années après, de précieux documents historiques, glanés çà et là, dans les archives et les bibliothèques locales, nous permirent de vérifier la rectitude de nos premières observations et nous fournirent le moyen de compléter notre notice, par un nouveau travail bien plus considérable. C'est ce travail que nous donnons aujourd'hui.

Singulier privilège de l'église paroissiale ! Quelque modeste ou ignorée qu'elle paraisse au premier abord, surtout dans nos campagnes, il est presque toujours possible de rétablir et de rédiger l'histoire de son passé, lorsqu'on est assez heureux pour découvrir quelques pages des annales concernant le peuple qui a vécu à l'ombre de ses murs.

Et cela se comprend. L'église paroissiale n'est-elle pas un centre, un foyer de vie chrétienne ? Là, tous les événements importants, heureux ou malheureux, publics ou privés, favorables ou hostiles à la religion, trouvent une répercussion naturelle. C'est là qu'on va pleurer et prier dans les calamités. C'est là qu'on va chanter les *Te Deum* de l'allégresse et de la reconnaissance. C'est là que s'allume la flamme de tous les dévouements et des saints enthousiasmes. L'église paroissiale est la maison, le temple, la cité de Dieu sur la terre. C'est l'école de la pure doctrine évangélique, la trésorerie des grâces célestes, la salle toujours parée des festins eucharistiques, l'asile dans les afflictions, le vestibule du Paradis... A tous ces titres, l'histoire d'une église paroissiale doit se confondre avec l'histoire d'une localité et celle du château qui a marqué l'origine de cette localité.

Aussi bien, il est reconnu qu'il existe une relation intime entre l'état plus ou moins prospère d'une église paroissiale et l'état d'âme du peuple qui la fréquente. C'est, en effet, l'esprit de foi et de générosité qui la fait construire ; la piété la décore et l'entretient ; l'indifférence la laisse dépérir ; l'irréligion la profane ; l'énergie des convictions la défend ; l'impiété la démolit ; la concorde la restaure ; le maintien des principes et des traditions chrétiennes lui assurent le respect et la vénération publique.

(1) S. Luc, ch. XIX, v. 40.

(2) Bulletin du Comité de l'Art chrétien, T. I, p. 74.

Le premier chapitre de cette monographie introduit le lecteur dans l'intéressante vallée de Tave, où se trouve le village de Tresques et donne la description de cette vallée.

Le chapitre second recherche les origines du château et discute la formation de la paroisse.

A l'époque reculée où l'église de Tresques fut bâtie, elle ne devait servir que sous le simple titre de *chapelle* du château. Telle a été, du reste, son affectation réelle jusqu'au xive siècle. Durant cette première période de son existence, elle changea plusieurs fois de propriétaire et de maître. Dans sa modeste enceinte vinrent s'agenouiller. non-seulement, plusieurs nobles seigneurs, appartenant à la famille des connétables du Comte de Toulouse, mais encore, d'autres hauts et puissants chevaliers et nombre de personnages illustres, parmi lesquels il faut compter le père du pape Clément VI. Elle ne reçut toutefois d'autre amélioration que celle de la construction, vers 1111, d'un élégant transept surmonté d'une gracieuse coupole bizantine.

Rien ne troubla le calme et la paix de cet étroit sanctuaire, tant qu'il resta dans l'humble condition de sa première destinée. Caché derrière les hautes murailles du fort, occupant le milieu d'un petit préau situé entre le château et la citadelle, muni lui-même de murs dépassant un mètre d'épaisseur, ce minuscule édifice paraissait hors de toute atteinte et pouvait défier toute surprise.

Cependant vers la fin du xive siècle, des bandes de pillards, après avoir, en partie, démoli l'église de Saint-Martin-de-Jussan, qui était alors l'église paroissiale, vinrent mettre le feu au château et à la chapelle de Tresques.

Après ces ravages des Tuchins, il ne fut pas possible de rétablir de suite le service paroissial dans l'église de Saint-Martin. Alors les seigneurs de Tresques se hâtèrent de faire réparer la chapelle de leur château, la cédèrent pour la célébration des offices publics et favorisèrent, en même temps, la construction de quelques maisons au pied de leur manoir, jusque là solitaire.

Afin de rendre la chapelle capable de remplir avec sécurité sa nouvelle destination, on suréleva ses murailles, on ajouta un clocher en forme de tour carrée et on construisit des créneaux, destinés à compléter tout un système de défense et de protection. Malheureusement on n'apporta aucune modification aux dimensions de l'édifice ; et cela, sans doute, par la raison qu'on ne soupçonnait pas la formation en très peu de temps, d'un village populeux autour du château.

Aussi, quelques années seulement après l'inauguration du service paroissial, l'affluence des fidèles devenant de plus en plus considérable, des plaintes et des réclamations commencèrent à s'élever contre l'exiguïté de cette église. En vain, pour satisfaire aux exigences d'une population toujours croissante, on construisit une seconde nef, parallèle à la première ; en vain on ajouta plus tard des tribunes en bois ; en vain on fonda une collégiale de quatre prêtres, afin de multiplier les offices ; en vain on se hasarda à supprimer la base des piliers et on pratiqua des affouillements dans les murs, pour trouver encore quelques places supplémentaires ; tous ces moyens achevèrent de détruire l'harmonie et l'élégance du charmant édifice du XIIe siècle ; mais ils furent impuissants à arrêter les plaintes et les récriminations, qui durèrent pendant tout le moyen-âge.

Au XVIe siècle, les hérétiques exercèrent quatre fois leur fureur contre les murailles, les voûtes et le clocher de cette malheureuse église. Elle éprouva, de leur part, des dégradations considérables et reçut des blessures dont les traces ne furent jamais complètement effacées.

A la fin du XVIIIe siècle, les séïdes de la Révolution se donnèrent la triste gloire de dépouiller et de profaner ce vénérable sanctuaire. Ils y installèrent leurs clubs, organisèrent leurs saturnales et proclamèrent leur prétentieuse constitution civile. Aucune honte, aucune abjection ne fut épargnée à ce saint édifice.

Cependant, après les mauvais jours de la Révolution, il put jouir de quelques années de calme et de tranquilité.

Mais la période la plus pénible de son histoire a été, sans contredit, celle qui s'étend de 1870 à 1892.

Depuis quelques années, on avait pu constater, à certains indices et à la suite de certains accidents, qu'il était atteint d'une grave infirmité. Il perdait sa solidité. Sa voute principale et les murs de sa nef primitive, cédant sous le poids de l'écrasante tour du clocher, se lézardaient de jour en jour davantage. Ces longues et profondes lézardes annonçaient évidemment, comme autant de rides de vieillesse, un état avancé de caducité.

Il y avait péril en la demeure. Il fallait conjurer une ruine, se décider, ou bien à exécuter des réparations, depuis longtemps reconnues urgentes, ou bien à s'imposer de généreux sacrifices pour édifier une autre église. Or, devant l'imminence du danger, au lieu d'embrasser résolument l'une ou l'autre de ces deux alternatives, on perdit le temps à tergiverser, on se livra à d'interminables contestations sur le choix d'un emplacement, le chiffre de la dépense, le malheur des temps, etc.

Instruit de cette situation, Mgr Besson, évêque de Nimes, jugea l'heure venue de trancher lui même la difficulté et de donner des ordres pour une restauration générale.

Hélas ! Il fut un temps où les ordres, les désirs même des évêques étaient accueillis par tout le monde avec respect. Cet accueil filial produisait toujours l'union et la paix. Mais ce temps n'était plus.... La parole épiscopale ne trouva que peu d'écho dans le pays et une lamentable scission se produisit parmi les habitants.

Quelques-uns, se posant en intellectuels, proclamèrent le projet de l'évêque inopportun, irréalisable et susceptible d'une totale *révision.*

V

Les autres cependant, plus respectueux de la sentence épiscopale, plus justes appréciateurs des mérites de la pauvre église, plus reconnaissants des services rendus par elle à tant de générations, venues dans son enceinte recueillir des grâces innombrables, traitérent d'illusion l'idée de construire une autre église. Ils pensèrent que cette vénérable aïeule méritait encore des égards, qu'on pourrait la rajeunir et que « sa place devait être soigneusement gardée. »

Le désaccord entre les partisans de l'une et de l'autre opinion souleva de nombreux orages dans les assemblées délibérantes, enfanta des protestations, provoqua des démarches occultes, quantités de machinations et de chicanes, dans le but de faire échouer, ou du moins, de retarder l'exécution du projet. On se ferait difficilement une idée du nombre et de la nature des obstacles entassés contre l'accomplissement de cette œuvre.

La lutte a duré sept ans. On en trouvera les détails dans les trois derniers chàpitres de notre monographie. Mgr Besson, l'illustre promoteur de l'œuvre, n'a pas vu la réalisation de son projet. Son successeur, Mgr Gilly, a bien voulu le soutenir, l'encourager et enfin le couronner, en accordant à l'édifice restauré les honneurs d'une consécration solennelle.

Le lecteur connait maintenant et les circonstances dans lesquelles cette monographie a été écrite et le plan général de l'ouvrage.

Il reste à ajouter que ce livre s'adresse, tout d'abord, aux habitants de Tresques et principalement à ceux qui ont bien voulu favoriser la restauration de leur vieille église. Il a pour but de leur conserver le souvenir de ce que nous avons fait ensemble et les remercier de leur bienveillant concours. Pour eux, nous formons ce vœu de St-Augustin : « Puisse la restauration matérielle, opérée en « ces murs, se réaliser spirituellement dans vos âmes ; et ce que nous « voyons accompli dans les pierres et le bois, s'accomplir par la « grâce de Dieu dans vos personnes. » (*)

Ce livre s'adresse encore à tous ceux qui ont reçu la mission de construire ou de réparer la maison de Dieu, aux *bâtisseurs* d'églises. Ils y trouveront la preuve que, si, dans l'exercice de ce ministère, les difficultés sont toujours nombreuses, la grâce de Dieu ne fait jamais défaut.

Il s'adresse enfin à tous ceux qui aiment l'archéologie et l'histoire locale. Nous avons l'espoir qu'ils y rencontreront des renseignements et divers épisodes capables de les intéresser.

(*) S. Aug. Serm. 256.

CHAPITRE I

La Vallée de Tave

SOMMAIRE. — La ligne d'Alais au Rhône. — Situation et aspect général de la vallée de Tave. — Temps anciens. — Modifications apportées par le développement de l'agriculture. — Etat climatérique. — La faune et la flore — Traces de la première habitation de l'homme. — Les cavernes et les SERRES de la vallée supérieure. — Temps préhistoriques. — Invasion des Gals.

LA ligne de chemin de fer *d'Alais au Rhône*, construite de 1878 à 1882, (1) traverse, dans son parcours, de 59 kilomètres, une des régions les plus accidentées de la zone centrale du département du Gard. (2)

A partir de son point initial, situé au N-E de la gare d'Alais, cette ligne s'engage bientôt à travers une multitude de petites collines presque détachées les unes des autres, traverse l'Avesne, monte sur les côteaux au nord de Méjanes, descend, remonte sur la longue chaine de mamelons qui va de Célas à Servas et redescend ensuite directement comme pour atteindre Brouzet, mais soudain elle oblique vers la droite et va franchir l'étroit défilé des Augustines, où elle semble disputer le passage à la route vicinale de l'Ardoise à Alais, ainsi qu'à la rivière d'Alozène, près le moulin des Ecrevisses. Elle se trouve alors dans la longue gorge de la Seyne, dont elle escalade bravement la rampe, en cotoyant quelques instants la haute ceinture de roches lisses et jaunâtres qui entourent les flancs de la montagne de Bouquet. Ces rochers ont le privilège, comme ceux du mont Hymette, d'abriter dans leurs anfractuosités d'innombrables essaims d'abeilles.

(1) Exploitée d'abord pendant neuf années, soit par les concessionnaires, soit par un syndic de séquestre, cette ligne a été acquise par la Compagnie P.-L.-M., qui a commencé le 12 juin 1891, à en prendre le service.

(2) Cette zone, située sur le 44°06' de Latitude N., s'étend du 1°44' au 2°21 de Longit. E.

Après la station de Seynes la rampe continue, à travers les collines boisées ou les steppes sauvages de Valerargues et de La Bruguière, jusqu'à une hauteur de 322 mètres au-dessus du niveau de la mer. C'est le point culminant de son parcours. Parvenue alors sur le versant oriental des côtes de Saint-Laurent-la-Vernède, elle descend dans le bassin du Rhône, se glisse en serpentant dans la petite vallée de Brives dont elle contourne les innombrables sinuosités jusqu'à Cavillargues ; et, après avoir parcouru 42 kilomètres depuis sa sortie d'Alais, elle entre dans une autre vallée plus vaste, qu'elle va traverser dans toute sa longueur. C'est la vallée qu'arrose le Tave.

La vallée de Tave s'étend de l'ouest à l'est jusqu'au Rhône, sur une longueur de 18 kilomètres. Les hautes collines de l'hermitage de Saint-Sépulcre, de Bosnègre, de Canèque, de Bernon et le vaste plateau du Camp de César la protègent contre les violents vents du nord. Les coteaux boisés de chênes-verts de la Gardie, de Saint-Vincent, de Saint-Victor-la-Coste, de Meyran la bornent au midi. Elle présente aux regards du voyageur le riant aspect d'une région agréable, variée et féconde. Étudiée dans ses détails, on lui reconnaît bien vite le privilège de charmer le poète, d'intéresser le naturaliste et de préoccuper agréablement l'archéologue. Chacun des nombreux villages ou hameaux disséminés dans son étendue, chaque coteau, presque chaque pli de terrain présente à la vue de l'observateur un château, une ruine, un clocher, une tour solitaire ou les débris de quelque vieux couvent. Tout enfin, jusqu'à ses arbres, ses fleurs, ses fontaines, ses roches tertiaires, tout y intéresse le savant et le curieux. Tout y rappelle un souvenir ou une légende ; tout y proclame ou une gloire ou une infortune du temps passé.

Avant la triple importation du blé, de la vigne et de l'olivier, cette vallée ne devait offrir dans ses bas fonds que des terrains humides et marécageux, entrecoupés seulement de quelques grossiers pâturages ; tandis que de nombreuses forêts de chênes blancs, d'yeuses, de genévriers, de mélèzes et d'arbousiers couronnaient ses collines et la plupart de ses coteaux.

Les marques de cet état primitif se reconnaissent dans les désignations topographiques d'un assez grand nombre de quartiers, situés non loin de la rivière de Tave. L'Étang, le Plan, l'Estagnol, le Joncas, la Boulidouyre, le Sauzet, le Sablas ; toutes dénominations qui paraissent aujourd'hui injustifiées, mais qui indiquent sûrement des lieux dont les conditions primitives attestaient la présence ou le voisinage des eaux.

D'autre part, on constate que les plus anciens vestiges de l'habitation de l'homme ont été trouvés principalement dans les cavernes de Pujol, près de Tresques, dans celles de Gandiol, près du Pin et celles de Saint-Vincent, près de Gaujac. On n'aperçoit des ruines antiques, on ne rencontre d'anciens débris de civilisation, tels que : vases d'argile, médailles, monnaies, mosaïques, urnes, lacrymatoires, cippes funéraires, que sur le plateau du Camp-de-César, sur la colline de Courac, sur les coteaux de Montrond, de Saint-Loup, de Saint-Pons-la-Calm, de Cavillargues et de la Madeleine (1).

Toutes les vieilles constructions abandonnées et dont il ne reste plus que quelques ruines avaient été bâties sur des hauteurs. Le monastère des Bénédictins de Saint-Pierre-de-Castres, délaissé en l'an 900, était situé à une altitude de 260 mètres. La commanderie des Templiers de Saint-Vincent se trouvait sur un sommet de 380 mètres (2). La chapelle de Saint-Sépulcre et son hermitage furent bâtis à 210 mètres. Enfin, le petit village disparu d'Athon, premier berceau du village actuel de Connaux, se trouvait à l'altitude de 260 mètres.

Or, cette ancienne coutume de rechercher toujours les hauts lieux, témoigne du désir évident d'y trouver non seulement une facilité plus grande pour la défense, mais encore le soin d'éviter le voisinage des eaux et les inondations.

On peut en dire autant de l'idée qui a présidé au choix des emplacements de tous les villages, églises, chapelles et châteaux qui se trouvent épars dans toute l'étendue de la vallée et que le voyageur commence à apercevoir dès que le train d'Alais arrive au bas de la forte pente de Fontarèche Saint-Laurent. (3)

Ici, c'est Cavillargues, à la hauteur de 137 mètres, à l'entrée du petit vallon d'Auzigue, avec son château dont les tourelles plu-

(1) Tous ces divers objets ont été envoyés successivement dans les musées de Laudun, d'Avignon, de Bagnols et du Grand-Séminaire de Nimes.

(2) Carte de l'Etat-Major.

(3) Les différentes pentes de la voie, depuis le point culminant jusqu'à Lardoise sont : de ce point culminant jusqu'à la station de La Bruguière 19m85 ; de la Bruguière à St-Laurent 46m97, de Saint-Laurent à Cavillargues 115m78 ; de Cavillargues à St-Pons-le-Pin 41m23 ; de Saint-Pons-le-Pin à Connaux 19m67 ; de Connaux à Lardoise 36m00 ; ce qui donne un total général de pentes de 281m50.

sieurs fois séculaires semblent se cacher au milieu des maisons du village et, depuis plus de 300 ans, appartiennent à la famille des Nicolay.

Plus loin, à gauche, c'est Saint-Pons, élevé de 135 mètres, avec son ancien petit manoir seigneurial devenu l'humble presbystère du curé de la paroisse.

A droite, derrière Vallespèce et les Travers c'est Le Pin, petit village, caché au fond du haut vallon de l'Illiaud, à 180 mètres d'altitude et remarquable par ses mines de charbon lignite, autrefois les plus importantes de la contrée et aujourd'hui délaissées·

Après avoir franchi la rivière de Tave et le ruisseau de la Veyre, la voie arrive en pleine vallée. Alors, à droite on aperçoit Tresques, bâti à l'altitude de 100 mètres et présentant, avec son clocher crénelé, avec la vaste façade de son château et ses quelques maisons, assises au pied de sa vieille tour démantelée, la silhouette d'une antique citadelle, construite au milieu d'une paisible oasis de verdure. Pendant que la voie ferrée descend une dernière pente, assez douce, en ligne droite et d'une longueur de deux kilomètres, elle cotoie, à droite, une longue et large colline isolée, dont les flancs et le sommet présentent de nombreuses ondulations. Cette colline, en partie cultivée, en partie recouverte de bois de pins, d'yeuses, de chênes blancs et de quelques plantations d'oliviers, contient dans ses entrailles de belles couches de charbon lignite, pareilles à celles du Pin. Au pied oriental de cette colline et à l'altitude de 77 mètres est assis l'important village de Connaux, ancienne création des Bénédictins de Saint-Pierre-de-Castres,

Il y a dix siècles, ces religieux avaient établi en ce lieu une colonie agricole, chargée du défrichement et de la culture de leurs propriétés, situées sur le bord de Tave. Pour cette colonie, ils firent bâtir les premières maisons de Connaux, autour d'une modeste église romane. Ils entourèrent ces constructions de belles et hautes murailles, flanquées de quatre tours encore assez bien conservées. Mais, dans la suite des siècles, les habitants avides du grand air, de lumière et de liberté, franchirent la clôture et alignèrent leurs maisons sur les deux côtés de la belle route de Lyon à Nimes, qui forme une vaste courbure devant la principale porte de leurs remparts.

Sur le flanc méridional de la même colline, à une altitude de 140 mètres, est bâti le village de Gaujac, dont les maisons apparaissent de loin dominées par l'élégante flèche de sa récente église gothique et semblent servir d'encadrement à la large façade du château.

Après avoir quitté la gare de Connaux, la ligne ferrée s'engage dans une courte tranchée taillée dans les roches calcaires de *Sarcin*. Ce nom rappelle qu'au VIIIe siècle, les Sarrazins ont occupé cet aride mamelon, d'où s'échapent, à sa base septentrionale, les eaux de la plus abondante fontaine qui arrose la vallée.

On voit ensuite apparaître sur la rive gauche de Tave, au sommet d'un noir coteau, isolé, boisé et de forme conique, les ruines du vieux Castel-de-Bord, à une hauteur de 179 mètres ; tandis que sur la rive droite et sur un autre coteau à peu près pareil, mais aride et dénudé, on aperçoit les ruines plus imposantes encore du Castellas-de Saint-Victor, à la hauteur de 200 mètres. On dirait, à la vue de ces vieux murs délabrés, les squelettes gigantesques de deux puissants chevaliers du moyen-âge, dont les restes mutilés attestent les nombreux combats.

Non loin du premier de ces châeaux ruinés et à une même hauteur, Laudun, l'antique Sainte-Foy, présente ses nombreuses maisons soigneusement agglomérées autour de sa haute église et rangées en amphithéâtre sur le penchant du Camp-de-César et à l'entrée même de la vallée.

De l'autre côté, sur la rive droite, en face de Laudun et au pied du cône tronqué du Castellas, le village de Saint-Victor-la Coste étale, en panorama, ses nombreuses habitations, les unes disséminées ça et là comme des villas solitaires, les autres réunies en petits groupes et étagées sur un terrain faiblement incliné vers le Nord.

Le château féodal, dont les ruines dominent le village du côté du Sud, appartenait autrefois à la famille des comtes de Sabran, qui en avait fait le chef-lieu de ses domaines (1). Au XIIIe siècle, c'était une place-forte « d'une importance telle que Oudard de Villers, sénéchal de Beaucaire et Nimes, en eût de l'ombrage. Il entra en pourparler avec le châtelain, qui était alors Rostaing de Sabran et il fut convenu, le 21 octobre 1249, qu'afin d'effacer tous les soupçons, le seigneur, après une déclaration de fidélité, prierait le sénéchal de faire abattre les fortifications de ce château de la manière qu'il jugerait convenable pour rendre la place moins forte. Le sénéchal, après avoir fait raser les fortifications en abandonna les ruines et donna à Rostaing comme dédommagement la somme de 250 livres (2).»

(1) V. Goiffon, Dictionnaire topog.

(2) *Bagnols, en 1787*, par L. Allègre. — Hist. de Languedoc. pr. col. 477 et 478.

On ne trouve dans le milieu plat de la vallée que deux constructions, qui paraissent remonter au xe et XIIe siècle. Ce sont les deux chapelles isolées de Saint-André et de Saint-Martin. Il ne reste de la seconde que les ruines de son clocher. Ces deux édifices sont situés sur la rive droite de Tave, à deux kilomètres de distance seulement l'un de l'autre et à l'altitude de 75 et 76 mètres. On ne sait rien de bien certain sur l'origine de ces deux chapelles, sur les motifs de leur construction. Devaient-elles attester l'exécution d'un vœu seigneurial, perpétuer le souvenir de quelque haut fait d'arme, ou bien assurer simplement aux serfs de la vallée la pratique de leurs devoirs religieux ?...

Le même point d'interrogation doit être posé devant deux autres chapelles solitaires, situées dans le territoire de Gaujac. L'une est dédiée à Saint-Jean-Baptiste, au pied de la colline d'Athon et l'autre à Saint-Saturnin, au pied de la colline de Saint-Vincent.

Aujourd'hui, grâce au travail persévérant de l'homme, cette contrée a subi une merveilleuse et complète transformation. Les eaux des anciens palus se sont écoulées (1). Le Tave a peu à peu creusé son lit et rongé ses bords. Les vastes étendues de joncs et de roseaux ont fait place à des terrains bien cultivés, divisés en parcelles nombreuses, carrées, oblongues, triangulaires ou polygonales, où, s'étalent maintenant dans le luxe d'une admirable fertilité, le blé, l'avoine, la luzerne, le sain-foin, la pomme de terre, la vigne, la betterave à sucre, les sorghos, le colza, le fénouil, etc.

Et ces belles cultures, devenues désormais la richesse et l'ornement du pays, n'ont pas été réservées comme l'apanage exclusif des terres plates ou légèrement inclinées. Le laboureur a enfoncé sa pioche et son *luchet*, a promené sa charrue et sa herse aussi bien dans les dépressions de la vallée que sur les mamelons, les monticules, les coteaux et jusque sur les flancs abruptes de certaines collines. A part quelques éminences rocailleuses, comme Sarcin, quelques roches calcaires, comme celles de Bos nègre et de Saint-Martin, quelques pentes décharnées comme celles du Camp de César, partout où le cultivateur a rencontré quelques centimètres de bonne terre, il les a soigneusement remués, semés ou plantés.

De quelque côté qu'on promène son regard, on distingue à travers les séries de champs cultivés, ici des rangées de mûriers,

(1) Il existe, à 1 kilomètre et demi, au N.-E. de Saint-Victor, un petit hameau portant le nom de Palus et remarquable par sa belle fontaine.

là des groupes d'ormeaux ou de chênes verts ; des touffes d'acacias ou de petits bois de pins d'Alep ; des bouquets de saules, des oliviers plantés en quinconce ; des bordures d'aubépines et, de distance en distance, quelques cyprès solitaires, quelques chênes blancs, isolés ou réunis en petit nombre, derniers restes d'anciennes forêts. Par intervalle, dans un pli de terrain, ou à l'entrée de quelque vallon, on découvre des maisons de campagne, modestes, isolées ou réunies au nombre de deux ou trois et invariablement avoisinées de jolis jardins potagers, arrosés par de belles sources ou des courants d'eaux qui descendent des collines voisines. Ces jardins sont, le plus souvent plantés de figuiers, de cérisiers, de poiriers, d'abricotiers ou de pêchers, mais rarement de jujubiers ou de grenadiers.

Au point de vue climatérique, la vallée se ressent du voisinage de la région rhodanienne, trop bien caractérisée par « des sécheresses excessives pendant l'été, des déluges intermittents et torrentiels à l'époque des pluies et aux approches des équinoxes, enfin, par des ouragans impétueux, qui durent quelquefois pendant des semaines entières. Ces phénomènes se succèdent assez fréquemment et sans aucune loi jusqu'à présent bien définie (1). Cependant, grâce à l'immense rideau de collines qui protègent la vallée de Tave du côté du Nord, elle a moins à souffrir que la Provence des fureurs du mistral et, bien que les vents du Nord y soient les plus fréquents, les beaux jours n'y sont pas rares. Sa température moyenne est de 13°5 au-dessus de zéro.

La rivière de Tave roule ses eaux au milieu de la vallée. Depuis sa source, au N.-E. du village de La Bruguière et à 200 mètres d'altitude, jusqu'à son embouchure dans la Cèze, en aval de Codolet, à l'altitude de 31 mètres, elle suit dans tout son cours un lit tortueux et constamment accidenté.

Les ingénieurs et les naturalistes qui ont eu à s'occuper de Tave dans leurs écrits, lui ont attribué, tantôt les qualités d'un ruisseau et tantôt celles d'une rivière. Il faut avouer, en effet, que les allures de ce cours d'eau sont très inégales.

Aux époques d'orages ou de fortes pluies, c'est un vrai torrent, qui se précipite avec la plus grande impétuosité et qui, surtout dans la commune de Tresques, alors qu'il a reçu dans son sein les eaux des petits vallons de la Diole, de Brives, d'Auzigue, d'Illiaud, de la Veyre et de Pépin, roule des ondes tellement furieu-

(1) Lenthéric, la *Provence maritime*, p. 21.

ses qu'elles occasionnent sur ses bords les plus grands ravages, déracinant des arbres, renversant des maisons et emportant des récoltes qui faisaient tout l'espoir des agriculteurs.

En temps ordinaire, Tave affecte, par intervalle, les allures d'un simple ruisseau, coulant avec un doux murmure et une certaine rapidité à travers des couches de cailloux ou des rochers de grès et, par intervalle ralentissant sa marche comme pour s'endormir dans des gouffres larges et profonds, à l'instar d'une véritable rivière.

Dans l'étendue de son parcours qui est d'environ 27 kilomètres, Tave met en mouvement le mécanisme d'une dizaine de moulins à farine.

Le regard peut suivre de loin sa route sinueuse et apprécier les nombreux méandres de sa marche, par les longues files de peupliers lui servent de bordures ou par les épais bocages de saules, d'érables, d'aubiers et d'aulnes qui ombragent agréablement ses rives.

Ses eaux sont assez poissonneuses. On y pêche l'anguille, le barbeau, le chabot, le goujon, la sophie, la loche, le gardou, l'écrevisse et même quelques moules, mais d'une saveur problématique.

Sous les frais ombrages qui embellissent ses bords, on entend chanter le rossignol, le pinson, la fauvette, le serin, la linotte, le chardonneret et la huppe. Au milieu de ces mélodies si agréables et si diverses, on distingue encore le roucoulement de la tourterelle, le sifflement du merle, le gazouillement de l'hirondelle, le bourdonnement des insectes ; pendant que, d'autre part, les pies voraces et audacieuses viennent jacasser, en troupes nombreuses, à la cime des arbres, que le geai fait retentir une sorte de déchirement strident, l'épervier son signal d'alarme, le pivert sa voix cassée, le coucou ses deux notes mélancoliques, le grillon son cri perçant et la cigale son chant monotone et assourdissant.

On dirait que dans ces lieux enchantés tout est vie, mouvement, animation.

Sur la terre, à travers les herbages ou les buissons rampent la chenille, la couleuvre, la vipère, le lézard et le scorpion, se hâtant de fuir rapidement à l'approche de l'homme.

Dans les airs voltigent de tous côtés les papillons aux mille couleurs, les libellules grises vertes ou bleues, les éphémères, les phryganes, qui, dans leurs vols brusques et incohérents, se croisent, s'entrecroisent, se poursuivent, s'accompagnent, en précipitant ou ralentissant leurs courses vagabondes.

Le chasseur trouve ici, pour exercer son talent cynégétique la grive, la caille, l'alouette, la perdrix, le pinson, le loriot, le martin-pêcheur, la bergeronnette, le verdier, le merle, la buse, le vanneau, la mésange, l'ortolan et quelquefois le canard sauvage. Parmi les quadrupèdes, il peut poursuivre le lapin, le lièvre, le blaireau, le putois, le renard, le hérisson ; mais depuis quelques années le loup devient très rare et déjà l'on peut prévoir l'époque assez rapprochée où, comme le sanglier, il aura entièrement disparu.

Moins bruyant que le chasseur, l'entomologiste, dans ses paisibles recherches, peut recueillir la cicindèle champêtre, le carabe aux nombreuses variétés, le hanneton si abondant et grand destructeur des ormes, les jolis petits téléphores, les cantharides des frênes, le capricorne musqué des saules, les criovères, les charmantes coccinelles, sans oublier des bandes innombrables de pyrrhocoris apterus, grouillant aux pieds des arbres.

Mais c'est surtout aux chercheurs botanistes que les bords du Tave et toute la vallée qui porte son nom réservent les plus agréables surprises. La flore de ce pays est d'une richesse incomparable. Un auteur, qui l'a particulièrement étudiée, a compté 250 espèces de plantes qui ont choisi cette région pour leur habitat particulier (1).

On trouve, en effet, dans les sables de Tave, l'Aunée tubéreuse ; — le Chardon féroce ; — l'Asperge officinale.

Sur le plateau de Saint-Pierre-de-Castre, on peut recueillir le Nerprun des rochers ; — l'Achillée cotoneuse et cétacée ; la Germandrée de montagne.

Dans les bordures des champs et des chemins, on voit éclore le Brome rude ; le Seneçon à feuilles de roquette ; le Podosperme lacinié ; le Salsifis à gros pédoncule et à feuilles de poireau ; le Trèfle fraisier, rude, étoilé et bardane ; la Gypsophile rampante.

Dans les fossés, on rencontre le Souchet long et brun ; l'Œnanthe à feuilles de Silaüs ; l'Aristoloche ronde ; la Lampourde glouteron.

Certaines haies sont formées par le Dentelaire d'Europe ; l'Epilobe lancéolé ; la Clématite flammule et maritime ; la Gléditschie à trois épines.

Au quartier des Imbres, dans les propriétés de l'ancien hermitage de Saint-Sépulcre, fleurissent l'Epipactis des marais, le

(1) Voir : la *Flore élémentaire de France*, par M. l'abbé Gonnet, 2 vol.

Spiranthe d'été, l'Anacamptis pyramidale, le Chardon de Montpellier, le Mouron délicat, la Lavande à toupet, le Pin pignon.

Près la chapelle de Saint Sépulcre on trouve le Carex subalpin et près la grange de Pujol, le Carex très grand (1).

Trois circonstances admirablement réunies dans la vallée de Tave contribuent à l'enrichir d'une flore aussi variée. D'abord son climat tempéré éminemment favorable à la germination et au développement d'un grand nombre de végétaux. Ensuite divers accidents topographiques, présentant aux plantes et aux fleurs des conditions spécialement favorables, selon que celles-ci préfèrent des lieux humides ou secs, pierreux ou sablonneux, montagneux ou cultivés. Enfin la constitution géologique du sol.

Les roches qui composent ses collines et ses coteaux appartiennent toutes à la formation crétacée, qui est divisée en deux systèmes : le néocomien et le grès vert. Or, on compte dans la

(1) Les terrains humides et le parc de Tresques produisent abondamment la Festuque bleue ; le Myosote des marais (dans la Veyre) ; l'Euphrasie odontalgique ; le Cransou de Bretagne ; le Sisymbre corniculé ; le Lin pùrgatif et maritime ; l'Epilobe à petite fleur ; la Renoncule à division des feuilles capillaires ; le Lotier des lieux humides (dans Pépin, au parc de Tresques) ; le Millepertuis à quatre angles ; le Guaphale des fanges ; la Pulicaire commune ; l'Orchis à larges feuilles (à Connaux, aux forêts) ; la Consoude tubéreuse ou herbe à la coupure ; la Fougère ophioglosse et vulgaire ; la Crépide bis-annuelle ; l'Aneth fétide.

Dans les champs, on voit fleurir la Lampourde à gros fruits ; la Tribule terrestre ; le Pied d'alouette mena ; la Brunelle à feuilles d'hyssope et blanche ; la Bunias fausse roquette ; l'Ibéride pinnatifide ; l'Astrolobie à queue de scorpion ; le Mélilot à petite fleur ; le Podosperme à feuilles de chausse trappe ; la Sauje des moissons ; la Glayeul d'Illyrie (à la Pujade) et commun ; la Morelle velue et fardée, le Coqueret alkekenge ; la Faucille de Revin ; l'Ammi élevé ; la Guimauve de Narbonne ; l'Echinope ritro ; la Centaurée amere ; l'Eupatoire à feuilles de chanvre ; la Datura à feuilles sinuées.

Sur le chemin de Tresques à Connaux, en face de Grange-Neuve, on trouve le Cynosure à crêtes et dans l'ancien cimetière de Connaux, le Sylibe Chardon-Marie.

Dans les terrains pierreux et sur les côteaux secs et arides, s'épanouissent la Germandrée capitatum ; l'Orobanche de Gaillet ; l'Euphrasie jaune ; la Linaire simple ; la Moutarde blanchâtre ; la Sisymbre pinnatifide ; le Genêt d'Espagne ; la Bugrane naine ; l'Emérus de Cœsalpin ; l'Hyppocride ; la Doricynie dressée — frutescente — hérissée ; la Campanule crine ; l'Herniaire blanchâtre ; le Séséli tortueux ; le Paliure aiguillonné ; la Scille d'automne ; le Daphné garou ; l'Egilope allongé ; la Coris de Montpellier ; la Molène sinuée, blattaire et à flocons ; le Liseron rayé (aux aires de Saint-Pons) ; le Chardon noirâtre ; l'Aristoloche fibreuse ; la Stipe à arête courte, à chevelure et tortillée ; l'Euphorbe monnoyère, de Gerard, denté, des vallons ; l'Osiris blanc ; le Pistachier thérébinthe ;

vallée, non seulement trois échantillons importants du quatrième étage néocomien, mais encore sept étages du grès vert (1).

On trouve les caractères du néocomien : 1° dans la roche calcaire sur laquelle est bâti le village de Saint-Pons ; 2° sur la petite colline de Sarcin, à l'Est de Connaux ; 3° dans les combes de Gaujac, qui font suite aux collines des bois de Masmolene, de Varus et de Vallérargues.

Si on veut reconnaître le premier étage du grès-vert, c'est-à-dire le plus inférieur, appelé l'étage Aptien, il faut visiter 1° le lit de la Diole, petite rivière coulant au Sud de Cavillargues et 2° le terrain sur lequel est bâti le village de Connaux (2).

L'étage Albien ou Gault, composé de calcaire à pâte légèrement argileuse, avec grains de chlorite disséminés, se trouve 1° sur le monticule où prend sa source la petite fontaine de Pujol, près de Tresques ; 2° sur les collines qui dominent, au Sud, la gare de Saint-Pons-Lepin ; 3° dans les grès verts, près le vieux pont jeté sur la rivière d'Illiaud et enfin au mas de l'Allemand.

le Fragon piquant ; le Smilax rude ; le Génévrier oxicèdre et de Phénicie ; le Gnaphale doré ; l'Immortelle à fleurs fermées ; la Tanaisie commune ; le Prénanthe osier ; l'Astragale de Montpellier ; la Centaurée à dent de peigne, des collines et rude ; l'Onoporde d'Illyrie ; l'Orchis à fleurs lâches, brûlé, taché ; le Liondent de Villard et crépu ; la Rue à feuilles étroites ; l'Œillet giroflée ; la Saponaire faux basilic ou herbe à foulon ; le Ciste cotonneux et à feuilles de sauje ; l'Hélianthème grêle.

Dans les sables, on trouve le Myosote hispide et intermédiaire ; le Grémil des teinturiers ; la Molène phlomide ou herbe de Saint-Fiacre ; le Plantin des sables, corne de cerf, gramen et maritime ; le Corisperme des sables ; la Soude épineuse ; la Cochia des sables (à la Madeleine) ; l'Ansérine Botrys ; la Crassule rougeâtre ; le Silené d'Oporto, nocturne et conique ; le Spargonte à cinq étamines ; l'Anarrhine à feuilles de pâquerette ; le Myagre perfolié ; la Neslie paniculée ; l'Alisson des campagnes, à calice persistant ; l'Erodion bec de cigogne ; le Lupin à feuille étroite ; la Vergerette âcre ; la Jasione des montagnes ; la Trigonette de Montpellier.

Le coteau de Gaujac contient la Potentille argentée ; le Nerprun purgatif, l'Acéras homme pendu ; le Cytinet ou hypociste ; le Genévrier de Phénicie.

Les bois de Boussargues renferment la Spiranthe d'automne ; la Buplèvre raide ; le Chèvrefeuille d'Etrurie ; la Thésie couchée ; le Sumac fustet ; le Lin à feuilles menues ; le Callune commun ; l'Aunée des montagnes ; la Porcelle tachée ; le Trèfle rouge ; le Baguenaudier commun ; l'Orobe noircissant, tubéreux ; la Sarrette des teinturiers ; la Leuzée conifère ; le Chrysocome à feuilles de lin, blanchâtre ; le Cucubale porte-baie ; la Chataire commune ; la Phlomide herbe au vent, laineuse ; le Cytise à feuilles sessiles ; la Renoncule graminée.

(1) V. Carte géologique d'Emilien Dumas.

(2) Carte géologique d'Emilien Dumas.

L'étage Cénomanien se voit 1° le long de la côte, à l'extrémité de laquelle l'église et le château de Tresques sont bâtis ; 2° aux rochers des hauteurs de Saint-Vincent ; 3° aux roches d'une crête située au Nord de Saint-Pons-la-Calm et qui se dirige sur le mas Perrot.

L'étage Paulétien ou l'étage à lignite se reconnaît 1° au Sud de Connaux ; 2° sous les villages de Gaujac et du Pin ; 3° au mas de Perrot, commune de Cavillargues.

L'étage Turonien, composé de calcaires jaunes et de grès à *Ostrea Colomba*, se montre au Nord de la chapelle de Saint-Sépulcre ; suit les collines se dirigeant sur Bos-nègre ; le moulin Jean, sur la rivière de Pépin ; la chapelle Saint-Martin ; les flancs du plateau de Saint-Pierre-de-Castres.

L'étage Ucetien, composé de sables et grès quartzeux, à argiles réfractaires et lignite, forme le sol du village de Mégier, des Imbres, de Cadignac, de la ferme de Boussargues, de la commune de Sabran et la montée de Bouyas, commune de Tresques.

L'étage Alaisien ou calcaire à Hippurites, constitue le sol du village de Sabran et le sommet de Canèque.

Enfin, on trouve le terrain tertiaire supérieur ou Subapennin, formé de sables de galets, de marnes généralement bleuâtres, dans les plaines de Saint-Pons-la-Calm, de Tresques, de Connaux, de Saint-Paul-les-Connaux, de Laudun et de Saint-Victor-la Coste (1).

Il existe évidemment une relation intime entre la germination de certains végétaux et la nature géologique du terrain sur lequel ces végétaux s'épanouissent. Mais les propriétés spéciales que possède un terrain pour la production de telle ou telle plante dépendent de la composition des roches qui constituent le relief du sol. Car, ce sont les particules de ces roches, désagrégées sous l'influence des agents de dénudation , qui deviennent les premiers principes et la base de la terre végétale.

C'est pourquoi la variété des roches dans la vallée de Tave a dû amener la variété des plantes et des fleurs qui embellissent cette contrée.

Intéressante au point de vue topographique, agricole et géologique, la vallée de Tave ne le paraît pas moins au point de vue ethnographique et historique.

Mais, avant d'aborder l'étude des évènements qui se sont accomplis dans cette région, il convient de rechercher quels

(1) Carte géologiquo d'Emilien Dumas.

furent les premiers habitants de ce pays et quels vestiges de leur passage ou de leur séjour subsistent encore.

Les traces de la première habitation de l'homme se trouvent principalement en remontant, de la vallée inférieure de Tave, dans la vallée supérieure (1).

La vallée supérieure commence sur le territoire du Pin, au quartier appelé Messeyran et se développe sur une longueur d'en·ron neuf kilomètres, jusqu'à Fontarèche.

Sur la rive droite de la rivière et suivant la direction de l'Ouest à l'Est, on ne rencontre qu'une longue série de collines ou de monticules abruptes, ravinés, rocailleux, présentant quelquefois des talus noirâtres qui paraissent indiquer des affleurements de charbon lignite.

Les sommets de la plupart de ces collines sont couronnés de roches gréseuses et ferrugineuses, tantôt superposées en bloc énormes, affectant les formes les plus bizarres et offrant de nombreuses cavernes ; tantôt présentant leurs assises relevées perpendiculairement en forme de dikes ou de murailles plus ou moins longues. Ces murailles ont quelquefois trois ou quatre mètres de hauteur, sur les territoires de Pougnadoresse et de Labastide. C'est de leur pied, du côté du Nord, que commence la déclivité du sol jusqu'à la rivière, tandis que du côté du Midi, ces roches puissantes servent d'abri à des aires ou à des esplanades peu inclinées, appelées dans le pays les *serres*.

Cette disposition des lieux, ces abris, ces cavernes, le voisinage immédiat de gisements de silex, matière première si utile aux civilisations à leur aurore, toutes ces circonstances réunies, étaient bien propres à tenter les populations primitives, désireuses de trouver une bonne assiette pour se fixer.

Et il s'en est trouvé qui ont largement cédé à la tentation ; car, tous ces versants méridionaux depuis Saint-Laurent-la-Vernède, La Bastide-d'Engras, Pougnadoresse, Lepin, Gaujac, Le Pujol près de Tresques portent d'innombrables restes de l'âge de la pierre ou de cavernes habitées.

M. de Saint-Venant, inspecteur des forêts, a, dans ces derniers temps, particulièrement étudié cinq de ces éminences allongées, sur lesquelles il a trouvé des traces non équivoques d'autant de centres primitifs d'agglomérations, qui devaient constituer des hameaux distincts. La première est à l'Ouest de La Bastide d'En-

(1) Il en existe aussi, au pied des rochers de grès situés à un kilomètre au Nord du village de Saint-Pons-la-Calm.

gras, les quatre autres sont échelonnées entre ce village et Pougnadoresse.

Il a trouvé en ces lieux, un grand nombre d'objets antiques, les uns groupés *in situ* dans les interstices des rochers, les autres enfouis dans une terre légère et colorée qui recouvre les versants méridionaux sur des épaisseurs ne dépassant pas 0m60. Une étude attentive de ces divers objets a permis de les diviser, quant à la matière dont ils sont constitués, en deux classes. Celle des objets et outils en roches étrangères à la contrée et celle des objets en silex.

Dans la première classe, se trouvent un grand nombre de haches polies et autres instruments tranchants, provenant des roches des Alpes ou des Cévennes, les uns en chloromélanite ou en schiste chloritocériciteux, les autres en fibrolite fibreuse, verdâtre et striée de gris. En outre divers fragments ont été trouvés en pierre de la famille des jades et rappellent un berceau encore plus lointain, peut-être même asiatique (1).

La seconde classe, la plus nombreuse, en échantillons de silex, comprend des percuteurs ou des concasseurs en galets de quartzites ; des couteaux en grand nombre et en général assez petits ; des lames allongées et à deux tranchants ; des ciseaux ; des tranchets ; des coins ; des flèches à tranchant transversal de forme ovale ou lancéolée ; des javelots ; des lances ; des grattoirs ; des scies ; des retouchoirs ; des disques, etc.

En considérant ces objets au point de vue de leur forme et des procédés de la taille, M. de Saint-Venant y a reconnu des caractères et des types bien distincts, rappelant deux époques différentes de l'âge de la pierre et même d'une époque intermédiaire.

1° Certains instruments, avec tranchants abattus, rappellent les types de l'époque paléolithique des temps quaternaires ou de l'industrie de la pierre taillée par éclat.

2° Des burins à angle dièdre sont caractéristiques de la fin de cette période paléolithique et constituent des instruments insolites dans les gisements néolithiques.

3° Enfin, des haches polies, des fines pointes de flèches du type à tranchant transversal, avec ailerons et pédoncules, des grattoirs discoïdes et trapus, de nombreux fragments de poterie fabriquée sur place, tout cela indique l'époque la plus récente de la pierre, l'époque néolithique.

(1) Stations avec ateliers de l'époque de la pierre polie, par M. J. de Saint-Venant. Bull. de la Société des Sciences naturelles. Nimes 1894.

Sans doute la grande majorité des objets trouvés sur les rives de Tave, considérés dans l'ensemble de leurs qualités, dans leurs formes industrielles et sortis d'un même gisement, se rapprochent plus spécialement des époques Solutriennes ou Magdaléniennes ; mais on se demande d'où vient ce mélange de types constatés ailleurs, dans des gisements chronologiques différents ?

Doit-on supposer une survivance des modèles anciens conjointement avec ceux d'une époque subséquente ? Faut-il supposer que certains de ces instruments ont été importés de contrées plus arriérées, où fleurissait encore la civilisation des temps du renne ?

M. de Saint-Venant semble porté à attribuer ce mélange d'outillages industriels à une civilisation intermédiaire entre les deux âges si tranchés de la pierre.

Quoiqu'il en soit, il résulte des fouilles opérées par lui, dans les environs de La Bastide et Pougnadoresse que les divers objets en pierre et en terre cuite découverts avec abondance démontrent l'existence, dans des temps fort lointains d'une tribu d'hommes préhistoriques. Cette tribu vivait sur les petits plateaux exposés au Midi et abrités par la crète rocheuse qui domine la rive droite de Tave.

Les hommes qui la composaient devaient être sédentaires ; habiter des huttes en branchages, appuyées, pour la plupart, contre les rochers et utilisant les interstices et les cavités naturelles qu'on y remarque.

Ces hommes se livraient à des travaux industriels, étaient habiles à fabriquer des instruments et des armes en silex, ainsi que divers objets en poterie commune tels que : vases, terrines, marmites, cuillers, fusaïoles, etc., etc.

Ces divers objets attestent qu'ils devaient connaître l'art du filage et du tissage. Ils savaient également apprêter des peaux d'animaux ; car les grattoirs qu'ils ont laissés en si grand nombre, comme aussi les perçoirs, les poinçons et les râcloirs devaient être employés à cet usage.

On ne saurait dire s'ils étaient autre chose que pasteurs ; rien ne prouve qu'ils se soient livrés à l'agriculture et on n'a rencontré, en ce lieu (1), aucune meule fixe primitive à broyer le grain.

Ils étaient certainement chasseurs ou guerriers ; la grande quantité de pièces récoltées, qui ne peuvent être que des armes, en fait foi.

(1) Un tumulus du voisinage, à Cavillargues a, fourni une de ces meules, au milieu du même mobilier néolithique.

A peu de distance de ces stations, à Saint-Laurent-la-Vernède, au Pin, à Cavillargues, à Pujol près de Tresques, on a reconnu des sépultures de l'époque néolithique et ces sépultures attestent, par leurs dispositions, que les morts étaient respectés et abondamment approvisionnés ainsi que pour une seconde vie. Les hommes de cette époque n'avaient donc pas que des appétits grossiers et matériels.

Il est reconnu aujourd'hui que à peu près toutes les grottes néolithiques des bords du Tave, comme celles des bords du Gardon, ont été sépulcrales. Les nombreux objets mobiliers qu'on y a recueillis doivent être surtout des dons posthumes ou les restes de repas funéraires. La poterie est ce qui domine et même elle s'y trouve en quantité étonnante et plus ornée que partout ailleurs. Les haches y sont toutes fort petites. Il en est de perforées, ainsi que des dents d'animaux et autres nombreuses amulettes en matière variée. La perfection de certains de ces objets, l'extrême petitesse de plusieurs, inconciliable avec un emploi pratique, leur perforation, tout cela ne permet pas d'y voir autre chose que des fêtiches.

Ce sont là des preuves à la fois de croyances à une puissance supérieure et d'instincts artistiques.

Cette période antéhistorique se prolongea jusqu'à l'invasion d'une population d'émigrants d'origine aryenne à laquelle on a donné le nom de Gals (Gaëls) dont les *Celtes* (Celtach, vivant dans les bois) étaient une des grandes familles.

CHAPITRE II

Les premiers possesseurs

(*500 Av. Jésus-Christ. — 1427 Apr. Jésus-Christ.*)

SOMMAIRE. — Etablissement des Phéniciens et arrivée des peuplades Liguriennes. — Les Volces Arécomiques. — Occupation par les Romains. — Traces de leur séjour dans la vallée de Tave. — Apparition du christianisme. — Ravages des Vandales. — Fondation de l'Evêché d'Uzès. — Domination des Visigoths. — Arrivée des Francs. — Commencement de la seigneurie. — Monastère des Bénédictins. — Incursions des Sarrasins. — Eglise de Saint-Martin. — Abandon du monastère du Camp-de-César. — Seigneurie des Comtes de Toulouse. — Château de Tresques. — Le seigneur Guillaume I de Sabran. — Ses successeurs. — Désastres des Tuchius. — Les de Montlaur seigneurs de Tresques.

AUSSI loin que peuvent remonter les premières notions historiques, on trouve la race aborigène des Celtes établie entre le Rhin, l'Océan, la Garonne, les Cévennes, l'Isère et les Alpes. « Les Celtes, dit Hérodote, habitent au-delà des colonnes d'Hercule et sont les derniers peuples de l'Europe du côté du couchant. »

Vers le XVIe siècle avant Jésus-Christ, les Celtes envahirent le pays des Ibères, au-delà des Pyrénées, et de la fusion des deux races naquit la nation *Celtibérienne*.

Du XVe au XIe siècle avant Jésus-Christ, les Phéniciens, célèbres par leurs expéditions commerciales, attirés par le désir d'exploiter les mines d'or, d'argent et de cuivre dont regorgeaient les montagnes du pays des Celtes et des Ibères, leurs voisins, établirent de nombreux comptoirs le long des rivages de la Gaule. Mais pour obtenir les avantages qu'ils ambitionnaient il leur fallut livrer d'interminables combats avec les tribus indigènes, races barbares qui s'effrayaient au fond de leurs forêts des mœurs inconnues de l'Asie. Ce fut au milieu de ces circonstances que les Phéniciens pénétrèrent dans nos pays et fondèrent la ville de Nimes.

Quelque temps après cette fondation, les Aquitains et les Ligures, qui faisaient partie de la grande nation Celtibérienne, repassèrent les Pyrénées et vinrent s'établir dans la Gaule. Les Aquitains s'arrêtèrent entre les Pyrénées, la Garonne et l'Océan et les Ligures vinrent se mélanger avec les Celtes-Gaulois et les Phéniciens, entre les Pyrénées, les Cévennes et les Alpes. Parmi les trois grandes peuplades liguriennes qui envahirent ce côté de la Gaule, celle des *Elésykes* occupa notre contrée et eut pour villes principales Nimes et Narbonne.

A une époque moins reculée, mais dont la date est incertaine, des hordes de guerriers, appelés Belges (Bolgs ou Belgs, belliqueux) venus des contrées germaines, envahirent la partie septentrionale des Gaules et quelques unes de leurs tribus appelées Arécomiques et Tectosages, s'emparèrent les premières du pays des Elésykes, qui porta dès lors le nom de pays des *Volces Arécomiques* et la seconde s'empara du pays des Bébrikes, près de Toulouse, qui porta dès lors le nom de pays des Volces Tectosages.

Ainsi, les populations de nos contrées s'étaient successivement formées des éléments de deux grands peuples, le Celte Gaulois et l'Ibérien, auxquels étaient venus s'ajouter les Volces. Mais ces populations ne constituaient qu'une nation secondaire, quoique puissante, celle des Volces Arécomiques. Elle avait pour voisines celle des Helviens, (au Vivarais) des Gabales, (au Gévaudan) des Allobroges, (en Savoie) des Salyes, (capitale Arles) des Tricastains, des Cavares et des Ségalaunes, (près du Rhône).

Chacune de ces nations était loin de former un tout homogène; mais elle ralliait sous son patronage différentes peuplades et différentes tribus, qui n'étaient unies entr'elles que par l'instinct de la conservation ou l'empire de la force sauvage, plutôt que par un ordre politique. Cependant, il s'établit peu à peu entre elles un degré de civilisation plus avancé et une certaine forme de gouvernement essentiellement fédératif.

A la longue, les traces des guerres suscitées par les invasions des Volces avaient fini par s'effacer et aucun ressentiment grave ne troublait l'harmonie générale des différents peuples gaulois.

Vers le VIIe siècle avant Jésus-Christ, l'empire des Phéniciens était sur son déclin et les colonies maritimes qu'ils avaient établies sur les bords de la Méditerranée tombèrent entre les mains des Rhodiens, qui eurent la faiblesse de laisser presqu'entièrement périr les relations commerciales qu'ils avaient trouvées établies entre l'Orient et la Gaule.

Mais les Phocéens, venus de Phocée, ville grecque de l'Asie-Mineure, les ravivèrent et fondèrent sur la côte Gauloise à l'Est du Rhône la ville de Marseille (1)

Les Grecs de Marseille durent se considérer longtemps comme des étrangers en Gaule et soutenir de fréquents combats avec les peuplades indigènes de nos contrées, avant de pouvoir s'établir définitivement dans des conditions de paix et d'indépendance. Et même, cette paix et cette indépendance ne furent jamais complètes pour les nouveaux venus.

Les peuplades voisines qui, dans les temps fabuleux, avaient disputé aux Phocéens le droit de s'établir sur leurs terres et de les féconder par le commerce, ne virent jamais sans crainte les agrandissements de Marseille. Souvent leurs armées inquiétèrent cette république et menaçèrent le seul point par où la civilisation orientale pouvait pénètrer dans les Gaules. Ce fut à l'occasion de l'une de ces guerres que les Massiliens demandèrent du secours au peuple Romain.

Cet appel s'accordait trop bien avec l'ambitieuse politique de Rome pour ne pas être favorablement entendue.

Le Général Sextius Calvinus fut envoyé, en l'an 123 avant Jésus-Christ, pour combattre les peuplades Ligures voisines du Rhône, qu'il défit en plusieurs rencontres et dont le roi, nommé Teutomal, fut réduit à passer l'Isère en fugitif et à chercher une retraite dans les montagnes des Allobroges.

Une fois campés dans nos pays, les *Romains* se trouvèrent en mesure de poursuivre leur système habituel d'invasion.

Bituit, roi des Arvernes, ayant soulevé contre Rome sa nation, celle des Allobroges et leurs tribus alliées, le proconsul Domitius vint les combattre près des murs d'Avignon et l'année suivante,

(1) Les Phocéens étaient Ioniens de nation et sujets du roi Cyrus. Ne pouvant supporter la tyrannie d'Arpagus, Mède de nation et commandant pour ce tyran dans l'Ionie, province d'Asie, ils résolurent de s'éloigner de leur pays et de chercher ailleurs un établissement. Ils équipèrent une flotte et s'arrêtèrent sur les côtes de la Gaule où ils se fixèrent malgré l'opposition des Salyens, des Liguriens et autres peuples.

(Hist. du Languedoc, T. 1. p. 4).

aidé du consul Fabius, après la déroute complète de Bituit, tout le pays des Allobroges fut conquis au profit de Rome (122 av. J.-C.).

Pendant les années suivantes, les consuls romains conquirent les territoires des Helviens, des Volces Arécomiques et des Sardes, et agrandirent ainsi leur Province de tout le pays situé sur la rive droite du Rhône.

L'occupation romaine dans nos pays date donc de l'année 120 avant Jésus-Christ. Moins redoutées de Rome que les Allobroges, nos peuplades Arécomiques furent traitées, après la conquête, avec plus de ménagements. Elles eurent le titre de Fédérés et gardèrent leurs coutumes.

Les traces du séjour des Romains dans la vallée de Tave sont nombreuses. Indépendamment des inscriptions et pierres tumulaires trouvées dans les territoires de Tresques, de Saint Pons, de Cavillargues et de Gaujac ; outre les pièces de monnaie, les urnes lacrymatoires, les amphores et débris de poterie, on trouve encore de vastes tas de ruines sur le plateau du grand massif qui sépare l'entrée des deux vallées parallèles, celle de Tave et celle de la Cèze.

On considère généralement ces ruines comme les débris d'un ancien *Oppidum* Gaulois (1), qui devint bientôt une cité gallo-romaine, habitée par un peuple, ayant voulu se réfugier sur les hauteurs inaccessibles de ce vaste plateau, afin de se mettre à l'abri de toute incursion. Mais que faut-il penser de l'appellation de *Camp de César*, donnée à ce lieu, de temps immémorial ? Cette appellation est-elle absolument vicieuse ? Le conquérant des Gaules n'est-il « jamais » venu chez les Arécomiques, nos aïeux (2) ?

On n'a pas, il est vrai, des preuves directes du passage de César dans nos contrées. Ce serait, sans doute, une erreur de croire « que le sol de chaque province était recouvert de *camps* et que toutes les villes étaient autant de casernes bourrées de soldats (3). » Il est probable que nos pays ne possédèrent jamais de troupe romaine en résidence permanente ; car il aurait fallu trop de soldats à ces conquérants du monde, pour occuper tous les points désignés çà et là comme *Camps romains*. Mais, que faut-il pour expliquer, si non pour justifier, l'appellation traditionnelle de notre *Camp de César* ?

Si on daigne parcourir avec un peu d'attention le livre des *Commentaires* de ce grand général, on trouve d'abord : qu'en l'an

(1) V. *Bagnols en 1787*, par L. Allègre, p. 102.

(2) Id. p. 293.

(3) Bulletin de la Société d'Archéologie de la Drôme, 33e livr. 1875, p. 167.

52 avant Jésus-Christ, au moment de la révolte de Vercingétorix, lorsque celui-ci envoya un de ses lieutenants, nommé Luctère, vers le Sud, pour envahir la province romaine, pendant que lui-même marchait au Nord, contre les légions, « César arriva précipitamment d'Italie, se dirigea vers Narbonne, afin de calmer les craintes causées par l'arrivée prochaine de Luctère. » Sa présence rassura les esprits. A cette occasion, « César plaça des garnisons chez les Volces Arécomiques. » (*Comment.* Liv. VII, VII). Or, n'est-il pas probable que l'une de ces garnisons dut, par ses ordres, s'installer sur le plateau qui domine Laudun, afin de surveiller de ce point, non seulement la grande vallée du Rhône, mais encore les entrées des deux vallées de Tave et de la Cèze ?

Du reste, l'établissement d'un campement miiltaire en un pareil lieu, s'explique très bien, au point de vue stratégique, lorsqu'on considère l'itinéraire qu'a dû suivre César pour se rendre de Narbonne chez les Helviens (le Vivarais), itinéraire, qu'il semble décrire au Chapitre VII. On y voit, « qu'il donna ordre à une partie des troupes de la Province (pays de Provence)et aux recrues qu'il avait amenées d'Italie, de se réunir sur le territoire des Helviens. » Or le point de jonction de ces troupes était naturellement sur les hauteurs de Laudun, c'est-à-dire près des bords du Rhône, au-dessus de l'Ardoise.

De là César, en pénétrant dans la sinueuse vallée de la Cèze, trouvait sur sa droite le Vivarais, par Barjac et sur sa gauche les Cévennes, qu'il devait franchir, après son expédition chez les Helviens.

La manière dont César s'exprime, dans ses commentaires, pour raconter ces deux entreprises prouve qu'il a dû traverser deux fois la vallée de la Cèze : « César, est il dit, marcha d'abord chez les Helviens (en Vivarais) et puis il ajoute : « quoique les montagnes « des Cévennes qui les séparent des Alvernes fussent alors cou- « vertes de neige et semblassent, dans une saison si rude, s'op- « poser au passage ; cependant les soldats à force de peine « écartèrent la neige haute de six pieds et ouvrirent un chemin qui « les mena chez les Alvernes. »

Ce chemin que suivirent les troupes de César traversait la vallée de la Cèze vers son milieu et le passage des soldats était protégé par la forteresse du plateau de Laudun.

L'année suivante, malgré les précautions prises par César, le pays des Volces Arécomiques, imitant l'exemple de l'Aquitaine, s'était révolté contre la domination romaine, ou plutôt avait suivi le parti de Pompée. César dit à Epérodorix, un de ses lieutenants, de porter la guerre chez les Allobroges (Dauphiné et Savoie), et d'un autre côté, il fit marcher les plus proches cantons des Alvernes contre les Helviens et il envoya les Ruténiens (Rouergue), et les Cadurces (Quercy), ravager notre pays des Volces Arécomiques (1). César mit huit ans, de l'an 58 à l'an 50 avant Jésus-Christ, pour accomplir la conquête définitive de la Gaule et de la Belgique. Une de ses dernières expéditions fut celle d'Aquitaine dont il parle au livre VIII. Il partit ensuite pour Narbonne, où il récompensa ceux qui l'avaient aidé dans la pacification du pays et retourna ensuite dans le Belgium. Pour accomplir cette dernière expédition, il dût suivre encore la vallée du Rhône et passer près de la station militaire du camp de Laudun.

Après les victoires de César, les Volces Arécomiques, malgré leur caractère essentiellement guerrier et indépendant, ne participèrent pas aux divers mouvements de la Gaule transalpine. Ils en furent récompensés non seulement par la conservation de leur tranquilité, mais encore par la participation aux faveurs que les romains prodiguèrent aux habitants de la colonie de Nemausus. De plus, à partir de ce moment ils vécurent en bonne intelligence avec Marseille et ce fut des marseillais qu'ils apprirent l'art de cultiver les terres, de fortifier les villes, de planter les oliviers, de tailler la vigne et celui de se former l'esprit, par l'étude des belles lettres et surtout de la langue grecque qui devint commune dans le Midi. On en trouve encore des vestiges en plusieurs termes Provençaux et Languedociens.

Il n'est donc pas douteux que les vastes constructions qui formaient le *Camp de César* n'aient été le premier berceau de la domination romaine dans nos contrées. Les immenses tas de ruines que l'on trouve encore épars sur ce vaste plateau, les mosaïques, les monnaies, les nombreux débris d'armures qui ont été extraits de ces décombres attestent l'importance des constructions qui formaient cette forteresse. Mais l'absence de toute fontaine sur une montagne isolée, à la hauteur de 260 mètres et l'insuffisance des citernes, obligèrent bientôt les Romains à descendre sur les bords de Tave et à se créer peu à peu des postes et des villas à Tresques, à Conrac, à Saint-Pons, à Cavillargues et à Saint-Vincent près de Gaujac.

Une autre circonstance favorisa l'établissement d'une petite colonie romaine sur le territoire de Tresques. Lorsque Octave

(1) Comment. Liv. VIII, ch. LXIV.

Église Saint-Symphorien de Boussargues.

arriva au pouvoir, moins généreux que César et afin d'affaiblir chez les Gaulois le sentiment national, il partagea la Gaule en quatre grandes régions. Ainsi au lieu des nations Belges, Celtes, Galliques et Ibériennes, il institua la Narbonnaise, la Lyonnaise, l'Aquitaine et la Belgique.

Nos pays furent compris dans la région appelée Narbonnaise. La ville naissante de Lyon fut donnée pour capitale à toute la Gaule et, de cette ville, partaient quatre grandes voies pour sillonner tout le pays jusque à ses extrémités. Celle de ces quatre voies qui se dirigeait vers Nimes, Narbonne et les Pyrénées passait prés de Tresques, entre la Roquette et Bernon, à l'Occident du Camp de César, franchissait le Tave à la Resse, traversait l'emplacement où fut plus tard construit Connaux, se dirigeait ensuite sur Athon et de là dans les combes de Gaujac.

[illegible], les Romains avaient coutume de disposer sur leurs routes, de distance en distance, ce qu'ils appelaient des stations (*stationes*) et des relais (*mansiones.*) C'est à cette coutume que le quartier de la Madeleine dut le privilège de possèder tout d'abord une station romaine.

Ce qui parait avoir déterminé le choix de ce lieu, c'est son agréable situation, sur un petit mamelon sabloneux, aux pieds d'une longue chaîne de collines boisées, se dirigeant du Sud au Nord, à peu de distance des bains de Bagnols, (1) sur les bords d'un vaste étang et près des cabanes de quelques pêcheurs établis là depuis la plus haute antiquité.

Jusqu'à la fin du IVe siècle, toute la région située sur la rive droite du Rhône, continua d'appartenir à la Narbonnaise et fut gouvernée par un proconsul romain. La religion chrétienne dût y pénétrer dès le deuxième siècle, à cause de sa proximité des villes d'Arles et d'Avignon, où l'arrivée de Sainte-Marthe et de Sainte-Marie Madeleine apporta la première connaissance de l'Evangile. De plus, on sait que la Gaule eût ses premiers martyrs sous Marc-Aurèle. Or, les premiers chrétiens persécutés dans les villes, venaient souvent chercher un refuge au fond des bois, dans les cavernes, dans les hameaux, les maisons isolées des campagnes, à enfin où on voulait bien leur donner l'hospitalité.

En 408 nos pays furent ravagés par les Vandales, peuples barbares, venus du Nord, en 405 et désignés, dans l'histoire, sous les noms de Quades, Sarmates, Alains, Gépides, Hérules, Saxons,

(1) C'est au quartier de l'Ancyse que se trouvaient ces bains et eaux chaudes, dont il ne reste plus de traces aujourd'hui.

Bourguignons, Alemans et Pannoniens. Conduits par leur roi Crocus, ils firent irruption dans les Gaules et en ravagèrent à peu près toutes les provinces. Mais Crocus ayant été vaincu dans la ville d'Arles par Marius, général de l'armée romaine, la plupart de ces peuplades sauvages passèrent en Espagne.

Malgré leur départ, nos pays se ressentirent encore pendant dix ans des désordres occasionnés par leurs bandes dévastatrices. Toutefois ces ravages, pas plus que les persécutions n'arrêtèrent les progrès de la religion chrétienne et, dès l'année 418, l'évêché d'Uzès était fondé.

En 419, les Visigoths, qui étaient venus d'Italie en 412 et avaient fait irruption en Gaule sous la conduite de leur roi Ataulphe, se rendirent maîtres de Toulouse et y établirent la capitale de leur royaume. Mais nos pays restèrent encore sous la domination romaine jusqu'en 471. Cette année, Euric, roi des Visigoths, après s'être rendu maître de Narbonne, par la cession que lui en fit le comte Agrippin, gouverneur de cette ville, porta ses conquêtes jusqu'au Rhône et soumit à son obéissance tous les pays de la Narbonnaise qui avaient d'abord échappé aux armes victorieuses de son frère Théodoric II.

Euric mourut à Arles, vers la fin de 484. Son fils Alaric II, quoique fort jeune, fut proclamé roi des Visigoths à Toulouse. Ce prince donna, pendant son règne, une grande marque d'intérêt aux catholiques de ses états, en leur accordant la liberté d'élire leurs Evêques et de tenir des conciles. Celui d'Agde, en 506, est un des plus célèbres. Il fut présidé par Saint-Césaire en qualité de vicaire du Saint-Siège et nous voyons que Probatien, deuxième Evêque connu d'Uzès, y assista avec tous les autres évêques de la Narbonnaise.

Après la bataille de Vouglé, en 507, Clovis, le roi des Francs et son fils Thierry étendirent aussi leurs conquêtes jusqu'au Rhône et s'emparèrent de notre pays, qui était encore sous la domination des Visigoths.

Cinq après, les Ostrogoths, sous la conduite de leur roi Théodoric, reprirent le pays sur les enfants de Clovis. Mais leur domination ne fut pas de longue durée.

Selon Grégoire de Tours, Théodebert, fils de Thierry, roi d'Austrasie, après la prise de Béziers, en 533, dirigea ses conquêtes vers les bords du Rhône, enleva aux Ostrogoths la ville d'Uzès, le pays d'Uzège et toutes les places qu'ils possédaient.

A dater de cette époque, notre région ne cessa plus d'appartenir aux Français.

L'arrivée des Francs d'une part, et les deux épiscopats si féconds à Uzès de Rorice et de Saint-Firmin, qui descendaient de l'illustre famille des Tonnance-Ferréol, préfet des Gaules, d'autre part, imprimèrent à la religion chrétienne un rapide accroissement.

Ces progrès durent être considérables au quartier de la Madeleine. Car une église, dont les ruines subsistent encore et portent tous les caractères du VIe siècle, y fut bâtie sous le vocable de cette Sainte ; et le soin que l'on prit de donner à cet édifice 81 mètres de superficie, dans œuvre, est une preuve que déjà ce quartier était habité par une population catholique supérieure en nombre aux agglomérations du voisinage.

A l'époque de la constitution des royaumes Germains, une nouvelle organisation s'établit entre les anciens propriétaires de la tribu Germaine et la bande guerrière. Cette organisation changea la face du pays.

La forteresse du Camp-de-César fut abandonnée. Il ne resta que le *Vicus* de Laudun. Les forts détachés de Bord, de Tresques, de Saint-Victor, de Gicon devinrent de petits fiefs concédés à des chefs de la bande guerrière et dont les rois Francs restèrent d'abord les suzerains et plus tard se disputèrent la suzeraineté avec les comtes de Toulouse.

Un autre évènement tout aussi important pour la région fut l'établissement d'un monastère de Bénédictins à l'extrémité occidentale du Camp-de-César.

Il serait difficile de dire à quelle date précise et dans quelles circonstances ce monastère fut bâti, ainsi que son église qui, seule, subsiste encore et porte le titre de *Saint-Pierre aux Liens*. Quoi qu'il en soit de la fondation de cet établissement religieux, on sait que les moines de Saint-Pierre étaient possesseurs, dans le VIIIe et le IXe siècles, non seulement de tout le plateau du Camp-de-César, mais encore de vastes terrains sur le bord de Tave. La tradition populaire leur attribue le dessèchement de l'étang de Tresques et la mise en culture d'une grande partie des terres que les eaux de cet étang avaient longtemps tenues submergées. Toute la plaine de Connaux, les terres de Saint-Loup, la belle fontaine de Sarcin et d'autres vastes propriétés situées à Castillon-du-Gard, formaient les dépendances du monastère.

Ces religieux, dans le but de procurer à leurs fermiers ou tenanciers l'observation de leurs devoirs de chrétiens, firent construire les églises de Saint-Loup et de Connaux, qui devinrent, dans la suite, les centres de deux prieurés, dont le second fut toujours le plus important.

Dès cette époque, les châteaux-forts de Tresques (1), de Saint-Victor, de Bord, de Gicon, de Boussargues et de Saint-Vincent avaient leur église. Toute la vallée de Tave était chrétienne.

De 736 à 739 notre contrée fut à peu près continuellement ravagée par les incursions des Sarrasins, qui, après leur défaite à Avignon, avaient passé le Rhône et s'étaient jetés dans le pays d'Uzège.

Ces intrépides sectateurs du Coran, après avoir détruit en Espagne le puissant royaume des Visigoths, avaient pénétré dans le Midi de la Gaule, depuis dix-sept ans et ravageaient les villes et les campagnes, pillant et brûlant les églises, massacrant un grand nombre de chrétiens, semant partout la désolation et les ruines.

Charles Martel, qui, sur la demande du duc d'Aquitaine, avait entrepris de combattre ces infidèles et leur avait infligé déjà plusieurs défaites, passa le Rhône et leur livra une grande bataille entre Saze, Pujaut et Rochefort. On estime à 40.000 le nombre des Sarrasins qui y périrent. Mais cette importante victoire ne mit pas fin à la guerre et les débris de leurs bandes, arrivant par Saint-Laurent-des-Arbres se répandirent alors dans nos pays de la vallée de Tave.

La tradition populaire rapporte que ces ennemis campèrent sur la colline, située à l'Orient de Connaux et qui, depuis cette époque, porte le nom de *Sarcin*, diminutif de Sarrasin.

(1) L'étymologie de Tresques est bien discutable. Les uns la déduisent des diverses désignations contenues dans les anciens documents, où l'on trouve : *Castrum quod dicitur Trescas* (1060, Cartul. de N.-D. de Nimes, charte 200). — *Castrum de Treschas* (1121, Gallia Christ. T. VI, p. 304). — *Locus de Trescis* et *Presbyter loci Trescarum* (Manuscrits). Or, toutes ces désignations paraissent indiquer un mot composé d'un radical *Tres* (trois) et d'une terminaison qui serait une abréviation du mot *casa* (hutte, chaumière, maison). D'après cela, *Trescas* serait pour : *Tres-casas*, — *Trescis* pour *Tres-casis* — *Trescarum* pour *Tres-casarum*.

D'autres déduisent l'étymologie de Tresques du mot *Tresquœ* (1384), et on a alors un mot dérivé de *Tres-aquœ* (Les trois eaux). Ce qui donnerait de la vraisemblance à cette opinion, c'est que trois cours d'eau, appelés : Tave, la Veyre et Pépin se réunissent dans le parc de Tresques.

Une troisième opinion fait dériver Tresques d'un vieux mot languedocien ou roman : *Trescan*, synonyme d'*armas*, herme, terre inculte ; or, c'était bien là la nature du coteau aride et rocailleux, à l'extrémité duquel le château et ensuite le village ont été bâtis. Ce n'est que depuis 1835, que ce coteau est couronné de pins.

Les places fortifiées de Tresques, de Saint-Victor-la-Coste, de Gicon, de Bord et probablement le monastère de Saint-Pierre éprouvèrent les effets de leur fureur dévastatrice. On a trouvé et on trouve encore ça et là, dans la vallée de Tave, quantité de tombes tantôt isolées et tantôt en nombre qui portent tous les caractères de tombes sarrasines.

En 752, Ausemond, seigneur Goth, qui gouvernait Nimes, Béziers et Agde dont il avait formé un petit État, chassa les Sarrasins de toutes ces villes et, voulant ensuite s'assurer une protection contre un retour probable de ces infidèles, demanda à Pépin, fils de Charles Martel, de l'accepter sous sa dépendance, promettant de lui livrer, comme gage, toutes les places que les Sarrasins occupaient encore dans le reste de la Septimanie.

Pépin se rendit à sa demande et se dirigea sur Narbonne pour commencer avec ce prince le siège de cette ville.

Une tradition populaire prétend que Pépin se rendant à Narbonne rencontra des bandes sarrasines sur le territoire de Tresques et qu'il les détruisit à Saint-Loup, sur les bords d'une petite rivière, qui, depuis cette époque porte le nom de *Pépin*.

Pendant le siège de Narbonne, Ausemond ayant été tué par un traître devant les portes de la ville, une grave sédition éclata à Nimes au sujet de sa succession et, pour pacifier le pays, Pépin confia le gouvernement de Nimes et d'Uzès au comte Radulphe. (1)

Le comte Radulphe serait donc le premier comte français qui aurait gouverné Uzès et le pays d'Uzège, sous l'autorité de nos rois.

Afin de perpétuer le souvenir de la victoire remportée sur les Sarrasins dans la plaine de Tresques, l'église de Saint-Martin-de-Jussau fut bâtie sur un terrain qui resta pendant tout le moyen-âge propriété royale.

Cette église située à un kilomètre au Sud de celle de la Madeleine et à un demi kilomètre de Tresques date du temps de l'expulsion des Sarrasins. Elle a 65 mètres carrés de superficie. Les sculptures de ses corniches intérieures et des voussures de sa porte d'entrée, l'aigle impérial et certaines figurines qui décorent la retombée des arcs doubleaux, font de l'église de Saint-Martin l'église la plus artistique du voisinage. Elle était destinée à servir de centre paroissial pour les tenanciers du roi qui habitaient ce domaine.

Après le départ des Sarrasins, les religieux de Saint-Pierre au lieu de restaurer leur monastère du Camp-de-César, dont il ne

(1) Chronique de Saint-Théodorit.

restait que la chapelle et quelques pans de muraille, abandonnèrent le plateau, en 948 et se retirèrent à Saint-Saturnin-du-Port, où, plus tard, sous le règne de Saint-Louis, ils contribuèrent à la construction du fameux pont, établi sur le Rhône et qui donna son nom à la ville de Pont-Saint-Esprit. Ce fut leur prieur Jean de Thiange qui posa la première pierre de ce pont, le 1er septembre 1263.

Depuis le milieu du VIIIe siècle jusque vers la fin du XIIIe, tout le Languedoc fut gouverné par les comtes de Toulouse (1). Pendant cette époque, il se forma, sous la suzeraineté de ce grand fief de la couronne, une quantité de petites châtellenies dont le nom des premiers possesseurs est inconnu. Mais on sait que dès le Xe siècle, le tiers de la vallée de Tave était devenu l'apanage de la maison de Sabran. Les domaines de cette maison s'étendaient depuis Saint-Victor-la-Coste jusqu'à Montclus. Le domaine royal comprenait la petite seigneurie de Saint-Martin-de-Jussan (2). Les Bénédictins de Saint-Pierre possédaient, outre le plateau du Camp-de-César, une partie de la plaine de Tresques, toute la plaine de Connaux et la belle fontaine de Sarcin. L'ordre religieux et militaire des Templiers avait les vastes domaines de Saint-Vincent et de Boussargues (3). Il y avait enfin les petites

(1) Le plus ancien comte, connu dans l'histoire, fut Corson, établi par Charlemagne, en 778. — Guillaume au court-nez lui succéda. — Charles-le-Chauve établit, en 855, Raymond I, qui mourut en 863. — Il eut pour successeur Bernard II, fils d'Eudes et père de Raymond III, dit Pons. — En 971, Guillaume I, fils de Bozon II, était comte de Provence, d'Arles et de Toulouse. Raymond IV, dit de Saint-Gilles, était fils de Pons II ou III et il succéda à son frère Guillaume V. (Moreri, Dict. T. II. Lyon 1681).

(2) *Alias* : Saint-Martin-des-Hussants.

(3) Boussargues est un grand domaine, situé à 2 kil. au Sud de Colombiers, près de Bagnols, au milieu d'une large échancrure forméee par les dernières ondulations des montagnes sabranenques. Il n'est pas douteux que l'origine de ce domaine ne remonte à la plus haute antiquité. L'historien Ménard (T. VII, p. 672, c. 21) le désigne par ces mots : *Bottionis ager*. D'autre part, une vieille inscription sépulcrale rappelle le nom d'une femme nommée *Bottia Bottionis filia* (Gruter, ins. orb. rom. p. DXL, ins. 8). La tradition locale rapporte que ce domaine devint au XIIe siècle la propriété des Templiers, en vertu sans doute d'une donation de Guillaume I de Sabran, après son retour de la croisade. Ainsi les Templiers furent les premiers co-seigneurs de Sabran. Il est probable que ces chevaliers eux-mêmes firent bâtir le château de Boussargues, devenu aujourd'hui une ferme agricole. Ce château leur servit de demeure seigneuriale. Il était isolé au centre de vastes et sauvages prairies, environnées de grands bois de chênes. Outre la petite chapelle renfermée dans le château, on voit encore, à peu de distance de ses murs, une petite église fort remarquable, avec ses pierres de bel appareil et délicatement smillées. Cette église porte les caractères du IXe ou Xe siècle et elle avait été dédiée à

seigneuries de Saint-Pons-la-Calm, de Gaujac, du Pin, de Pougnadoresse et de la Bastide d'Engras, appartenant à des maisons moins importantes.

Parmi les nombreuses châtellenies que les barons de Sabran possédaient au XIe siècle, celle de Tresques était une des plus anciennes. Son château, dont il ne reste plus depuis le XVIe siècle que la grande tour du guet démantelée, s'élevait au milieu des rochers qui forment l'extrémité occidentale d'un petit coteau, sur les flancs duquel sont étagées maintenant les maisons du village. Ce château occupait l'emplacement d'un édifice antérieur, que l'on croit avoir été un petit fort, construit par les Romains.

Comme toutes les demeures seigneuriales des VIIe et Xe siècles, ce château abritait, dans l'enceinte de ses remparts, une chapelle, aux murailles épaisses, flanquées de deux puissants contreforts, l'un à l'angle Nord et l'autre à l'angle Sud de sa façade occidentale. Sa voûte massive portait à 9 mètres la hauteur de l'édifice et était recouverte, à l'extérieur, de larges pierres, appelées *lauzes*, servant de toiture. A l'intérieur, la nef comprenait en longueur deux travées de 4 mètres chacune, séparées par un pilier engagé, surmonté d'un arc doubleau. Les murs latéraux étaient ornés de

Saint-Symphorien. Elle a été longtemps le centre d'un prieuré simple sans cure d'âmes. (Goiffon, Dic. top. p. 61).

Après la suppression des Templiers, Boussargues devint la propriété d'Albert Henrici ou Alriaci, (des Alrics) qui était ainsi, en 1423, co-seigneur de Sabran. — Antoine Henrici, dit de Sabran, aliéna le 13 septembre 1432, (d'Hoziers, arm. général. reg. V, p. 872) en faveur de Thomas Alberti, viguier de Bagnols, dont le petit-fils Léon d'Albert fut seigneur en partie de Luynes en Provence. — Jean Alberti, son fils, viguier royal de Bagnols, fut aussi seigneur de Boussargues et fit hommage de cette terre au roi, en 1434. — Son fils, Thomas, porta le titre de baron de Montclus et fit hommage de la terre de Boussargues et de la viguerie de Bagnols, en 1499. — La fille de ce dernier épousa Jean de Montfaucon, dont le fils Jean eut pour fille Dorothée, qui porta par son mariage du 13 août 1597 à Melchior de Vogüé la terre de Boussargues et la viguerie de Bagnols. — On trouve, en 1624, Louis de Pélegrin, qui était seigneur de Boussargues et en 1668 Melchior de la Gorce, qui était seigneur de la Roque, de Saint-Laurent-de-Carnols, de Boussargues et autres places ; mais ces derniers ne devaient être qu'en partie seigneurs de Boussargues, car ce domaine est resté aux de Vogüé jusqu'en 1872. (Allègre, Bagnols en 1787, p. 289).

Dès la fin du XVe siècle, toute la baronie territoriale de Sabran était déjà sortie de l'antique famille des de Sabran. Car, outre les co-seigneuries de Boussargues et de Tresques, il y avait encore la seigneurie de Rostaing de Banne. En effet, la fille et héritière de ce Rostaing, Catherine de Banne, épousa le 29 septembre 1479 Louis de Nicolay, qui rendit hommage à l'évêque d'Uzès, le 26 avril 1488, pour une partie de ses terres de Sabran et de Colombier. Leur fils, Jacques de Nicolay et ses descendants ont porté le titre de barons de Sabran jusqu'à la Révolution.

doubles arcatures engagées, qui augmentaient de 40 centimètres l'épaisseur des murs à la hauteur de la corniche. Cette nef était terminée par une abside de 2 mètres de rayon du côté de l'Orient. Elle mesurait en totalité 10 mètres de long, sur 4 mètres de large.

Les plus anciens possesseurs du château de Tresques, dont l'histoire ait conservé les noms, sont les barons de Sabran, qui commencent à apparaître, en 1002.

Le cartulaire de Cluny, T. III, n° 1987, fait mention d'un *Rostaing de Sabran*, qui était, à cette époque, l'un des principaux seigneurs de la cour de Rothold, comte et marquis de Provence. Il est probable que ce Rostaing fut le père d'Eménon I de Sabran, par lequel commence la filiation de cette antique famille (1).

I Degré, *Eménon* I *de Sabran* assista, le 18 décembre 1029, en qualité de témoin, au château de Sauve, avec Guillaume V, comte de Toulouse ; Frotaire, évêque de Nimes ; Atton, vicomte de Nimes ; Bermond de Sommières et plusieurs autres seigneurs, à la rédaction de l'acte par lequel noble Garsinde, veuve de Bernard, seigneur d'Anduze et ses deux fils Bermond et Almérald, fondaient le monastère bénédictin de Sauve (2). Eménon I eut trois fils, qui formèrent le second degré de filiation : Guillaume I, qui dès l'année 1065, signait l'acte d'union du monastère de Goudargues à l'abbaye de Cluny (3).—Eménon II, qui fut présent avec son père à l'acte de 1066, par lequel la comtesse de Toulouse Almodis et Raymond IV de Saint-Gilles, son fils, unissent l'abbaye de Saint-Gilles à celle de Cluny (4). Il est probable qu'Eménon II fut le père de Gibelin II, qui apparaît dans l'acte de 1088, à la troisième place après son oncle Guillaume I et dans lequel Raymond IV de Saint-Gilles fait une donation en faveur de l'abbaye de Saint-André-de-Villeneuve, près d'Avignon (5). — Gibelin I de Sabran qui fut élu archevêque d'Arles (6).

II Degré, *Guillaume de Sabran*, marié probablement à une héritière des Amics, souscrivit en 1088 avec Elzéard d'Uzès, Rostaing de Posquières, Gibelin de Sabran et Ripert de Caderousse à la charte de Raymond IV de Saint-Gilles, comte de Toulouse, en faveur de l'abbaye de Saint-André, près d'Avignon (7). Il

(1) Généalogie historique de la maison de Sabran, p. 115-121.

(2) L'abbé Goiffon, *Bulletin du Comité de l'Art chrétien*, T. II, p. 357.

(3) Hist. de Languedoc, T. II, pr., col. 249.

(4) Généalogie historique de la maison de Sabran, *loco citato*.

(5) Hist. de Languedoc, T. III.

(6) Généalogie historique, T. III.

(7) Hist. de Languedoc, T. II, p. 272.

assistait aussi, en 1096, à l'abbaye de la Chaise-Dieu, à une autre donation que fit Raymond IV de l'Église de Beaucaire (1).

Guillaume de Sabran fut un des héros de la première croisade. Il y accompagna le comte de Toulouse, son suzerain, conjointement avec Raymond-Decan, fils d'Elzéar I d'Uzès. Son nom est cité parmi les chevaliers qui eurent la gloire d'entrer les premiers dans la ville de Jérusalem, conquise le 15 juillet 1099. Après la mort du comte Raymond IV, qui arriva vers la fin de février 1105, Guillaume et Raymond-Decan revinrent ensemble dans leur patrie. On croit que ce fut peu après son retour de la Palestine, que Guillaume de Sabran, en action de grâce de sa préservation, fit construire sur une des collines situées à un kilomètre N.-E. de son château de Cavillargues et à trois kilomètres et demi de son château de Sabran, la chapelle du Saint-Sépulcre, avec son Ermitage.

Au commencement du XVe siècle, cette chapelle et cet Ermitage dépendaient de l'abbaye de Saint-Justin-de-Sézade, au diocèse d'Aix. Mais le 1er février 1459, ils furent donnés au prieuré de Carsan, au diocèse d'Uzès.

Les biens de ce petit bénéfice rural, d'abord assez pauvre, reçurent un accroissement considérable, en 1496, grâce à la générosité des seigneurs de Saint-Michel-d'Euzet, à condition de quelques services à célébrer par les Ermites. On donna, à cette époque, la terre des Imbres à l'Ermitage et le prieuré fut appelé : *Prioratus B[ae] M[ae] Imbriarum.* En 1561, le prieur de Carsan, Jean de Fages donna à nouvel achet et emphitéose le domaine des Imbres à Gaillard de Fages, son neveu, seigneur de Gicon, sous la rente annuelle et perpétuelle de 30 livres. Deux ans après, en 1562, le roi faisant procéder à la vente du bien temporel du diocèse d'Uzès, par le sénéchal de Beaucaire, Gaillard de Fages se porta encore acquéreur et en vertu du contrat de nouvel achet il jouit paisiblement de ce domaine jusqu'à son décès. Après lui, Guillaume de la Mare, tuteur des entants de Gaillard, en jouit jusqu'en 1581, époque où il le remit par transaction à Marguerite d'Aragousse, veuve du seigneur de Fages, pour en jouir jusqu'à extinction des sommes à elle reconnues par son premier mari. Mais le 25 mars 1582 la métairie des Imbres fut inféodée de nouveau par Louis de Tornatorin, prieur de Carsan, à noble Pierre d'Augier, seigneur de Gicon, baron de Sabran, maître d'hôtel ordinaire du Roi et prévôt général du Languedoc, lequel avait pris, en secondes noces, Marguerite d'Aragousse, veuve de Gaillard. Il est dit, dans cet acte : que la « métairie des Imbres est assise au mande-

(1) Hist. de Languedoc, T. II, pr. col. 343.

» ment de Sabran ; qu'elle consiste en membres, cours, jardins, » vignes, terres labourables, hermes, prés, olivette, bois, devois » de pâturages ; que cette métairie est démolie par l'injure du » temps et guerres civiles qui ont régné ; et qu'enfin le terroir est » pauvre et infertile et de fort petit revenu. »

En 1603, un prieur de Carsan, Philippe d'Espare, ayant connu l'inféodation des Imbres, obtint par lettres royaux la cassation du contrat de 1582. Il avait déjà fait signifier cette cassation, par exploit à Pierre d'Augier. Mais ayant appris que, lors de l'inféodation, « la métairie des Imbres était fort ruinée et dépopulée, » que les maisons et les grangeages avaient été rompus et démo- » lis pendant les guerres ; que les terres étaient incultes, remplies » de joncasses et infertiles et que M. d'Augier avait fait bâtir les » granges rompues, ouvrir les prés, creuser plusieurs grands fossés, » pour rendre les prés fertiles et empêcher les ravages des eaux » qui les remplissaient de sablé », à cause de toutes ces améliorations, il lui renouvela l'inféodation. Noble d'Augier fut condamné à mort par arrêt du 27 mars 1612. Mais la jouissance des Imbres fut conservée à la dame d'Aragousse par arrêt du Parlement de Toulouse du 26 mai 1620. Malgré tout cela, Pierre Rivière, prieur commandataire de Carsan passa, en 1621, un contrat d'arentement de la métairie des Imbres en qualité de seigneur propriétaire. Ce contrat fut attaqué devant le sénéchal par Pierre de Pélegrin, donataire des biens de la dame d'Aragousse qui s'était mariée en troisièmes noces avec Louis de Pélegrin, seigneur de Gaussargues. Pierre de Pélegrin demanda et obtint qu'en vertu des contrats antérieurs de nouvel achet, bail et arrêts, il eût le droit de continuer la jouissance des Imbres, en payant la censive fixée par le roi à 22 livres. Les religieux Carmes de Bagnols possédaient le prieuré de Carsan et des Imbres de 1639 à 1651, époque où deux arrêts du Parlement de Toulouse les en dépossédèrent en faveur des Bénédictins du Pont-Saint-Esprit. Enfin, les Imbres, suivant la destinée du bénéfice de Carsan, après avoir été unis, vers 1725, à la mense des Bénédictins de Rochefort, qui en jouirent jusqu'à la Révolution, furent ensuite vendus. Mais l'église du petit prieuré de N.-D. *des Imbres* resta, avec ses modiques et primitives dépendances, à la cure de Cavillargues et ne s'appela désormais que : N.-D. du *Saint-Sépulcre*.

Sous l'administration du curé Gibelin, d'importantes améliorations ont été exécutées. Par l'addition d'une nouvelle nef, construite en avant et d'une longueur double de l'ancienne, l'ancienne église est devenue le chœur de la nouvelle. Deux chapelles latérales ont été ajoutées. Celle de gauche est dédiée à l'Immaculée-Conception et celle de droite à N.-D. de la Salette. Une sacristie convenable a pris la place de l'antique Ermitage et un vaste corps de bâtiments, servant d'hôtellerie pour le clergé, a été bâti derrière l'abside du chœur. Toutes ces nouvelles constructions ont été réalisées, grâce aux offrandes généreuses de Mlle de Barême. Et ainsi, par deux fois et à 350 ans de distance, N.-D. du Saint-Sépulcre a été améliorée par les seigneurs de Saint-Michel-d'Euzet (1).

Revenons, aprés cette digression, à la généalogie des Sabran. Au retour de la croisade, Guillaume, dans le dessein d'agrandir la chapelle de son château de Tresques, en fit transformer l'abside en un transept surmonté d'une élégante coupole byzantine et, au-delà de ce transept, il fit construire une autre abside, accostée de deux absidioles et précédée d'un arc triomphal où l'ogive commence à apparaître.

Ce premier agrandissement de l'église de Tresques fut réalisé vers 1111 et, si plus tard, on eut l'idée de faire graver sur le linteau d'une petite porte, située du côté du nord, ces mots FVT FAITE 1111, cela n'était vrai que de la coupole et du transept, mais non pas de la nef de la Vierge.

En 1164, Guillaume I assista en qualité de connétable, avec Bermond d'Uzès, Pierre de Caderousse, Pierre de Remoulin et Bertrand de Bagnols à la confection d'une charte de Raymond V, comte de Toulouse, en faveur du monastère de Saint Saturnin-du-Port.

Guillaume I eut trois fils, qui formèrent le troisième degré de filiation, savoir : Guillaume II, né en 1080, — Eménon III et Rostaing (2).

III. Degré, *Guillaume II de Sabran* eut trois fils, qui formèrent le quatrième degré de filiation : Guillaume III, auteur de la branche des connétables héréditaires des comtes de Toulouse, — Giraud-Amic de Sabran, auteur de la branche des Amics et Rostaing, auteur de la branche d'Uzès, lequel se maria avec Roscie ou Rose, fille de Rainon I du Caylar et de Béatrix d'Uzès. Cette branche d'Uzès est dite *du Caylar*.

IV Degré, *Guillaume III de Sabran*, connétable auprès de Raymond V, comte de Toulouse, assista en 1164, avec Bermond d'Uzès, Pierre de Caderousse, Pierre de Remoulins et Bertrand de Bagnols, à une charte de Raymond V, en faveur du monas-

(1) Goiffon, diction. topogr., p. 80.— Archives des Pélegrin.

(2) Généalogie historique de la maison de Sabran.

tère de Saint-Saturnin-du-Port (1). Il eut trois enfants, qui formèrent le cinquième degré de filiation. Rostaing I, qui suit, — Raymond, qui fut prêtre et Ermengarde, qui se maria avec Guillaume de Baux, fils de Bertrand de Baux I, lequel était devenu prince d'Orange, par son mariage avec Tiburge II, unique héritier de Raimbaud IV. Le comte de Toulouse Raymond V mourut fort âgé à Nimes, en 1194, laissant de Constance, fille de Louis-le-Gros, Raymond VI dit le Viel, qui embrassa le parti des Albigeois, fut vaincu à Muret, en 1213, excommunié en 1215 et dont les Etats furent confisqués (2).

V. Degré, *Rostaing I de Sabran*, fit avec son père, en 1199, un acte de donation du moulin et du bois de Montésargues, près de Tavel, en faveur des religieux de l'ordre de Grandmont (3). La même année, Rostaing se maria, en premières noces, avec Clémence, fille de Guillaume VII, seigneur de Montpellier et de Mathilde de Bourgogne et il passa à son épouse une reconnaissance dotale de 20 mille sous Melgoriens sur son château de Tresques et sa villa de Cavillargues (4). Quatre ans après, en octobre 1203, il signa à son château de Saint-Victor-la-Coste, une autre donation de vastes terrains, situés à Montésargues, près de Tavel, en faveur des religieux Grandmontains (5). Sa femme Clémence étant morte, en 1205, sans enfants, Rostaing I se maria, en secondes noces, avec Adalma ou Almodis de Mévouillon, en 1205. Il y avait onze ans que son suzerain, le comte de Toulouse, Raymond V, était mort à Nimes, à un âge très avancé, laissant de Constance, fille de Louis-le-Gros, Raymond VI dit le Viel, qui prenait déjà le parti des Albigeois et avait de grands démêlés avec l'Eglise. Rostaing I mourut avant le 19 juin 1209, époque où l'on vit Guillaume V, prince d'Orange, son beau-frère, se porter garant pour les deux fils de Rostaing (6). Ces deux fils étaient Rostaing II, né en 1206 et Guillaume IV, qui formèrent le sixième degré de filiation. La veuve de Rostaing I vendit, le 25 juillet 1215, aux Chartreux de Valbonne, le domaine de Cadenet. Elle vivait encore en 1227.

VI Degré, *Rostaing II de Sabran* n'apparaît dans les actes qu'en 1226. Jusqu'en 1221, la mouvance du château de Tresques avait relevé des rois de France, par la voie des comtes de Tou-

(1) Charvet, la première maison d'Uzès.
(2) Généalogie historique de la maison Sabran.—Moreri, Dict. V. Orange.
(3) Bulletin du Comité de l'*Art Chrétien*, T. I, p. 447.
(4) Histoire du Languedoc, T. III, pr. col. 188.
(5) Bulletin du Comité de l'*Art Chrétien*, T. I, p. 448.
(6) Généalogie historique de la maison de Sabran, p. 115-121.

louse. Mais après la bataille de Muret (1213), lorsque Raymond VI, comte de Toulouse, eût été excommunié (1215) et ses possessions confisquées, le roi Philippe II donna le château de Tresques à Raymond III, évêque d'Uzès ; et, à partir de ce moment, tous les seigneurs de Tresques firent hommage de ce domaine aux évêques de cette ville. C'est pour cela que Rostaing II, dans l'hommage qu'il fit au roi en 1226, étabit une distinction entre les biens qu'il tenait du roi et ceux qu'il tenait, soit de l'évêque d'Uzès, soit de l'évêque d'Avignon (1).

Les évêques d'Uzès possédaient près de Tresques une autre petite seigneurie, celle de Saint-Pons-la-Calm, dont la suzeraineté leur fut ratifiée par Louis VIII, en 1226 et par le roi Saint Louis, en 1254. Les communes commençaient à prendre de l'importance et à obtenir des privilèges. Celle de Saint-Pons-la-Calm obtint de Saint Louis, entr'autres privilèges, la justice haute, moyenne et basse, pour le sixième de son terroir, comprenant les quartiers que le seigneur du Pin avait cédés à la communauté par bail emphithéotique, à la charge de certaines redevances annuelles. Ce fut l'origine de nombreuses querelles judiciaires, qui durèrent depuis 1230 jusqu'en 1738 entre les deux communautés de Saint-Pons et du Pin.

Rostaing II fut compris dans l'excommunication lancée (26 avril 1240) par l'archevêque d'Arles, contre le comte de Toulouse et ses adhérents. Il était en effet un des principaux fidèles de Raymond VII Aussi, après la mort de ce prince (27 septembre 1249) lorsque le marquisat de Provence devait passer entre les mains d'Alphonse, comte de Poitiers et époux de Jeanne, fille et héritière de Raymond VII, Rostaing de Sabran, pour ôter tout soupçon sur son royalisme, déclara, le 21 octobre 1249, à Saint Saturnin sur le Rhône, devant le cardinal Pierre, évêque d'Albano, vice-gérant du pape « qu'il était résolu de demeurer toujours dans la fidélité du roi ; et, pour en donner des preuves, il remit au sénéchal de Beaucaire et Nimes son château de Saint-Victor, chef-lieu de ses domaines et le pria d'en faire abattre les fortifications, » ce qui fut fait.

On le voit figurer pour la dernière fois, le 5 mai 1252, parmi les

(1) *Rostannus de Sabrano salutem, noveritis me fecisse hommagium D. regi Francorum Ludovico ligium contrà omnes homines et me recognovisse quod teneo de eo villam de Balneolis et castrum St Victoris et villam de Cavillanicis et totam aliam terram meam, exceptis quibusdam castris quæ teneo de Avenionensi et Uticensi episcopis.* (Hist. de Languedoc, T. III, p. 316).

Armoiries de Sabran : *De gueules, au lion d'argent issant.* Devise : *noli irritare leonem.*

arbitres d'une transaction passée entre la maison de l'hôpital Saint-Jean et la maison du Temple à Saint-Gilles.

Rostaing II de Sabran laissa deux fils : *Guillaume V de Sabran* qui hérita (1) de la terre de Tresques et Rostaing IV de Sabran, qui devint chevalier du Temple, en 1252 et commandeur à Orange, en 1271 (2).

Guillaume V de Sabran eut un fils : *Rostaing V de Sabran*, qui ne laissa, comme héritière, que Bérengère de Sabran. Celle-ci se maria avec Pons III de Montlaur, fils de Gui II de Montlaur et arrière petit-fils de Douce, dame de Posquières. Par ce mariage, la seigneurie de Tresques, sortait de la famille de Sabran, et *Pons III de Montlaur*, agissant en son nom et au nom de Bérengère, sa femme, fit hommage le 22 mai 1326, à l'évêque d'Uzès, Guillaume de Mandagout, de la seigneurie de Tresques, Sabran et autres lieux.

Toutefois, peu de temps après cet hommage, les châteaux et chatellenies de Tresques, Sabran et Montclus devinrent la possession de la famille *de Bedos*, jusqu'en l'année 1346. A cette époque, les deux frères Bertrand et Améron de Bedos les cédèrent à *Guillaume Roger*, vicomte de Beaufort et frère du pape Clément VI.

Guillaume Roger, à son tour, ne les garda que pendant une vingtaine d'années. On les retrouve ensuite dans la famille des Montlaur.

Pons III de Montlaur eut trois enfants : Pons IV de Montlaur, qui continua la descendance ; Gui de Montlaur dont le fils fut seigneur de Florac, en 1381 et une fille Isabeau de Montlaur, qui épousa en 1346 Bernard Pélet IV, coseigneur d'Alais (3).

Pons IV de Montlaur et de Sabran épousa, en 1347, Raimbaude de Sabran, sa cousine au 4e degré, fille de Géraud Amic V, seigneur de Rochefort et de Fournès. Il laissa pour héritier *Guillaume de Montlaur*.

Après la bataille de Poitiers (1356) de nombreux gens d'armes se réunirent en bandes sous la conduite d'officiers aventureux qu'ils avaient eux-mêmes choisis et se répandirent de divers côtés pour mettre les pays à contribution. Ils formèrent ces terribles *compagnies* qni accumulèrent sur la France autant de ruines que l'invasion anglaise (4).

(1) Hist. de Languedoc, T. III, p. 121 et pr. col. 209.
(2) Hist. et Papon, T. III, p. 476.
(3) Charvet, *La première maison d'Uzès*, p. 89 et 90.
(4) Etudes historiques sur St-Laurent-des-Arbres, par l'abbé Durand, p. 2.

Notre pays et ses environs commencèrent à souffrir de ces bandes de pillards, lorsque, en 1360, les compagnies se furent emparées de Pont-Saint-Esprit, où elles établirent leur quartier général. A cette époque, Tresques ne se composait encore que de sa forteresse seigneuriale fièrement perchée, avec quelques maisons, sur les derniers rochers de la côte. Les autres habitations formant la paroisse se trouvaient disséminées sur les coteaux de Saint-Martin et près de l'église de la Madeleine.

Pendant une vingtaine d'années la situation des paysans fut très malheureuse. Ils ne jouissaient plus d'aucune sécurité et, lorsque ils voulaient sortir de leur maison pour labourer leur vigne ou ensemencer leur champ, ils se demandaient toujours s'ils ne seraient pas assaillis par quelque bande de pillards (1).

Les papes Innocent VI et Urbain V s'employèrent à plusieurs reprises pour délivrer notre région de ces aventuriers ; mais leur éloignement n'était que momentané et ils revenaient peu de temps après recommencer leurs déprédations et leurs pillages. Cependant, en 1374, le duc d'Anjou ordonna à Du Guesclin de se mettre à la poursuite des compagnies. Le connétable leur fit la chasse avec une telle ardeur qu'il en délivra bientôt le Bas-Languedoc.

Mais six ans ne s'étaient pas écoulés depuis leur départ, que de nouvelles bandes apparurent, celles des Tuchins, dont le soulèvement ne fut que la conséquence des souffrances multiples endurées par les populations rurales. Car à tous les ravages des compagnies, étaient venues s'ajouter des épidémies fréquentes, des famines, l'énormité des subsides, la cruauté des exacteurs, la voracité des gouverneurs rapaces du Languedoc, les ducs d'Anjou et de Berry; enfin dès le début du règne de Charles VI, une guerre civile avait fini par éclater entre les partisans du duc de Berry et ceux du comte de Foix. En face de tous ces malheurs, un grand nombre de paysans furent réduits à la misère et, dans l'impossibilité de vivre de leur travail, ils se firent brigands et s'associèrent pour le butin et le pillage (2). Telle fut l'origine des Tuchins, en 1380.

Dans l'année 1383, leurs bandes dévastatrices se répandirent dans notre contrée, multipliant sur leur passage les meurtres, les incendies et les pillages. Ils exercèrent leurs brigandages à Chusclan, Laudun, Bagnols, Saint-Gervais, Sabran, Tresques, Saint-Pons, Cavillargues, où ils saccagèrent un grand nombre de maisons,

(1) Id. p. 6.

(2) Id. p. 7.

livrèrent aux flammes les récoltes et « firent de cette contrée si fertile et si riante un désert inhabitable. » (1)

A Tresques, après s'être emparés du château, ils brûlèrent tous les meubles du seigneur et de la chapelle du château. A Saint-Martin, ils démolirent le chœur et la moitié de l'église paroissiale ainsi que le vaste hôpital qui l'avoisinait. Ces bandes de forcenés ne quittèrent la localité qu'en 1384, après une année entière de ravages et en laissant après eux la plus grande misère.

Après leur départ, les seigneurs de Tresques s'empressèrent de réparer les dégâts occasionnés à leur château. En même temps, ils disposèrent les murailles de la chapelle en véritable forteresse. Une énorme tour carrée, à baies ogivales et gémirées, terminée par une plateforme munie de crénaux fut construite sur la première travée de la nef pour servir de clocher. Les murs du transept et de l'abside principale furent surhaussés, reçurent aussi des créneaux et on réserva du côté du midi une porte à plein cintre pour mettre en communication les fortifications de l'église avec celles du château.

Dans la construction du clocher, on utilisa un grand nombre de pierres portant des sculptures ou des restes de peintures et qui provenaient de la démolition d'une partie de l'église de Saint-Martin (2).

Non seulement les seigneurs de Tresques réparèrent chez eux les ruines occasionnées par les Tuchins ; mais encore ils s'appliquèrent à favoriser, par des concessions d'emplacements, la construction de nouvelles habitations pour leurs vassaux, près de la forteresse seigneuriale. Quant à l'église de Saint-Martin, sa restauration demeura ajournée et les offices paroissiaux commencèrent à être célébrés dans l'église de Tresques, qui devint le centre du prieuré

Lorsque l'église et le château de Tresques furent incendiés par les Tuchins, il est probable que *Pons V de Montlaur* en était le seigneur ; car c'était lui qui en avait passé reconnaissance, en 1366, à Bompard, évêque d'Uzès. Il eut pour successeur *Louis de Montlaur*, qui fit preuve d'une grande énergie et d'un grand courage.

En 1418, pendant la guerre des Armagnacs et des Bourguignons, le roi Charles VI et le Dauphin durent principalement la conservation du Vivarais aux soins et à la vigilance de Louis de

(1) Ménard, T. III, pr., p. 66.

(2) La provenance de ces pierres a été reconnue, en 1892, lors de la démolition de ce clocher.

Montlaur, baron de Sabran, de Tresques, de Florac et d'Aubenas, qui se mit en armes. Il s'avança vers Nimes, pour maintenir cette ville dans le devoir et empêcher les Bourguignons de s'en emparer ; mais il arriva trop tard. Chemin faisant, il voulut entrer dans Cavillargues dont il était seigneur suzerain. Les habitants lui en fermèrent les portes, ce qui l'obligea de se retirer à Tresques. Plus tard cependant, en 1427, il fit un accord avec les habitants de Cavillargues, qui lui payèrent une amende pour leur désobéissance, par un acte passé et daté sur le Pont d'Avignon (1).

(1) Hist. de Languedoc, T. IV, p. 444.— Ménard, T. III, p. 147.

CHAPITRE III

Organisation et épreuves de la paroisse

(1454-1570)

SOMMAIRE. — Les changements d'église paroissiale. — Les changements de Seigneur. — Union du prieuré à la Chartreuse de Villeneuve-les-Avignon. — Acquisition de la seigneurie par Philippe de Combe. — Seconde nef de l'église. — Fondation d'une Chapellenie. — Union du prieuré de Sabran. — Procès. — Apparition du Calvinisme. — Enquête. — Translation des restes de Philippe de Combe. — Confirmation de l'union. — Troubles des Calvinistes. — Les guerres religieuses.

L'HISTOIRE paroissiale de Tresques, depuis son origine jusqu'aux guerres religieuses du XVIe siècle, comprend quatre périodes, limitées par quatre grandes épreuves.

La première période est contemporaine de l'installation et du séjour des religieux bénédictins sur le Camp-de-César. Elle va de la fin du VIe siècle jusqu'au Xe. On construisit, sur le bord occidental de l'étang, la première église paroissiale, sous le vocable de *Sainte-Madeleine*. Par les conseils et sous la direction des moines, on procéda au dessèchement de l'étang et on se livra aux premiers travaux d'agriculture. Cette période dura près de 300 ans, jusqu'à l'invasion des Sarrasins.

La seconde période commence au Xe siècle. Les moines de Saint-Pierre laissent en ruine leur monastère du Camp-de-César et établissent leur résidence à Pont-Saint-Esprit. La belle église de *Saint-Martin* fut alors bâtie sur un terrain appartenant à la couronne. Elle contenait 71 mètres de superficie dans œuvre. On en fit la seconde église paroissiale. Pendant cette période, qui dura 420 ans, jusqu'aux désastres des Tuchins, la seigneurie de Tresques sortit plusieurs fois de la famille des Montlaur. En l'an

1326, elle appartenait à celle des *de Bedos*, qui la garda pendant 20 ans (1). Les deux frères Bertrand et Améron de Bedos vendirent, en 1346, le château et la terre de Tresques à *Guillaume Roger*, vicomte de Beaufort (2), père du pape Clément VI, qui régna à Avignon de 1342 à 1352 et grand-père de Grégoire XI, qui régna de 1370 à 1378 et qui fut le dernier pape d'Avignon. Entre ces deux pontificats des enfants de Roger, il y eut ceux d'Innocent VI et d'Urbain V. Le premier de ces deux pontifes signala son règne par la construction de la chartreuse de Villeneuve-les-Avignon, dans laquelle il voulut être inhumé. Après l'achèvement de cette chartreuse, Innocent VI, à l'instigation sans doute de la famille de Roger, unit le prieuré de Tresques à la mense monacale de ce couvent. Par suite de cette union, le prieur de la chartreuse devint désormais le prieur de Tresques et la paroisse ne fut plus administrée que par un curé ou vicaire perpétuel et par un secondaire (3).

(1) Note fournie par M. Albert de Vogüé.

(2) Anne Roger, fille de Guillaume Roger, seigneur de Tresques, se maria avec Guillaume de Juge, de Périgord. De ce mariage naquit : 1° André de Juge, qui continua la descendance ; 2e Pierre de Juge, qui devint cardinal en 1365. Après 370 ans, un autre seigneur de Tresques, M. François de Cadolle se maria avec Marianne de Juge, une descendante de Guillaume Roger, à la 12e génération.

(3) Voici le catalogue des 54 prieurs de la chartreuse de Villeneuve-les-Avignon, qui furent successivement, jusqu'à la Révolution, les prieurs titulaires de Tresques.

En 1357 Petrus de Porta. — 1361 Joannes de Lengis. — 1380 Guil. Lupi. — 1385 Lupus Martini. — 1397 Joannes Giraudi. — 1403 Petrus Cordonerii. — 1420 Lambertus Joannis. — 1423 Michaël Virei. — 1436 Joannes Rossendal. — 1443 Guil. Tirardi. — 1453 Jacobus Gentilis. — 1454 Antonius Delhieux. — 1473 Antonius de Charno. — 1480 Alanus de Sangrux. — 1482 Laurentius Plumevan. — 1484 Helmanus. — 1492 Petrus Ruffi. — 1495 Jean de la Boutire — 1496 Ant. Burlandi. — 1500 Ant. Autrandi. — 1503 Louis de Busco. — 1504 Vencentius de Eragiis. — 1528 Joannes de Cassagnis. — 1550 Fr. Simiana de Casa Nova. — 1564 Leonardus Coste. — 1571 Petrus de Auxiaco. — 1574 Jacobus de Censayoir. — 1586 Louis d'Avelli. — 1591 Paul Ponset. — 1594 Bruno d'Affringues. — 1600 Nicolas Leau. — 1615 Louis de Molières. — 1621 Ant. Desmaret. — 1626 Pacifique Demont. — 1634 Augustin Joyeux. — 1636 Chrysantus Paulin. — 1642 Louis de Lauzeray. — 1643 Chrysantus Paulin (bis). — 1646 Louis de Lauzeray (bis). — 1658 Simon de Belly. — 1676 J.-B. Berger. — 1677 Antoine Costel — 1685 Nicolas Thienne. — 1689 Jean Bardona — 1690 J.-B. Berger (bis). — 1700 Emmanuel Vanel. — 1713 Philippe Boituret. — 1716 Jean Brugas. — 1717 Raphaël Ramel. — !... Hugues de Monteynard. — 1741 Martial Michelon. — 1759 Ange de Rouvière. — 1769 Emmanuel Jauna. — 1787 Joseph de Camaret.

(*Origine et esquisse topogr. de la Chartreuse de Villeneuve-les-Avignon ; Avignon, typ. veuve A. Bonnet, 1868*).

La famille de Guillaume Roger ne posséda la seigneurie que pendant une vingtaine d'années et, en 1366, Pons V de Montlaur en passa reconnaissance.

Les dévastations des Tuchins mirent fin, en 1382, à l'organisation paroissiale, établie dans l'église de Saint-Martin. L'abside et la moitié de cette église furent entièrement démolies. Le seigneur Louis de Montlaur céda alors la chapelle de son château pour le service religieux de la paroisse.

Le château resta dans la famille de Montlaur jusque vers l'année 1454. On le trouve possédé à cette date par la famille de *Guillaume de Poitiers*, évêque de Viviers, jusqu'en 1485. La commune de Tresques, à cette époque, était devenue assez importante ; et, plusieurs fois, elle s'était portée adjudicataire du devois et juridiction de la petite seigneurie de Saint-Martin, qui avait été mise en vente par les commissaires du Roi, au prix de 25 livres tournois d'entrée et 4 livres de cens annuel. En 1485, le 22 décembre, les habitants passèrent un acte de nouvel achet par devant le Sénéchal de Beaucaire et Nimes, à l'effet de maintenir en leur faveur cette juridiction, moyennant le prix de 130 livres tournois d'entrée et 6 livres de cens annuel. *Clermont de Sabran* était alors seigneur de Sabran et Tresques (1).

L'année suivante, 1486, les chatellenies de Tresques, de Sabran et de Montclus furent acquises par la famille *de Combe*, originaire de Vienne, en Dauphiné. (2) Dès leur arrivée dans le pays, les de Combe s'attachèrent à centraliser en eux toutes les juridictions seigneuriales. C'est pourquoi, lorsque le roi députa, en 1494, l'évêque d'Albi, avec les officiers du domaine, pour procéder à la revente des biens royaux, les deux frères Philippe et Cathelin de Combe demandèrent et obtinrent la juridiction de Saint-Martin, par une nouvelle adjudication. Les habitants durent se départir de tous leurs droits, moyennant le remboursement de 135 livres tournois. Ils se réservèrent cependant « le droit de « lignérer et de faire paître leurs troupeaux dans le devois et pa- « turages de l'Etang ». (3) Cette condition engendra plus tard bien des contestations et des procès.

Les deux frères Philippe et Cathelin de Combe se partagèrent les trois seigneuries de Tresques, Sabran et Montclus, par contrat du 27 avril 1508. Le second, qui était déjà seigneur de Barjac, obtint pour sa part la baronnie de Sabran, dont la moitié fut plus

(1) Archives municipales, F. F.
(2) Archives de M. de Voguö et de la Fabrique.
(3) Archives municipales, F. F.

tard aliénée, par contrats du 27 août 1602 et du 29 janvier 1603, à Pierre d'Augier, grand-prévôt du Languedoc. *Philippe de Combe* possèda la baronnie de Montclus et la seigneurie de Tresques. (1) Les deux nobles frères portèrent le plus vif intérêt à la prospérité matérielle et spirituelle de leur seigneurie.

Le village de Tresques, devenu plus populeux, comptait alors une centaine de maisons, adossées contre les pentes du fort et abritées derrière une haute ceinture de remparts appelés vulgairement *Barry*. Ces remparts étaient flanqués de cinq tours rondes, dont deux seulement existent encore, mais considérablement amoindries (2).

Malgré son premier agrandissement, sous Guillaume de Sabran (1111), l'église se trouvait déjà trop étroite pour contenir la population. Philippe de Combe fit abattre la partie du grand rempart de son château qui était devant le mur septentrional de l'église. On perça ensuite ce mur sous les deux arcades latérales du côté de l'Évangile et on construisit, sur l'emplacement du rempart, une seconde nef un peu plus large que la première, munie d'une grande fenêtre en plein cintre du côté du Nord et d'une petite porte, pour mettre en communication le château avec l'église. Cette seconde nef fut dédiée à la Sainte-Vierge et à partir de cette époque, le prieuré resta désigné par ce titre : « prieuré Notre-Dame de Tresques. »

Malheureusement par cette construction, dépourvue de tout caractère architectonique, on détruisit l'harmonie du charmant édifice du XIIe siècle. L'église se trouva peu agrandie et partagée en deux corps de bâtiments fort irréguliers, très incommodes pour les fidèles et séparés l'un de l'autre par deux énormes piliers. Philippe de Combe comprit-il ou ne comprit-il pas qu'il avait manqué d'esthétique et recherché sa propre utilité en négligeant celle du peuple ?... Quoiqu'il en soit, quelques années après, il

(1) Archives de M. de Vogüé.

(2) Ces deux tours furent longtemps inféodées au profit des pauvres, par les consuls, bailes ou administrateurs du Bureau de Charité. La première, située à l'extrémité de la rue Haute et appelée : la tour du pré du four vieux, était inféodée à Pierre Labertrande et à André Dubois, sous la censive d'une cartière de blé. La seconde située à l'autre extrémité de la même rue et près de laquelle on construisit plus tard le cimetière de la Condamine, fut inféodée à Simon Charmasson et passa ensuite à Mathurin Missot, sous la censive annuelle d'une eymine de blé. Ces deux concessions étaient faites avec la réserve : « que les manants et habitants tiendraient renfermés dans ces tours les objets nécessaires pour la tuition et défense du lieu. » Les remparts avaient trois portes, celle de l'Aure, celle de Favan et celle de la Font. (Archives municipales. G. G.).

ne se montra frappé que des fâcheuses conséquences de l'union du prieuré à la chartreuse de Villeneuve. Les prieurs chartreux titulaires, n'habitant pas la localité, étaient remplacés par un vicaire perpétuel, qui, de son côté, ne gardait pas toujours la résidence. Le service divin avait souvent à subir des intermittences regrettables. Pour y remédier, Philippe de Combe fonda une chapellenie de deux chanoines, qui seraient chargés de célébrer tous les jours l'office divin, dans la chapelle Saint-Antoine, dont l'autel se trouvait placé dans l'absidiole de droite. Il affecta pour l'entretien de ces deux prêtres « une rente de quatre salmées de blé conségal à prendre dans l'aire, au moment de la récolte ; plus quatre écus d'or, payables à chaque fête de la Toussaint ; enfin, une petite olivette et une vigne située au quartier d'Aubarne et de neuf jours de travail.

Philippe de Combe ne resta seigneur de Tresques que 29 ans. Le 12 novembre 1512, se trouvant malade dans son château de Montclus, il fit son testament par devant Me Bertrand de Bourgoin, notaire à Barjac (1) ; et, dans l'exposition de ses dernières volontés, il consacra une large place aux bonnes œuvres. Il donna « à l'hopital de Tresques, pour les pauvres de Jésus-Christ, 10 sous tournois d'or. — Au bassin de l'église de Montclus, 10 sous tournois d'or (2). — Au prieur de Montclus, pour un trentain de Messes de *Requiem*, 30 sous tournois. — Au chapitre conventuel des Frères Mineurs de Bagnols, pour un trentain, 20 sous tournois. — Au chapître conventuel des Frères Carmes de Bagnols, pour un trentain, 20 sous tournois. — Pour chacun des 100 prêtres qui, le jour de sa sépulture diront la messe pour lui, dans l'église de Tresques, 2 sous tournois et un repas selon ses facultés. — A la fin de l'année qui suivra son décès, 2 sous tournois pour chacune des 300 messes, dites pour lui et un repas aux prêtres célébrants. — Pour la fourniture annuelle et perpétuelle de deux cierges que ses héritiers devaient tenir, selon la coutume (3) devant le maître-autel, à l'élévation de la messe, dans l'église de Tresques, 50 sous tournois. — Pour la fondation perpétuelle de deux chapelains, chargés de célébrer la messe dans la chapelle

(1) Archives de la Fabrique de Tresques.

(2) En 1345, le sou tournois équivalait à 87 centimes d'aujourd'hui. Au XVe siècle il valait 2 francs.

(3) La coutume d'offrir deux cierges, que le Seigneur et la Dame de Tresques tenaient allumés à la messe du dimanche, depuis l'offertoire jusqu'à-après la communion, s'est perpétuée jusqu'en 1872.

Saint-Antoine, il légua et maintint toutes les rentes et tous les biens qu'il avait, pendant sa vie, attribués aux chanoines (1). »

« Quant au choix du lieu de sa sépulture, il désigna l'église de Tresques, devant le maître-autel, dans le cas où il décéderait dans cette seigneurie ; et il légua au prieur 10 sous tournois et au bassin de cette église 10 sous tournois. Mais dans le cas où il décèderait à Vienne, il choisit l'église des moines de Saint-André, dans la chapelle Sainte-Madeleine et dans le tombeau de son père. Il donnait alors 10 florins aux moines de cette église, pour la célébration d'une messe. — Enfin, si son inhumation a lieu dans l'église de Tresques, il établit que ses héritiers entretiendront à perpétuité une lampe allumée devant le maître-autel de cette église, près de son tombeau. Cette fondation sera sans préjudice de la lampe du Saint-Sacrement que le prieur est tenu d'entretenir, d'après la liturgie. Il donna pour la fourniture de l'huile nécessaire à l'entretien de sa lampe tumulaire l'olivette de sa terre d'*Escarésieux* qu'il déclara hypothéquée à cet effet. »

Philippe de Combe mourut à Vienne, en 1516 ; et sa dernière volonté, concernant la fondation de la lampe funéraire, ne commença à être exécutée que 29 ans après sa mort, lorsque ses héritiers eurent vendu ses biens de Vienne et transporté ses restes à Tresques. Il laissait deux filles, Claudine et Monde de Combe. Cette dernière était mariée à Gaillard de Montcalm, docteur ès-droits, fils de Gui de Montcalm et petit-fils de Gaillard et de Montcalm et de Margueritte de Joyeuse, dame de Vauvert.

Par son mariage avec Monde de Combe, *Gaillard de Montcalm* fit la branche des seigneurs barons de Montclus, dite : branche de Tresques, laquelle, à l'inverse de la branche aînée dite de Saint-Véran, resta toujours catholique (2).

Comme son beau-père, Gaillard de Montcalm se montra plein de dévouement pour la religion. Il s'efforça de favoriser et même d'améliorer la fondation de la chapellenie de Saint-Antoine.

En même temps, dans le but d'assurer plus de régularité dans le service religieux du prieuré de Sabran, qui « avait alors beaucoup » à souffrir, par suite des troubles que les calvinistes commencaient » déjà à occasionner dans le pays, » il engagea le prieur de Sabran, M[ire] Vincent Martin, prêtre de Bagnols, à résigner son

(1) En 1512, les deux chapelains étaient André de Molins et Etienne Nogier.

(2) *Bulletin de l'Art chrétien*, T. IV, p. 415.

prieuré en faveur du troisième chanoine de Tresques, M[ire] André de Molines, lequel serait chargé de résider à Sabran.

Cette résignation était déjà un fait accompli, en 1535. puisque, le 13 juin de cette année, Gaillard de Montcalm, en qualité de procureur fondé de M[ire] André de Molines, prieur de Sabran, passa un acte d'arantement pour trois ans, par devant le notaire de Bagnols, en faveur d'Antoine Baucillon, de tous les fruits et revenus du prieuré et pour la somme annuelle de 100 livres tournois. Mais lorsque l'ancien titulaire du prieuré, Vincent Martin fut mort, M[ire] André de Molines fut inquiété dans la possession de Sabran par Jacques de la Fare, qui prétendait avoir des droits et qui introduisit un procès pardevant le Sénéchal et de là au Parlement de Toulouse.

Ce procès dura trois ans. Il fut soutenu par Gaillard de Montcalm qui dépensa en impétrations, expéditions et poursuites plus de trois cents écus (1). L'affaire se termina par le maintien d'André de Molines au prieuré de Sabran. Jacques de la Fare devint grand-vicaire de l'évêque d'Uzès ; et, de son côté, André de Molines consentit à ce que le prieuré de Sabran fut uni aux chapellenies de Tresques, portées au nombre de quatre. En même temps il fut réglé que deux chapelains résideraient à Tresques et les deux autres seraient chargés du service religieux de Sabran et de son annexe, Mégier. Deux chapelains seraient au choix du seigneur de Tresques et les deux autres au choix de l'évêque d'Uzès, qui, du reste, donnerait à tous les provisions canoniques (2).

Gaillard de Montcalm remplaça, en 1537, dans la charge de Juge-Mage, son cousin Jean de Montcalm, époux de Florette de Sarras, qui occupait cet emploi depuis 1483 et le tenait lui-même de Jean de Montcalm, marié avec Jeanne de Gozon, fille de Gui, seigneur de Gozon et de Mélac, au diocèse de Vabres.

L'année suivante 1538 , Gaillard de Montcalm termina par une transaction amiable un long et onéreux procès, qu'il soutenait depuis la mort de son beau-père, Philippe de Combe, contre Jean de Poitiers, seigneur de Saint-Vallier, à l'effet d'obtenir la confirmation en sa faveur de l'hérédité de la seigneurie de Tresques.

En ce moment, le calvinisme commençait à faire son apparition dans le midi de la France. Il se propageait secrètement de ville en ville, de village en village, faisant un peu partout des prosélytes. Le Parlement de Toulouse ne tarda pas à rendre divers arrêts, concernant les poursuites qui devaient être exercées contre ces

(1) Archives de la fabrique de Tresques.

(2) Idem

hérétiques. Gaillard de Montcalm fut occupé fréquemment, de 1540 à 1599 à présider les conseils judiciaires chargés d'engager les poursuites ou de prononcer des condamnations. Toutefois, malgré les nombreuses occupations de sa charge, Gaillard ne négligea pas les intérêts de sa seigneurie de Tresques. Sa belle-sœur Claudine de Combes le seconda dans ses bonnes intentions à l'égard des chapelains et leur céda, en 1540, certaines directes qu'elle possédait.

Le 20 septembre 1540, les habitants de Sabran étaient convoqués devant la porte de leur église paroissiale, à l'effet de donner leur consentement à l'union du prieuré de Sabran aux chapellenies de Tresques. L'acte de ce consentement fut dressé par Me Servier, notaire à Bagnols. De son côté, peu de jours après, M^ire^ André de Molines ratifia et approuva tout ce qui avait été fait et, le 3 octobre suivant, Mgr Jean de Saint-Gelay, évêque d'Uzès, dressa l'acte définitif de cette union.

A l'instigation du seigneur de Tresques, M^ire^ Antoine Cellière, l'un des quatre chanoines de la collégiale, établit la fondation d'une autre chapellenie et donna, pour cela, dans son testament du 24 décembre 1540, tous les immeubles qu'il possédait. Il consentit à ce que le cinquième chapelain « fut uni aux autres cha-» noines et eut part et portion aux biens des chapellenies, fondées » par le seigneur et ses prédécesseurs, ainsi qu'aux fruits du » prieuré de Sabran. » Ce fut le neveu du fondateur qui occupa le premier cette nouvelle prébende.

Mais en 1543, Gaillard de Montcalm apprit avec douleur, que la fondation des chapellenies de Tresques et l'union du prieuré de Sabran à ces chapellenies allaient être attaquées, comme n'étant « établies que par la seule autorité de l'évêque d'Uzès. » Il conçut dès lors le projet de faire approuver cette double institution en cour de Rome. Avant de commencer les démarches nécessaires, il fit procéder à une enquête sérieuse sur la situation paroissiale, telle qu'elle était avec les chartreux, comme prieurs non résidents et suppléés seulement par un vicaire perpétuel et un secondaire.

Cette enquête fut faite, le 12 juin 1543, par devant Me Pierre Sachette, substitut du Procureur de la Cour royale de Bagnols. Quatre prêtres furent les principaux déposants et répondants sur les nombreuses questions : François Dusas, prêtre de Connaux; Augustin Vidal, prêtre natif de Connaux et demeurant à Courtezon ; Etienne d'Arène, prêtre natif de Saint-Pons-la-Calm et Simon Coliely, prêtre résident à Connaux.

L'ensemble des dépositions attesta : « Que les Chartreux

avaient pris la dîme des fruits du lieu de Tresques, depuis une vingtaine d'années. — Que, depuis trente ans, on n'avait jamais vu faire aucune réparation, ni tenir l'hospitalité des pauvres. — Un déposant déclara avoir vu et connu M[ire] *Dulac*, vicaire, qui ne faisait point de résidence dans la maison claustrale ; qu'il arantait la vicairie et ne venait que pour tirer le profit de l'arantement ; qu'il avait aranté sa vicairie à M[ire] Claude de Appe, lequel ne savait bonnement lire ni heure, ni la messe, comme lui, Augustin Vidal en est bien record, car il était son clerc. — Il y a trois églises, savoir : l'église paroissiale de Notre-Dame qui est dans le fort ; Saint-Martin, qui est dans le terroir et juridiction, laquelle au temps passé, le déposant a vu que c'était l'église principale de ladite paroisse ; il est aussi l'église de la mère Madeleine qui est l'église champêtre, dans la juridiction de Tresques, le long du chemin qui va à Bagnols. Il y a maison claustrale dans le fort. — Que les Chartreux recevaient 200 livres de rente du bénéfice, le vicaire 200 et que cette année le vicaire avait reçu 300 livres. — Que l'église et la maison sont très anciennes et ont bien besoin de réparations, il y a dans l'église Notre-Dame deux grands piliers qui occupent grandement ladite église, qui sont cause que les habitants et métayers ne peuvent pas y habiter dedans. Le nombre des habitants s'est bien accru et le lieu est composé de 120 maisons. — Bien qu'il y ait des tribunes de bois, néanmoins tous les habitants ne peuvent pas entrer dans l'église et il en reste une quantité dehors. L'église ne peut pas s'agrandir du côté du couchant, attendu qu'elle touche le château et qu'il n'y a aucune séparation entre deux. Elle ne se peut agrandir que du soleil levant, où est le cimetière jusques à la muraille d'icelui. — Ces réparations faites, l'église demeurant en l'état qu'elle est à présent, pourrait recevoir les paroissiens pour ouir le service divin, sans être bien occupée par le grand autel, ni les prêtres qui chanteraient la messe. La réparation que dessus ne saurait guère coûter d'autant qu'il y a deux murs achevés, l'un du Levant et l'autre d'aure droite. Il est bien besoin d'augmenter et de croître ladite église. — Au temps passé on ne disait pas les heures canoniques, si ce n'est que depuis que le Seigneur Juge-Mage y a fait fondation de prêtres, lesquels disent et célèbrent tous les jours toutes les heures canoniques et une messe à haute voix et une messe à l'aube du jour. — Bien que les prieurs et vicaires n'eussent jamais, en carême, un prêcheur pour prêcher la parole de Dieu, néanmoins pendant cinq ans, on a vu un prêcheur dans ladite église que le Juge-Mage avait nourri et payé.

— On sait que le Seigneur de Tresques a fait une autre fondation, c'est que à jamais, chaque carême, en ladite église paroissiale, il y aura un prêcheur que les prêtres de ladite église par le moyen de la fondation seront tenus de nourrir. — Depuis qu'on prêche dans le carême, les habitants font de grandes offrandes et tous sont catholiques. — Que l'église est vieille et que durant la Sainte Messe il pleut sur la tête. — Que, à cause de la petitesse de l'église, les gens se mettaient dedans le chœur entre les prêtres qui célébraient les divins offices. — Que ledit chœur est bien étroit et bien obscur. — Que, quand le temps est couvert, les prêtres ont peine de voir lire. — Qu'il est nécessaire d'abattre les degrés qui sont près du grand-autel et de réduire la nef et le chœur également jusqu'au degré nécessaire pour venir à l'autel. — La maison claustrale a besoin de réparations, étant ruinée et presque inhabitable. Le déposant y a toujours vu un secondaire et un clerc pour faire le divin service. — Le vicaire doit faire célébrer, de quinze en quinze jours, une messe dans l'église de Saint-Martin, juridiction du roi, laquelle est de la paroisse de Tresques, laquelle au temps passé était l'église de la paroisse, comme ouï dire ; et, elle le remontre bien, car il y a de forts bâtiments auprès et dehors d'icelle, il y a cimetière devant la porte. L'église de Saint-Martin est mal pourvue et presque découverte et si elle n'est bientôt réparée tombera en ruine. Le déposant n'y a jamais vu faire aucune réparation, ni par les prieurs, ni par les vicaires. Les fermiers lèvent les offrandes de Saint-Martin, comme étant de la paroisse de Tresques. — L'église de la Madeleine est une église assise en lieu champêtre et est dans la paroisse dudit sieur prieur et vicaire. Elle est toute découverte et ressemble une estable. Elle s'en va totalement en ruines, n'a ni porte, ni serrure et les voleurs et larrons y font leur demeure (1). »

Pendant que Gaillard de Montcalm cherchait à améliorer la situation temporelle et spirituelle du prieuré, il ne négligeait pas les intérêts de sa propre seigneurie. Il obtenait, à la date du mois de juillet, 1544, des lettres patentes du roi François Ier, lui adjugeant les terres, devois et juridictions de Saint-Martin-de-Jussan, celles de la Boulidouyre, au Nord de Saint-Pons-la-Calm et celles de Raymond-Bœuf, près de Bagnols, pour le prix de 250 livres tournois d'entrée, sous l'albergue annuelle de 18 livres, y compris les albergues de 25 sols d'un côté et de 10 sols de l'autre que les habitants devaient payer, pour la faculté de pâturage, accordée

(1) Archives paroissiales.

auparavant. Ces inféodations furent approuvées, quatre ans plus tard, par un arrêt de la chambre des comptes.

Conjointement avec sa belle-sœur Claudine de Combes, Gaillard de Montcalm se décida, en 1545, à vendre la plus grande partie des biens que Philippe de Combes avait laissés au terroir, juridiction et comté de Vienne, en Dauphiné. Ces biens consistaient en terres, prés, vignes, moulins à papier, martinets et autres propriétés...

A la suite de cette importante aliénation, les restes de Philippe de Combes et ceux de son père furent exhumés du tombeau de la chapelle Sainte-Madeleine, dans l'église des moines de Saint-André de Vienne et furent transférés à Tresques. On les plaça dans une excavation pratiquée, pour les recevoir, dans le mur méridional de la nef primitive de l'église, sous le milieu de l'arceau latéral engagé, qui était le plus rapproché de la chapelle Saint-Antoine et à la hauteur de 2m80 au-dessus du niveau du pavé.

D'imposantes cérémonies funèbres eurent lieu, à l'occasion de cette translation. Tout le pourtour extérieur de l'église fut décoré d'une *bande* d'enduit au mortier, ayant environ 45 centimètres de largeur et profilant uniformément à la hauteur de 3 mètres au tour de l'église. Cette bande extérieure était peinte de couleur sombre et elle portait de distance en distance les armes de l'ancien seigneur défunt, qui étaient : *Au chef d'or et au champ de gueules, avec un fer à cheval de sable et une étoile d'or. Deux lions tenants.* Une bande pareille avait été peinte à l'intérieur, tout autour de l'église avec de nombreux ornements de deuil (1).

Lorsqu'on eût fermé, par une cloison en pierres l'excavation faite à la muraille, on pratiqua, en dessous, à la hauteur de 1m50, une autre excavation beaucoup plus petite, dans laquelle on entretint, pendant près de deux siècles, un faible lumignon, qui remplaça le plus souvent la lampe prescrite dans le testament de

(1) Cette bande décorative, dont on voyait encore les restes, en 1892, s'appelait au moyen-âge une *ceinture funèbre*. Elle constituait un des droits honorifiques des patrons et des seigneurs après leur mort. « Les droits honorifiques des patrons et des seigneurs, dit le comte de Balincourt, (*Bulletin de l'Art chrétien*, T. V, p. 165) étaient, pendant leur vie : les honneurs de la procession, de l'offrande, du banc dans le chœur, de l'eau bénite, du pain bénit, de l'encens, de la paix et de la recommandation aux prières publiques ; après leur mort, la sépulture dans le chœur et les *ceintures funèbres* dont on décorait les murs de l'église paroissiale. »

Philippe de Combes et qui était suspendue, tout d'abord, sous l'arc doubleau de la chapelle Saint-Antoine (2).

Les seigneurs de Tresques n'était pas les seuls à reconnaître que l'union du prieuré de Tresques à la chartreuse de Villeneuve-les-Avignon, avait occasionné, pour le service paroissial, plus de lacunes que d'augmentation. Les habitants l'avaient aussi remarqué ; et à chaque nomination d'un nouveau vicaire perpétuel, les paroissiens réclamaient « les mêmes offices et mêmes services divins qu'avant l'union. »

C'est ce qui arriva le 27 avril 1548, lorsque M[ire] Charles Dulac, vicaire perpétuel, fut remplacé par noble et vénérable personne M. Me *Pierre de Rossel*, docteur ès droits, du lieu de Lagarde, qui se présenta devant noble Pierre Alzias, à l'effet d'être agréé « comme vicaire perpétuel des églises paroissiales de N.-D. de Tresques, de Saint-Martin-de-Jussan et de ses annexes. » Il est dit, dans l'acte de sa réception : « que le nouveau titulaire, après avoir déclaré, qu'il s'était dûment informé des offices et services des dites églises et du nombre des prêtres et clercs nécessaires, il s'engageait à faire jouir les habitants, ses paroissiens, des avantages, libertés et facultés, dont ils avaient joui de tous temps, en la manière des anciens prieurs, avant que la vicairie fut fondée. »

Gaillard de Montcalm avait commencé des démarches, en 1543, pour obtenir du Pape la confirmation et la ratification de l'union du prieuré de Sabran aux chapellenies de Tresques. Ces démarches traînèrent en longueur à cause de la vacance du siège pontifical. En 1549 seulement, des lettres données à Rome par le Pape Jules III déléguèrent M[ire] Jean Malian, chanoine de l'église cathédrale de Nimes et prieur de Bernis, à l'effet de venir à Tresques, faire les enquêtes nécessaires, avant de procéder à cette confirmation. Toutefois ce ne fut que le 4 mars 1554 que M[ire] Malian vint à Tresques, en qualité de commissaire apostolique.

Ce jour-là, à l'issue des vêpres et au devant de la grande porte de l'église, il procéda à l'ouverture de l'enquête canonique, pour la vérification des faits.

Comme demandeurs comparurent : M[ire] Gaillard de Montcalm, docteur ès-droits, juge-mage et lieutenant général de la sénéchaussée de Beaucaire et siège présidial de Nimes, seignenr du lieu de Tresques, de Saint-Martin-de-Jussan et de la Boulidouyre,

(2) Cette lampe fondée a été entretenue, par les propriétaires du château de Tresques, jusqu'en 1872. Mais, contrairement aux termes du testament, elle remplaçait la lampe liturgique du Saint-Sacrement et exonérait la fabrique d'une dépense considérable.

accompagné de vénérables personnes M[ire] Étienne Noguier, Jean Laplanche, Gonin de Labertrande, Pierre Therbail et Claude Celières, prêtres de l'église de Tresques, prieurs du prieuré de Sabran et recteurs des chapellenies et legs pies, faits et fondés par ledit seigneur, ses prédécesseurs et par Antoine Celières.

Comme déposants, comparurent : Frère Giles Aubert, procureur de la maison des Chartreux de Villeneuve-les-Avignon ; André de Lune, procureur de M[ire] *Claude de Massens*, vicaire perpétuel de Tresques ; quelques habitants de Sabran et de Mégier ; nobles Philippe de Bodet et Barthélemi Fabri, baillis de Tresques.

Aucune opposition ne fut présentée ; seulement Frère Giles rappela que cette union serait « sans préjudice de l'union du prieuré de Tresques à la Chartreuse et des droits du couvent. » — André de Lune fit observer, à son tour que l'union devrait être sans diminution de son service et sans préjudice des prééminences de son église.

M[ire] Malian rendit sa sentence d'autorisation et de confirmation canonique, le 11 janvier 1555.

Pour indemniser le Seigneur Gaillard de Montcalm des frais, formalités et procédures qui s'élevaient à la somme de 170 écus, les chanoines lui remirent à lui et à ses successeurs les 4 écus d'or et les 4 salmées de blé conségal légués par pension et rente volante, dans la première fondation faite par Philippe de Combes et, de son côté, le Seigneur leur laissa les terres, vignes et possessions qui furent de Maurice du Reffuge et de M[ire] Pierre Antoine, le cazal de Chaullet, la censive du mas de Bottes et un pré. Le prieuré de Sabran devait leur rapporter 200 livres tournois. De plus, le Seigneur les déchargeait de toute cense et autres charges que les possessions, maisons et héritages des chanoines pourraient lui servir, à raison de sa seigneurie. On décida, « qu'il ne serait » pas permis ou loisible aux chanoines, ni à leurs successeurs, » d'élever et hausser la maison qui fut de Formalis et qui touche » la chambre et garde-robe, faite par le dit seigneur en son châ- » teau, de quelque côté que ce soit, qui puisse nuire ou préjudi- » cier aux vues et fenêtres de cette chambre » (1).

Gaillard de Montcalm eut sept enfants, quatre filles : Anne, qui épousa Jean Boileau, seigneur de Castelnau, trésorier ; Catherine, qui épousa Hermengaud Faucon, seigneur de Sauvignargues ; Florette, qui épousa Jacques de Faret, seigneur de Saint-Privat, morte sans postérité ; Margueritte, qui épousa Mathias de Roquefeuille, seigneur de Convertis, et trois fils : *Jean I* qui lui succéda ;

(1) Archives de la Fabrique.

Charles, seigneur du Castellet, qui épousa Gabrielle de Chavary et Robert, qui après avoir été avocat-général au Grand-Conseil, mourut en 1558, président au Parlement de Provence (1).

Jean I de Montcalm, avait été l'un des députés, envoyés au roi François I, par les États particuliers de la sénéchaussée de Beaucaire et Nimes, pour rendre à ce prince les hommages du pays. En 1528, il avait été nommé commissaire principal du roi, à l'assemblée des États généraux du Languedoc, qui se tinrent à Pézénas, le 17 avril. Il avait épousé Suzanne de l'Estrange, veuve en premières noces de noble Antoine de Vogüé et qui était la troisième fille de Loys de l'Estrange, vicomte de Chaylanne, gouverneur pour le roi ès villes et diocèses de Nimes et Uzès (2).

En la même année 1560, et à peu près vers la même époque, la paroisse de Tresques reçut pour vicaire perpétuel *Jean Cathalan* et pour seigneur Jean I de Montcalm, qui remplaça son père, non seulement dans la seigneurie, mais encore dans la charge de juge-mage.

L'hérésie Calviniste avait alors considérablement avancé et, cette année là, l'arrivée d'un ministre de Genève, nommé Paul Salvage, marqua le commencement de la prédication publique des nouvelles doctrines. Malgré les édits, malgré les poursuites, malgré de nombreuses condamnations, les assemblées nocturnes se multipliaient sans cesse dans Nimes, Uzès, Annonay et autres lieux. Tous les efforts des lieutenants du roi, de la magistrature et des archers se trouvaient déjoués et impuissants à les empêcher. Bien plus, certains consuls et certains magistrats étaient fortement soupçonnés de faiblesse ou de connivence avec les révoltés ; et, s'il arrivait qu'un dépositaire du pouvoir, s'efforçat de disperser les réunions clandestines, il était accusé de pousser le peuple à la sédition.

C'est précisément ce qui arriva à Jean de Montcalm. Il dispersa, en 1561, une assemblée d'hérétiques, à l'aide d'une compagnie de vingt-cinq hommes, commandés par le capitaine de Bouillargues, archer de la garde du roi. Il avait fait, dans cette expédition une quinzaine de prisonniers. Or, peu de temps après, le seigneur de Tresques se vit dans l'obligation de se disculper et de demander à cette fin, au chapitre de la Cathédrale de Nimes, une attestation de conduite régulière, non seulement pour justifier ses actes d'énergie, mais encore l'orthodoxie de sa foi.

(1) *Bulletin du Comité de l'Art chrétien*, T. IV. p. 415.

(2) Id. T. V, p. 190, 192.

Le chapitre, par l'organe de M[ire] Jean Suavis, second archidiacre et de M[ire] Jean de Paberan, troisième archidiacre, certifia par délibération du 16 septembre 1561, que « le Juge-Mage, Jean » de Montcalm, depuis le jour qu'il avait été pourvu de son office » n'avait montré chose sinistre, ains plus tôt toutes choses ver» tueuses, au grand contentement des gens de bien ; sans que » jamais il ait été tenu, ni réputé sédicieux, mais plutôt homme » pacifique, amateur de la paix et vérité, craignant Dieu sur » l'observance de son église et du roi. » (1)

Dans toute la suite de sa vie, Jean de Montcalm ne démentit jamais l'attestation élogieuse que le Chapitre lui donna en cette circonstance.

Cette année 1561 fut marquée, dans presque tout le diocèse par un soulèvement général de tous les Calvinistes. On les vit, dans un grand nombre de localités, s'introduire par bandes nombreuses dans les églises, les profaner, en chasser les catholiques afin d'y administrer ensuite « les sacrements à la mode de Genève (2). ».

Non contents de s'emparer des églises par la force ou par ruse, ils arrêtaient et empêchaient la perception des dîmes ou détournaient les revenus ecclésiastiques de leur destination.

Les catholiques en étaient réduits à protester, à se plaindre, à réclamer justice ; mais, le plus souvent leurs réclamations demeuraient inutiles et la plupart des églises volées ou « saisies par embûches » restaient au pouvoir des Calvinistes.

Tresques avait alors pour vicaire perpétuel *Guillaume Cantoris*, pour secondaire Isnard Pailler et pour chapelains de Saint-Antoine, Turion et Mégier. Au mois de mai 1562, on apprit avec épouvante dans la paroisse, que, sur la prière des protestants d'Orange, Guillaume de Beaumont, baron des Adrets, venait de se mettre à la tête des réligionnaires et descendait dans le Comtat, pour s'emparer d'Avignon avec une armée de révoltés. L'effroi général augmenta encore, lorsque dans le mois de juin, on connut les cruautés commises par le baron, après la prise de Pierrelatte (7 juin) et de Bollène (22 juin) où il fit passer au fil de l'épée tous les soldats catholiques. On connut aussi les atrocités de son lieutenant Montbrun. Le 8 juillet, à Mornas, après avoir promis la vie sauve à la garnison, il fit massacrer une partie des soldats et fit précipiter les autres du haut d'un rocher, taillé à pic, tandis que ses huguenots les recevaient en bas sur la pointe

(1) *Bulletin de l'Art chrétien*, T. V, p. 192

(2) Id. T. V, p. 199.

de leurs hallebardes (1). Cependant à Valréas et à Carpentras, le comte de Suze montra qu'il pouvait tenir tête au baron des Adrets. Celui-ci après s'être retiré un mois dans le Dauphiné, entreprit une seconde campagne, le 25 août, s'empara de Bourg-Saint-Andéol, de Pont-Saint-Esprit et du château de Roquemaure, où il établit son quartier général (2).

Le lendemain, il alla mettre le siège devant Saint-Laurent-des-Arbres et commettre dans ce village d'horribles cruautés. Le 28, il fit une tentative pour s'emparer de Villeneuve, mais la garnison le repoussa victorieusement. Alors il se rejeta sur Sorgues, où il entra en vainqueur et livra aux flammes le magnifique château élevé par Urbain V. Le féroce capitaine termina cette seconde campagne en faisant ravager, pendant quinze jours, la rive gauche de la Durance et en mettant cette contrée à feu et à sang (3).

Notre paroisse de Tresques n'eut à souffrir, pendant cette première guerre civile que « quelques graves désordres, causés par le passage fréquent des troupes et par les dépenses ruineuses que le séjour des soldats fit subir aux habitants. » (4).

Le seigneur de Tresques, Jean de Montcalm, retenu à Nimes par les devoirs de sa charge, éprouva jusqu'où pouvaient se porter l'audace et le caprice des novateurs. Car non contents d'avoir introduit par force leur culte dans certaines églises, les Calvinistes essayèrent d'inaugurer leurs pratiques religieuses jusque dans les tribunaux. En 1563, avant l'ouverture de la séance au Présidial, le président de Calvière, qui, depuis deux ans, avait embrassé la nouvelle religion, voulut, le 26 novembre, faire la prière non pas selon l'ancien usage, en allant assister à la messe du Saint-Esprit, mais « à la manière de Genève. » M. de Montcalm, après avoir fait fermer la porte de la chambre du conseil, fit observer au président : que par les Édits du Roi et par ordre du Lieutenant de Damville, tout exercice de la religion réformée était interdit dans les lieux et édifices publics ; ajoutant qu'il s'opposait à l'introduction de cette nouvelle coutume et en avertirait M. de Damville (5).

La prière terminée, le président de Calvière demanda aux magistrats présents quel était leur avis sur l'observation que le juge-mage venait de lui adresser ? Sur neuf conseillers présents,

(1) L'abbé Durand, Etudes historiques, II p. 18.

(2) Id. p. 19.

(3) Id.

(4) Archives municipales de Tresques.

(5) *Bulletin du Comité de l'Art chrétien*, T. V. p. 219.

six répondirent : qu'ils n'avaient reçu ni du roi ni de M. de Damville aucune défense de prier Dieu en la chambre du conseil ; que profitant eux-mêmes depuis deux ans de la liberté de conscience accordée par le roi, ils avaient cessé d'assister à la messe et désiraient prier Dieu ainsi, avant la séance ; que cette prière était faite sans ministre, le plus modestement et secrètement qu'il leur était possible, sans prétendre en rien empêcher la messe du Saint-Esprit ; ils étaient convaincus de n'avoir en rien désobéi aux ordres du roi, ni à ceux de M. de Damville, à qui, du reste, eux aussi se proposaient d'en référer (1).

Cet incident n'eut pas de suite ; mais il prouve que partout le désarroi était à son comble. Le roi régnait encore, mais en réalité c'était les réformés qui gouvernaient. Soit de gré, soit de force, tout s'inclinait devant eux. La cour même du Présidial était à leur dévotion. Loin d'obéir aux représentations de l'autorité royale, les magistrats étaient pour la plupart des instruments dociles aux volontés du Consistoire.

Cependant, les mobilisations de troupes se multipliaient toujours. La communauté de Tresques ne pouvant plus supporter les charges onéreuses de l'entretien des garnisons, envoya dans le mois de décembre 1563 à Bagnols son procureur syndic Gabriel Camp, porter à M^ire^ Gilles Rosselli, qui allait aux États du Languedoc, avec la somme de 5 livres, 4 sous, « le cahier des doléan-
» ces de la communauté, pour les folles souffrances endurées pen-
« dant les troubles ». (2)

Ces doléances furent sans doute écoutées ; car, l'année suivante, lorsque la compagnie de Monsalet vint, le 26 août 1564, tenir garnison à Tresques, par ordre du commandant de Joyeuse, les villages de Cavillargues et de Sabran durent contribuer, pour leur part, à l'entretien de cette compagnie (3).

Après Guillaume Cantoris, la charge de vicaire perpétuel fut occupée par *Michel Vincent*, de 1565 à 1570. Deux ans ne s'étaient pas écoulés depuis l'arrivée de ce prêtre, lorsque la seconde guerre civile éclata, avec plus de fureur encore que la première.

Tandis que leurs coréligionnaires du nord formaient le projet d'enlever le roi à Monceaux, les calvinistes du midi recommençaient leurs désordres à Nimes, au signal convenu des affreux massacres de la Michelade (30 septembre 1567). Trois cents villes, bourgs ou villages du Languedoc tombaient successivement entre

(1). *Bulletin du Comité de l'Art Chrétien*. T. V. p. 219.

(2). Archives municipales.

(3) Archives municipales.

leurs mains. A peu près partout où ils sont vainqueurs, les huguenots pillent les églises, massacrent les prêtres et un grand nombre de fidèles. Leurs ravages sur les bords du Rhône s'étendirent à Pont-Saint-Esprit, Bagnols, Tresques, Laudun, Saint-Laurent-des-Arbres, Saze et Rochefort.

Deux motifs particuliers désignaient Tresques à la fureur de ces hérétiques. Cette humble paroisse se montrait d'abord profondément attachée aux pratiques du catholicisme ; son prieuré, placé sous la direction des PP. Chartreux de Villeneuve-lès-Avignon, son chapitre collégial, les offices nombreux qui étaient célébrés dans l'église, les processions fréquentes, le chant quotidien des heures canoniales, tout cela, donnait au pays un aspect religieux, qui le rendait bien plus semblable à un vaste monastère qu'à un simple village. Et puis, Tresques ne possédait-il pas le château seigneurial du juge-mage Jean de Montcalm, l'un des membres du Présidial, qui, dans tous les actes de sa magistrature, se montrait l'un des plus intègres et des plus sincèrement dévoués à sa foi et à son roi.

Devenus les maîtres du village, les calvinistes exercèrent leurs ravages non seulement sur le château seigneurial, les tours et les remparts ; mais encore sur l'église. Ils démolirent une partie du mur septentrional de la nef de la Sainte-Vierge jusqu'à la voûte et cette voûte elle-même. Ils renversèrent les créneaux, la terrasse et deux côtés de la tour du clocher. La tour du guêt du château fut démantelée ; et, l'on peut voir encore aujourd'hui, après 329 ans, à quelle hauteur s'arrêta le travail des démolitions.

Les calvinistes ne restèrent que quatre mois les maîtres de Tresques. Au mois de mars de l'année suivante, 1568, l'armée catholique s'était formée à Bollène et à Mondragon. Elle se composait de 3 compagnies de cavalerie et 12 d'infanterie, provenant du comtat Venaissin et placées sous les ordres du comte de Suze ; de 2 compagnies de cavalerie et de 17 d'infanterie arrivées de Provence et commandées par le comte de Tende ; de 9 compagnies de cavalerie languedocienne et de 17 d'infanterie dirigées par le vicomte de Joyeuse et enfin de 9 compagnies dauphinoises.

Le dimanche 7 mars, le vicomte de Joyeuse envoie en Languedoc une partie de sa cavalerie et 4 compagnies d'hommes à pied. Cette troupe passe le Rhône sur le pont d'Avignon et vient faire rentrer sous l'obéissance du roi Tresques, Laudun et Orsan (11 mars) (1).

Le premier soin des habitants de Tresques, après leur délivrance

(1) Hist. du Languedoc, T. V. p. 284.

fut de réparer leurs remparts. Mais comme on craignait un retour offensif des protestants, on exécuta ces travaux avec beaucoup de précipitation. On se servit d'un mortier défectueux, en sorte que toutes les brèches réparées n'offrirent aux regards que des reprises malheureuses et sans consistance. On n'eut pas même le temps de les réparer toutes. Le dimanche 14 mars, les comtes de Tende et de Suze suivirent Joyeuse, passèrent aussi en Languedoc avec leur cavalerie et 1 000 arquebusiers. Les deux généraux catholiques se proposaient d'assiéger Bagnols et de marcher sur le Pont-Saint-Esprit, occupé alors par les protestants. Mais le baron d'Acier, ayant deviné leur projet, quitte Pont-Saint-Esprit, suivi par Cipière et Montbrun ; et, à la tête de 1500 cavaliers et 70 enseignes d'infanterie, il s'avance contre l'armée catholique. Arrivé à Bagnols, il envoie un fort détachement à Tresques, qu'il n'eût pas de peine à occuper. Son plan est de couvrir Bagnols et de surprendre les catholiques. Ses hommes vont ensuite s'embusquer près du bois de Lascours, où, pendant quelques jours les deux armées furent occupées à se dresser des embuches, à la faveur de ce bois, qui les séparait. Une fois, elles faillirent engager une action sérieuse, mais tout se réduisit à quelques escarmouches. Le vicomte de Joyeuse, manquant d'artillerie, jugea prudent d'éviter le combat et se retira à Roquemaure. Après avoir reçu les canons qu'il attendait, il partit pour aller faire le siège et s'emparer d'Aramon (1).

Le lendemain (25 mars) le baron d'Acier, qui venait au secours de cette place, fut battu dans la plaine de Montfrin. La paix de Longjumeau, signée deux jours auparavant, mettait fin à cette seconde guerre civile.

Pour la troisième fois, les protestants ne devaient pas tarder à reprendre les hostilités. Le 6 septembre 1568, ils pénétrèrent dans la place de Saint-Laurent-des-Arbres et y commirent de nouveaux massacres. Ce coup de main audacieux rendit les chefs du parti catholique plus vigilants, provoqua de nouvelles levées de soldats et fit renforcer les garnisons de Pont-Saint-Esprit, Bagnols, Roquemaure, Aramon, etc. Aussi, lorsque l'amiral de Coligny revint dans nos pays, après la défaite de Moncontour, au lieu de suivre la vallée du Rhône, qu'il trouva trop bien gardée, il se vit obligé de prendre sa route par le diocèse d'Uzès (2).

Au milieu d'avril 1570, il s'empara du château de Saint-Privat et y établit pour quelques jours son quartier général. Castillon, Saint-Hilaire, Théziers tombent en son pouvoir (17 avril). Puis,

(1) L'abbé Durand, Études historiques, T. II, p. 28.
(2) Abbé Durand, Études historiques, T. II, p. 32.

tandis qu'il envoie divers corps de son armée s'établir à Pujaut, à Rochefort et aux Angles (21 avril), il fait partir un détachement pour s'emparer de nouveau de Tresques. Ce détachement ne resta qu'un jour dans notre village. N'ayant pas réussi à trouver les approvisionnements et les réquisitions qu'il désirait, il se vengea en entraînant, comme otages, deux habitants de la localité Le lendemain de son départ, le conseil général de la communauté se réunit pour délibérer sur l'envoi d'une députation à Roquemaure, pour traiter de la rançon de ces deux captifs (1).

Dans cette troisième guerre civile, Coligny méditait de s'emparer de Villeneuve et d'Avignon. Mais le comte de Suze avait pourvu à la sûreté de ces villes. D'autre part, une troupe de catholiques, commandée par le capitaine La Crouzette, ayant surpris et délogé les protestants établis à Pujaut (25 avril), l'amiral fit replier ses troupes sur Laudun, s'empara du château et de là, renonçant à franchir le Rhône, il remonta dans le Vivarais, en passant par Bagnols et le Pont-Saint-Esprit (2).

Le départ de Coligny ramena la tranquillité dans le pays et trois mois après, la paix de Saint-Germain terminait la troisième guerre civile.

(1) Archives communales de Tresques.
(2) Abbé Durand, *loco cit.*

CHAPITRE IV

Après les guerres de religion

(1586-1659)

SOMMAIRE. — La ligue. — Tresques est remis deux fois sous l'obéissance du roi. — Testament de Jean de Montcalm. — Annet de Montcalm, seigneur. — Son procès avec Pierre d'Augier. — Réparations à l'église. — Michel Pécoul, vicaire perpétuel. — Louis XIII s'arrête à Tresques. — Supplique des habitants. — Jean II de Montcalm, seigneur. — Conflit sur la réparation de la toiture de l'église. — Mort de Jean II de Montcalm. ; difficultés au sujet de sa succession. — Dénombrement présenté par sa veuve. — Dénombrement présenté par les chapelains. — Démêlés du seigneur de Saint-Quintin avec celui de Pougnadoresse. — Louis de Vivet, seigneur. — Reconstruction du château. — Echange avec les chapelains. — Tableau des offices. — Réparations à l'église. — Visite pastorale de Mgr de Grignan.

Les guerres de religion durèrent encore, depuis 1572 jusqu'à la fin de 1577. Mais notre village n'eut pas à subiir de nouvelles attaques de la part des religionnaires. Le théâtre des hostilités resta limité dans la vallée de la Cèze. Cornillon fut pillé, le 1er août 1573 et Sabran, le 17 août de la même année. Le duc d'Uzès délivra cette dernière place, en mars 1575. Henri de Montmorency, seigneur de Damville, par haine des Guises, s'était alors ouvertement déclaré en faveur des huguenots. Il avait placé son frère Thoré en résidence à Bagnols ; et de là, ses partisans et ceux de Luynes, qui était maître de Pont-Saint-Esprit, se livraient de fréquentes escarmouches. Jusqu'en 1577, ce ne fut, aux environs de Tresques, que prises et reprises de villages, de châteaux, de maisons de campagnes, brigandages, pilleries, enfin une véritable anarchie (1).

L'anarchie ! elle régnait partout dans tout le royaume. Le pouvoir royal était incapable d'assurer la sécurité du pays et de pro-

(1) Abbé Durand. Etudes historiques, T. II, p. 39 et *passim*.

téger la vieille foi nationale. Aussi, le peuple exaspéré, se chargea-t-il lui-même de cette œuvre de défense et forma la Ligue.

La ligue fut un mouvement à la fois démocratique et religieux. Les habitants de Tresques embrassèrent ce parti avec ardeur, parce qu'ils virent en lui un moyen, non seulement d'assurer leur liberté religieuse, mais encore d'obtenir des garanties politiques. Dans son début et dans son inspiration première, la ligue leur apparut comme un grand acte de foi.

Mais si sainte et si sacrée que soit une cause, il est difficile à ses défenseurs de rester purs de toute passion. Bientôt, soit ambition de la part des uns, soit mollesse et incapacité de la part des autres, la mésintelligence éclata entre le roi et la ligue ; et, par une de ces contradictions dont l'histoire abonde, le parti formé pour éloigner du trône un prince protestant, tramait déjà en 1586 le projet d'en faire descendre un roi catholique. (1) Tresques se trouvait donc du côté des révoltés.

Le seigneur de Damville, gouverneur du Languedoc, qui combattait alors le parti des ligueurs, voulut remettre notre village sous l'obéissance du roi. Il se rendit à Alais le 28 mars 1586 et le lendemain vint mettre le siège devant la place. (2) Les habitants se défendirent avec acharnement. On raconte qu'après avoir épuisé toutes leurs munitions et employé tous les expédients, ils eurent encore l'idée, avant de se rendre, de jeter du haut de leurs remparts sur la tête des assiégeants des caisses remplies d'abeilles.

Cependant malgré tout il fallut capituler. Les clauses de la capitulation portèrent : « qu'une garnison sous les ordres du sieur de Nican, resterait dans le village, entretenue avec les deniers des tailles par les manants et habitants. » On fixa la somme de cet entretien à 200 écus par mois. Il fut convenu que jusqu'à la fin du mois de mai, les communautés de Saint-Quintin, Pougnadoresse, le Pin et Saint-Laurent-la-Vernède devaient contribuer au payement de cette somme ; mais depuis le mois de juin, jusqu'à la fin d'août 1588, les habitants de Tresques devaient fournir à eux seuls cette contribution. (3)

Mais la soumission de Tresques avait été plus apparente que réelle. Dès le mois de mai, les habitants ayant encore donné des marques de leur attachement à la ligue, le duc de Montmorency arriva, une seconde fois, à la fin de juin, dans la vallée de Tave. Il donna ordre au comte de Châtillon et au vicomte de Turenne

(1) Hist. de Sainte Chantal, par Bougaud.
(2) Hist. du Languedoc, T. V. p. 412.
(3) Archives communales de Tresques.

d'achever la soumission de la place (1) pendant que lui-même ferait le siège de Laudun, qui avait aussi embrassé le parti de la ligue et qui n'était situé qu'à 4 kilomètres de Tresques.

Dans cette seconde expédition, les lieutenants du duc eurent plus de succès que le duc lui-même. Une inscription commémorative, qui se trouve près de la porte d'une maison, au quartier de Santa-Fé, à Laudun, atteste cet insuccès.

VIVE LA FOY CATOLIQUE
1588 ET LE PREMIER
JULET M. DE MOMORANC
VINT AVEC LES HVGENAVS
ASIGA LAVDVN ET FAICT
TIRER 694 BOLES DE CANON
SANS LE PRENDRE ET
ABATV CCC MAISON

Ces deux dernières attaques qui se succédèrent à si peu d'intervalle, firent subir de nombreuses dégradations, soit aux remparts, soit à l'église, soit au château seigneurial. Ce dernier édifice ne fut jnmais relevé de ses ruines. Quant à l'église, la voûte de la nef de la Vierge avait été démolie une seconde fois et il fallut beaucoup de temps pour pouvoir la rétablir. La tour du clocher à laquelle il manquait deux côtés, depuis les premières guerres, ne fut restaurée que vingt-huit ans plus tard.

La gêne avait succédé à l'aisance d'autrefois. Le royaume n'avait pas encore recouvré sa tranquillité. Des troupes armées exécutaient d'une province à l'autre de fréquents déplacements et s'arrêtaient souvent à l'étape de Tresques. Le 24 juillet, le sieur Cypriani, maréchal-des logis des gendarmes de Montmorency, séjourna pendant cinq jours, dans le village, avec la majeure partie de sa compagnie. (2) En 1594, cinquante-cinq hommes d'une compagnie de chevaux légers voyageant pour le service du roi en Languedoc, logèrent à Tresques. (3) Le 20 novembre de la même année, les consuls furent obligés de fournir vingt charges de bois, suivant une ordonnance du duc de Montmorency. Le 24 février 1595, ils durent fournir dix-huit charges de bois, en vertu d'une autre ordonnance du connétable, signifiée par Antoine de la Serra. Au mois d'avril de la même année, les consuls reçurent une réquisition pour loger la moitié de la compagnie de Mgr de Ventadour.

(1) Hist. du Languedoc, T. V. p. 425.
(2) Archives municipales, E. E.
(3) Id. E. E.

Lors du passage des commissaires royaux pour la revente du domaine, en 1596, le seigneur Jean de Montcalm, se porta de nouveau acquéreur des terres et juridictions de Saint-Martin, de la Boulidouyre et de Raymond-Bœuf, pour la somme de 255 livres. Peu de temps après cette acquisition, il mourut, laissant pour héritier son jeune fils Annet de Montcalm. Il avait perdu, en 1586, son fils aîné Louis de Montcalm, qui était mort à Avignon et avait été enseveli, en l'église des Minimes, dans la chapelle de Notre-Dame de la Pitié. Il avait marié sa fille Marie de Montcalm avec Jacques de Nicolaï, seigneur de Méas et Cavillargues et lui avait donné en dot une partie de la seigneurie de Sabran (1).

Jean de Montcalm avait fait son testament, le 27 juillet 1591. Dans ce testament, il avait institué sa femme *administreresse* de tous ses biens et avait établi des legs et donations considérables en faveur de l'église de Tresques. Il laissait à la chapellenie de Saint-Antoine, un capital de cinq-cents écus, dix sols, qui devait être employé à l'achat d'une pension ou rente annuelle et perpétuelle, sur une bonne communauté du Comtat-Venaissin. — Il donnait aux prêtres de la même chapellenie une somme de 400 livres tournois « pour être employée à faire relever leur maison, qui leur avait été léguée par feu Antoine Cellière et qui avait été démolie par les huguenots, à la condition expresse qu'ils promettraient de vivre collégialement, fraternellement et honnestement, dans ladite maison après sa restauration. » — Il léguait encore à la chapelle Saint-Antoine la somme de cent soixante-six écus, pour l'achat de sept ornements et de quatre aubes, pour le service divin. En même temps, il ordonnait à sa femme « de faire construire un autel neuf, avec un rétable de bois de noyer, auquel, par le meilleur peintre que faire se pourrait, fut peinte l'image de Notre Seigneur Jésus-Christ étant en la croix et au bas, les images de la Vierge Marie d'un côté et de Saint-Jean de l'autre et aux extrémités du rétable serait fait de tous côtés quelque enrichissement purement doré de bon or et les armoiries du testateur seraient mises avec leur timbre au plus bas dudit rétable d'un côté et celles de ladite dame d'autre ; en or et argent fin. » — Il ordonnait de faire fermer la chapelle Saint-Antoine, par une balustrade de grandes pierres de taille ayant cinq pans et demi de hauteur et un pan d'épaisseur, surmontée d'une garniture en bois tournoyé et orné en la façon que sont faites les belles chapelles

(1) L'autre partie avait été vendue successivement à Pierre Bocher et Marie Chavary et à Pierre Augier. Elle ne fut acquise par les Nicolaï, que le 6 septembre 1638, après qu'elle eut fait retour aux successeurs du seigneur de Montclus.

d'Avignon. — Jean de Montcalm prescrivait encore la fermeture de la fenêtre de la chapelle, avec ses armoiries peintes sur la principale vitre. — Enfin, il demandait la construction d'une tribune en bois, « en laquelle seraient les prêtres de ladite fondation, pour chanter aux grand'messes, répondre au prêtre qui la dirait et réciter les heures canoniales. »

Toutes ces prescriptions prouvent dans quel état de dénuement les guerres religieuses avaient laissé l'église de Tresques ; et, si le testateur exigeait que toutes ses intentions fussent remplies, au plus tard quinze mois après son décès, c'était, disait-il, « afin que le divin service fut exécuté le plustôt possible, selon la fondation faite par ses antécesseurs. »

Dans ce testament, Jean de Montcalm n'oubliait pas les pauvres. Il ordonnait que tous les ans, à perpétuité, le 21 septembre, fête de Saint Mathieu, une aumône serait faite et distribuée aux lieux de Tresques et de Montclus, se composant pour chaque lieu, de deux salmées de blé conségal, mesure de Bagnols ; lesquelles seraient converties en pain cuit. Chaque pauvre devait recevoir, avec sa part de pain, un liard en argent.

Par un codicile que Jean de Montcalm avait ajouté, le 20 septembre 1591, à son testament, il conseillait à son héritier de faire unir à la collégiale de Tresques le bénéfice rural et simple de Saint-Pierre et Saint-Loup-de-Servezan, situé dans le terroir et juridiction de Tresques. Il pensait que le produit de ce bénéfice, qui n'impliquait pas charge d'âmes, pourrait être plus avantageux aux chanoines de Tresques que l'intérêt de cinq cents écus, qu'on devait placer pour eux sur une communauté. Jean de Montcalm mourut le 15 janvier 1597.

Après la mort de son mari, Suzanne de L'Estrange s'attacha à exécuter fidèlement toutes les prescriptions testamentaires qu'il lui avait laissées et veilla aussi, avec la plus tendre sollicitude, sur l'éducation de son fils Annet, qui se destinait à suivre la carrière judiciaire de son père.

Annet de Montcalm épousa, en 1602, Mlle Faïn de Pérault. Peu de temps après son mariage, ayant appris, qu'une partie de la baronnie de Sabran, ancien apanage de sa famille, plusieurs fois vendue, avait passé des mains de Cathelin de Combes, dans celles de noble Charles de Gabriac, seigneur de Saults ; que celui ci en avait cédé la moitié à Simon Bonhomme, pendant que son frère Thibaut de Cadoine cédait l'autre moitié à Pierre de Bochet, écuyer ; qu'enfin celui-ci venait de la transmettre, en 1602, à

Pierre d'Augier, prévôt de Languedoc (1), il résolut de rentrer en possession de ce vieux domaine. Il avait vu que dans le contrat de partage entre Philippe et Cathelin de Combes, il avait été stipulé : que si l'un des deux ou de leurs descendants venait à vendre ou à aliéner quelqu'une des places, juridiction ou seigneurie, comprise dans le partage, il serait permis à l'autre et aux siens de retirer par préférence et au quart denier moins, les terres vendues. Là dessus, Annet de Montcalm, en qualité de successeur de Philippe de Combes, intenta procès à Pierre d'Augier, demandant à son profit le retrait de la baronnie de Sabran. L'affaire, portée d'abord au sénéchal de Nimes, fut transportée au Parlement de Toulouse. Elle se prolongea pendant seize ans. Pendant ce temps, la communauté de Tresques, se décidait enfin à entreprendre les réparations de la voûte de la chapelle de la Vierge, démolie depuis les dernières guerres religieuses. Devant le manque de ressources, le conseil général de la communauté, réuni le 10 février 1608, délibéra de vendre aux enchères publiques « les fruits des patus pour six années » et d'imposer 30 sols sur chaque habitant. Comme ces ressources ne suffisaient pas encore pour une dépense si considérable, on décida de prier les chartreux de Villeneuve-les-Avignon, prieurs du lieu, de venir en aide à la communauté. Grâce à leur bienveillant concours, il fut possible de commencer bientôt ces importants travaux. Contrairement au style général de l'église, on donna à cette voûte de fortes nervures croisées, dans le but sans doute d'éviter la trop grande poussée qu'une voûte en plein cintre aurait occasionnée sur le vieux mur septentrional. On aveugla l'œil-de-bœuf, qui avait été pratiqué dans le mur oriental et on ouvrit une grande fenêtre ogivale, dans le mur occidental. Une date, gravée sous la clef de cette voûte, faisait connaître que les travaux ne furent terminés qu'en 1616.

A cette époque M[ire] *Michel Pécoul* était, depuis un an, vicaire perpétuel. Il passa un accord, dans le courant de cette même année, avec les consuls Pierre Prévot, Michel Laurent et Clément

(1) Pierre d'Augier, conseiller, maître d'hôtel, prévôt général du Languedoc, était fils de Pierre d'Augier, docteur en médecine de la ville d'Apt. Il était frère de noble Pierre d'Augier, seigneur de Saint-Pons, lequel était mort, en 1591, après avoir institué comme héritier universel son autre frère Paul d'Augier. Celui-ci ne voulut pas accepter cet héritage, à cause des nombreuses dettes dont il était grevé et par un acte passé à Beaucaire, en 1596, il le transmit au prévôt Pierre d'Augier, son frère, qui se chargea de payer les dettes.— Pierre d'Augier se maria avec Margueritte d'Aragousse, veuve du seigneur de Gicon. Il eut deux enfants : Marie d'Augier qui se maria avec Jean de Pélegrin, seigneur de la Bastide et Jean d'Augier, qui plaida et transigea avec le seigneur de Tresques.

Teissier, au sujet d'une aumône que le vicaire devait faire les dimanches et des deux repas qu'il devait donner, l'un à la troisième fête de Pâques et l'autre le lendemain de la Toussaint, fête des Trépassés. Deux transactions furent passées à ce sujet par Me Granet, le 15 février 1615 et le 6 janvier 1617 (1).

Le 4 octobre de l'année suivante, le Parlement de Toulouse rendit son arrêt, au sujet du vieux litige soulevé par Annet de Montcalm contre Jean d'Augier, qui prétendait garder le titre de baron de Sabran. Cet arrêt portait « inhibition, au dit d'Augier, de se donner désormais ce titre. » Enfin, le 31 octobre de l'année suivante 1619, l'affaire fut terminée par une transaction, d'après laquelle Jean d'Augier, fils, consentit à laisser au seigneur de Montclus et Tresques l'entière baronnie de Sabran et s'engagea à rendre tous les titres, papiers et documents concernant cette terre.

En 1620, deux nouveaux chanoines, Guillaume Teissier et Antoine Courge, furent installés dans la chapelle Saint-Antoine. Peu à peu les vides se comblaient, les usages et cérémonies du culte catholique reprenaient leur cours ; mais la population n'avait pas encore repeuplé toutes les maisons abandonnées depuis les guerres religieuses. Certains quartiers du village demeuraient presque déserts.

En 1629 eut lieu la promotion du chanoine Pierre Ferrier, qui occupa cette place pendant quarante-huit ans.

Trois ans après, le roi Louis XIII, venant de Pont-Saint-Esprit et de Bagnols le 16 septembre 1632, s'arrêta et coucha à Tresques. D'après une tradition locale, l'arrivée du roi de France coïncida avec les réjouissances de la fête votive, qui se célébrait tous les ans le 14 septembre et les deux jours suivants. La présence de Sa Majesté donna aux jeux publics de cette année un entrain et un éclat si extraordinaire, que le souvenir s'en est perpétué jusqu'à nos jours. Comme le château seigneurial était inhabitable, Annet de Montcalm donna l'hospitalité au roi dans une maison qu'il possédait au Nord de l'église et qui devint plus tard la propriété de M. Sauvant. Louis XIII se montra satisfait de l'accueil de la jeunesse de Tresques et il donna à chacun des jeunes gens treize sous de gratification. Enfin, Sa Majesté exauça la demande que les consuls lui adressèrent, tendant à faire transporter à Laudun l'étape militaire, qui, de temps immémorial était fixée à Tresques. Mais deux ans après les troupes royales ayant rétabli l'étape de Tresques, les habitants envoyèrent au roi la supplique suivante : « Supplient humblement, vos pauvres habi-

(1) Archives communales.

» tants de Tresques, qu'il avait plû à Votre Majesté de faire
» établir l'étape au lieu de Laudun, bien capable de souffrir et
» néanmoins dans fort peu de temps icelle oster et la remettre
» dans votre pauvre lieu de Tresques, place incapable de souffrir
» ni loger les troupes et gens de guerre, à cause que dedans le
» lieu, on ne saurait trouver pour loger trente chevaux et qu'en
» outre il n'y habite que dix ou douze habitants, ayant le surplus
» déserté, ruiné de souffrir durant toute l'année passée. Oui, Sire,
» il plaira à Votre Majesté avoir souvenance de l'exemption
» qu'il vous avait plû nous donner en l'an 1632, lorsqu'il fut de
» votre bon plaisir de prendre votre mauvais logement en ce
» misérable lieu. Néanmoins jamais aucuns habitants n'ont fait
» résidence dans ledit lieu que gens de bonne foi pour le service
» de Votre Majesté ni ne feront à l'avenir et les dix ou douze ha-
» bitants seront contraints à faire délaissement de leurs maisons,
» ne pouvant plus résister. A ces causes, plaira à Votre Majesté
» changer lesdites étapes en autre lieu capable de loger vos trou-
» pes (1). »

Annet de Montcalm mourut probablement dans le courant de l'année 1634. Il laissait trois enfants : Jean II de Montcalm qui lui succéda, Françoise de Montcalm, mariée au comte de Saint-Remèze et Marie de Montcalm.

Jean II de Montcalm s'était marié, le 19 juin 1638 avec Diane d'Audibert de Lussan, fille de Jacques d'Audibert de Lussan et de dame Margueritte. Un des premiers actes seigneuriaux accompli par Jean II de Montcalm fut la nomination qu'il fit, en sa qualité de juspatron de la chapelle Saint-Antoine, de messire Jean Roustaing, prêtre originaire de Lapalud, au diocèse de Saint-Paul-Trois Châteaux, dans les premiers jours d'avril 1636, en remplacement de messire Jean Turion, décédé. L'installation canonique de Jean Roustaing eut lieu, le 5 du mois d'avril 1636.

Dans le cours de cette même année, des difficultés s'élevèrent entre les consuls, les habitants et les P. P. Chartreux, au sujet de certaines réparations à faire à la toiture de l'église. Les habitants, n'ayant pas oublié, qu'en 1616, les Rév. P.P. avaient bien voulu, sur la prière des consuls, intervenir pour une somme importante dans les réparations de la voûte, pensèrent réussir à rendre désormais obligatoire cette bienveillante intervention des Chartreux. Mais ce procédé, peu délicat, blessa les religieux et ils refusèrent tout secours. La question fut alors portée devant l'intendant du Languedoc. Celui-ci, après avoir pris ses informations, rendit

(1) Archives municipales, E E.

une ordonnance dans laquelle il prescrivait entre autres choses : « qu'il était permis au vicaire-perpétuel de faire, aux dépends de la communauté, couvrir de tuiles la voûte de l'église et réparer icelle aux endroits où besoin serait. » En conséquence de cette ordonnance, les consuls se décidèrent à donner le prix-fait, qui fut soldé le 21 mars 1638 (1).

Le seigneur Jean II de Montcalm exerça, comme son père Annet, la charge de juge-mage et n'habita que très rarement le château de Tresques. Ce vieux manoir, du reste, était resté dans l'état de délabrement dans lequel les guerres religieuses l'avaient laissé. On avait bien fait exécuter en 1609 quelques réparations d'entretien, mais la somme de 900 livres, qui avait été consacrée à ces travaux ne pouvait suffire pour remettre cet édifice dans un état convenable (2). Peut-être Jean II nourrissait-il l'espoir de faire bâtir une autre demeure plus vaste et plus commode ; mais il ne survécut que trop peu d'années à son père, pour pouvoir exécuter cette entreprise. Il dut mourir dans les premiers mois de 1638, car on trouve dès le 6 septembre de cette année, que Jacques de Nicolay se disait seigneur de toute la baronnie de Sabran. Jean II laissait à sa mort quatre filles et aucun héritier mâle. Sa succession donnait lieu en conséquence à un grand litige. Sa veuve n'héritait que sous bénéfice d'inventaire et une double instance judiciaire était aussitôt engagée à cause des substitutions d'hérédité, établies par les ancêtres. D'une part, Esprit de Montcalm, seigneur du Castelet, demandait en sa faveur l'ouverture d'une première substitution que Philippe de Combes, son bis-aïeul avait apposée dans son testament, du 12 novembre 1512, pour le maintien de la baronnie de Montclus, seigneurie de Tresques et autres places, contre la dame Diane d'Audibert, veuve et héritière fiduciaire de Jean II de Montcalm, ses quatre filles et Jacques de Nicolay. Un arrêt fut rendu, le 19 août 1639, qui ouvrit cette première substitution. D'autre part, Jacques de Nicolay, baron de Sabran, demandait en sa faveur l'ouverture d'une seconde substitution apposée au testament de Jean I de Montcalm, son aïeul maternel, en date du 7 septembre 1575, pour le maintien des biens de sa baronnie, contre Esprit de Montcalm et la dame Diane d'Audibert. On fit donc appel, afin d'obtenir sur l'héritage de Philippe de Combes la distraction des légitimes qui revenaient à Claudine, à Monde de Combes et à Jean I de Montcalm. Ce double procès menaçait non seulement

(1) Archives communales de Tresques.

(2) Archives du Comte de Vogüé.

de se prolonger longtemps, mais encore de « ne laisser presque rien au monde pour les quatre filles de Jean II de Montcalm. »

Sur les conseils de plusieurs amis de la famille, qui s'interposèrent, afin d'arriver à un arrangement amiable, le seigneur Esprit de Montcalm fit d'abord donation à Marie II de Montcalm, l'ainée des quatre filles de Jean II, de son droit de substitution par acte du 5 mars 1639, reçu Me Lagarde, notaire à Tresques. De son côté, Jacques de Nicolay, après avoir obtenu un arrêt de partage, le 31 mars 1642, confirmant la sentence du Sénéchal de Nimes, en ce qu'elle ouvrait le fidei commis en faveur du seigneur de Sabran on se déeida de part et d'autre à passer une transaction le 22 novembre 1645. Elle fut rédigée à Bagnols, par Me Pélissier, notaire. Les principales clauses de cet acte portaient que : « Les parties renonçaient au procès et acquiesçaient à l'arrêt rendu par le Parlement de Toulouse, le 20 juillet dernier. — La dame Diane d'Audibert consentait à se départir de la requête qu'elle avait présentée à la Cour, en interprétation de cet arrêt. — Le baron de Sabran remettait à la dame d'Audibert toutes les prétentions qu'il pouvait avoir, soit en vertu de la substitution contenue dans le testament de Philippe de Combes et de Jean I de Montcalm, soit sur les legs, légitimes ou toutes sortes de distractions des héritages et consentait que le tout fut irrévocablement acquis à la dame de d'Audibert, moyennant la somme de 30,000 livres, à laquelle furent estimés tous les droits du seigneur de Sabran. — En cas où les seigneuries de Montclus et de Tresques seraient plus tard vendues, le seigneur de Sabran serait libre de les recouvrer en rendant le prix, dans un an et un jour après l'achat. — La dame de Montclus, ni les siens ne pourront plus rien demander, ni prétendre sur la baronnie de Sabran, ni sur les 30,000 livres payées. — Le seigneur de Sabran ne saurait aussi rien prétendre sur la juridiction de Saint-Martin-de-Jussan par lui acquise à Montpellier, en 1640, des commissaires du roi. »

Dès le début de ce long procès, la dame Diane d'Audibert donna en sa qualité d'héritière fiduciaire, un dénombrement des biens et revenus du château de Tresques, le 31 mai 1639. Voici ce dénombrement, qui fut présenté à l'Evêque d'Uzès, Nicolas de Grillet, suzerain de Tresques. Il représente exactement la situation de la seigneurie à cette époque.

« Les héritiers du seigneur de Montcamp dénombrent en fief « de la terre de Tresques au seigneur Evêque et en arrière fief du « roi : la place et juridiction de Tresques, Diocèse d'Uzès, avec « juridiction haute, moyenne et basse, seuls et pour le tout et

« à fief franc, noble et honoré ; les émoluments, déduits les gages « des officiers comme sont régent, juge, bayle, procureur, greffier « et sergent en la poursuite des causes criminelles, peuvent valoir « une année portant l'autre, de revenu annuel 10 livres. — Le « four bannier 30 livres. — Sur les terres en possession des habi- « tants 16 livres. — Certaines olivettes, l'une appelée le Claux, « l'autre appelée Carésieux 12 livres. — Un jardin près de la ri- « vière de Tave. — Un moulin à blé, où il y a deux moles, lequel « ne moût que certain temps de l'année, à cause qu'en la dite « rivière n'y a guère d'eau, auprès du quel moulin y a un autre à « huile 20 livres. — Château inhabitable, où n'y a qu'une tour « découverte depuis tant de temps que n'est mémoire d'homme.— « Les murailles et fossés du dit lieu. — Une maison dans le dit « lieu où ils habitent de présent et tiennent pour leur château ; « toutefois, elle est fort ruinée, la plus grande partie étant inha- « bitable. — Les vacans, par faute de tenanciers, avec droit de « prendre et de retenir, de rompre, défricher et réduire en labou- « rage les terres hermes et gâtées et icelles bailler à nouvel ordre » et leur imposer cense. — Ont le droit de mettre le bétail qu'il « leur plait es fonds du terroir de l'étang, la première herbe levée « et de pouvoir donner licence à ceux que bon leur semble, de « mettre dans le dit pré leur bétail, depuis la première herbe levée, « jusqu'à la Toussaint, sans que les maîtres et propriétaires les « puissent tenir en défense ; comme aussi là où il y aurait glan- « dage pour nourrir pourceaux étrangers, lever sur chacun 4 de- « niers tournois. — Item tiennent et possèdent en fief franc du roi, « notre Sire, le terroir et juridiction de Saint-Martin-de-Jussan et « le devois de Raymond-Bœuf et de la Boulidouyre, le tout dans « les limites et confrontation du dit lieu de Tresques. — Ils sont « en litige avec Mgr le prince de Condé, seigneur de Bagnols, « pour raison du devois de Raymond-Bœuf, qu'il prétend lui « appartenir, quoique les dénombrants l'aient acquis ou leurs pré- « décesseurs, depuis fort longtemps, avec l'autre devois de la « Boulidouyre, en la juridiction de Saint-Martin, de MM. les « commissaires et députés par S. M. pour la vente de son do- « maine et ne leur porte aucun profit. — Déclarent les dénom- « brants qu'ils sont nouveaux successeurs au fait d'autrui ignorants « quels services ils sont tenus faire à la dite Majesté, pour raison « des choses sus-dénombrées. » (1).

Les chanoines de la collégiale de Tresques présentèrent aussi le dénombrement de leur temporel, en 1640 et ils disaient, dans cet acte d'hommage, à l'Evêque d'Uzès :

(1) Archives.

« A cause des guerres et troubles qui ont eû cours dans le présent « royaume de France, quasi tout le siècle passé, tant contre ceux « de la religion prétendue réformée, que comme guerres civiles, « leurs maisons ont été abattues et leurs titres et documents « entièrements perdus. Ils n'ont aucun titre de leur fondation « que la possession immémoriale du prieuré de Sabran et les « terres, maisons et quelques directes qu'ils jouissent au lieu de « Tresques. Le quel prieuré de Sabran consiste en 400 livres de « rentes, qui proviennent des dîmes de tous les grains, légumages, » oignons, foins, fourrages, agneaux et bourricaux, qui croissent » et naissent dans le terroir dudit Sabran et en leur paroisse qui » est sous le titre de Sainte-Agathe et Saint-Castor. — Ils jouis- » sent encore, au lieu de Tresques, la quantité d'environ trente » salmées de terres, labourables en vingt journées; savoir : outre » la maison contenant 32 canes, un petit jardin proche le lieu, » contenant une toise. — Une terre au plan du moulin contenant » quatre eymines, six toises. — A las Matassières, une terre » de quatre eymines, six toises. — A Malobre, une terre d'une » salmée, o eymine, deux toises. — A l'Aubalestre, une terre » de six eymines, cinq toises. — Au plan de la Côte, terre » d'une salmée, deux eymines, six toises. — A l'Aubalestre, » une terre d'une salmée, o eymine, une toise. — A la Resse, » une terre de deux eymines, sept toises. — Aux Esqueyrades, » une terre de deux salmées, cinq eymines. — A la Calade, une » terre de six eymines, trois toises. — A la Condamine, une terre » de deux eymines, cinq toises. — A la Carminiane, une terre » de deux eymines, une toise. — A l'Estang, une terre d'une » salmée, six eymines, quatre toises. — A l'Estang, une terre » d'une salmée, une eymine, quatre toises. — A l'Estang, une » terre de cinq eymines. — Près de l'Estang, une terre de quatre » eymines. Le tout rural, payant tailles et sujet à toutes contri- » butions, qu'ils baillent à un rentier qui fournit la moitié de la » semence, rapportant environ vingt-huit salmées de grains, ce » qui fait quatorze pour leur part. Et, en déduisant quatre salmées, » six eymines pour la semence, reste neuf salmées, deux eymines » de quitte, vallant, une année portant l'autre, environ 80 livres. » De laquelle somme ils payent la taille au roi, se montant à » pareille somme ou peu manque ; sans compter les contributions » extraordinaires, tellement que ce bien leur est plutôt à charge, » au temps présent, qu'à profit. — Comme aussi, sont de nul » revenu, les vignes contenant vingt journées, d'autant qu'elles » se baillent à vingt sols la journée, et la taille ordinaire se monte

» quasi autant, sans les autres charges extraordinaires de contri-
» bution pour passage et nourriture des soldats. — Ils ont trois
» petites maisons qui ne servent d'habitation qu'à trois d'eux,
» résidants d'ordinaire à Tresques. Il est donc clair que leur
» bien temporel de Tresques y est de nul revenu, voire
» même leur est à charge, puisqu'il a contribution à toutes les
» tailles comme le reste du peuple. — Ils possèdent aussi audit
» Tresques et dans le terroir certaines censives et pensions étant
» du revenu de vingt-quatre livres à chacun. — Et pour le
» prieuré de Sabran, qui ne vaut que 80 livres de revenu, ils
» payent au roi tous les ans 54 livres, 8 sols, 10 deniers. — L'un
» d'eux y fait résidence ordinaire et tient un clerc. — Fournissent
» le luminaire et ustensiles de leur église paroissiale de Saint-
» Castor, les frais desquels ne se montent pas moins de 20 livres
» par an et outre ce, le droit de visite de Mgr le Révérendissime
» Evêque d'Uzès. — Disent n'avoir fait aucune acquisition au
» profit de leur église de Sabran ni au profit de leur chapelle de
» Tresques, ni reçu aucune donation ni legs et ne savoir si depuis
» 1520, rien ait été fondé ou acquis au profit dudit prieuré et
» chapelle » (1).

Outre les maisons, appartenant aux chanoines et n'offrant, depuis les guerres civiles que des ruines, il y avait au-dessous et au Sud-Ouest de l'église, un vieux cazal où il ne restait que les quatre murs, ayant fait partie de la maison claustrale et appartenant aux Chartreux de Villeneuve, en qualité de prieurs du lieu. Ce cazal confrontait du levant la maison claustrale du vicaire-perpétuel, du couchant et bise les rues allant à l'église, du marin autre partie de la maison claustrale du prieur. Ce cazal avait été déjà inféodé à Firmin Bouzigue et à Jacques Saunier. Il fut de nouveau cédé, le 11 avril 1643, par le Rév. Père Lauzerai, prieur de Villeneuve, visiteur de Provence et dom Philippe Jassaud, procureur, à Gabriel Prévôt, cardeur de laine, pour un droit d'entrée de 150 livres, et sous la censive annuelle d'un sol.

Le vicaire perpétuel, de son côté, avait au levant de sa maison une petite *crotte découverte*, entourée de murailles tombant en ruines, qu'il céda à nouveau bail, à Martin Vinet, boulanger, pour 30 sols, le 22 juin 1643. L'acte, passé à Tresques par Me Lagarde, porte « que l'acquéreur serait tenu de se désister lorsque le vicaire ou ses successeurs voudraient rebâtir cette maison. » Il est signé par Antoine Bastide, chanoine et prieur du prieuré de Saint-Loup

(1) Archives de la Fabrique.

et par Jean Quintin, de la ville de Verdun, précepteur des enfants de Tresques (1).

Mais les Chartreux reconnurent bientôt que le traité qu'ils avaient passé avec Gabriel Prévot leur était trop onéreux, en ce sens, qu'ils n'auraient plus de pied-à-terre lorsqu'ils voudraient venir à Tresques. Le P. Lauzerai et le P. Philippe, par un nouvel acte, à la date du 22 août 1643, donnèrent une autre maison à Prévôt et reprirent leur cazal qu'ils restaurèrent et qui devint la maison priorale des Chartreux. Elle fut changée en Mairie, à la Révolution et fait aujourd'hui partie du château (2).

On a vu que les démêlés de la famille seigneuriale de Tresques se terminèrent heureusement, en 1645, par une importante transaction. Il n'en fut pas de même des démêlés qui s'élevèrent, dans le courant de cette année, entre le seigneur de Saint-Quintin, Philippe de Goudin-Servezan et son beau-frère, le seigneur de Pougnadoresse. La rumeur publique se répandit jusqu'à Tresques que ces démêlés venaient d'avoir un triste dénoûment.

Philippe de Goudin, en effet, ses deux frères et quelques hommes d'armes, s'étant introduits nuitamment dans le château de Pougnadoresse, occupé par Jean le Chantre, fils d'Honoré le Chantre, seigneur de Saint-Pons, le massacrèrent ainsi que son viguier Arène. Sur une instance, introduite (3) au Parlement de Toulouse par la veuve de Jean le Chantre, Suzanne de Bouet, un arrêt de mort fut prononcé contre les assassins, Philippe de Goudin, Goudin l'Espée, Goudin Bouche d'or, André Pourtal, Louis Boutou, etc., qui furent condamnés, les uns à avoir la tête tranchée, les autres à être pendus et étranglés. De plus, une ordonnance, datée de Montpellier, le 14 novembre 1645 (4) donna des instructions à tous prévôts, magistrats, consuls, capitaines, gens de guerre, pour prêter aide et main-forte à l'exécution des peines et arrêts rendus.

L'imagination populaire s'est exercée, dans la suite, à embellir de la façon la plus dramatique, non seulement les détails de l'assassinat de Jean le Chantre, de la condamnation des coupables et de leur grâce, qu'ils obtinrent du roi, mais encore des représailles exercées, quatorze ans plus tard, par les fils de Jean le Chantre Pons et Gabriel. Ceux-ci, assistés d'un fidèle confident, Bousquety, allèrent assassiner, à Saint-Quintin, Philippe de Goudin et ses compagnons, en 1659. Ils furent aussi condamnés à

(1) Archives municipales.

(2) Id.

(3) Archives du château de Pougnadoresse, Liasse D.

(4) Archives du château de Tresques.

mort, se cachèrent quelque temps à Avignon et reçurent également plus tard, des lettres de grâce (1).

Autour de ces faits, vraiment historiques, la tradition populaire a ajouté : d'abord le siège en règle du château de Pougnadoresse, soutenu vaillamment, pendant huit jours. — L'eau venant à manquer aux assiégés et ceux-ci, pour complaire à Etiennette, fille de Jean le Chantre, sortant, pendant la nuit du château, pour aller à la recherche d'un peu d'eau. — Les assiégeants profitant de cette occasion pour s'introduire dans la place. — Mettant tout à feu et à sang et massacrant Jean le Chantre et son viguier Arêne. — La femme du seigneur et ses trois enfants guidés par une main amie à travers un souterrain inconnu et échappant ainsi à la mort. — Plus tard, la veuve Suzanne de Bouet, ayant appris la condamnation et la grâce des coupables, travaillant à élever ses enfants dans le désir de la vengeance. — Tous les jours, après la prière du soir, leur donnant un petit soufflet et leur montrant la chemise ensanglantée de leur père, sur laquelle elle leur faisait jurer de le venger un jour. — Quaforze ans après, Pons et Gabriel le Chantre, devenus officiers de chevau-légers du Dauphin, se rendant à Saint-Quintin, avec Bousquety et exerçant leur vengeance sur les meurtriers de leur père. — A leur tour, condamnés à mort pour ce crime, ils se réfugient à Avignon. Cependant le roi leur accorde leur grâce, mais à condition qu'ils monteront un grand cheval, appelé Bayard ou *meurtrier*, lequel tuait tous les cavaliers qui essayaient de le monter. — Dans un grand tournoi, en présence du roi et de toute la cour, les deux jeunes seigneurs furent assez heureux pour monter et dompter le fougueux coursier et le roi, après les avoir félicités publiquement leur donna leur grâce définitive. — Pons mourut quelque temps après, dans un combat et Gabriel demeura seigneur de Pougnadoresse.

Marie II de Montcalm, fille aînée et héritière de Jean II de Montcalm, se maria avec Louis de Vivet, président à la cour des Aydes et finances de Montpellier.

Le nouveau seigneur de Tresques, peu de temps après son mariage, s'occupa de la reconstruction du château, qui était presque entièrement ruiné, depuis soixante dix-huit ans. Par ses ordres, la nouvelle demeure seigneuriale fut bâtie dans le style de la renaissance, sur un autre emplacement, à une faible distance et au Sud-Est de l'église. Cet édifice, qui existe aujourd'hui, forme un grand parallélogramme, dont les côtés se développent sur une longueur de vingt à vingt-cinq mètres chacun et dont le

(1) Archives du château de Pougnadoresse, Liasse D.

centre est occupé par une petite cour d'honneur, à laquelle on arrive après avoir franchi un porche voûté. On ne voit rien ni dans les constructions, ni dans les décorations, qui rappelle le souvenir de l'ancienne forteresse, de l'ancien *castrum*. Le grand portail de la façade, tourné du côté du Nord, est en plein cintre. Il est encadré par deux pilastres dont les sommets sont ornés de caryatides supportant chacune une console sculptée. Un entablement d'ordre dorique repose sur ces deux consoles et porte une frise décorée de triglyphes et terminée par une large corniche tenant lieu de fronton. Le tympan porte les armoiries du seigneur de Vivet, accostées de deux lions tenants. La partie supérieure de la façade est terminée par un donjon très simple.

Pendant que les nouvelles constructions du château s'élevaient au moyen des pierres et des matériaux de l'ancien, la maison presbytérale, à son tour, finissait par tomber à l'état de pauvre masure. On trouve, en effet, qu'en 1646, il intervint une sentence arbitrale au sujet du logement du vicaire-perpétuel Michel Pécoul « dont la maison avait péri et était tombée en ruine ». Il est probable que dès cette époque, la communauté ne pouvant faire rétablir la maison, commença à fournir annuellement, au vicaire, une indemnité pécuniaire.

Marie II de Montcalm et Louis de Vivet portèrent le plus vif intérêt à la fondation de la chapellenie de Tresques. En ce moment, les chanoines étaient : Jean Rostaing, Guillaume Teissier, Antoine Courge. M. de Vivet passa avec eux un acte d'échange, par lequel les chanoines lui cédèrent un cazal, « n'y ayant que la » place et quelques murailles à l'entour, avec cour voisine, que » ci-devant ils avaient baillé à nouveau bail à Arène, assis dans » le dit lieu de Tresques, près le château, de la contenance de » sept cannes de long et quatre cannes de largeur, confrontant du » levant l'étable de Gaillard Vignal et partie de la maison du dit » Arène, du couchant le château et la rue, de la bise aussi Arène. » En second lieu, un pré que ci-devant leurs prédécesseurs avaient » aussi baillé à nouveau bail à Jean Bastide, contenant une ey- » mine, situé au dessus le moulin de Saint-Loup, confrontant du » levant la Resclauze, du couchant et marin le vallat de Pépin ». — En retour, le seigneur de Vivet donna aux chanoines une grande vigne située à las Esbouzigues.

Mais déjà un des premiers soins de Louis de Vivet, dès son arrivée à Tresques, avait consisté à faire régulariser le service religieux des chanoines. Pour cela, il avait fait dresser par le notaire Assaud, (1) un tableau des offices et des intentions de messes, qu'il avait fait afficher sur le pilier de la chapelle Saint-Antoine. Ce tableau indiquait : 1° pour les offices réguliers et messes de la semaine : le dimanche, *de Dominica occurente secundum usum Eccles. Uticensis* ; le lundi, des morts ; le mardi, à l'honneur des cinq-plaies ; le mercredi, des Anges ; le jeudi, du Saint-Esprit ; le vendredi, de la Passion ; le samedi, de Notre-Dame.— 2° Pour les messes particulières : le mardi, des morts ; le mercredi, des morts ; le vendredi, des cinq-plaies, avec la lecture de la Passion ; le samedi, de la Vierge, avec commémoraison de Saint-Cosme et Damien. — 3° Pour les messes solennelles, à dire avec diacre et sous-diacre ; la Nativité de Notre-Seigneur, la Résurrection, la Pentecôte, l'Ascension, la Toussaint, les fêtes de la glorieuse Vierge, les fêtes de Saint-Antoine, de Saint-Cosme et Damien, de Sainte-Berrinnice, de Saint-Claude et de Sainte-Margueritte.— 4° Pour les messes solennelles d'anniversaires : 10 août, Philippe de Combes ; 29 octobre, Violande de Bozing ; 26 mars, Jean de Combes ; 27 décembre, Monde de Combes, femme de Gaillard de Montcalm ; ..., Claude de Combes ; ..., Gaillard de Montcalm ; Marie de Montcalm, femme de Louis de Vivet : ..., Louis de Vivet.

En 1653, la toiture de l'église réclamait encore des réparations. « La moitié en était abattue et laissant la voute toute découverte ; » en sorte qu'il était dangereux que le tout ne tombât en ruine ». Ni les consuls, ni les habitants ne prenant souci de ce triste état, les Chartreux adressèrent une réquisition aux consuls, le 11 août 1653. Comme cette réquisition ne produisit aucun effet, ils signifièrent aux consuls, le 7 septembre de la même année, de faire procéder aux réparations, sous peine de dommages-intérêts. Le lendemain les consuls et les habitants se réunirent en conseil général et il fut pris une délibération par laquelle on décida que les réparations seraient faites aux dépends de la communauté. Mais les consuls temporisant toujours, les Chartreux se virent obligés de faire exécuter eux-mêmes les réparations, afin de ne pas laisser dépérir entièrement l'édifice et firent assigner ensuite les consuls, qui furent condamnés par jugement rendu le 28 août 1654. (1) Cependant les consuls obtinrent le 20 octobre 1655, devant la chambre des requêtes du Parlement de Toulouse, un autre jugement par lequel les Chartreux furent condamnés, de leur côté, à faire les réparations, à la condition que la communauté fournirait

(1) Assaud était notaire royal et viguier de la baronnie de Montclus.

(1) Archives municipales F. F.

les matériaux et les manœuvres. En conséquence de ce jugement, on fut obligé de choisir des arbitres. Les consuls, qui étaient Claude Auzias, Granet et Missot, nommérent, par délibération du 6 avril 1656, M. Splandian de Sibert, juge à Bagnols, pour arbitre de la communauté et les prieurs nommèrent M. Calvet. Les deux arbitres estimèrent que la part représentant les charrois et les manœuvres devait s'élever au tiers de la dépense totale.

Mais les réparations de l'année 1653 étaient à peine réglées, qu'en l'année 1657 d'autres réparations devenaient urgentes à la couverture de l'église et à la cloche, « qui se trouvait sur le point de tomber. » La dépense s'élevait à la somme de six cents livres. Cette fois, il s'agissait de rétablir le côté septentrional et le côté oriental de la tour du clocher, qui avaient été démolis par les calvinistes. On donna pour couronnement à cette tour une simple toiture, en tuiles ordinaires, surmontée d'une croix en fer. Ce clocher était donc resté à moitié démoli pendant 90 ans. D'après les arrêtés antérieurs, les Chartreux payèrent les deux tiers et la communauté paya les matériaux et les manœuvres.

En 1659, il fut encore question de certains travaux à exécuter dans l'intérieur de l'église. Le vicaire perpétuel, Michel Pécoul, passa une transaction, le 31 janvier de cette année, par devant Me Cabassol, notaire, par laquelle il s'engageait à payer le tiers de la dépense. Lorsque les Chartreux connurent cette transaction, ils firent opposition, disant que, d'après une récente déclaration du roi, les prieurs n'étaient désormais tenus qu'à l'entretien du *presbyterium* et non plus de la nef, ni du chœur des églises. En vain la communauté prétendit que cette déclaration du roi ne regardait que les localités vivant sous le droit commun, et nullement celles qui possédaient des transactions et des jugements. Il fut répondu que rien ne pouvait dispenser les habitants de réparer la nef de leur église et que le roi avait voulu faire un règlement uniforme pour tout le royaume.

Ces derniers travaux étaient à peine terminés, que Mgr de Grignan, coadjuteur de l'évêque d'Uzès, vint faire sa visite pastorale à Tresques. Il prit soin d'en consigner lui-même tous les détails, dans le procès-verbal suivant :

« Du vendredi, septième novembre mil six cent cinquante neuf, » sommes parti de Connaux, pour aller faire notre visite à Tresques. Nous avons été reçu à l'entrée du lieu, à l'oratoire qu'on » nous avait préparé pour cela et nous étant revêtu de nos habits » pontificaux, nous avons reçu la croix à baiser des mains de » Mire Pierre Pécoul, vicaire perpétuel de l'église paroissiale

» N.-D. de Tresques et après avoir marché processionnellement
» sous le dais jusqu'à l'église suivi de tout le peuple, nous avons
» reçu l'eau bénite à l'entrée de l'église des mains du dit sieur
» vicaire et ensuite avons donné la bénédiction solennelle au
» peuple, fait l'absoute pour les morts et procédé ensuite à la
» visite du Saint-Sacrement que nous avons trouvé dans un
» ciboire d'argent beau et un soleil de même, enfermé dans un
» tabernacle de bois, moitié doré et moitié peint, fermant à
» clef. Le dedans du dit tabernacle n'est doublé d'aucune chose.
» Sur le dit autel il y a un tableau où est peint un crucifix et
» aux côtés Notre-Dame et Saint-Jean, avec son rétable, six
» chandeliers de laiton, une pierre sacrée bonne, couverte de trois
» nappes bonnes, un devant d'autel de cuir doré ; au tour du dit
» autel un cadre fort honnête ; le marchepied de pierre est bon ;
» sur le dit autel est un dais et autour du presbytère une vieille
» tapisserie de cuir doré déchirée ; au devant de l'autel est une
» lampe pendante de laiton, un canon.

» Avons ensuite visité la sacristie qui est belle et en bon état.
» Les murailles blanchies, le pavé bon. Un grand armoire à tenir
» les ornements où il faut faire la moitié des tablettes qui man-
» quent. Manquent aussi des chassis de verre ou de toile aux
» fenêtres et nous a été dit qu'il est au seigneur de Montclus, qu'il
» a promis volontairement. Dans ladite sacristie nous avons
» trouvé un calice avec la patène d'argent d'une honnête grandeur ;
» ladite patène ni la coupe ne sont pas dorées ; 2 aubes, 2 amicts
» et cordons, 3 corporaux, 6 purificatoires, 7 voiles de calice,
» dont 3 de velours, un de toile d'argent en broderies d'or tout
» neuf doublé d'un taffetas rouge, un autre de taffetas rouge, un
» autre de gaze, un autre de taffetas bleu avec une croix et den-
» telle d'argent autour ; une chasuble, étole et manipule de
» satin, à fleurs blanches et une dentelle d'argent toute neuve ;
» une autre chasuble, étole et manipule de damas blanc, avec un
» passement d'argent assez usé ; une chasuble, étole et manipule
» de taffetas bleu et la croix en broderie, elle a besoin d'être ra-
» commodée par devant ; une chappe de moille noire et nous a
» été dit qu'il y a aussi une chasuble de même qu'on a envoyée à
» Avignon pour la faire accomoder. N'y a point d'autre chappe
» de la paroisse.

» Il y a aussi, dans la sacristie, une chappe de satin noir à
» fleurs avec les passements de satin blanc, étole et manipule ;
» une autre chasuble de..... avec son étole et manipule fort
» beaux. Tout ce qui est dans ce dernier article appartient au
» seigneur de Montclus.

» Il y a aussi un psautier, graduel et un antiphonaire, qui sont » fort bons et appartiennent à la paroisse, un missel un peu usé, » un rituel bon, un bassin de laiton pour les offrandes, deux croix « de laiton, une plus grande que l'autre, pour les processions, un » encensoir de laiton avec la navette et cuiller, manque un petit » chainon. Point de crucifix pour l'autel, ni de feuille imprimée, » pour la préparation et action de grâce. Avons aussi vu les cré- » mières, qui sont d'étain, assez bonnes ; ladite sacristie fermant » à clef ; une clochette, deux pavillons, un de velours et l'autre » de taffetas rouge.

» Ensuite avons visité le corps de l'église. Les murailles et » voûtes sont en fort bon état, le pavé fait nouvellement est fort » bon. La grande porte toute bonne et la serrure aussi ; la petite » est toute bonne, mais il y manque une serrure. Les fonts baptis- » maux en fort bon état et n'y manque rien. Un confessional à » trois personnes qui est bon. Le pulpitre à chanter tout bon. La » chaise pour le prédicateur de pierre toute bonne. Un petit ba- » lustre pour la communion fort bon. On nous a assuré qu'il ne » pleut ni dans le presbytère, ni dans la nef. Le clocher n'est pas » encore refait entièrement ; le prix-fait est donné. Il y a pour » l'ordinaire trois cloches, dont la plus petite appartient à la con- » frérie du Saint-Rosaire. Il y en a une autre qui est rompue. » Manque des degrés au clocher. Le bénitier est bon. Il y a aussi » un petit bénitier de cuivre pour l'aspersion de l'eau bénite.

» Ainsi que dessus a été procédé en notre visite à Tresques ; » et en suite de quoi avons ordonné comme s'en suit, à trois » heures après midi et les avons fait publier, le huitième de ce » mois, dans notre chambre, à six heures du matin, en présence » des officiers et habitants soussignés. Premièrement, nous avons » ordonné et ordonnons, au sieur vicaire, d'orner le dedans du » tabernacle d'un taffetas ; faire recoudre la tapisserie de cuir » doré qui est au tour de l'autel. Accomoder le devant de la cha- » suble de taffetas bleu ; acheter deux nappes pour l'autel et une » pour la communion ; un petit crucifix pour l'autel ; une feuille » imprimée pour les préparations et actions de grâce, un messel, » un *te igitur*, un autre crucifix pour l'autel de la sacristie et faire » mettre des vitres aux deux fenêtres d'icelle et des étages de bois » dans l'armoire où l'on tient les ornements ; faire un armoire » décent, orné par le dedans d'une étoffe de soie ou de laine pour » tenir les saintes huiles et accomoder une des chaînes de l'en- » censoir, le tout dans trois mois.

» Nous avons ordonné et ordonnons, aux consuls et com-

» munauté de Tresques, de faire faire une serrure à la petite » porte de l'église et un bon verroul par derrière, un hou- » quet pour l'ouvrir aisément du dehors, blanchir les murailles » de l'église, mettre une vitre à la fenêtre qui est au bout, » se pourvoir d'une bière pour porter les corps morts, faire des » degrés pour monter au clocher et refaire la cloche rompue, le » tout sans préjudice des prétentions que peuvent avoir les » consuls contre les prieurs et vicaires, en vertu des transactions » particulières, s'il y en a et arrêtés.

» Plus nous avons ordonné que tous ceux qui ont droit de sé- » pulture, seront obligés de payer au maçon qui a le prix-fait du » pavé suivant et conformément à la convention faite en présence » du seigneur du lieu et qu'ils seront contraints par toutes voies » dues et raisonnables ; et au cas qu'il se trouve des places pour » les sépultures qui ne soient pas occupées et qui ne le puissent » pas être, lesdits consuls seront obligés de payer ledit maçon, à » condition qu'à l'avenir ceux auxquels on donnera droit de » sépulture vacante payeront entre les mains desdits consuls à » raison de onze livres pour lesdits droits, ainsi qu'il avait été » convenu ; et le sieur vicaire sera obligé de donner quittance à » tous ceux qui ont déjà payé, comme aussi lesdits consuls la » donneront à l'avenir à tous ceux qui payeront entre leurs mains » ce que dessus est mentionné.

» Plus avons ordonné que les héritiers du sieur Turion et » Mégier, chapelains, qui ont été enterrés au-dessous du degré » de la chapelle Notre-Dame, seront obligés de payer les frais et » dépends de leur sépulture et non pas la confrérie du Rosaire, » puisque ce n'est point par l'ordre d'icelle que lesdites sépultures » ont été faites.

» Plus nous avons ordonné que le livre et registre des baptis- » tères seront remis au greffe épiscopal, pour y avoir recours et » en prendre des extraits, lorsque besoin sera.

» Plus nous avons ordonné que le service fondé d'une messe » toutes les semaines à l'honneur de Saint-Jean-Baptiste, sur » l'autel du Rosaire, sera fait aux frais du sieur Anthoine Bastide, » prieur de Saint-Pons, recteur d'icelui, sans qu'il le puisse » transporter ailleurs, à peine d'être procédé contre lui par saisie » de ses rentes par les voies de droit et que la confrérie qui entre- » tient ledit autel d'ornements, achètera un petit crucifix et un » canon.

» Plus nous avons ordonné que le sieur Granet, médecin, sera » obligé dans un an de doter l'autel de Notre-Dame des Anges

» que feu son père a fait ériger, le pourvoira de tous les orne-
» ments nécessaires pour la célébration de la messe et nous
» remettra, dans le temps, l'acte de dotation en bonne et due
» forme.

» Plus nous avons ordonné que le service de la chapelle du
» Rosaire sera continué par le sieur vicaire sous la pension de
» douze livres dix sols, provenant d'un capital de deux cent vingt
» livres, qui est entre les mains de la communauté ; sans appro-
» bation néanmoins du traité qui a été fait pour réduire à la dite
» somme de deux cents livres une plus grande qui était due par
» le sieur François Bruguière de Bagnols, comme héritier de
» Louis Couvet, nous réservant d'ordonner plus particulièrement
» sur ce fait lorsque nous en serons plus éclairci, enjoignant
» cependant aux parties intéressées de nous fournir des mémoires
» et instructions pour ce sujet.

» Plus nous avons ordonné que les mazures de la chapelle
» Sainte-Madeleine dans le terroir de Tresques seront démolies
» et qu'il sera élevé une croix au lieu où était l'autel, à la dili-
» gence des consuls ; ordonnant aussi de pourvoir dans trois mois
» à la subsistance et à l'établissement d'un maître d'école.

» Quant à l'aumône prétendue par les habitants contre le vi-
» caire de trois salmées de blé tous les ans, nous avons ordonné
» aux consuls de justifier par devant nous, dans deux mois, de la
» coutume et obligation de l'aumône et blé et le dit vicaire four-
» nira ses défenses, pour ensuite leur être pourvu ce que de raison ;
» et, qu'à l'avenir, ils rendront compte tous les ans de ce qu'ils
» retirent appartenant à la charité, en vertu des reconnaissances,
» ou par quelqu'autre titre que ce soit, que les dits comptes se-
» ront toujours rendus en présence du sieur vicaire ou à son
» absence de son curé (ou secondaire) où il sera fait mention de
» l'emploi de la pension de douze livres dix sols, provenant du
» capital de deux cents livres dues au dit hôpital par François
» Bruguière de Bagnols, comme héritier de Louis Couvet, sans
» que nous approuvions le traité qui a été fait ; et finalement
» nous ordonnons qu'il sera fait une exacte recherche de tous les
» papiers appartenant au dit hôpital, nous réservant de procéder,
» par censures ecclésiastiques, contre ceux qui les détiennent.

» Plus, avant faire droit sur les réquisitions des habitants, qui
» demandent que les P. P. Chartreux soient condamnés à fournir
» la moitié de la nourriture et entretient d'un prédicateur pen-
» dant le carême, comme ils présupposent qu'ils l'ont fait au-
» trefois et aussi touchant l'établissement de quelque service dans
» l'église de Saint-Loup, nous ordonnons à l'égard des dits P. P.

» Chartreux, qu'ils seront assignés par devant nous dans un mois » et ouïs, pour ensuite être pourvu ce que de raison ; et à l'égard du » service de Saint-Loup que le sieur prieur sera de même assigné » pour être ouï sur les réquisitions des habitants et leur être » pourvu ce qu'il appartiendra, tant pour le dit service, que pour » les réparations de la dite église.

» Plus, nous ordonnons que dans un mois, les chapelains de » l'église nous exhiberont l'acte original de leur fondation, ou copie » dûment collationnée, pour voir exactement toutes les obligations » portées par icelle fondation, nous réservant de leur faire droit » après cela, sur les réquisitions qu'ils nous ont faites de suppri- » mer la quatrième place vacante au profit des trois qui subsistent » et qui disent n'avoir pas de quoi vivre, attendu qu'ils ne jouis- » sent pas des choses qui leur ont été données par la fondation » des seigneurs de Tresques. Et cependant, pour ne causer » aucune diminution du service divin, nous ordonnons que les » dits chapelains satisfairont exactement à toutes les messes et » autres choses énoncées dans la table que nous avons vue, dans » la chapelle Saint-Antoine. Nous leur enjoignons aussi, outre » ce dessus, de faire et assister soigneusement à tous les services » des heures canoniales, de grand-messes et de vêpres, anniver- » saires, processions et autres choses énoncées dans l'acte d'union » du prieuré de Sabran, sans néanmoins approbation d'icelui, » nous réservant en temps et lieu de recourir contre ladite union » par la voie de droit, attendu les abus évidents et les contraven- » tions manifestes à l'intention de ceux qui ont requis et autorisé » ladite union. Et, désirant que les dits chapelains soient assidus » aux dits offices divins, nous ordonnons qu'ils y seront obligés sous » peine de la pointe, en sorte que ceux qui ne se trouveront pas, » les jours de fêtes et Dimanches dans l'église avant le dernier » *Kyrie eleison* seront pointés comme absents de la grand-messe » et perdront six deniers et autant quand ils ne se trouveront pas » dans l'église, aux dits jours, avant la fin du premier psaume des » vêpres ; et, venant à manquer aux dits offices de grand-messe » et de vêpres et jours de grandes fêtes solennelles, perdront un » sol pour la grand-messe et autant pour vêpres, nous réservant » d'ordonner une pointe plus exacte, lorsque nous aurons vu la » fondation.

» Plus, nous avons ordonné au sieur vicaire et secondaire de » Tresques, de ne séparer jamais les cérémonies du Baptême et » lorsque, dans le péril, ils auront donné l'eau, ils suppléeront » les dites cérémonies, quatre jours après la guérison des enfants ;

» qu'is ne donneront jamais la bénédicton nuptiale que le matin, » après la messe de laquelle ils tiendront bon registre, comme aussi » des Baptèmes et mortuaires. Feront entendre au peuple que le » duel est particulièrement réservé à Mgr d'Uzès et à nous ; » tiendront une table des autres. Feront le prône et l'aspersion » de l'eau bénite, à la fin duquel ils liront l'abrégé de notre » croyance, la doctrine chrétienne et diront vêpres tous les Diman- » ches. Prendront soin d'instruire les sages-femmes de l'adminis- » tration du Baptême, en cas de nécessité et de donner les » secours nécessaires aux malades, leur administrant les sacre- » ments, ne les abandonnant point dans le péril de la mort. De » même ils ne donneront jamais la bénédiction du Mariage aux » personnes qui ne seront pas suffisamment instruites des princi- » pes de la foi. Et tiendront aussi la main à ce que les fêtes » soient sanctifiées, empêchant que leurs paroissiens soient aux » jeux ou aux cabarets pendant le service divin, requérant les » officiers du lieu de faire leur devoir, comme aussi contre » les personnes qui donneront scandale, comme les blasphéma- » teurs du Saint nom de Dieu. Nous enjoignons aussi à tous les » prêtres de porter toujours la soutane dans le lieu et la souta- » nelle à la campagne, à peine de prison, s'ils n'ont une excuse » légitime. Comme aussi de s'abstenir du jeu et de la conversa- » tion des personnes addonées à la débauche et pareillement de » porter les cheveux courts et de paraître en tout lieu avec modes- » tie et surtout à l'église. Nous leur défendons aussi expressément » d'aller au cabaret sous quelque prétexte que ce puisse être et » surtout d'en faire coutume, à peine d'un écu d'aumône pour la » première fois, de deux pour la seconde, et en cas de contra- » vention après les deux fois, nous procéderons contre eux par » censures ecclésiastiques.

» Nous ordonnons aussi que la pointe des chanoines, sera gardée » et gouvernée par le sieur vicaire et à son absence par le curé » (ou secondaire) et que l'un des chapelains gardera aussi sa » contre-pointe et que l'argent en provenant sera mis dans une » boîte commune et ne pourra être employé qu'en ornements » d'église pour les dits chapelains ; à quoi nous chargeons le dit » sieur vicaire de tenir la main. Nous n'entendons pas néanmoins » comprendre dans la dite pointe celui des chapelains qui résidera » à Sabran suivant notre ordonnance faite au dit lieu de Sabran.

» Toutes ces susdites ordonnances ont été lues et publiées au » lieu de Tresques, dans le logis du sieur Granet, médecin, où » nous avons pris notre logement, le 8 novembre 1659, en pré-

» sence des sieurs vicaire, secondaire, chapelains, consuls et » principaux habitants du lieu qui ont acquiescé et ceux qui ont » su écrire ont signé.

« Ont signé : de Grignan, coadjuteur d'Uzès ; Pécoul, prêtre ; Missot ; Laurent ; Chambon ; Denys Prévost ; Blachère ; Buisson ; Roustaing, prêtre ; Ferrier, prêtre ; Compagnon, prêtre ; Peyre, prêtre. »

Cette longue ordonnance témoigne de l'admirable sollicitude et du zèle de Mgr de Grignan. Elle atteste, avec quelle scrupuleuse exactitude le prélat cherchait à être renseigné sur l'état de l'église, de la sacristie, des autels, des fondations. Il n'oubliait rien de ce qui pouvait intéresser le culte, la foi ou les mœurs de la paroisse ; s'informait minutieusement du degré d'instruction religieuse et s'enquérait avec soin des pauvres, du clergé et du peuple. Et puis, dans sa sagesse il donnait les décisions qu'il jugeait opportunes, tandis que sa prudence lui faisait remettre à plus tard les résolutions dont il voulait à loisir mieux apprécier la justice. Dans ces conditions et avec une autorité reconnue et respectée de tous, de telles visites pastorales ne pouvaient manquer de produire d'heureux résultats.

CHAPITRE V

Démêlés et conflits

(1667-1716)

SOMMAIRE. — Signification de l'Evêque d'Uzès aux chanoines. — Assassinat d'un chanoine. — Plaintes du seigneur Louis de Vivet contre les chanoines.— Enquête. — Fondation. — Jacques de Vivet, seigneur. — Sa supplique à l'Evêque. — Visite pastorale de Mgr Poncet de la Rivière. — Horloge. — Le chanoine Jacques Fosse. — Consultation d'un avocat. — Supplique à l'Evêque. — Construction de la galerie du château. — Supplique du seigneur de Vivet. — Signification au chanoine Perdigon. — Un maître d'école. — Différend sur la maison presbytérale. — Testament de Jacques de Vivet. — Sa mort. — Visite pastorale de Mgr Poncet de la Rivière. — Consultation sur le presbytère. — Condamnation de la commune. — Procès sur la taxation des biens du prieuré.

PARMI tous les prêtres qui se succédèrent à Tresques, soit en qualité de vicaires, de secondaires ou de chapelains, il y en eût quelque fois qui eurent certains démêlés avec l'Évêque d'Uzès ou avec le seigneur de Tresques.

Le 7 octobre 1667, l'Evêque d'Uzès fut obligé de rendre une ordonnance dans la quelle il disait : « Sur ce qui nous a été représenté que les sieurs Ferrier, Rostaing, Maistre et Perdigon, chapelains, s'ingèrent d'entendre les confessions sans en avoir obtenu de nous la permission ; nous faisons très expresses inhibitions et défense aux sus-nommés de continuer à faire telles fonctions de confesseurs, excepté dans leur paroisse de Sabran, dont ils sont curés et pour leurs paroissiens tant seulement, jusqu'à ce qu'ils soient venus à nous pour recevoir une approbation par écrit, si nous le jugeons ainsi. Mandons au curé de Gaujac de se transporter audit lieu de Tresques, pour signifier notre présente ordonnance aux susdits, leur en donner copie, afin qu'ils ne prétendent cause d'ignorance et leur enjoindre de ne point désobéir, sous peine de suspension et autre punition selon le droit. » Quelques jours après, M[ire] Sibin, curé de Gaujac, se rendit à Tresques, pour signifier aux chanoines cette ordonnance, qui fut ponctuellement exécutée (1).

Le vicaire perpétuel Michel Pécoul, après avoir exercé le saint ministère à Tresques, pendant environ 40 ans, eût pour successeur *Jean-Baptiste Picon*, qui fut installé dans le courant de l'année 1670. Deux ans après son installation, en 1672, un bien triste évènement vint jeter le deuil et la consternation dans la paroisse. Un chanoine de la collégiale nommé Gaspard Tramoutil, fut assassiné par le nommé Dupoux. On ignore le motif de ce sacrilège attentat ; mais ce que l'histoire fait connaître c'est le manque absolu de recherche de l'assassin et la presque complète impunité dont la justice de cette époque le laissa jouir. Tout ce que le clergé put obtenir, après un procès qui dura sept ans, ce fut que le nommé Dupoux « serait exécuté en effigie. »

Six années après cette exécution, le seigneur de Tresques, Louis de Vivet, prétendait avoir à se plaindre des chanoines. Il écrivait à l'Evêque d'Uzès, en 1678, que « ses prédécesseurs avaient fondé, en l'église paroissiale, quatre chapelains, lesquels étaient obligés de dire des messes, conformément à un tableau qui est attaché contre une muraille de la chapelle, lequel a été confirmé par ordonnance de visite de Mgr de Grignan, par laquelle il les obligeait de suivre le dit tableau de point en point, ce qui n'était pas exécuté par le sieur Perdigon, chapelain, pourvu par le père du suppliant, ou bien que s'il disait quelques messes, il les disait si grand matin et sans faire avertir le suppliant, comme cela était de coutume immémoriale, qu'ainsi il ne pouvait assister aux services auxquels il voudrait se rendre pour prier Dieu pour l'âme des fondateurs (2). » Le seigneur de Vivet terminait sa supplique en priant l'Évêque de rémédier à cet inconvénient. Cette pièce était accompagnée d'un acte d'enquête que son fils Jacques de Vivet avait fait dresser par les officiers ordinaires de Tresques ainsi conçu. » Les officiers ordinaires, à tous soit notoire que du 4 octobre 1678, s'est présenté par devant Me Pierre Granet, avocat, lieutenant de juge en notre cour, M. Pierre Goutelle faisant pour M[ire] Jacques de Vivet, qui a dit que pour obliger les quatre chapelains à faire le service divin suivant l'ancienne cou-

(1) Archives de la Fabrique.
(2) Archives de la Fabrique.

tume et le tableau qui est attaché au pilier de la chapelle Saint-Antoine, il a besoin de faire apparaître par acte de notoriété comme la dite chapelle a été fondée par les prédécesseurs du dit seigneur et que lors de la célébration des messes et services contenus au dit tableau, les dits chapelains sont obligés d'y appeler le dit seigneur de Tresques ; même que de tout temps, jusqu'à ces jours il a été appelé et attendu pour entendre la Sainte-Messe, sa famille, ses domestiques jusqu'à l'heure de dix à onze du matin et que la dite chapelle est appelée : *la chapelle du Seigneur*, à cause qu'il a le juspatronat des quatre chapellainies d'icelle et sur ce a requis ouïr Simon Bouzigue, consul ; Jacques Eymard, Guillaume Sauvet, Jean Bouzigue, Michel Laurent, Pierre Vignal, Jean Pécoul, Blaise Audibert, tous habitants de Tresques, tous les quels, la main mise sur les Saints-Evangiles de Dieu, ont dit et attesté : que tout le temps dont ils ont mémoire, qui est depuis trente, quarante ou cinquante ans, ils ont vu faire le service dans la dite chapelle Saint-Antoine fondée par les prédécesseurs du dit seigneur, en la forme couchée en la table qui est attachée au pilier de la dite chapelle, qui fut faite en l'année 1654, conforme à la précédente et que jusqu'à ce jour, le chapelain qui devait faire le service divin appelait le seigneur et la dame de Tresques, les attendait jusqu'à l'heure de dix à onze du matin pour entendre la messe dans la dite chapelle, comme aussi ils ont dit et attesté que la dite chapelle est appelée : la chapelle du seigneur de Tresques et que les quatre chapelains possèdent les terres, rentes et pensions données par les devanciers du dit seigneur, situées dans le terroir du dit lieu. De quoi ils ont et le dit Goutelle requis acte (1). »

Quelques jours après l'envoi de cette enquête et de cette pétition, M[ire] Antoine Sconin, chanoine-sacristain de la cathédrale d'Uzès et official du Diocèse, rendit une sentence par laquelle il obligea les chanoines de Tresques à se conformer désormais, avec la plus scrupuleuse exactitude et sous les peines de droit, aux prescriptions du tableau affiché dans la chapelle Saint-Antoine. A la fin de ce même mois, l'un des chanoines, M[ire] Michel Vincent, se présenta devant le seigneur de Tresques, dans la salle haute de son château et lui remit sa démission de chapelain. Peut-être cette démission était la conséquence de la peine qu'avait ressentie ce chanoine de la sentence de l'official d'Uzès ; quoi qu'il en soit, l'acte de cette démission portait que M[ire] Michel Vincent avait déjà reçu le titre de prieur de Montclus.

(1) Archives de la Fabrique.

Louis de Vivet perdit sa femme, le 22 avril 1679. Peu de jours après, désireux de montrer ses bonnes intentions envers les chanoines Perdigon, Jacques Fosse, Ferdinand Michel et Elzéard Fausse, prêtres de la collégiale, et pour les porter à faire leur service avec plus d'assiduité, il leur donna la somme de 900 livres, à prendre sur la communauté de Tresques, avec la pension à échoir au jour de Saint-Michel de la présente année 1679, laquelle pension était constituée, par un acte d'obligation du 12 mars dernier, à la charge de célébrer, chaque 18 avril, une grand'messe de mort, avec *Libera*, pour le repos de l'âme de la dame Marie II de Montcalm, sa femme et une autre semblable messe, le jour où lui-même décéderait. En outre il chargeait les dits chanoines de continuer le service auquel ils étaient obligés, pour raison des messes basses et anniversaires, contenus au tableau qui était affiché à la chapelle Saint-Antoine. Dans ce même acte, il échangea avec les chapelains, les censives et directes dont il avait été question au temps de son ancêtre Jean I de Montcalm. Ces directes furent estimées 600 livres. Elles portaient sur le quartier du mas-de-Bouttes. Ce dernier acte de Louis de Vivet explique que cet échange était fait, à la sollicitation des prêtres eux-mêmes, qui « par leur trop grande bonté laissaient perdre ces revenus ne pouvant ou n'osant se faire payer régulièrement. »

Louis de Vivet ne survécut que peu de jours à sa femme. Il eut pour héritier son fils Jacques de Vivet de Montcalm, qui se maria avec Gabrielle de Trémollet de Bucelli, marquise de Montpezat(1). Il fut nommé conseiller du Roi en ses conseils et premier président au Présidial de Nimes.

La première préoccupation de Jacques de Vivet devenu seigneur de Tresques, se porta sur une précieuse amélioration à son château. Ce château récemment construit par son père au Sud-Est de l'église, présentait sans doute certains avantages sur l'ancien manoir seigneurial ; mais il avait un double inconvénient. Non-seulement il ne possédait pas de communication avec l'église ; mais, étant situé derrière la forteresse qui abritait la chapelle et le vieux cimetière, il n'offrait pas à ses habitants la même facilité pour se rendre aux offices religieux. Jacques de

(1) La seigneurie de Montpezat était possédée, au XIIIe siècle, par la famille des de Rustand. En 1443 les de Saint-Félix étaient seigneurs de Montpezat. Le 17 mars de cette année, Arnaud de Saint-Félix passa un acte d'échange avec Claude de Buade, seigneur de Caveyrac. En 1522, Pierre de Trémolet, docteur en médecine de Montpellier, après avoir acquis Montpezat de Secondin et de Thomas de Saint-Félix, père et fils, en rendit hommage à l'Evêque de Nimes. (Archives de M. de Vogüé).

Vivet voulut mettre un terme à cet inconvénient. Il adressa une supplique à l'évêque d'Uzès, lui demandant « l'autorisation de faire construire, depuis la muraille de son château jusqu'à celle de la chapelle Saint-Antoine, une galerie couverte qui suivrait, dans l'intérieur du vieux cimetière, la muraille du vieux rempart, à l'effet de faire pratiquer ensuite une porte de communication entre cette galerie et la chapelle. Il offrait, en échange du terrain que cette galerie occuperait, le double en contenance, à prendre dans sa terre de la Condamine, pour l'agrandissement du nouveau cimetière, situé au nord du village, sur la route de Bagnols. » (1)

Le 13 du mois de mai 1679, l'évêque d'Uzès, Mgr Poncet de la Rivière arriva à Tresques, en visite pastorale ; et, dans l'ordonnance qu'il dressa de cette visite, il disait : « Nous ordonnons » au sieur vicaire de faire dorer le dedans de la coupe du Saint- » ciboire ; de faire enchasser la pierre sacrée dans la table de » l'autel ; de fournir un tabernacle ciselé et doré ; un canon, un » évangile de Saint Jean. — La confrérie du Saint-Sacrement » contribuera du tiers aux frais dudit tabernacle et les diligences » seront faites incessamment par les bayles de ladite confrérie, » avec ledit sieur vicaire, pour faire payer les reliquats de la » confrérie. — Pour ce qui nous a été représenté que l'église » était trop petite pour le grand nombre de peuple, les prêtres » ne pouvant faire l'office divin, se trouvant pressés et accablés » de la foule, Nous ordonnons qu'à la diligence des consuls il » sera fait une tribune au-dessus de la grande porte d'entrée, » dans laquelle les prêtres et autres habitants servant au lutrin, » se mettront pour chanter l'office. — Nous ordonnons au sieur » Poussard, juspatron de la chapelle Notre-Dame des Anges, » de faire enchasser la pierre sacrée dans la table de l'autel et de » fournir un crucifix, un canon et un évangile de Saint Jean. — » Nous ordonnons aux quatre prieurs ou chanoines de la chapelle » Saint-Antoine d'assister aux offices de la paroisse, de dire tou- » tes les messes portées dans l'acte du 22 avril 1579, en sorte » qu'il y ait toujours une messe prête à dire à dix heures sonnées, » principalement les jours de fêtes et dimanches. Ils s'acquitte- » ront de tous les autres debvoirs marqués audit acte sans omettre » les messes qui se diront basses dorénavant, dont est fait men- » tion dans la table qui se voit dans ladite chapelle, qui se doi- » vent dire aux fêtes de Noël, Pâques, Pentecôte, de Notre-Dame, » de Saint-Antoine, des saints Cosme et Damien, de Saint-

(1) Archives de la Fabrique.

» Claude, toutes lesquelles ont été omises dans cet acte. — Sur » la requête qui nous a été présentée par M[ire] Jacques de Vivet, » tendant à ce qu'il nous plaise lui permettre de bâtir une » galerie, depuis la porte de derrière de son château jusqu'à la » chapelle Saint-Antoine dont il est juspatron, pour y avoir une » entrée et ce, en dedans, le long du mur du petit cimetière, » offrant d'indemniser et de donner pour cet effet le double du » terrain qu'il lui conviendra prendre dans ledit lieu pour le » grand cimetière. Vu l'état des lieux et ayant égard aux biens » et gratifications que M[ire] Louis de Vivet, baron de Montclus, » président en la Cour des aides de Montpellier et ledit marquis » de Tresques, son fils, font journellement aux habitants et à » ladite église ; ouï notre promoteur, nous permettons la cons- » truction demandée et qu'ouverture soit faite, pour avoir entrée » dans ladite chapelle, aux conditions portées en ladite requête » ci-dessus, à la charge que la porte qui servira de clôture sera » garnie d'une bonne et grosse serrure, dont la clef sera soi- » gneusement gardée — Nous ordonnons aux consuls de faire » incessamment achever les murs du grand cimetière et pour » fermer l'entrée aux bestiaux, de mettre à la porte uue grille » de fer ou de bois, après avoir creusé une fosse au-dessous. Plus, » de poser une croix, dans le petit cimetière. — Nous ordonnons » au sieur vicaire de faire les prières du Roy, les fêtes et diman- » ches à la fin de la messe paroissiale, où l'on chantera le *Domine* » *salvum fac regem*, etc., avec l'oraison en suite. — Nous dis- » pensons les dits prieurs ou chapelains de lire la Passion de » Notre-Seigneur Jésus-Christ qui se disait tous les vendredis, » suivant la fondation, qui sera exécutée seulement le premier » vendredi de chaque mois, à condition que le peuple sera plus » ponctuel à y assister. »

Dans le courant de cette même année 1679, l'on se décida à faire établir, dans le clocher, dont la restauration était terminée une horloge paroissiale. L'un des motifs qui faisait réclamer impérieusement cette installation, était le besoin d'obtenir plus de régularité pour l'heure des messes et les nombreux offices que le service des chapelains donnait à la paroisse. Le seigneur de Tresques avait eu à se plaindre souvent de cette absence de régularité et il est à croire qu'il ne fut pas le dernier à provoquer cette dépense.

Du reste, M[ire] Jacques de Vivet portait, comme son père, le plus vif intérêt à l'exécution fidèle de tout ce qui concernait le service religieux fondé par ses ancêtres. Dès qu'il s'apercevait de la plus légère inexactitude, il ne craignait pas de faire toute sorte de démarches pour y remédier promptement. C'est ainsi que vers la fin de cette même année, 1679, ayant appris, par la rumeur publique que l'un des quatre chapelains, M[ire] Jacques Fosse, avait été promu au prieuré de Chusclan , et, que depuis quelques jours, il manquait le plus souvent à l'office canonial, il écrivit anssitôt à un avocat de Nimes, Me Demissol, pour lui demander ce qu'il y avait à faire à cet égard. L'avocat de Nimes lui répondit : « que pour décider positivement les choses, il lui faudrait voir la fondation ; parce que s'il y est dit : que les chapelains sont privés dès qu'ils ont pris possession d'un autre bénéfice incompatible, il faut s'en tenir là et suivre la loi de la fondation à la lettre. Que si la fondation n'en parle pas et qu'ainsi il faille s'en tenir à la disposition du droit commun, ce chapelain, pourvu d'un autre bénéfice incompatible, aura six mois pour choisir celui qu'il voudra. C'est le sentiment de Valoffre. Mais néanmoins il ne perdrait pas son droit pour n'avoir pas fait élection dans les six mois et il y a une année, entière en France. Quant au service personnel, si la fondation l'exige, il s'en faut tenir à l'acte ; mais si elle n'en parle pas, il suffit que le chapelain fasse servir par un autre, parce que suivant la règle de droit : *qui per alium facit, per seipsum facere videtur*. Le temps que le seigneur de Tresques a pour présenter, est de quatre mois, à compter du jour que la vacance de la place du chapelain lui aura été connue ; mais comme ce chapelain a une année pour choisir, il semble qu'il n'a guère à craindre. Pour la résignation, le chapelain n'en peut point faire sans le consentement du seigneur de Tresques.»

« Sur ce dessus, le seigneur de Tresques examinera la fondation et prendra ses mesures. Si la fondation ne prive pas ledit chapelain de scn droit, il ne sera pas mal de lui faire une sommation, par laquelle il sera dit : qu'on a appris par bruit commun qu'il se vante d'avoir été promu de certaine cure (sans la nommer) et d'autant que, si cela est, il ne peut pas tenir la place de chapelain qui demande un service personnel et est incompatible avec tout bénéfice cure, on le sommera de déclarer, s'il est vrai, qu'il ait été pourvu d'aucune cure et en cas où la chose se trouverait véritable, d'accepter celui des deux bénéfices qu'il voudra et de rendre le service auquel il est tenu, sans aucune interruption, avec protestation qu'au défaut de faire la déclaration et l'option, M[ire] de Tresques nommera et présentera une autre personne à sa place, comme il lui est permis de droit. Mais parce que cet acte pourrait porter quelque préjudice, si la fondation prive le chapelain de plein droit, il faudra pour plus de précautions le faire faire au nom d'un *quidam*, afin de le désavouer s'il est préjudiciable(1). »

Jacques de Vivet ne jugea pas à propos de suivre le conseil de l'avocat Demissol. Il préféra adresser une supplique à Mgr Poncet de la Rivière, le 19 février 1680. Dans cette pièce, le seigneur de Tresques remontre : « que Mire Jacques Fosse est pourvu d'une des quatre chapellenies de Tresques, qui demandent un service personnel, conformément à la fondation et à l'ordonnance de Monseigneur. Cependant, au préjudice de son devoir et de cette ordonnance, il n'a daigné, depuis le jour des Rois dernier, en faire le service, ce qui a été d'un notable préjudice, non seulement au suppliant, mais encore à tout le reste des habitants de Tresques. Il demande, que, dorénavant, ledit Fosse soit obligé à faire le service auquel il est tenu ; et, pour le temps qu'il a manqué, le condamner à la restitution des revenus et ordonner ; que si, à l'avenir, il n'en fait le service, il soit permis au suppliant de le faire faire par le prêtre ou religieux qu'il pourra trouver, aux dépends de Mire Fosse. » Quelques jours après l'envoi de cette supplique, le chanoine, pour se conformer sans docte aux conseils de l'Évêque, donna sa démission de chapelain et conserva son titre de prieur de Chusclan (2).

Cependant Jacques de Vivet ne négligeait pas l'affaire concernant la construction de la galerie, qui devait faire communiquer son château avec l'église. Dès le commencement de cette même année 1680, il s'était empressé de satisfaire à l'obligation que l'Evêque d'Uzès lui avait imposée, de faire ajouter au nouveau cimetière de la Condamine le double du terrain qu'il prenait pour la construction de cette galerie. Dès le 12 du mois de mai, les travaux étaient à peu près terminés ; et, M. Deyrolles, vicaire général d'Uzès, vint procéder à la bénédiction solennelle de la partie de terrain nouvellement annexée à ce cimetière. Il dressa à cette occasion le procès-verbal qui suit.

« L'an mil six cent quatre vingt et du dimanche, douzième jour
» du mois de mai, au lieu de Tresques, par devant nous Paul
» Antoine de Trémoulet et Deyrolle, bachelier ès droit, vicaire
» général de Monseigneur l'illustrissime et révérendissime Evê-
» que et Comte d'Uzès et devant la porte de l'église paroissiale du
» dit lieu, issue des Vêpres, trois heures après midi, s'est pré-
» senté Me Esprit Lagarde, notaire royal, lequel pour et au nom
» de Mire Jacques de Vivet, baron de Montclus, seigneur et mar-

(1) Archives de la Fabrique.
(2) Archives de la Fabrique.

» quis de Tresques et autres places, nous a dit et représenté : que
» le 13 mai de l'année dernière, 1679, mon dit seigneur l'Évêque,
» faisant sa visite générale au dit lieu de Tresques, aurait rendu
» ordonnance sur la requête qui lui aurait été présentée par le dit
» seigneur de Tresques, portant permission de faire bâtir une
» galerie depuis la petite porte du derrière de son château, jus-
» qu'à la chapelle Saint-Antoine dont il est juspatron, pour y
» avoir une entrée, le long des murs du petit cimetière, à la
» charge de donner suivant son offre une autre fois autant de
» terrain qu'il en prendra pour sa dite galerie, pour joindre au
» cimetière qui est hors le lieu, situé à l'endroit appelé la *Conda-*
» *mine*, confrontant du levant et bise la terre du dit seigneur, du
» couchant et marin le chemin ; ce qu'il aurait fait. Se trouvant
» par le mesurage qui en a été fait, qu'il a pris pour la construc-
» tion de sa galerie, du petit cimetière qui est entre l'église et le
» château huit cannes et demi de long, sur dix pans de large ; et
» pour l'indemnité de ce, baillé de sa terre qui est joignant le
» dit cimetière de la Condamine du côté de la bise vingt cannes
» et demi de long sur dix pans de large ; et outre ce, fait faire un
» mur de long en long pour la clôture du cimetière ainsi qu'il est de
» notoriété publique et connu particulièrement du sieur vicaire et
» consul, suivant la vérification qu'ils en ont faite, requérant, at-
» tendu que le dit seigneur, marquis de Tresques, a entièrement sa-
» tisfait aux conditions portées par l'ordonnance de visite de mon
» dit seigneur Evêque, qu'il nous plaise procéder à la bénédic-
» tion de la dite augmentation. Et ce faisant, ordonner que le dit
» seigneur de Viret jouira du fond et faculté de la dite galerie et
» du tout lui en ordonner et octroyer acte, pour lui servir et valoir
» en ce que de raison.

« Ont comparu MM, Jean-Baptiste Picon, prêtre et vicaire
» perpétuel de la paroisse, Guillaume Perdigon, Ferdinand Mi-
» chel et Antoine Bonamour, prêtres secondaires ou chapelains
» en la dite église, qui ont dit n'empêcher l'exécution de l'ordon-
» nance de mon dit seigneur Evêque; au contraire, la requièrent,
» en tant que besoin serait, attendu que les choses sont en l'état
» porté par icelle. — Aussi ont comparu Jean-Baptiste Moynier,
» Pierre Sauvet et Jean Rieu, consuls modernes, assistés des
» principaux habitants, qui ont fait même réquisition. Nous
» vicaire général, notre verbal demeurant chargé de ce dessus et
» vu l'ordonnance de visite générale, avons offert procéder à la
» bénédiction de l'augmentation faite au dit cimetière de la Con-
» damine ; et à cet effet, nous étant revêtu du surplis et chappe,

» sommes parti de la dite église accompagné des dits sieur Picon, » vicaire, secondaires et chapelains, précédés d'un porte-croix et » de deux acolytes portant chacun un chandelier et cierge allumé » et suivis de tout le peuple qui avait assisté à vêpres, sommes » allé au dit cimetière de la Condamine, où étant, avons entonné » l'antienne *asperges me* et chanté ensuite le psaume *miserere* » *mei Deus*... pendant le quel nous avons circuit toute l'augmen- » tation faite au dit cimetière et aspergé icelle et ensuite continué » les prières ordonnées et entonné les litanies des saints que nous » avons achevées avec nos assistants ; après quoi et les autres » prières finies, nous nous sommes retiré en la dite église parois- » siale et en conséquence consenti que le dit sieur marquis de » Tresques jouisse du fond de la susdite galerie, ayant de tout ce » dessus octroyé acte au dit Lagarde, pour servir et valoir à sa » partie en ce que de raison.

» Ainsi par nous procédé, Deyrolle, vicaire-général. Le com- » mis greffier de mon dit seigneur, le vicaire-général Génolhac, » signé à l'original.

« Par nous, Génolhac Jean, not. royal, sécrétaire de l'officialité » d'Uzès, le présent extrait a été tiré et collationné sur son ori- » ginal, étant dans les actes du greffier de la dite cour. » (1)

Le 2 août 1680, le maçon de Tresques, Rabier, qui avait construit la muraille servant de clôture à l'élargissement du cimetière de la Condamine, donna quittance à Jacques de Vivet de la somme de onze livres et d'une eymine de conségal pour son payement.

Après avoir établi une communication aussi favorable entre l'église et son château, le marquis de Vivet était bien aise d'en profiter pour satisfaire sa dévotion, en allant tous les jours entendre une des messes que les chapelains étaient chargés de célébrer. Mais, à son grand regret, l'heure à laquelle les chanoines disaient leur messe, était pour lui beaucoup trop matinale ; et malgré les plaintes de son père et les siennes en 1678, il arrivait le plus souvent qu'il n'y avait plus de messes à 10 heures, contrairement à son désir. Pour remédier à cet inconvénient, le seigneur de Tresques adressa une supplique à l'Évêque d'Uzès, à l'effet d'obtenir de lui que le tableau fait et affiché en 1659 fut modifié conformément au nouveau règlement des messes, dressé par Sa Grandeur dix ans plus tard, en 1679. Or, soit que la modification demandée ne fut pas accordée, soit que les chanoines n'aient pas voulu s'y conformer, le seigneur de Tresques n'obtint pas la satisfac-

(1) Archives de la Fabrique.

tion qu'il réclamait. Alors, il se décida à faire signifier, en 1684, par Simon Rey, sergent de la cour de Bagnols, la sommation suivante à M^{ire} Perdigon.

« Soit signifié au sieur Guillaume Perdigon, l'un des chanoines promu en vertu de la nomination faite de sa personne par M^{ire} de Montclus, que par ordonnance de Mgr l'Evêque d'Uzès, du 13 mai 1679, les chanoines de Tresques, entre autre chose, sont d'obligation de dire une messe à 10 heures sonnées, à la chapelle Saint-Antoine, chaque jour ; le sieur Perdigon affecte lui seul de vouloir mépriser la dite ordonnance et de dire la messe lorsqu'il est de son goût, à l'heure que bon lui semble, sans se régler à l'heure portée par la dite ordonnance ; et, parceque le dit seigneur a intérêt à ce que la fondation et ordonnance soient exécutées, il somme et requiert le sieur Perdigon d'y satisfaire et faute de ce faire proteste contre lui, l'actionner en justice, en exécution d'icelle, à tous dépens, dommages et intérêts (1). »

Il est probable que la conséquence de cette sommation fut la démission du chanoine Perdigon ; car depuis cette époque, on ne le voit plus figurer au nombre des chapelains.

Pour compléter ce qui a été dit au sujet de la galerie de communication entre l'église et le château, il est nécessaire d'ajouter que cette galerie ne ferma pas complètement au public l'accès du petit cimetière du fort. En effet, on ménagea près du mur de la chapelle deux portes vis-à-vis l'une de l'autre, afin de permettre aux habitants de traverser cette galerie pour se rendre dans le petit cimetière. Ce petit cimetière ne cessa d'être propriété paroissiale et ne fut cédé au château que 94 ans après (2). Alors, on ferma l'une des deux portes, celle qui du dehors permettait de traverser la galerie.

Jusqu'en 1686, rien ne montre que la communauté de Tresques se soit imposée le moindre sacrifice, pour l'instruction populaire ; mais le 19 juin de cette année, l'intendant du Languedoc, Nicolas de Lamoignon, se trouvant à Pont-Saint-Esprit, rendit une ordonnance d'après laquelle il obligeait les consuls à imposer chaque année la somme de cent livres, pour le payement du maître d'école, approuvé par l'Evêque d'Uzès et qui serait chargé de donner l'instruction gratuitement aux enfants (3).

Après avoir exercé le saint ministère pendant 38 ans, le vicaire perpétuel, Jean-Baptiste Picon, mourut à Tresques vers l'an 1708

(1) Archives de la Fabrique.
(2) Acte passé avec M. de Vogüé, le 14 avril 1774.
(3) Archives communales.

et fut remplacé par son neveu *Jean Picon*. Peu de temps après son installation, le nouveau vicaire s'adressa aux consuls, afin d'obtenir de la communauté la construction d'une maison presbytérale plus convenable ou tout au moins la réparation de l'ancienne. Mais les habitants ne se montrèrent nullement disposés à accueillir cette demande. Ils prétendirent « que c'était aux P.P. Chartreux, titulaires du bénéfice, depuis plus de 300 ans et non à la communauté, de pourvoir à ce logement. Car, lorsque les Chartreux se mirent en possession du bénéfice, il y avait une maison en bon état. » Là dessus, les consuls s'adressèrent à deux avocats Me Caussade et Bastard, pour leur demander, si la communauté ne pourrait pas s'exonérer de cette obligation. Les avocats répondirent, « que selon toute présomption, la maison des Chartreux était bien la maison de la cure qui fut unie à leur chapitre , et, sur ce fondement, les Chartreux sont obligés de fournir dans cette maison un logement au vicaire-perpétuel ; mais si le vicaire avait de tout temps logé séparément et si la communauté lui a fourni une maison, ou payé des loyers, en ce cas, la première présomption étant détruite, les habitants auront de la peine à se dispenser de l'obligation commune à toutes les communautés de faire construire une maison presbytérale au vicaire. » C'est bien ce qui arriva. Le 14 octobre 1710, la communauté fut condamnée à faire réparer la maison du vicaire-perpétuel Jean Picon. Toutefois on ne s'empressa nullement de se soumettre à cette sentence.

Deux ans après, le 31 octobre 1712, les consuls, à leur tour, firent assigner les Chartreux et le vicaire-perpétuel à l'effet d'avoir à payer le tiers d'une réparation de cent livres, faite depuis peu de jours, à la toiture de l'église. Les Chartreux consentirent à donner ce qui leur était réclamé, sans vouloir se préoccuper du démêlé qui existait entre la communauté et le vicaire-perpétuel.

Pendant que ces démêlés se prolongeaient à Tresques, le seigneur Jacques de Vivet rédigeait à Nimes ses dernières dispositions. Il fit son testament, le 14 août 1714. Il laissait trois enfants : Henri-François de Vivet, qu'il institua son héritier principal et qui lui succéda, non seulement dans la seigneurie de Montclus et de Tresques, mais encore dans l'emploi de président au Présidial de Nimes ; Louis François de Vivet, qui était entré dans les Ordres et devint successivement prieur de Saint-Chaptes, évêque de Saint-Brieuc et plus tard, en 1744, évêque d'Alais ; enfin, Marie-Anne de Vivet, qui avait épousé Jean-François de Cadolle, de la ville de Lunel.

Dans son testament Jacques de Vivet exprimait le désir d'être inhumé, ou bien à Avignon, dans l'église des Carmes, s'il décédait dans cette ville, ou bien dans l'église de Tresques s'il décédait dans cette seigneurie, et enfin là où ses héritiers trouveraient à propos, s'il décédait ailleurs. — Il ordonnait que ses obsèques seraient faites sans aucune pompe, mais qu'on y convoquerait seulement cent pauvres des lieux dont il était seigneur et à défaut de ceux-ci, son héritier devait en choisir cent autres, auxquels il serait donné à chacun pour une seule fois une canne de cadis et dix sols d'argent. — Il demandait de faire célébrer quatre cents messes pour le repos de son âme. — Il donnait aux pauvres du marquisat de Montclus et de Tresques la somme de deux mille livres, payable dans quatre années, en quatre fragments de cinq cents livres à chacun desdits lieux, laquelle somme serait distribuée auxdits pauvres en présence des curés et officiers ou consuls desdits lieux ; lesquels pauvres seraient choisis par ses héritiers sans que lesdits pauvres ni autres personnes se puissent plaindre de la distribution qui serait faite et sur les certificats desdits sieurs curés, officiers et consuls, ses héritiers en seraient valablement déchargés. — Il donnait au couvent du Refuge de Nimes la somme de trois cents livres, payables dans l'an de son décès à celui qui aurait droit de la recevoir. — Il donnait à l'Hôpital-Général de Nimes pareille somme de trois cents livres, payable dans l'an de son décès au receveur dudit hôpital. — Il donnait aux pauvres prisonniers de la ville de Nimes la somme de cent livres, payable dans l'an de son décès à ceux qui auront droit de la recevoir. — Il donnait l'huile nécessaire pour faire veiller à perpétuité la lampe qui est devant le grand autel de l'église de Tresques, pendant que le Saint-Sacrement serait en réserve et sans que ladite huile put décharger le vicaire de celle qu'il doit fournir ; laquelle huile léguée devait être fournie annuellement par ses héritiers. Que si, dans les anciens titres de famille, il y avait un pareil légat, il ordonnait que l'ancien légat et le présent ne serviraient que d'un seul et même légat (1). Il donnait aux chanoines de Tresques la somme de dix livres chaque année, pour dire deux messes de *Requiem*, la première le jour de la fête du grand Saint-Jacques, son patron, et l'autre le jour de son décès, payable ladite somme les jours que se diraient lesdites messes. — Il ordonnait que l'aumône en blé de 22 eymines de conségal, qu'il était obligé lui-même de donner dans ses terres de Montclus et de Tresques, pour chacune

(1) Allusion au testament de Philippe de Combes, du 15 nov. 1512.

desdites terres, serait augmentée de deux eymines chacune ; en sorte qu'elle serait de trois salmées pour Tresques et autant pour le marquisat de Montclus, à condition que les quatre boisseaux de terre qu'il peut avoir pris de la terre de l'hôpital de Tresques ne pourraient lui être réclamés ; et, au cas où ses héritiers en seraient évincés, il révoquait le légat de deux eymines conségal données au lieu de Tresques.

Le président Jacques de Vivet, mourut à Nimes, peu de jours après avoir testé. Il laissa dans cette ville la réputation d'un magistrat intègre et d'un fervent chrétien. Mgr Fléchier l'honorait de sa confiance. Il le choisit pour parrain dans le baptême solennel d'un juif de Nimes, qui abjura sa religion dans la Cathédrale, le 1er mars 1696. La marquise de Toiras servit de marraine dans cette auguste cérémonie, à laquelle les consuls de Nimes assistèrent en robe rouge et en chaperon et où l'Évêque lui-même, après avoir répandu l'eau baptismale sur la tête de Mardochée, le nouveau converti, prononça une allocution remarquable (1).

L'Évêque d'Uzès, Poncet de la Rivière, vint de nouveau à Tresques, en tournée pastorale, le 2 octobre 1714. On lit dans l'ordonnance qu'il rédigea à l'occasion de cette visite :

« Tresques est un prieuré simple, qui dépend de la Chartreuse » de Villeneuve, de deux mille livres de revenus, desservi par un » vicaire perpétuel qui est de notre collation et d'un vicaire » amovible, outre trois chapelains. Les communiants sont au » nombre de 600, tous anciens catholiques, dispersés en plusieurs » petits hameaux et métairies. Dans l'église, du côté de l'évan- » gile, est une chapelle sans ornements fort resserrée, entre le » balustre et l'autel de la Vierge, dédiée à N.-D. des Anges, dont » le sieur Reynard, prieur de Colombiers est titulaire, chargé » d'une messe par semaine qu'il vient acquitter lui-même. Elle » est de la présentation de M. Mermier. Il convient de changer » l'autel de la dite chapelle et le mettre vis-à-vis celle du château » — A côté du dit autel est celui du Rosaire, où il y a une » confrérie rentée de dix livres, pour donner la bénédiction aux » fêtes de la Sainte Vierge. — Il y a un autel dédié à Saint » Joseph, où est la confrérie. Cet autel est adossé contre un pilier » indécent, attendu la disposition du lieu. Il convient de le mettre » contre la muraille dans la seconde nef, vis-à-vis la chaire ; » d'autant plus que le dit autel occupe la place qu'occuperaient

(1) Delacroix, *Vie de Fléchier*, p. 324, 3e édit.

(2) Archives de la Fabrique.

» les habitants pour entendre le sermon. — Il y a une chapelle
» sous le titre de Saint Jean-Baptiste, chargée d'une messe tous
» les mois, acquittée par un des chapelains et possédée par le
» sieur Fosse, vicaire de Chusclan. »

Malgré sa première condamnation, la communauté de Tresques ne s'était pas décidée à faire réparer la maison presbytérale. Sur une nouvelle instance, engagée par Jean Picon, les consuls cherchaient, en 1715, des raisons plus ou moins bonnes, pour faire exempter la caisse communale de ses obligations. A cette date, un avocat répondait aux consuls : « Les paroissiens sont obligés de fournir un presbytère ou un logement à leur curé. Il faut qu'il y ait des raisons particulières et bien prouvées pour pouvoir décharger les habitants de Tresques de ce devoir. La meilleure serait de dire : qu'il y avait anciennement une maison qui servait de logement au curé et aux autres prêtres qui desservaient la paroisse ; que l'église, les dîmes et la maison du curé ont été usurpés par les Chartreux à cause de l'ignorance ou pénurie des prêtres. A la faveur de cette usurpation, les religieux ont gardé les curés sous le titre de prieurs, titre que l'on donnait à celui des religieux qui allait desservir avec les autres le Saint-Ministère, parce que le pape Innocent III enjoignit aux religieux qui régissaient des cures de se faire associer d'autres religieux. C'est ainsi que se sont formés presque tous les prieurés. D'où il suit que si les Chartreux ont envahi ladite cure et s'en sont saisi, ainsi que de l'église, de ses revenus et de la maison bâtie originairement pour le logement des curés et autres prêtres, c'est sans doute que les dits Chartreux ont dû conserver ladite maison et assigner un logement convenable dans ladite maison pour le vicaire-perpétuel, vu principalement que toute la maison lui est offerte pour son logement. Quand on supposerait que les dits religieux n'ont pas usurpé ladite cure, que cette cure leur aurait été unie, il suffit qu'il demeure constant que ladite cure a été unie, pour qu'il soit suffisamment prouvé que l'ancien logement qui était sur ladite paroisse fut le logement des curés plus anciens que les dits religieux, ce qui les engageait à conserver ledit logement. Car quoique les paroissiens soient obligés de fournir un logement à leur curé, néanmoins lorsqu'ils ont satisfait à ce devoir, ils n'y sont plus tenus, puisque les curés doivent le tenir en état et le réparer, du moins de ces réparations qui sont nécessaires pour empêcher la ruine des maisons. Si les religieux ont laissé ruiner ladite maison presbytérale, qu'ils érigèrent dans la suite en maison claustrale, c'est aux religieux à rétablir cette maison pour servir de logement au vicaire ou de lui donner un logement dans la maison claustrale qu'ils ont fait rebâtir.

« Il y a une autre raison qui paraît plus décisive. Depuis la démolition de la maison curiale qui avait été changée en maison claustrale, les dits religieux ont logé toujours leur vicaire dans une maison qui est à l'église et que les Chartreux ont vendue à un particulier, il n'y a pas longtemps. Si le fait est prouvé, c'est-à-dire que le vicaire était logé dans ladite maison vendue par eux, on a contr'eux une preuve con tante qu'ils étaient obligés de loger le dit vicaire, puisque pendant plus d'un siècle ils l'ont logé dans une maison qu'ils prétendaient leur appartenir. Et, puisqu'ils ont vendu cette maison, ils sont dans l'obligation d'en substituer une autre. »

« La troisième raison est prise de ce que les Chartreux, ont rebâti leur maison claustrale, sur les ruines et le même local où était l'ancienne maison presbytérale du curé. Et, s'étant servi des matériaux et des débris de l'ancienne maison, ils sont obligés de loger le vicaire perpétuel dans cette maison, qui représente l'ancienne. Les Chartreux disent bien qu'ils ont laissé la partie de cette maison où était le logement du vicaire, mais c'est une fausse supposition. Et, comme tout l'ancien logement était celui du curé, avant l'union de la dite cure, il n'a pas été permis aux dits Chartreux d'en rebâtir une partie pour eux et laisser une autre partie à rebâtir pour le logement de leur vicaire perpétuel. Ayant pris originairement tout le logement du curé et l'ayant laissé tomber en ruine par défaut de réparation, ils étaient obligés de rétablir le logement du vicaire, avant de rétablir le leur. »

» La raison alléguée par les Chartreux, que cette maison ancienne a été brûlée par les Huguenots, serait une bonne raison pour leur décharge, mais ce fait est évidemment faux puisque la maison était déjà tombée en ruine, avant 1546, c'est-à-dire avant les troubles et les violences de ceux de la R. P. R. De plus, l'enquête aurait fait mention de cette incendie et non que la dite maison avait péri par défaut de réparation et par l'abandon qu'on en fit. »

» Cependant quoiqu'on estime que les habitants sont bien fondés à demander que les Chartreux soient condamnés à loger le vicaire, néanmoins, comme les procès sont ruineux et que la communauté sera en partie avec des religieux riches et puissants, ils feront prudemment de s'accomoder. On propose donc que la communauté contribue, pour un tiers, au rétablissement d'un corps de maison sur ces masures qui restent pour faire un logement au vicaire. Ils feraient bien. Si les Chartreux ne veulent pas d'un tel accomodement, la communauté ferait bien de les faire assigner pour se voir condamner à fournir un logement, ou lui délaisser la maison qu'ils ont fait bâtir sur les ruines de l'ancienne maison presbytérale. (1)

Une deuxième condamnation, en date du mois d'août 1715, obligeait encore la communauté à réparer la maison du vicaire-perpétuel, Jean Picon. Exaspérés de cette nouvelle sentence, les consuls et les habitants réclamèrent aux Prieurs et au vicaire la taxe de leurs biens, avec arrérages depuis 29 ans. Mais ceux-ci refusèrent d'obtempérer aux injonctions municipales, par la raison que leurs biens étaient exempts, comme biens d'église. Une instance fut introduite devant la Cour du Compèsement. La communauté prétendait « que les biens des prieurs de Tresques étaient ruraux; et, pour en prouver la roture, elle produisait deux vieux compoix, sans commencement ni fin ; au premier de ces compoix, il y avait des changements de 1588 et au second, des changements de 1600. Dans ces compoix les prieurs et vicaires se trouvaient compesés. — Elle produisait aussi un livret fort ancien, où il y avait des changements et dans lequel ils étaient aussi compésés. — Elle rapportait plusieurs livres de taille, dans les quels ils étaient cotisés et en quelques-uns, il y avait même les reçus et en d'autres les côtes étaient croisées. Le plus ancien de ces rôles était de 1566 et le dernier de 1608 ; de sorte que du premier au dernier il y avait 42 ans. Par ces actes produits, on faisait voir que la présomption de nobilité se trouvait détruite et que les prieurs devaient par conséquent être démis de leur appel avec dépens et restitution des arrérages de 29 ans avant cette dernière cotisation de 1713. » (2) La communauté soutenait encore que les prieurs et vicaires avaient quantité de directes dans le terroir du dit lieu, dont ils jouissaient noblement, qui ne pouvaient provenir que de la dotation de l'église par les inféodations qu'ils avaient faites de certaines terres de la dominicature. Enfin, le vicaire perpétuel, avait aussi quelques terres que « les Chartreux, par suite d'une ordonnance de M. Martinon, subdélégué de M. Manchaud et insérée dans une délibération tenue par les habitants, en 1633, lui avaient remises, à la condition de payer annuellement aux consuls trois salmées de blé pour être distribuées aux pauvres en pain. Cela s'exécute actuellement et cela prouve qu'il faut nécessairement que les dites terres leur soient parvenues par

(1) Archives communales, F. F.

(2) Archives communales, F. F

quelque libéralité faite à l'église sous cette charge et par conséquent qu'elles soient rurales, s'ils n'en produisent la nobilité. »

De leur côté les Chartreux et le vicaire perpétuel déclaraient posséder « cinq pièces de terre par indivis, contenant en tout 10 salmées, qui avaient toujours été jouies par eux comme dépendance de l'église paroissiale. La communauté ayant fait procéder à un compoix, en 1675, on n'eut garde d'y comprendre les cinq pièces de terre ; on les respecta comme véritablement nobles et les impositions ont été faites pendant 40 ans sans cotiser ces cinq pièces. En 1713, les consuls du dit lieu, par un pur esprit de chagrin et en haine de ce que le sieur vicaire avait fait condamner la communauté à lui fournir un logement, ont fait prendre une délibération pour faire ajouter au compoix de 1675 les dites cinq pièces, ce qui a été exécuté d'autorité privée, sans estimation ni arpentement et sans y observer aucune sorte de formalité. » (1). Par une sentence du 5 juin 1716, la cour donna raison aux Chartreux et au vicaire et défendit aux consuls de comprendre, aux impositions les cinq pièces de terre dont la nobilité était reconnue En même temps la communauté fut condamnée à rembourser les impositions qui avaient été payées par consignation.

(1) Archives municipales, F. F.

CHAPITRE VI

Suite des conflits

(1718-1754)

SOMMAIRE. — Testament de Gabrielle de Trémolet, veuve de Jacques de Vivet. — Messire Seissan, vicaire perpétuel. — Joseph Digoine, vicaire perpétuel. — Budget de la communauté, en 1721. — Supplique de l'abbé Digoine à M. de Barnage. — Réponse des consuls. — Diminution des revenus du prieuré. — Henri de Vivet, seigneur. — Construction du presbytère. — Mort de Henri de Vivet. — Sa nièce Marie-Anne de Cadolle, héritière. — Visite pastorale de Mgr Bonaventure Baüyn, évêque d'Uzès. — Jean-Joseph Eymard, vicaire perpétuel. — Consécration d'une Abbesse de Bagnols, dans l'église de Tresques. — Demande de réparations au presbytère. — Plaintes sur les débordements de la jeunesse. — Supplique de l'abbé Eymard. — Situation précaire des chanoines.

En 1771, la veuve de Jacques de Vivet, Mme Gabrielle de Trémolet de Bucelli, marquise de Montpezat, se trouvant dangereusement malade au château de Tresques, fit son testament en présence de Mres Pierre Sylvestre et Seyssan, chapelains. Dans ce testament il est dit que « la marquise charge son héritier de payer tous les ans, de trois en trois mois, 250 livres ; c'est-à-dire 62 livres par trimestre à un prêtre que son héritier nommera et qui sera chargé de dire toutes les semaines cinq messes basses, au point du jour, dans la chapelle du château, pour le repos de son âme et des siens et qui de plus sera tenu de faire les écoles à Tresques et d'y enseigner les enfants, sans aucune autre rétribution. Dans le cas où ce prêtre ne s'acquitterait pas de son devoir, il sera destituable par son héritier et successeur, sans que l'Evêque diocésain en puisse prendre connaissance pour quelque cause que ce soit ; et au cas où l'Evêque et ses successeurs voudraient en prendre connaissance, la pension de deux cent-cinquante livres sera de plein droit révoquée. » On verra plus tard quelles furent les conséquences de cette clause résolutoire. En attendant, il suffit de constater que le motif de cette fondation fut le peu de succès de la première tentative faite par Nicolas de Lamoignon, pour introduire la gratuité scolaire, en imposant, en 1668, sur la communauté, cent livres pour le maître d'école. Cette somme était considérée, d'une part, comme onéreuse pour le budget communal et d'autre part, comme insuffisante pour le titulaire de l'école.

Après les luttes nombreuses et les procès que Jean Picon eût à soutenir contre la communauté, il mourut subitement à Tresques, le 13 octobre 1719. Les fonctions de vicaire-perpétuel furent provisoirement exercées par M^{ire} *Seyssan*, qui fut lui même remplacé, en 1720, par *Joseph Digoine.*

A cette époque, la communauté avait cessé de payer la somme de cent livres, prescrite par l'ordonnance de Nicolas de Lamoignon, pour le payement du maître d'école, comme il est facile de le constater, par le compte de gestion consulaire de l'année 1721. D'après ce compte, on donna aux chanoines, pour intérêt de la somme placée sur la communauté par M^{ire} Jacques de Vivet, soixante-quinze livres. — Pour l'entretien de l'Horloge, vingt livres. — Pour le service des intérêts de N.-D., quatre livres. — Achat de charbon pour le corps de garde de l'Ardoise, cinq livres. — Traitement du 1° consul, huit livres. — Du 2° consul, six livres. — Du 3° consul, cinq livres. — On fut obligé, cette année d'allouer extraordinairement la somme de sept livres à Mathieu Rolland, hôte du lieu, pour solder la dépense qu'avaient faite chez lui les soldats qui étaient venus en garnison à Tresques, faute par la communauté d'avoir commandé des ouvriers pour aller travailler aux chemins.

La communauté ne s'était point soumise non plus à l'arrêt de 1715, qui l'avait condamnée à réparer la maison du vicaire-perpétuel. C'est pourquoi, Joseph Digoine adressa, le 24 avril 1725, une supplique à M. de Barnage, intendant du Languedoc, pour lui demander d'imposer une indemnité de logement de soixante livres.

L'intendant fit connaître à la communauté la demande du nouveau vicaire et le 16 juillet de la même année les consuls répondaient : « que le payement de soixante livres, demandé par Joseph Digoine, en attendant la construction d'une maison curiale, était exhorbitante, puisque tous les vicaires ses prédécesseurs ne l'avaient jamais demandée sur ce pied-là, d'autant plus qu'ils avaient aliéné la maison où ils logeaient depuis un temps immémorial. L'ancienne maison curiale, étant tombée en ruine, les Chartreux l'avaient aliénée par un échange d'une petite maison où Chartreux et vicaires étaient alors logés. Cette maison était englobée dans la portion qu'ils avaient fait rebâtir. » — Cette demande de soixante livres, « était encore fort extraordinaire, vu qu'il avait été réglé, par quatre différentes ordonnances de feu M. de Baville, que la somme de vingt livres serait suffisante : que M. Picon, son prédécesseur s'en était contenté ; qu'il n'était pas juste que la communauté donnât soixante livres par an au lieu de vingt et outre cela la jouissance du sol, où il y avait des mûriers qui donnaient plus de dix livres de rente. C'est en ce lieu que l'on pourrait construire le logement du vicaire, dans un temps moins ruineux que celui où l'on vivait alors.— Les consuls offraient donc de loger le vicaire dans les mêmes maisons où le prédécesseur avait logé et celà lorsqu'il abandonnerait le petit sol dont il était question. » (1)

L'intendant débouta Digoine et ordonna « qu'il serait payé, sur le pied de vingt livres par an, conformément à l'ordonnance de M. de Baville de 1717 ; à moins qu'il ne préférât être logé dans le lieu même où son prédécesseur avait habité, en abandonnant à la communauté le petit sol de l'ancienne maison claustrale. »

Lorsque les consuls appelaient cette époque un temps ruineux, ils avaient bien un peu raison, car tous les revenus avaient sensiblement diminué. Ceux de la communauté ne s'élevaient pas au delà de cinq mille cinq cent livres ; et il fallait presque toute cette somme pour le solde de la taille, des impôts, etc. Les revenus du prieuré, que Mgr Poncet de la Rivière avait estimés lors de sa visite pastorale de 1714, à la somme de deux mille livres, étaient tombés à celle de douze cent livres. C'est à ce taux en effet, qu'en 1733 le P. Dom Bonaventure Renaud, procureur de la Chartreuse de Villeneuve, agissant avec l'agrément du Tr. Rév. P. Dom Hugues de Monténard, prieur de ce monastère, afferma pour quatre ans les biens ecclésiastiques de Tresques à Pierre Malignon et à Jean-Baptiste France. Parmi les clauses et conditions de ce bail, il y avait celle-ci : « les fermiers seront tenus d'entretenir la maison que la dite Chartreuse possède dans le lieu, attenante à celle du sieur vicaire et le *tinal* qui est en icelle en bon état, pour les laisser de même à fin de ferme. Plus, ils seront tenus de deffrayer de la dépense de bouche les Vénérables Pères, prieurs, officiers et religieux de la dite Chartreuse,

(1) Archives municipales.

leurs serviteurs et autres allant et venant à Tresques, pour les affaires de la dite Chartreuse, de même que leurs chevaux. »

Les Chartreux ne venaient que bien rarement visiter leur prieuré de Tresques et les fermiers se chargeaient d'apporter eux-mêmes, tous les six mois, le montant de leur fermage à Villeneuve.

Les maîtres du château imitaient les Chartreux. Depuis la mort de Jacques de Vivet, leur vaste demeure était le plus souvent vide et silencieuse. Le président, Henri de Vivet, préférait le séjour de Nimes ; l'abbé de Vivet avait été promu évêque de Saint-Brieuc et ne faisait que de très rares et très courtes apparitions à Tresques ; M. et Mme de Cadolle habitaient fréquemment Lunel et s'occupaient de surveiller de près l'éducation de leur fils François *Cadoullet*. Mais cet état de choses changea subitement dans l'année 1734, à l'occasion des fiançailles du jeune François de Cadolle. Alors la demeure seigneuriale reprit son animation des premiers jours. Tout se ranima comme par enchantement. La communauté elle-même se décida à relever de ses ruines la maison presbytérale et, après 14 ans de sollicitations et de procédures, l'abbé Digoine vit enfin ses vœux exaucés. Le nouveau presbytère fut établi à l'orient et à la suite de la maison des Chartreux. Trois mètres seulement séparaient sa porte d'entrée de l'escalier de l'église. Mais les modestes proportions données aux appartements firent regretter plus tard qu'on n'eût pas utilisé, dans sa construction, l'espace occupé par les deux mûriers.

La communauté se trouvant, par cette construction, déchargée de l'obligation annuelle de fournir une indemnité de logement au vicaire perpétuel, reprit le payement des cent livres pour le traitement de l'instituteur ; mais cette allocation ne fut encore que transitoire et elle ne se retrouve pas toujours dans les comptes consulaires subséquents.

François de Cadolle se maria, le 15 novembre 1735, avec Marie Anne de Juge, fille de Réné de Juge, baron de Cadoine (1) et de Jeanne de Pellegrin de La Bastide d'Orniols, près de Goudargues. Par cette union, le jeune de Cadolle allait se trouver bientôt possesseur de quatre seigneuries : celles de Tresques, de Montclus, de Cadoine et de La Bastide. Les deux dernières lui revenaient par sa femme et les deux premières par sa mère et ses deux oncles.

(1) En remontant 11 degrés de générations, on trouve que Réné de Juge, le père de Marie Anne, descendait de Guillaume de Juge et de Anne Roger, fille de Guillaume Roger, vicomte de Beaufort, père du pape Clément VI et seigneur de Tresques, en 1346.

Son oncle, Henri de Vivet, président au Présidial, mourut à Nimes, en 1738. Dans son testament du 27 août, il institua comme héritiers, par égale part, son frère l'Evêque de Saint-Brieuc et sa sœur Marie Anne de Cadolle, née de Vivet. Il légua, en outre, aux chanoines de Tresques, la somme de 600 livres, destinée à indemniser les chapelains d'une diminution de la rente de 75 livres que la communauté leur servait autrefois, à raison d'un capital placé sur la caisse communale.

Trois ans après l'inauguration de la nouvelle maison presbytérale, Mgr Bonaventure Baüyn, évêque d'Uzès, qui avait succédé à Mgr Poncet, vint faire sa visite pastorale à Tresques, le 20 mai 1739. L'ordonnance qu'il dressa à cette occasion ne renferme que des prescriptions de peu d'importances mais qui, du moins, attestent le soin avec lequel ce prélat s'acquittait de son office d'inspection : « Le calice et le ciboire seront réparés.— Il sera mis à l'encensoir des chaînes d'une longueur convenable. — Sera fourni un bénitier portatif, une bourse à la chasuble de damas fond blanc. — Il y aura dans la sacristie une fontaine, quelques essuie-mains et une étolle pour les sacrements, blanche d'un côté et violette de l'autre. — Il y aura toujours une réserve et, en conséquence, la lampe brûlera toujours. — Il sera fourni quatre chandeliers pour l'office des morts. — Les fonts baptismaux seront changés de place et transportés au coin de la petite porte d'entrée et couverts d'un dôme de menuiserie propre et fermant à clef. — Il sera mis au cimetière une porte fermant à clef (1). » Le dôme en menuiserie, demandé par l'Évêque, pour les fonts baptismaux, paraît être celui qui existe encore.

Le vicaire perpétuel Joseph Digoine ne resta que quatre années à Tresques, après cette visite pastorale. Il fut remplacé, en 1743, par M[ire] *Jean-Joseph Eymard*, licencié en droit.

Au moment où Joseph Eymard prit possession de la vicairie perpétuelle, les dispositions d'esprit des habitants et surtout de la jeunesse commençaient à accuser des goûts étranges d'indépendance, de plaisir et de vanité. Les jeunes gens formaient déjà comme une sorte de corporation, plus ou moins homogène, impérieuse ou tapageuse ; mais ayant ses chefs, ses usages, ses prétentions. A certains jours, elle se rendait en corps au château, pour offrir un gâteau au marquis de Cadolle, et celui-ci, on le savait, ne laissait jamais cet acte de politesse improductif pour ses auteurs.

En 1744, Mgr Louis-François de Vivet, beau-frère du seigneur

(1) Archives de la Fabrique.

de Tresques, fut transféré du siège épiscopal de Saint-Brieuc à celui d'Alais. Ce rapprochement lui permit de venir plus souvent au château de sa famille et d'y passer son temps de villégiature. Il profita de l'une de ces visites, en 1746, pour consacrer dans l'église de Tresques, une abbesse de l'Abbaye royale des Bernardines de Valsauve et de Bagnols. Celle-ci, à l'occasion de sa réception, fit distribuer à la jeunesse de Tresques une certaine somme d'argent. On ne comprendrait guère cette offrande à la jeunesse, de la part d'une religieuse, si l'histoire du monastère de Valsauve ne rapportait qu'à cette époque, les Bernardines avaient un peu perdu leur esprit de ferveur et se laissaient pénétrer de l'esprit nouveau (1).

Peu de temps après son arrivée, M. Eymard se vit dans la nécessité de demander à la communauté quelques réparations ou modifications à la maison presbytérale, ainsi que la construction, pour son cheval, d'une écurie et grenier à foin. Les consuls n'ayant rien voulu promettre, M. Eymard adressa une supplique à l'intendant, qui demanda aussitôt à la communauté de donner les raisons de ce refus. Le 7 janvier 1747, le conseil général se réunit et décida de faire observer à l'intendant « que la communauté avait fait construire, en 1735, une maison presbytérale, qui fut remise en très bon état à M. Digoine, le prédécesseur de M. Eymard et que c'était à lui, à l'entretenir et à y faire les réparations nécessaires et non à la communauté. Qu'à l'égard de l'écurie qu'il demandait, la communauté n'était pas en état de la faire construire, à cause des grandes charges qu'il fallait payer et des réparations à faire tant à l'église qu'aux remparts. Et, pour cette même raison, la communauté ne pouvait pas non plus acheter d'écurie, car il ne s'en trouvait pas dans le lieu ; mais qu'elle offrait de payer le même loyer qu'elle payait à ses prédécesseurs sur le pied de quinze livres par an. » Le 7 février 1747 l'intendant rendit une ordonnance d'après laquelle « il serait sursis à la construction d'une écurie et d'un grenier jusqu'à ce que la communauté fut en état d'en faire la dépense ; néanmoins qu'elle payerait chaque année quinze livres ; et quant aux réparations à faire à la maison presbytérale, il était ordonné que par un expert, nommé par M. Chambon, le subdélégué à Uzès, il serait fait une vérification et un devis, en observant de distinguer, par chapitre séparé, les réparations d'usufruitier, dont le curé devait supporter la dépense, des grosses réparations (2). »

(1) L'abbé de Laville, notice historique sur l'Abbaye royale de N.-D. de Valsauve, p. 119.

(2) Archives communales.

Mais une affaire bien plus grave que celle des améliorations à apporter à la maison presbytérale, vint préoccuper le maire, Jean-Baptiste Bouzigue et les consuls. Plusieurs notables habitants étaient venus se plaindre qu'un certain nombre de jeunes gens se livraient, depuis quelque temps, à la débauche la plus effrénée ; « qu'ils passaient une partie de la nuit dans les cabarets et tavernes et ensuite commettaient des excès très punissables dans le lieu ; courant dans les rues, armés de pistolets, insultant les habitants jusque dans leur maison, chantant des chansons profanes et ordurières, frappant les portes, menaçant et apostrophant les plus honnêtes gens par les noms les plus infâmes... » Pour obvier à ces désordres, le maire fit faire des publications et des défenses sévères. Il n'y eut aucun amendement. Devant cette persistance, il commanda au garde-bois d'avertir « que ceux qui se trouveraient après neuf heures, dans les cabarets, d'en sortir et de se retirer chez eux. D'avertir aussi les cabaretiers et taverniers de ne les point garder après neuf heures, sous peine d'amende (1). » Tous ces avertissements ne produisirent aucun bon effet. Ils eurent, au contraire, pour résultat de mettre le garde dans le danger d'être plus d'une fois assassiné par cette troupe de libertins. Car, favorisés par l'obscurité de la nuit, ils lui jettèrent des pierres et le garde refusa avec raison de continuer sa commission. Alors, le maire et les consuls, afin de procurer la tranquillité publique, adressèrent un procès-verbal détaillé à M. de La Farelle, commandant à Uzès, en le priant d'ordonner les mesures qu'il jugerait nécessaires, pour faire cesser ces désordres qui pouvaient dégénérer en révolte ouverte.

On ignore quelles furent les mesures prises par le commandant de la Farelle pour ramener la tranquillité dans le village. Quoi qu'il en soit, elles produisirent un calme momentané ; mais, depuis cette époque, la jeunesse a toujours gardé, à travers les âges, des habitudes de belle humeur et d'amusements nocturnes, souvent très désagréables aux habitants paisibles et pacifiques.

Cependant l'abbé Eymard, à force de recherches avait, fini par trouver une écurie à louer, en attendant que la communanté fut en état d'en bâtir une. Et, comme la partie de la dîme qui formait sa portion congrue était arentée et que d'ailleurs il ne voulait pas surcharger ses paroissiens, il souscrivit volontiers aux arrangements pris par son prédécesseur. Mais, vers le milieu de 1751, l'habitant forain, à qui appartenait l'écurie louée pour le cheval du curé, voulut la reprendre et, comme il n'y avait plus d'autre

(1) Archives communales.

immeuble disponible dans la paroisse, le curé Eymard se vit obligé de s'adresser encore à la communauté, pour obtenir une autre écurie. Le 19 novembre 1752, le conseil général décida d'acheter une maison appartenant au seigneur, dans laquelle on pouvait trouver un grenier et une écurie. A cet effet, on vota cinq cents livres pour l'achat, trois cents livres pour les réparations et cent livres d'indemnité pour le seigneur. Mais, le 17 janvier 1753, l'intendant rendit une ordonnance dans laquelle il disait : « qu'il n'y avait pas lieu de faire cette acquisition ; et faute de ce, il ordonnait de continuer l'imposition de quinze livres, pour le loyer. »

Alors M. Eymard écrivit une nouvelle supplique, le 15 mars 1753, à M. de Saint-Priest, intendant du Languedoc, dans laquelle il disait :

« La paroisse de Tresques est une des plus étendues du Diocèse d'Uzès. Il y a dans le terroir 52 domaines spacieux, dont la plupart sont éloignés du village de près d'une lieue, ce qui oblige indispensablement le curé de tenir un cheval pour ne pas laisser manquer les paroissiens des secours spirituels et d'être en situation de leur administrer les sacrements de nuit et de jour, dans toutes les saisons de l'année, lorsque le cas l'exige ; suivant les transactions passées avec les prédécesseurs du suppliant, les prieurs ont abandonné au curé une partie de la dîme et quelques fonds pour lui tenir lieu de la portion congrue et pour la fourniture des ornements, entretien de l'église et salaire d'un vicaire et d'un prédicateur pendant le carême, ce qui le met dans la nécessité d'avoir des domestiques et des chevaux ou mulets pour l'exploitation des fonds et la levée de la dîme. »

« Dans ces circonstances, le curé de Tresques devant prendre sa subsistance et les moyens de remplir ses obligations sur les fruits décimaux ou sur ceux des fonds cédés, il faut bien de toute nécessité qu'il aie les lieux nécessaires pour pouvoir en faire la perception et s'il est vrai que celui qui doit la fin doit les moyens pour y parvenir, il suit, par une conséquence nécessaire, que les paroissiens devant la subsistance à leur pasteur par le payement de la dîme, lui doivent aussi les moyens de recueillir et de percevoir les denrées qui doivent être employées à cette même subsistance. C'est une règle généralement adoptée dans toutes les cours souveraines que les paroissiens doivent le logement à leur pasteur et sous le nom de logement sont compris tous les lieux nécessaires pour la perception, conservation, levée des fruits décimaux, lorsqu'ils servent à la subsistance des pasteurs et forment leur portion congrue. Les paroissiens de Tresques eux-mêmes ont reconnu leur obligation à ce sujet, puisqu'après avoir fait bâtir la maison curiale ils ont constamment loué une écurie pour l'usage du curé, en attendant qu'ils fussent en état d'en bâtir une... Les officiers municipaux, après avoir épuisé toutes leurs recherches, pour trouver une écurie à louer et se voyant dans l'impossibilité d'y parvenir, délibérèrent d'en acheter une. Toutes les formalités furent remplies et le 17 janvier dernier vous avez rendu ordonnance par laquelle vous avez dit : n'y avoir pas lieu à l'acquisition, sauf à la communauté de continuer l'imposition de quinze livres en argent pour le loyer d'une écurie. Mais le curé ne court pas après une somme de quinze livres en argent ; il ferait même très volontiers le sacrifice du double et du triple pour écarter toute contestation avec ses paroissiens. Mais il est d'une nécessité indispensable pour lui d'avoir une écurie. Elle lui est due... » (1).

Une ordonnance de *soit communiquée aux consuls* fut rendue, le 26 mars, sur cette supplique et elle fut signifiée, le 8 avril 1753, en présence de François Pagès, chirurgien et de Simon Pascal. Par là, l'intendant faisait connaître qu'il ne s'opposait plus au projet d'achat de la maison, destinée à servir d'écurie de la *clastre*. Par là aussi, la situation du clergé paroissial allait être un peu améliorée.

Mais la situation des chanoines continuait à devenir de jour en jour plus précaire. Les quatre prêtres qui occupaient les quatre chapellenies, en 1738, à l'époque du testament d'Henri de Vivet, étaient Michel Vincent ; Rigaud, qui devint plus tard curé de Verfeuil ; Martinel, qui fut ensuite prieur de Colombiers et Nicolas, qui était chargé du service de Sabran. Lorsque l'Evêque de Saint-Brieuc et sa sœur leur eurent donné les 600 livres que le président leur avait léguées, ils eurent la malheureuse idée de placer cette somme sur un habitant de la paroisse du Pin, qui la leur fit perdre. De plus, contrairement à l'accord passé avec Gaillard de Montcalm, en 1554, les chapelains avaient, depuis longtemps donné presque tout le bien dont il était question dans cet accord, sous des pensions très modiques, à différentes personnes, qui se dispensaient de les payer. Toutes ces circonstances avaient contribué à rendre la position des chanoines moins convenable, en diminuant leurs revenus. C'est à peine si chacun d'eux retirait environ 600 livres. Ce qui soutenait le plus en ce moment l'existence des chanoines, c'étaient les revenus de leur prieuré de

(1) Archives communales.

Sabran. Ces revenus avaient considérablement augmenté, à cause de la cherté des grains et à cause des nouveaux défrichements qu'on avait faits dans ce pays. La preuve, c'est que la ferme du prieuré qui ne s'élevait tout d'abord qu'à 100 livres, avait graduellement monté jusqu'à celle de 1800 livres.

En 1754, les quatre chanoines étaient : Auzias, Simon Raoux, Nicolas et Martinel. Mais on va voir quelle grande secousse allait ébranler et disloquer la collégiale.

CHAPITRE VII

La chapellenie au Parlement de Toulouse

(1755-1787)

SOMMAIRE. — Le chanoine Nicolas obtient le prieuré de Sabran. — Procès. — Première consultation de M. de Cadolle. — Réponse de Me Désirac. — Perplexité du seigneur de Cadolle. — Permission accordée à l'abbé Fougasse. — Signification du marquis de Cadolle à Mgr Baüyn. — Deuxième consultation. — Envoi à Toulouse de documents. — Réponse de l'avocat Lavaisse. — Un mémoire du marquis de Cadolle. — Réponse de Me Fontanès. — Arrêt du Parlement. — Nouveaux excès de la jeunesse. — Demande d'un logement pour le secondaire. — Refus motivé du conseil politique. — Nouvelle demande de l'abbé Escouraille à l'Intendant. — Instance du Bureau de la Charité contre les héritiers de l'abbé Digoine. — Mort du marquis François de Cadolle. Mariage de sa fille Marianne de Cadolle avec le marquis Florimon de Vogüé. — Visite pastorale de Mgr Baüyn. — Droit de sépulture dans l'église. — Les enfants du seigneur de Vogüé. — Les consuls cèdent au comte de Vogüé le petit cimetière dans le fort. — Le prieuré de Saint-Loup. — Mort de l'abbé Eymard.

MONSEIGNEUR de Grignan, évêque coadjuteur d'Uzès, dans son ordonnance de visite de 1659, avait écrit au sujet de l'union du prieuré de Sabran aux chapellenies de Tresques : « qu'il était loin d'approuver cet acte et qu'il se réservait, en temps et lieu, de recourir contre cette union par la voie de droit ; attendu les abus évidents et les contraventions manifestes à l'intention de ceux qui avaient requis et autorisé cette union. » Or, ce que Mgr de Grignan ne fit pas lui-même, à cette époque, Mire Nicolas, l'un des quatre chapelains, se chargea de l'accomplir, 95 ans plus tard et d'une toute autre manière que celle dont parlait l'Évêque.

Nicolas, était celui des quatre chapelains, qui était chargé de résider à Sabran. Par suite des recherches aux quelles il s'était livré, dans les archives de l'évêché d'Uzès, au sujet de l'union du prieuré de Sabran, il avait découvert certains vices de forme ; et aussitôt, il avait demandé et obtenu, pour lui seul, le prieuré de Sabran. Sans doute il avait été engagé à faire sa demande par quelques habitants de Sabran ou de Mégier, qui se trouvaient peu flattés de voir leur prieuré uni à de simples chapellenies. Peut-être l'évêché d'Uzès favorisa-t-il ses démarches secrètes en cour de Rome. Quoi qu'il en soit, dès le 23 avril 1755, Nicolas avait reçu ses provisions pour la paroisse de Sabran.

Lorsque sa prise de possession canonique fut accomplie, il la fit signifier aux trois autres chapelains résidant à Tresques. Ceux-ci s'empressèrent d'aller trouver le seigneur de Cadolle et un double procès fut aussitôt engagé, d'abord devant le Sénéchal de Nimes, pour réclamer le partage proportionnel des fruits du bénéfice et ensuite une instance en appel devant le Parlement de Toulouse contre la suppression de l'union.

Mais le premier soin de M. de Cadolle fut d'adresser, en sa qualité de patron de la chapellenie, un mémoire à un avocat de Nimes, Me Désirac, afin de provoquer son avis au sujet du litige. Celui-ci répondit, à la date du 7 mai 1755, que « malgré les difficultés qu'il y avait à faire maintenir les chapelains de Tresques en la possession des fruits et revenus du prieuré de Sabran, impétré en cour de Rome par Nicolas, il y avait pourtant lieu d'espérer qu'on pourrait y réussir. » Qu'il était d'abord « bien clair que 'union qui fut faite en 1540, par l'évêque d'Uzès, était remplie d'abus, puisqu'il fut procédé à cette union sans observer aucune des formalités requises en pareil cas. De sorte que l'impétration de M. Nicolas ne pourrait manquer d'être accueillie par les juges, si la possession des chapelains de Tresques n'avait d'autre principe que cette union-là. » Mais elle a un autre fondement; car, suivant le mémoire, « on reconnut bientôt le vice de cette première union, et, pour le réparer, il fut *procédé* d'autorité du Saint-Siège, par des commissaires délégués, qui, après des enquêtes, après avoir obtenu le consentement des parties intéressées, après appel de celles qui n'intervinrent point, rendirent une sentence qui unit de nouveau ou du moins confirma l'union qui avait été faite (1). »

L'avocat ne conseille pas « de produire l'acte de 1554, passé entre M. de Montcalm et les chapelains, parceque, si d'un côté, cet acte fait mention de la procédure faite d'autorité du Saint-Siège, il fait mention aussi de certains faits qu'il n'est pas besoin de trop éclaircir. Il ne faut rien dire, par exemple, qui conduise à

(1) Consultations. Archives de la Fabriques.

la fondation primitive de deux chapelains qui excluait à jamais l'Evêque de s'entremettre dans cette fondation. » Il estime que « lorsqu'il paraîtra que la possession des chapelains ne se réfère pas précisément au titre vicieux de l'union de 1540, et, lorsqu'on pourra montrer une procédure faite postérieurement, elle suffira pour faire supposer une nouvelle union régulièrement faite : on dispensera les chapelains de produire cette nouvelle union et on ne supposera pas qu'il y eût quelqu'autre vice dans celle-ci (1). »

Quant aux autres difficultés, l'avocat pense les élucider ainsi : « 1° Il est bien vrai, dit-il, que ce serait un abus d'avoir uni un prieuré à de simples chapelles, surtout lorsque ces chapelles n'étaient que de pures *prestimonies* ; car on ne peut pas unir un bénéfice à ce qui ne l'est point et on ne peut pas unir le bénéfice majeur au mineur. Mais on peut répondre que, d'un côté, les chapellainies ont été spiritualisées et érigées en bénéfice par le même décret d'union ; d'autre part, qu'elles ont été érigées en *consorce*, par l'obligation qui s'observe de faire les offices solennellement à Tresques, même d'y chanter les heures canoniales. Dès lors, il n'y a point d'incongruité d'unir un prieuré à une *consorce* (2). »

« Tout ce qu'on pourrait dire ici, c'est que la cure de Sabran avec son annexe ne peut pas résider sur la tête des chapelains indistinctement, ni de celui qui se trouve le dernier reçu et qu'il faut un vicaire-perpétuel en titre, selon les anciennes institutions canoniques, les ordonnances du royaume et particulièrement la déclaration de 1686. Mais on pourra consentir que les provisions de M. Nicolas aient leur effet pour la cure ou vicairie perpétuelle, s'il veut s'y borner, sans prétendre autre chose que la portion congrue et sans porter du trouble aux fruits dépendants d'un prieuré uni (4) ».

2° « L'objection que l'union n'a pas été faite du consentement du procureur du Roi, ni autorisée par lettres patentes, n'est pas fort à craindre, soit parce que l'union n'étant pas rapportée, il faut la présumer régulière, soit parce que dans le fond comme il ne s'agit pas d'un bénéfice, sujet à régale ou à la collation du Roi, l'intervention du procureur à l'union n'était pas nécessaire. La déclaration de 1719 suffit, du reste, pour qu'on n'ait point égard au défaut de lettres patentes (4). »

(1) Consultation. Archives de la Fabrique.

(2) Consultation.

(3) Consultation.

(4) Consultation.

« 3° Les provisions obtenues par M. Nicolas, pour le prieuré de Sabran ne le font pas déchoir de sa chapellainie, soit parce qu'elle n'est pas incompatible, soit parce quand elle le serait, il aurait la liberté d'opter pendant un an. Il ne faut donc pas chercher encore à l'inquiéter ni sur sa place, ni sur les fruits, ni sur la résidence (1).

« 4° M. Nicolas ayant fait assigner les chapelains au Sénéchal de Nimes, aux fins de le voir maintenir au plein possessoire du prieuré et cependant en jouissance provisoire et récréance des fruits, il convient que les chapelains évitent de plaider là-dessus au Sénéchal. Et pour cela, il faut qu'ils se rendent appelants comme d'abus des provisions accordées à M. Nicolas. Cette route est d'autant plus convenable que le procès des chapelains ne fera qu'une même cause avec l'instance d'abus que M. Nicolas a introduite contre M. de Cadolle, en qualité de patron des chapellainies et que, par ce moyen, on évitera un second procès au Sénéchal sur le même objet. Il faudra donc prendre des lettres à la chancellerie aux noms de MM. Auzias, Robert et Vincent, prêtres et chapelains de Tresques, prieurs de Sabran, qui exposeront que : « malgré la possession immémoriale des chapelains » de percevoir les fruits et revenus du prieuré de Sabran, posses- » sion qui seule suppose un titre légitime, M. Nicolas, l'un » d'entre'eux s'est porté à impétrer en cour de Rome ledit prieuré » et en a obtenu des provisions et le visa de Mgr l'Évêque d Uzès; » en conséquence de ce, qu'il a pris possession et les a fait assi- » gner au Sénéchal en maintenue et en récréance des fruits ; » tandis que d'autre part il est venu en leur connaissance que » ledit Nicolas a formé dans le même objet une instance en appel » comme d'abus d'une prétendue union dudit prieuré, qui n'est » point le titre en vertu duquel ils en perçoivent les fruits ; ins- » tance que le dit Nicolas a formé contre le sieur marquis de » Cadolle, seigneur de Tresques, en qualité de Patron. Et qu'at- » tendu que la dite instance a le même objet que celle par lui » formée au Sénéchal, ils demandent d'être reçus à intervenir en » la dite instance et à s'y porter eux-mêmes appelants comme » d'abus de l'exécution des provisions de M. Nicolas (1) ».

La lecture de cette consultation donna bien peu d'assurance et bien peu d'encouragements au marquis de Cadolle. Elle le rendit perplexe et il se prit à douter sérieusement de l'heureuse issue du procès engagé. Le principal motif de ses doutes venait du peu d'intérêt que l'Evêque d'Uzès semblait porter à la collégiale de

(1) Consultation.

Tresques. Ce qui le prouvait, c'était le visa qu'il avait accordé aux provisions de M. Nicolas. D'où venait ce peu d'intérêt? L'avocat, dans sa consultation lui en suggérait le véritable motif, quand il lui défendait de rien dire, pouvant rappeler la fondation primitive de la chapellenie ; fondation, qui « excluait à jamais l'Evêque de s'entremettre dans ce qui la concernait. » Il comprit alors la faute des seigneurs du Moyen-Age, prétendant établir des œuvres ecclésiastiques, dans leurs seigneuries, en dehors des Evêques. Il reconnut aussi, mais un peu tard, la faute qu'il avait commise dans les circonstances suivantes.

Il y avait à peine deux ans, Mgr Baüyn, Evêque d'Uzès, se trouvant en visite pastorale à Tresques, le 4 novembre 1753, avait rendu une ordonnance qui portait une clause, concernant le prêtre chargé de la fondation de Mme de Trémolet de Montpezat. Ce prêtre était M. Fougasse. Il avait demandé et obtenu de l'Evêque pour des raisons particulières, la permission d'habiter pendant quelque temps à Connaux, qui n'est éloigné de Tresques que de vingt-cinq minutes. Une autre personne avait été chargée de le remplacer et de faire momentanément l'école à Tresques. Mgr l'Evêque, ne voulant pas par cette permission, accordée à M. Fougasse, établir un précédent, avait écrit dans son ordonnance : « Nous ordonnons que le prêtre chargé de la fondation de Mme de Montclus, acquitte par lui-même non seulement les messes de la fondation, mais aussi qu'il fasse par lui-même les écoles comme il est obligé ; sans que la non-résidence actuelle de celui qui est chargé présentement et que nous avons permise pour un temps en commettant quelqu'un pour les écoles à sa place, puisse tirer à conséquence pour la suite. »

Le marquis de Cadolle se fit délivrer une copie de cette ordonnance, qui fut extraite des registres du doyenné de Bagnols et, après cela, en sa qualité d'héritier médiat de Mme Gabrielle de Trémollet, veuve de Jacques de Vivet, il requit le sieur Joseph Gayte, huissier aux ordinaires de Tresques, pour aller signifier à M. Fougasse : qu'il n'acquitterait plus à l'avenir la pension de deux cent cinquante livres à laquelle il se trouvait obligé par le testament de la Dame de Montclus, du 28 août 1718, contenant la fondation, attendu qu'elle se trouve annulée et révoquée de plein droit, par la connaissance que Mgr l'Evêque d'Uzès a prise de son exécution, dans son ordonnance de visite, du 4 novembre 1753, et cela contre la prohibition expresse portée dans le dit testament (2).

(1) Archives de la Fabrique.

(2) Archives de M. de Vogüé.

L'huissier Gayte alla à Connaux, le 12 février 1755. Il laissa copie de la signification, avec celle de la clause résolutoire du testament et de l'ordonnance de l'Evêque à M. Fougasse. Et de là, il se rendit à la ville d'Uzès et au palais épiscopal, où, en parlant au suisse de Mgr l'Evêque, il lui intima la même signification et lui laissa les mêmes actes (1).

Ces procédés autoritaires de M. de Cadolles n'étaient pas de nature à lui concilier l'estime et l'appui de l'évêque d'Uzès. Il était décidé à s'en passer ; et n'ayant plus rien à espérer de ce côté, il essaya, par plusieurs moyens, d'intimider M. Nicolas, afin de l'amener à abandonner les poursuites. Mais celui ci, au lieu de s'intimider, envoya à son tour l'huissier à M. de Cadolle et lui fit signifier : qu'il n'avait pas à intervenir lui-même dans ce procès ; qu'il n'avait absolument rien à faire en la cause, puisque ses droits de patron n'y étaient nullement attaqués. Cependant, soit faute de ressources, soit pour quelque secret motif de crainte, les poursuites furent suspendues pendant deux ans.

Le marquis de Cadolle croyait cette affaire éteinte, lorsque il apprit, vers le commencement de l'année 1757, que l'appel comme d'abus se poursuivait au Parlement de Toulouse. Aussitôt, conjointement avec les chanoines, il fouilla dans les archives de son château, afin de trouver de nouveaux documents à l'appui de sa cause et il demanda une nouvelle consultation à quatre avocats de Toulouse. Ces avocats étaient Mes Merle, Pagès, Désirac et Levaisse. Ils répondirent, le 30 mars 1757, « qu'on ne pouvait rien dire de plus que ce qui était contenu dans la consultation du 8 mai 1755. Les nouvelles pièces ne changeaient pas l'état de la question. » (2)

« Ces documents, disaient-ils, prouvent, il est vrai, que les chapelains ne se sont pas contentés de l'union faite par l'Evêque et qu'ils la firent confirmer, approuver et ratifier en observant certaines formalités ; mais ce ne fut là qu'une confirmation et non pas une nouvelle union. Et, au lieu de prouver que les chapelains n'ont fait aucun usage de l'union abusive,on y prouve au contraire que cette union a été la base, le fondement, la source de leur possession. Or la source étant vicieuse, ce qui a été fait l'est aussi. D'ailleurs cette confirmation elle-même, si on la considère bien est abusive.On n'y trouve pas le consentement du titulaire de la cure de Sabran. Ce consentement ne pouvait même pas y être; car la confirmation n'est venue que 15 ans après l'union. Et, lors

(1) Archives de M. de Vogüe.

(2) Consultation de quatre avocats. Archives de la Fabrique.

de l'union, le titre de la cure avait été supprimé et réuni aux chapellainies de Tresques. »

« Dans les circonstances où l'on se trouve, la seule prescription ne peut suffire aux chapelains, si M. Nicolas peut prouver que le titre de la cure de Sabran existait avant l'union, parce que le titre de la cure n'a jamais été divisé et qu'il n'y a jamais eu, à Sabran, de vicaire-perpétuel. On ne peut prescrire la cure elle-même ; et les fruits ne peuvent être prescrits contre une église privée de son pasteur.»

« Il faut nécessairement, pour se maintenir dans la possession du prieuré cure de Sabran, soutenir que l'union de 1540 n'est pas le fondement de cette possession. Il faut encore alléguer qu'il y a une union postérieure qui, n'étant pas rapportée, sera présumée régulière à cause de l'éloignement des temps. Il faut quelque acte qui puisse induire à supposer cette nouvelle union. Mais les actes qu'on remettra ne doivent point parler de confirmation. Il paraît, par l'état des pièces envoyées par les chapelains, qu'il y en a qui pourraient produire cet avantage, comme : les lettres citatoires, quelqu'un des consentements donnés par les parties intéressées, etc. Le meilleur c'est d'envoyer toutes les pièces et on choisira celles qui peuvent être utiles.»

Quelque temps après cette consultation, on envoya à Toulouse tous les documents qu'il fut possible de trouver ; et, le 4 octobre 1757, l'avocat Lavaisse répondit : « L'union de 1540 est évidemment abusive. L'on n'admet pas en France les unions faites par l'ordinaire ou par le Pape *in forma gratiosa*. Aussi, l'impétration faite par M. Nicolas ne peut qu'être accueillie, à moins que l'on ne rapporte une union postérieure revêtue des formalités requises. L'on ne peut regarder comme une nouvelle union la procédure faite d'autorité du Saint-Siège, par les commissaires délégués, parce que toute cette procédure n'a d'autre fondement et d'autre objet que de confirmer l'union de 1540. C'est donc toujours en vertu de cette union abusive que les chapelains ont possédé les fruits et revenus de Sabran. De manière que cette possession portant sur un fondement vicieux et, l'abus ne pouvant être couvert par aucun temps, il paraît hors de doute que M. Nicolas fera déclarer y avoir abus dans cette union et dans tous les actes postérieurs et confirmatifs et se fera maintenir en possession du prieuré et de tous les fruits qui en dépendent. »

« Impossible de rapporter la possession des chapelains à un autre titre qu'à l'union de 1540, parce que tous les actes de la procédure du commissaire énoncent qu'il n'est question que de réparer les vices de l'union de 1540. La sentence même porte par exprès qu'il ne s'agit que de confirmer cette union première. Ce qui fait toujours remonter la possession et le droit des chapelains à l'union de 1540, qui n'a pu leur acquérir aucun droit utile. »

« On ne saurait conseiller à M. de Cadolle de ne produire que certaines pièces et de cacher celles qui peuvent être préjudiciables, parceque la vérité a des droits. D'ailleurs on ne voit pas qu'elle pièce assès décisive on pourrait produire pour faire présumer une nouvelle union... Il est à craindre qu'on ne se contenterait pas de quelques actes qui sembleraient avoir pour objet une union postérieure. Cela serait bon, si M. Nicolas ne rapportait pas une première union abusive ; mais dès qu'elle paraît, on la regardera toujours comme le principe de la possession des chapelains et l'on n'en présumerait une nouvelle qu'autant qu'elle serait rapportée en bonne forme. »

« M. de Cadolle ne serait pas en droit de faire annuler et révoquer les fondations faites par les anciens seigneurs de Tresques. Il n'y a que le fondateur lui-même qui puisse révoquer les fondations pieuses qu'il a faites avant qu'elles aient été acceptées et érigées en titres : mais les héritiers des fondateurs ne le peuvent pas, surtout lorsque ces fondations ont été érigées en titres et ont été exécutées ».

« Si M. Nicolas parvient à faire déclarer abusive l'union du prieuré de Sabran et à se faire maintenir au plein possessoire de ce bénéfice, il sera obligé de restituer tout simplement les fruits de sa place de chapelain depuis le jour de sa prise de possession du prieuré de Sabran dont il obtiendra la restitution des fruits. Quant aux fruits de la place de chapelain que rendra M. Nicolas, ils seront employés en augmentation de la fondation, ou aux réparations de l'église, suivant la destination qui en sera faite par l'ordinaire ».

« On ne peut réclamer à M. Nicolas aucune part des frais qui furent faits par feu M. de Montcalm, pour la procédure de confirmation de l'union de 1540, bien que M. Nicolas ait profité de cette union jusqu'à l'époque de l'obtention du bénéfice, attendu que cette procédure étant nulle, elle ne peut produire aucun effet ».

» M. de Cadolle ne peut pas non plus demander compte aux chapelains du legs de 600 livres que feu le président de Montclus leur fit dans son testament dès que ce legs a été accepté et payé. Si M. Nicolas gagne son procès et que l'on déclare y avoir abus dans l'union, les choses seront remises au même état qu'elles étaient avant la dite union. En sorte qu'il n'y aura plus que deux chapelains ; les deux autres places qui avaient été créées en considération de l'union cesseront d'exister. M. de Cadolle présentera, comme patron, aux deux places fondées par ses ancêtres et l'Evêque conservera le droit de collation, parce que ces chapellainies ayant été spiritualisées et érigées en titres et bénéfices, elles ne peuvent plus perdre ce caractère et demeurent soumises à l'ordinaire. »

« On notifiera l'arrêt qui interviendra à Mgr l'Evêque et en même temps M. de Cadolle lui déclarera, qu'attendu que le prieuré de Sabran a été désuni des chapellainies et que les choses ont été remises au même état qu'elles étaient avant, il n'y aura plus que deux chapelains dont le seigneur de Tresques sera seul patron. On ne peut pas supposer que toutes les libéralités faites aux chapelains depuis l'union, n'ont eû lieu qu'en considération de l'union ; mais le supposa-t-on, ce ne sera pas un motif suffisant pour les révoquer ou pour les faire annuler. »

« M. de Cadolle ne peut forcer les chapelains à défendre le procès intenté par M. Nicolas, ou d'abandonner leur place. Ils sont très libres de ne pas soutenir un procès qu'ils croient avec raison mauvais pour eux, sans qu'on puisse pour cela les déplacer, attendu que les chapellainies ne sont plus amovibies dès qu'elles sont bénéfice et se trouvent érigées en titre perpétuel. »

« Une dernière prétention dans laquelle M. de Cadolle ne serait pas fondé, c'est celle d'appeler en cause MM. de Dions et de Laboissière. Ceux-ci ne sont pas patrons de ces chapellainies. Ils ne doivent aucune garantie à M. de Cadolle à raison de la nomination de ces places. La transaction du 3 août 1751 ne fait que transporter à M. de Cadolle le droit de nommer les chapelains de Tresques, sans spécifier le nombre des chapelains et sans stipuler de garantie à cet égard. Ainsi ces messieurs étant sans intérêts dans cette cause, ils obtiendront leur relaxe. » (1)

Cette consultation de l'avocat Lavaisse exaspéra M. de Cadolle. Malgré les décisions si claires et si bien motivées qu'on lui avait données, il n'était pas encore convaincu de l'inanité de ses prétentions. Il composa donc un nouveau mémoire qu'il envoya à Me Fontanès, avocat à Montpellier. Dans ce mémoire « il exposait que les chapelains de Tresques, prévoyant sans doute la mauvaise issue de ce procès, n'étaient pas d'intelligence entr'eux. Qu'ils craignaient beaucoup la dépense et regrettaient d'avance l'argent qu'il leur en coûterait. De telle sorte qu'il y avait toute

(1) Archives de la Fabrique.

apparence qu'ils ne soutiendraient pas leurs droits à moins qu'ils n'y fussent forcés. Y aurait-il moyen de les y forcer ? » (1)

« Voyez donc le parti que je dois prendre, en mon particulier, comme patron de cette chapelle. J'aurais voulu faire mon désistement au procès ;— Demander que les chapelains fussent tenus de soutenir leurs droits ou de se démettre de leur place entre mes mains pour que j'y pusse nommer, si bon me semblait, d'autres personnes qui feraient valoir le titre que je leur en ferais ; — Demander que les chapelains fussent contraints et obligés de soutenir leurs droits contre M. Nicolas, à peine de saisie de leur temporel ; — Faire saisir les revenus dudit Nicolas ; ou du moins demander qu'ils fussent mis au séquestre jusqu'à entière définition de cause ; —Appeler l'Evêque d'Uzès en cause pour voir prononcer, tant sur le procès pendant, en qualité de co-patron, que pour voir prononcer sur l'état à venir des chapelains; — Demander à la Cour qu'en jugeant à l'appel comme d'abus sur l'union, au cas où elle déclarerait qu'elle a été bien et valablement faite, je sois maintenu moi et mes successeurs dans le droit de nommer à trois des quatre places ; — Subsidiairement demander que la place de M. Nicolas soit déclarée vacante par raison d'ingratitude. — Au cas que la Cour déclare qu'il y a abus, demander que la fondation soit déclarée nulle et qu'on la casse, comme ayant contrevenu les uns les autres à la volonté du fondateur ; ou bien, que je sois remis au même état qu'étaient mes prédécesseurs, avant l'union et qu'on remette la chapelle et les chapelains hors de la connaissance de l'Evêque, suivant la volonté du fondateur. — Quelle conduite tenir dans ce procès ? — Je voudrais fort qu'il y eût un moyen de faire abolir entièrement cette fondation et pouvoir retirer les fonds donnés et légués (1).»

Dans sa réponse du 31 octobre 1757, M. Fontanès essaya bien de relever un peu les courages abattus. Pour cela, il énuméra avec complaisance toutes les précautions qui furent prises lors de la confirmation et il émit ensuite l'avis : qu'à moins de quelque défaut radical dans l'union primitive, cette confirmation faisait beaucoup présumer pour sa validité. Que si cette union ne manquait que de quelques formalités peu essentielles, il ne faudrait pas croire, qu'après une telle ratification, l'union fut déclarée abusive. Mais, passant ensuite aux *desiderata* de M. de Cadolle, il n'en trouve presque aucun dont il ose annoncer un accueil favorable auprès des juges.

« La justice, dit-il, n'admettrait pas la demande de forcer les

(1) Mémoire de M. de Cadolle.

chapelains à soutenir leurs droits, sous peine de se démettre de leur place entre les mains de M. de Cadolle afin qu'il en nomme d'autres qui feraient valoir leur titre ; moins encore sous peine de la saisie de leur temporel.»

« On n'est pas en droit de faire saisir ou mettre sous séquestre les revenus de M. Nicolas. Ce qu'on peut exiger de lui seulement, c'est, qu'avant toute audience, il donne bonne et suffisante caution de cinq cents livres.»

« Inutile de demander que le Parlement, s'il déclare qu'il y a abus, casse la fondation comme nulle ; car alors il faut la regarder comme non avenue.»

« Il n'y a aucun moyen à prendre pour faire abolir entièrement la fondation des deux chapellainies de Philippe de Combes, ni vraisemblablement la troisième, fondée par le chanoine Célières, du moins pour retirer les fonds attribués à leur dotation. Ce sont des fonds consacrés à l'église. On peut, à proportion des revenus qu'ils portent demander à l'Evêque de réduire le nombre des chapelains ou de diminuer le service ; mais on ne réussirait pas à faire anéantir ces fondations et à reprendre les biens fonds qui leur ont été affectés.»

L'année suivante, 1758, le Parlement de Toulouse rendit un arrêt d'expédient qui déclara : y avoir abus dans l'union du prieuré de Sabran aux chapellainies de Tresques, faite le 3 octobre 1540, par Jean de Saint-Gelais, évêque d'Uzès. Ce même arrêt cassa cette union, déclarant que désormais, conformément à la fondation de 1512 et aux actes subséquents, il n'y aurait que deux chapelains pour desservir ladite fondation. En fait, cet arrêt changea peu de chose au service religieux de la chapelle Saint-Antoine.

Bien que, d'après le texte, on dut revenir à la fondation primitive de deux chapelains seulement, il y en eût encore trois. Deux avaient le titre de chanoines et leur présentation restait dévolue à M. de Cadolle et à ses successeurs. MM. Raoux et Guion possédaient ces deux titres, dont l'évêque avait le droit de collation. Le troisième chapelain avait le titre de vicaire ou secondaire. C'était Escouraille qui occupait cette place en 1758. Il avait succédé à Gilibert et, comme lui, s'était chargé des écoles, qui étaient tenues, en 1754, par un laïque nommé François Jouvenel.

Tandis que le seigneur de Tresques recevait de Toulouse la pénible nouvelle de la perte de son procès, les consuls, de leur côté, étaient informés du peu de succès obtenu par les mesures de police que le commandant Lafarelle avait ordonnées, pour arrêter les excès commis par la jeunesse du pays. On se plaignait, en effet, de toute part : « que les jeunes gens coupaient et écorchaient les arbres, invectivaient les gens inoffensifs, faisaient du tapage nocturne, volaient les fruits, ravageaient les champs et les jardins et renversaient les murailles. » Dans une délibération du Conseil général de la communauté, où l'on recherchait les moyens d'arrêter ces étranges débordements, il fut proposé de demander « que l'official publiât un mandement pour faire fulminer par le curé, dans l'église, un monitoire afin de pouvoir connaître les coupables et les punir sévèrement. » Mais ce monitoire dut se borner à de durs reproches adressés à la jeunesse par M. Eymard du haut de la chaire ; car le temps n'était plus aux révélations des coupables après monitoire (2).

Du reste M. Eymard jugeait, avec raison, que le meilleur moyen pour obtenir une jeunesse plus retenue était de réorganiser, d'étendre et de soigner l'éducation chrétienne de l'enfance. Les principes délétères du XVIIIe siècle ne pouvaient être efficacement combattus que par un retour à la pure doctrine catholique. C'est pour cela que M. Eymard ne cessait d'encourager son vicaire dans son entreprise des écoles. Malheureusement l'humble prêtre, logé dans un modeste appartement de la maison presbytérale, se trouvait trop à l'étroit pour recevoir son petit monde. Il se vit donc obligé, en 1760, de s'adresser à la Communauté pour demander ou bien une maison plus vaste, plus convenable, ou bien une allocation annuelle de trente livres au lieu de quinze, pour trouver un autre logement.

Sa demande fut mal accueillie. Le conseil politique se réunit le 16 juillet 1760 et, dans le mois d'août, on lui fit connaître que « sa demande était irrecevable et mal fondée ; attendu que : 1° la Communauté n'avait jamais fourni de logement particulier aux secondaires, lesquels avaient toujours logé avec les prieurs, dans la maison claustrale, appartenant à la Communauté. 2° C'était une allégation de prétendre qu'il y avait dans la paroisse 54 granges, dont le service était d'autant plus pénible qu'elles étaient très éloignées de Tresques, tandis que de ce nombre il y en avait 27 de la paroisse de Saint-Loup, dont le service était fait par le curé de Tresques, aux dépends du prieur, qui lui en payait la rétribution et que c'était conséquemment audit curé d'en faire part à son secondaire. 3° Il était encore plus faux qu'il y eût dans la paroisse 650 communiants, puisqu'il n'y en avait tout au plus environ 400. 4° Ledit Escouraille étant logé dans la maison

(2) Archives municipales.

claustrale, appartenant à la Communauté, il ne saurait prétendre que la Communauté soit tenue de lui fournir d'autre logement. Celui qu'il occupe était suffisant, sans incommoder le prieur, attendu que la maison était d'une extrême étendue et qu'il y avait toutes les commodités nécessaires. D'ailleurs il était bien naturel que ce secondaire fut logé gratis par le prieur qui retirait une rente annuelle de dix-huit cents livres du bénéfice. 5° L'allégation que la Communauté de Saint-Victor et autres voisines payaient le logement de leur secondaire, ne devait être d'aucune considération ; les Communautés étant de beaucoup plus considérables que celle de Tresques. Celle de Saint-Victor étant divisée en six ou sept parties bien éloignées l'une de l'autre. D'ailleurs ce logement devenait inutile puisque la maison claustrale était suffisante pour loger le curé et son vicaire. 6° Si la prétention d'*Escouraille* avait lieu, il s'en suivrait que s'il plaisait au curé d'avoir dix vicaires, il faudrait que la Communauté fût tenue de faire construire à ses dépens dix maisons pour les loger ou de leur payer les frais de dix logements, ce qui serait ridicule. La Communauté ayant fait construire depuis peu la maison claustrale qui lui avait coûté des sommes immenses, était totalement hors d'état de faire d'autres dépenses ; les habitants étant dans l'impossibilité de subvenir aux charges royales, pour le recouvrement desquelles les collecteurs étaient obligés de faire des frais considérables à tous les habitants, ce qui prouvait leur misère. » (1)

Le secondaire Escouraille ne s'arrêta pas devant cette sévère réfutation de sa supplique. Il s'adressa à l'intendant, qui invita la Communauté à lui transmettre les motifs de son refus.

Les consuls, dans leur réponse à l'intendant, se contentèrent d'ajouter aux motifs allégués dans la délibération du conseil politique, tenue le 16 juillet, celui-ci : « que si le sieur Escouraille demandait trente livres, c'était à cause des écoles qu'il tenait depuis qu'il était dans la localité ; mais qu'il pourrait bien se fournir son logement sur la rétribution que la Communauté lui faisait. »

Devant cette raison, l'intendant n'hésita pas à imposer d'office la somme de trente livres, qui fut maintenue plusieurs années, jusqu'à ce que la Communauté, fatiguée de payer tous les ans cette imposition, se détermina à bâtir une maison spécialement affectée au logement du vicaire. Cette maison fut construite au pied de la tour du clocher et adossée contre la roche de grès, qui servait de base à la façade occidentale de l'église.

(1) Archives municipales.

Pendant que le secondaire était en instance auprès de l'intendant, les administrateurs du bureau de charité étaient en instance devant le Parlement de Toulouse, contre les héritiers de M. Digoine, l'ancien vicaire-perpétuel. Ce digne prêtre, avant de mourir, avait fait un legs en faveur des pauvres de Tresques. On trouve dans les comptes de 1755, que le trésorier encaissa en cette année une somme de dix livres pour le legs de M. Digoine. Mais, dans la suite, les héritiers manquant d'exactitude pour les payements subséquents, on fut obligé de s'adresser au Parlement, qui rendit un arrêt, en 1762, par lequel « M. Digoine du Bourg-Saint-Andéol était condamné à payer la somme de vingt-quatre livres pour les pauvres de Tresques. La comptabilité du bureau était alors tenue par Malignon, Ier consul.

François de Cadolle mourut à Tresques, le 31 juillet 1765 et fut inhumé dans le caveau de la chapelle Saint-Antoine. Il ne laissait, avec sa veuve, qu'une seule et unique héritière, sa fille Marianne de Cadolle, qui se maria deux ans après la mort de son père, le 10 mars 1767, avec M[ire] Florimond-Innocent Annet, marquis de Vogüé, lieutenant-colonel des carabiniers de France, fils de haut et puissant seigneur Charles-François Elzéard, marquis de Vogüé, comte de Montlaur, baron d'Aubenas et autres lieux, lieutenant-général des armées du Roi, inspecteur général de la cavalerie et dragons de France, gouverneur de Montmédy, commandant pour Sa Majesté en la province d'Alsace ; et de très haute et puissante Dame Madeleine Truchet, comtesse du dit lieu, baronne de Sainte-Agrève et autres places. (1) Ce mariage fut célébré dans l'église de Tresques avec la plus grande solemnité. M. Eymard, assisté d'un nombreux clergé, présida la cérémonie.

(1) La maison de Vogüé et Rochecolombe est une des plus anciennes du Languedoc. Bertrand de Vogüé, Bermonde sa femme, ses fils Jean et Raymond contribuent à la fondation du monastère de Saint-Martin de Ville-Dieu. Audibert I, fils de Jean, chevalier, vivait en 1150. Il eut pour fils Raymond I, chevalier co-seigneur de Rochecolombe, qui fut père d'Audibert II de Vogüé. — Raymond II, fils d'Audibert II était père de Raymond III, qui eut pour fils Audibert III, vivant en 1383. Audibert III eut pour fils : Pierre, qui commence la filiation prouvée devant M. Bezon et Raymond.

I Degr. — Pierre de Vogüé, damoiseau, épousa noble Marguerite Bernard et eut Antoine, qui suit, 2° Barthélémy, 3° Antoinette, 4° Philippe.

II Degr. — Antoine de Vogüé épousa Jeanne de Caissac, dont il eut : Jean qui suit, 2° Blaise, 3° Claude, 4° Barthélémy, 5° Louis, 6° Louise, mariée à Antoine du Pont, 7° Jean, 8° Antoine, 9. Guillaume, 10° Charles. Ces trois derniers entrèrent en religion.

III Degr. — Jean de Vogüé épousa, le 2 décembre 1507, Gabrielle de

Peu de temps, après ce mariage, la veuve de M. de Cadolle se retira à Bagnols, où elle vécut jusqu'à l'âge de 80 ans (1) et où elle mourut, le 13 mars 1798, (23 ventose an VI.)

La paroisse de Tresques reçut la visite de Mgr Baüyn, Evêque d'Uzès, le 9 juillet 1767. Après avoir donné le sacrement de Confirmation, le prélat rédigea une longue ordonnance de visite, dans laquelle il obligeait d'abord M. Eymard « à faire unir la dorure de la coupe du ciboire et redresser le bord, pour qu'il ferme aisément. — Changer la bourse de la boite du viatique et en fournir une neuve. — Fermer les deux extrémités du gradin de l'autel d'une menuiserie peinte et assortie au reste. — Mettre à plomb le corps du tabernacle qui penche en devant. — Fournir une chasuble blanche neuve, avec son accompagnement pour les jours ordinaires ; celle de camelot uni blanc étant tachée et ternie. — Fournir aussi une autre chasuble de damas blanc, à la place de celle qui est tachée en différents endroits. — Fournir un Missel romain neuf, à la place des deux anciens qui ne peuvent

Caires, dont il eut : 1° Antoine, marié le 26 mars 1553 à Suzanne de Lestrange, mort sans enfants, 2° Jean, 3° Guillaume, qui suit, 4° Charles, 5° Marie, 6° Jeanne, 7° Catherine, 8° Marguerite, 9° Louise.

IV Degr. — Guillaume de Vogüé épousa, le 4 août 1558, Antoinette de Galliens de Védène. Il eut : 1° Melchior, qui suit, 2° Louis, qui a fait la branche dite de Gourdan, 3° Gaspard et 4° Balthasar, chevaliers de Malte, 5° Jeanne, 6° Françoise.

V Degr. — Melchior de Vogüé épousa, le 13 août 1597, Dorothée de Montfaucon, dame de Boussargues et il eut : 1° Georges, qui suit, 2° Antoine Hercule, jésuite, 3° Jeanne, religieuse de Saint-Benoît, 4° Margueritte, 5° Dorothée, 6° Anne, chevalier de Malte.

VI Degr. — Georges de Vogüé épousa, le 1er octobre 1635 Françoise de Grimoard de Beauvoir du Roure, dont il eut : 1° Melchior, qui suit, 2° Anne, Jésuite, 3° Marc-Antoine, 4° Jacqueline, 5° Dorothée.

VII Degr. — Melchior de Vogüé épousa, le 10 novembre 1667, Gabrielle de Mottier de Champetières, dont il eut Cérice François, qui suit, 2° François, 3° Thérèse, 4° Françoise Emmanuelle 5° Delphine, 6° Marie, 7° Louise, 8° Marie, 9° Anne.

VIII Degr. — Cerice François de Vogüé épousa, le 15 avril 1705, Lucrèce de Tournesy de Poussan, et en 2es noces Anne de Serres. Il eut de son premier mariage : 1° Charles-François Elzéard, qui suit, 2° Jacques-Joseph Félix, héritier de la terre de Gourdan, qui mourut sans enfant et laissa la terre à Eugène Jacques, son petit neveu, 3° Sébastien-François Hyacinthe.

IX Degr. — Charles-François Elzéard de Vogüé épousa, le 10 février 1732, Magdeleine de Truchet de Chambarlac, dont il eut : 1° Cérice-François Melchior, qui suit, 2° Florimond-Annet Innocent, qui a fait la branche de Tresques, 3° Marie-Anne Rose, 4° Marie-Magdeleine Barbe, 5° Jacques-Joseph François, évêque de Dijon, (Laroque, Armorial de la noblesse du Languedoc, T. I.)

(1) Dans la maison Penchenier, Grand'Rue, n° 49 (Léon Allègre).

plus servir à l'autel. — Un antiphonier romain et graduel neufs ; un second rituel. — Enduire et blanchir de neuf la sacristie et en réparer le couvert. — Avoir soin que la sacristie soit tenue proprement. — Nous ordonnons de fournir une autre pierre sacrée à l'autel de Saint-Antoine ; — de réparer le tableau de cet autel brûlé en deux endroits ; de faire renouveler la peinture de l'arceau sous lequel il est placé ; — redorer le calice et la patène ; — de mettre un chassis au devant d'autel du Rosaire ; — d'assurer la balustrade de la communion, qui n'est pas ferme du côté de l'évangile ; — de fermer de planches le devant des sièges des confessionnaux et des accoudoirs des pénitents; — de mettre des agenoulloirs aux places des pénitents ; — de racomoder les grilles qui sont cassées ; — de retenir les coulisses qui les ferment. — De fournir un chevalet pour la représentation mortuaire et six chandeliers noirs. — D'achever ce qui reste à réparer au battant gauche de la porte du midi. — De remettre les carreaux qui manquent à la vitre du couchant. — De fournir un logement pour le secondaire ou du moins une imposition suffisante pour son logement ». (1)

Dans la suite de cette ordonnance, le prélat s'occupait de remédier aux nombreux abus qui, depuis longtemps, s'étaient introduits dans le système d'arrangement des bancs, d'acquisition ou de transmission des places et des droits de sépulture dans l'église. La plupart de ces abus venaient de ce que certains habitants passaient des actes de vente par devant notaire, dans lesquels on déterminait toute chose sans contrôle et à l'insu du clergé. C'est ainsi que le 14 novembre 1734 Guillaume Bouzigue, avait vendu, pour six livres, à Jean-Baptiste France et à Pierre Malignon un droit de sépulture et un droit de banc, qu'il possédait du chef de Jean Bouzigue, son frère. L'évêque, voulant mettre un terme à tous ces abus, décida que désormais « le nombre des bancs dans l'église ne serait pas augmenté. — Celui de Laurent avançant trop d'un pan, sera diminué de longueur et son accoudoir sera retranché. — Le banc qui a été ajouté et mis au devant de l'armoire des bannières sera retiré. — Le droit de sépulture prétendu dans l'église, à l'exception de celui du seigneur, des curés et des chapelains sera justifié par titres, lesquels seront représentés au sieur curé pour nous en instruire. Et, en attendant, on n'enterrera dans l'église que ceux qui ont été acceptés ».

Pour se conformer aux conseils de l'Evêque d'Uzès, et dans le but d'alléger la position du secondaire Escouraille, surchargé par

(1) Archives municipales.

les écoles, le prieur Eymard confia, en 1771, le service de la dîmerie de Saint-Loup à un autre prêtre nommé *Méric*, maître ès-arts, originaire de Chusclan. Ce prêtre exerça ces humbles fonctions pendant dix ans. En cette même année 1771, M. Blachère, qui, depuis cinq ans, avait été nommé chapelain à la place de M. Auzias, fut transféré à Gaujac et remplacé à Tresques par M. Guion, qui fut le dernier titulaire de la chapellenie, nommé sur la proposition du seigneur.

De son mariage avec Marianne de Cadolle, le comte Florimond-Innocent-Annet de Vogüé (1), eût cinq enfants. Marie-Amélie-Charlotte de Vogüé, née le 12 décembre 1767. — Louis-François-Charles-Florimond de Vogüé, né le 25 et baptisé le 29 août 1769. — Un autre fils qui mourut peu de temps après sa naissance et fut inhumé dans le caveau de la chapelle Saint-Antoine, le 26 octobre 1770. — Gabrielle-Félicité-Françoise-Rose de Vogüé, née le 10 et baptisée le 11 janvier 1774. — Enfin Eugène-Jacques-Joseph-Innocent de Vogüé, né le 7 février 1777 et qui eût pour parrain Mgr Jacques de Vogüé, évêque de Dijon.

Une tradition qui s'est perpétuée dans la famille de Vogüé, raconte que : lorsque le comte Florimond vint s'établir à Tresques, il avait perdu, depuis peu de temps, les seigneuries de Rochecolombe et d'Aubénas, dans le Vivarais. Mais cette double perte ne l'empêcha pas, dès l'année 1784, de former de vastes projets, destinés à améliorer les abords du château de Tresques. Il commença à exécuter quelque chose de ces grands projets, le 14 avril de cette année, par l'acquisition qu'il fit en vertu d'un échange passé avec les consuls, de l'ancien petit cimetière situé dans le fort et de la petite rue située entre le fort et le château. Toutefois, la plus grande partie de ces grandioses conceptions ne fut réalisée que par son petit-fils.

En 1781, le secondaire Escouraille fut remplacé par l'abbé *Jacques Troncart*, prêtre originaire d'Aramon et qui avait précédemment exercé les mêmes fonctions à Montfrin et à Saint-Ambroix. Le choix de ce digne prêtre était l'œuvre du dernier évêque d'Uzès, Mgr Henri-Benoit-Jules de Béthizy, intronisé solennellement, le 4 octobre 1780. A l'arrivée du secondaire Troncart. M. Méric passa à la cure de Salindres et devint plus

(1) Ses armoiries portaient : *d'azur, au coq hardi d'or crêté et barbé de gueules*. Deux lions tenants l'écu, surmonté de la couronne de comte. Une banderolle d'argent au-dessus, portant en lettres de sable : *Fortitudine et vigilantia*. Une autre devise en-dessous, sur un socle portant l'écu : *Sola vel voce leones terreo*. Les armoiries de Tresques portaient : *de sinople, à une fasce losangée d'or et de sable*.

tard curé de Codolet. Après le départ de M. Méric, le petit prieuré de Saint-Loup fut convoité par Simon Raoux, d'une part et par MM. Vachier et Payan. Un procès intervint entre les compétiteurs ; mais M. Raoux ayant été nommé chanoine de la chapellenie de Saint-Antoine, il est probable qu'on lui confia le service de la dîmerie de Saint-Loup, au même titre que M. Méric.

L'abbé Troncart ne resta vicaire qu'une année seulement. En 1782, le prieur Eymard ayant été transféré à Bellegarde, le jeune abbé fut désigné pour le remplacer, en qualité de curé de Tresques. Les temps devenaient de plus en plus difficiles. La population était fortement travaillée par des idées de réforme, de vagues aspirations d'indépendance et une soif ardente de nouveautés encore mal définies. A force de prudence, de bonté et de pieuses industries, le nouveau pasteur passa dans le calme et la paix les neuf premières années de son administration. M. Eymard, l'ancien curé, venait de temps en temps de Bellegarde à Tresques pour rendre visite à son frère qui était notaire. Ce fut pendant le cours d'une de ces visites, que la mort surpris le vieux prêtre, en 1784, L'acte de son décès porte « qu'il mourût des suites d'une attaque d'apoplexie, à l'âge de 80 ans. » A la cérémonie de ses funérailles furent présents : MM. Jean-Louis Curel, prieur de Saint-Pons-la-Calm, Simon Raoux et Jacques Guion, chapelains de Tresques. Dans ces premières années, M. Troncart fut successivement aidé par deux secondaires : l'abbé Martel, qui resta de 1784 à 1786 et l'abbé Béringuier, qui resta de 1786 à 1790.

Presque à la veille de la Révolution française, 1786, le comte Florimond de Vogüé maria sa fille aînée Marie-Amélie-Charlotte de Vogüé avec Jean-Baptiste d'Albertas. A l'occasion de ce mariage, de grandes fêtes et réjouissances furent données dans le village et au château de Tresques. Mais, hélas ! ces jours de fêtes devaient être les derniers beaux jours que le comte de Vogüé et sa famille devaient passer ensemble dans la demeure seigneuriale. L'ancien régime touchait à sa fin. Le temps de la séparation, de l'exil et des luttes approchait. Le château allait bientôt devenir triste et solitaire ; et déjà, au milieu des flots joyeux de la foule qui se pressait pour contempler le cortège nuptial, on aurait pu montrer à la mère de la fiancée les futurs agents révolutionnaires, qui devaient venir, armés de marteaux, détruire sur le grand portail du château « les derniers vestiges de la féodalité. »

CHAPITRE VIII

La Révolution Française

(1789-1795)

SOMMAIRE. — Effervescence en province. — L'abbé Troncart et la constitution civile du clergé. — Marianne de Cadolle reste au château. — L'abbé Simon Raoux. — Les registres. — La colline de Bernon. — Les cloches. — Réclamation de Jean-Trible. — Actes de brigandage — Réclamations des habitants. — Réclamation de la citoyenne de Vogüé. — Le budget révolutionnaire. — Vente des biens du clergé. — Budget de 1793. — Murmures contre la municipalité. — Installation de l'abbé Charles-François Sibert. — Fête en l'honneur de Marat — Envoi d'une cloche à Uzès. — Instituteur républicain. — Certificat de résidence et signalement de Marianne de Cadolle. — Epuration de l'assemblée municipale. — Proclamation du nouveau conseil. — Dévastation de l'église. — Arrestations. — Vente des pierres des croix. — Attestation sur la conduite de Raoux. — Ventes. — Retour de l'abbé Troncart. — Sa retraite. — Son incarcération.

Les États-Généraux s'étaient réunis le 5 mai 1789. Dès la fin de ce mois les premières nouvelles sur les prodigieuses conquêtes du Tiers-État se répandirent dans toute la province. On parla bientôt du fameux serment du jeu de paume, de la résistance du Tiers et de la formation de l'Assemblée Nationale. Parmi tous les racontages qui circulaient dans les campagnes, on démêlait l'annonce pompeuse d'un âge d'or prochain, l'inauguration des droits de l'homme, la réforme de tous les abus, l'établissement de la liberté, de l'égalité et de la fraternité. Et ce programme suscitait l'enthousiasme du peuple crédule.

Dans le mois de juillet, sous prétexte d'inaugurer l'âge d'or annoncé, l'émeute éclatait à Paris ; on s'emparait par trahison de la Bastille ; l'on organisait des gardes nationales ; et, en même temps, l'Assemblait décrètait : l'abolition de toutes les justices seigneuriales, de tous les privilèges, de la dîme ; elle proclamait l'égalité des impôts, l'admission de tous les français aux emplois publics et le consentement du Roi à toutes ces innovations.

La marche précipitée de tous ces évènements produisit une effervescence générale dans tout le royaume. Parmi les paysans, les uns applaudissaient, les autres plus nombreux soupçonnaient déjà une immense et sinistre fumisterie.

En octobre, on reçut les lois relatives à l'élection des Evêques et des curés, sans Rome ; à la suppression des couvents et des vœux monastiques ; enfin, au serment à la constitution civile du clergé. Dès ce moment, aux yeux de tous les hommes sensés, la Révolution apparut comme un ouragan effroyable, déchaîné sur la France, non pas seulement par des utopistes inconscients ; mais par des sectaires farouches, des renégats et des ennemis de Dieu, dont on devait tout redouter.

Lorsque l'abbé Troncart vit venir la tourmente, il n'hésita pas. Sa résolution fut bien vite prise de rester toujours fidèle dans son attachement à la Sainte Eglise de Rome. Cette résolution, il travailla même de toutes ses forces à la faire adopter par tous les prêtres de sa paroisse.

Pendant l'hiver de 1789 à 1790, la plupart des riches familles émigrèrent. Les châteaux devinrent déserts. Le comte de Vogüé et ses enfants quittèrent Tresques ; et il ne resta dans la demeure seigneuriale que Marianne de Cadolle, son épouse.

Celle-ci, en effet, ne voulant pas d'une part s'éloigner de sa vieille mère, qui habitait Bagnols, ni, d'autre part, abandonner au séquestre révolutionnaire le beau domaine de Tresques, avait accepté résolûment le rôle de gardienne. Elle s'en acquitta avec dévouement et donna des preuves d'une extraordinaire énergie, dans les pénibles circonstances qu'elle eût à traverser. Obligée tout aussitôt de se conformer à la loi nouvelle sur les impôts, elle présente elle-même le dénombrement de tous ses biens nobles ; mais elle ne voulut jamais cesser d'en exercer par elle-même la gestion, ni d'en poursuivre la défense, malgré les tracasseries et les affronts que les officiers municipaux lui prodiguèrent avec usure.

Dans le courant de cette même année, les chapelains Guion et Béringuier, fidèles aux recommandations du prieur Troncart et de leur conscience, refusèrent courageusement de prêter le serment constitutionnel et préférèrent l'exil. Il n'en fut pas de même malheureusement de *Simon Raoux*. Celui-ci, malgré les sages conseils et les vives exhortations du prieur Troncart, commit la lâcheté de prêter le serment schismatique et resta à son poste. Quant au prieur lui-même, il persista quelque temps encore à errer dans les diverses maisons de campagne, ou les métairies isolées de sa paroisse, trompant avec une singulière habileté la vigilance des agents révolutionnaires envoyés à sa recherche et s'efforçant de prémunir, par de sages avis, ses paroissiens contre les dangers du schisme. Mais la crainte de compromettre ceux qui lui donnaient asile le décida à prendre également le chemin de l'exil. Raoux resta seul.

De même qu'un abime appelle un autre abîme, une concession appelle une autre concession. Raoux, ayant accepté l'humiliation du serment révolutionnaire, ne devait plus reculer devant d'autres abaissements. Le 9 décembre (19 frimaire an 1) il consentit à se dépouiller de ses titres et qualités, et il ne signa plus les actes de son registre paroissial que comme « officier public provisoire. » Peu de temps après, on l'obligea à déposer son registre à la mairie, entre les mains d'un officier public définitif, nommé Meynet. Le premier acte dressé par le nouvel officier fut celui de la sépulture d'un pauvre religieux, que la révolution avait expulsé de son couvent et qui était venu mourir dans le sein de sa famille. Cet acte donne le spécimen d'une orthographe, qui commence aussi à se mettre en révolution. « L'ans premier de la république » française, Elle saize du mois de Décembre 1792 a été ensevellit » dans le cimetière de Tresques le nommé Pierre Laurent si- » devant récollet, âgé d'environ 78 ans. » (1)

Meynet faisait partie du conseil révolutionnaire qui arriva au pouvoir sous la Convention. Il en était même le plus bel ornement ; et le choix de sa personne pour l'emploi d'Officier public, était dû aux précieux services que le parti pouvait attendre de son audace remarquable, plutôt que de sa capacité littéraire.

Quand le conseil révolutionnaire inaugura ses fonctions délibératives, la première affaire dont il se hâta de s'occuper, fut la question de la propriété de Bernon. Bernon est une petite colline, située à l'Est du village de Tresques, à une distance de 1505 mètres. Cette colline est formée par des rochers d'un calcaire gris, d'où l'on avait extrait les pierres des piliers de la nef de la Vierge. Le point culminant est élevé de 138 mètres, au dessus du niveau de la mer et a servi de point de repère principal dans les opérations de triangulation générale de la commune. Le flanc méri-

(1) Archives municipales.

dional et une partie du flanc occidental sont seuls recouverts de petits bois de chêne, tandis que tout le reste de la colline est aride et dépouillé.

Le 7 janvier 1793 (18 nivôse an I) le maire Borrely exposa au conseil : que la colline de Bernon avait toujours été regardée par les habitants comme une propriété communale. « Les ci-devant seigneurs du lieu, s'en étaient attribué la propriété et y avaient laissé un petit bois. Ce bois ne consiste qu'en quelques petits arbres épars et d'une médiocre valeur. D'après les réclamations de nos concitoyens, j'ai écrit à la citoyenne Vogüé qui jouit de ce fond, pour lui demander à exhiber ses titres de propriété. Elle m'a fait réponse : que, sous peu de jours, elle les produirait. Ne les ayant pas produits, le procureur de la commune lui a encore écrit, il y a peu de jours, pour le même objet ; elle a répondu : qu'elle faisait l'abandon de ce bois et que, quant à la propriété du fond, elle verrait à produire les titres, si elle en avait. » (1)

Après cet exposé, le conseil délibéra : d'une part, qu il y avait lieu d'attendre encore, afin de consulter les lois, pour connaître à qui, de la citoyenne de Vogüé ou de la commune, appartenait la propriété du fond ; d'autre part, « vu la déclaration de la citoyenne Vogüé, vu les besoins *immenses* qu'avait la commune et, considérant que les dégradations que le peuple commet journellement dans le peu de bois qui reste, ne permettent pas d'en différer plus longtemps la vente, le croyant exposé à une destruction prochaine et totale, » le conseil décida de mettre ce bois aux enchères, pour être délivré au plus offrant (1). Les membres qui faisaient alors partie de la municipalité étaient : Meynet, Pagès, Rolland, Noé, Brueys, Chiron, Melle, Laplanche et Borrelly, maire.

Conformément à cette délibération, les criées furent faites, le dimanche suivant, 13 janvier 1793 (24 nivose an I) et le bois fut adjugé à Simon Guigue de Gaujac, pour le prix de trois cent vingt-cinq livres. Quant à la question de la propriété du fond, il est probable qu'elle fut résolue en faveur de la commune, car aujourd'hui cette colline de Bernon est communale.

L'assemblée révolutionnaire fut encore appelée à délibérer, le 20 janvier 1793, (1 pluviôse an 1) sur une demande du Directoire d'Uzès, invitant la commune « à faire à la nation un don gratuit des cloches qui pouvaient être superflues, pour, le métal être converti en monnaie. » Elle répondit que « vu l'étendue considérable de la paroisse, dans laquelle se trouvent plusieurs granges

(1) Archives municipales.

(2) Archives municipales.

et hameaux séparés, dont l'éloignement permet à peine à leurs habitants d'entendre les cloches ; et, attendu que la commune n'était pourvue que de deux cloches de médiocre grosseur, leur utilité étant indispensable, il n'y avait pas lieu de déférer à la demande du District.

Le même jour et dans la même séance, le conseil délibéra sur beaucoup d'autres sujets et en particulier sur une pétition que le citoyen Jean Trible avait adressé à l'autorité républicaine et dans laquelle il demandait un secours en argent pour réparer les dommages qu'une partie des remparts, en s'écroulant, en 1792, avait causés à sa maison. On a vu que les remparts de Tresques avaient subi, à plusieurs reprises pendant les guerres religieuses, de nombreuses dégradations. Chaque fois, ces larges brèches n'avaient pu être réparées que d'une manière imparfaite, à la hâte, et avec un mortier défectueux. C'est ce qui explique les multiples éboulements qui se produisirent dans la suite. Le conseil municipal délégua deux de ses membres pour aller visiter la maison du citoyen Trible, située à l'endroit où la rue qui descend au nord de la grande tour, forme une courbe à droite pour aller se joindre à la rue des arceaux. On reconnut la vérité de la plainte de Trible et on lui alloua 50 francs pour réparer sa maison. Le même jour, le conseil eut à s'occuper d'une autre pétition, celle du citoyen Pierre Plagnol, qui réclamait une somme de 60 francs pour avoir, pendant deux années, sonné les cloches et fermé les portes de l'église. Le conseil reconnut le bien fondé de cette demande ; mais il ne vota à Plagnol que la somme de 24 livres pour ces deux années.

Vers cette même époque, de nombreuses plaintes avaient été portées au District d'Uzès au sujet de certains actes de brigandages qui se commettaient fréquemment dans diverses parties du territoire de la commune. Le procureur du District donna des ordres pour que la municipalité voulût bien prendre des mesures énergiques afin de réprimer ces désordres. Le 24 de ce même mois de janvier, (5 pluviôse, an I), le conseil révolutionnaire ordonna « que le capitaine de la garde nationale serait requis de commander, chaque jour, un détachement de dix hommes avec un chef, pour faire des patrouilles, depuis le soleil couché jusqu'à 10 heures du soir, dans les parties du territoire qui seraient, chaque jour, indiquées par la municipalité. » Dans cette même séance, le conseil accueillit les plaintes de plusieurs habitants qui réclamaient à grands cris, contre l'imposition mobilière qu'on avait établie et « qui ruinait le peuple. » Tresques, avait dû payer de ce chef, en 1791, la somme de 1.680 fr. Le conseil députa M. Brueys pour se rendre au District, afin de faire valoir, au nom de la municipalité, les réclamations des habitants.

De son côté, Mme de Vogüé se plaignit devant le conseil, d'une erreur commise dans la perception de ses impôts ; erreur, d'après laquelle on l'avait obligée de payer deux fois les contributions de ses propriétés de Boussargues ; une fois à Sabran et une autre fois à Tresques. Le conseil répondit : « que la commune de Tresques n'avait pas bénéficié de cet impôt, puisque le montant avait été remis au collecteur ; que la Dame de Cadolle était elle-même en grande partie la cause de l'erreur, ayant compris les terres de Boussargues dans le rôle de ses biens privilégiés qu'elle avait présenté en 1790 ; et que, du reste, ses propriétés de Boussargues confrontaient la commune de Tresques. » Toutes ces observations un peu naïves du conseil, n'empêchèrent pas que la commune de Tresques ne fut obligée de voter une somme de 1.600 fr., pour « indemniser la citoyenne de Vogüé. » Cette somme fut portée sur le budget, dressé le 14 février 1793 (26 pluviôse, an I), pour être payée au collecteur de Sabran.

Certains autres articles de ce premier budget révolutionnaire méritent d'être cités ici ; car ils offrent de l'intérêt au point de vue historique. « Pour entretien et réparations du presbytère, vingt-quatre livres. — Pour le loyer ordinaire de nos séances, vingt-quatre livres. — Pour le maître d'école, y compris le logement, cent cinquante livres. — Pour la maîtresse d'école, cent vingt livres. — En faveur de la confrérie du Rosaire, pour l'intérêt du capital de deux cents livres, quatre livres. — En faveur de la nation, pour intérêt du capital de quinze cents livres, prêtées à la communauté par les ci-devant chanoines, trente livres. » Ces deux derniers articles attestent, non-seulement la disparition de la collégiale, la suppression des confréries et des congrégations religieuses, mais encore la mainmise de l'Etat sur les rentes, biens et revenus du clergé. Quand tous les immeubles appartenant aux chanoines, prieurs et vicaires de Tresques furent mis en vente au District d'Uzès, quatorze habitants de Tresques se rendirent dans cette ville, pour prendre part à l'adjudication. Afin de rendre les enchères plus faciles, on avait eu le soin de partager en plusieurs lots les pièces de terre les plus grandes. Celle des Esqueyrades, par exemple, avait été divisée en 14 parcelles. Toutes ces propriétés trouvèrent des acquéreurs, sauf deux petites parcelles, faisant partie de la terre d'Aubarne. Ces deux parcelles restèrent *non aliénées*, soit parce qu'elles ne furent pas mises en vente, soit parce qu'elles étaient trop près de la rivière de Tave et trop exposées aux inondations. Aussi ces deux fractions sont encore de nos jours *propriété* de la cure (1).

Parmi les autres articles du budget de 1793, il en était un qui portait : « 24 livres pour le loyer ordinaire des séances du conseil.» La rédaction de cet article donne à entendre que toutes les assemblées ne se tenaient pas dans le même local. Et en effet, certaines réunions extraordinaires et générales avaient lieu dans l'église. Là, se tenait le club. Là, on se réunissait lorsqu'on devait prendre quelque résolution importante. Ainsi, quand arrivèrent les ordres relatifs à la fameuse levée en masse de 300 mille hommes, l'opération du tirage au sort fut faite dans l'église. La commune de Tresques devait fournir quatre hommes, sur les huit qui faisaient partie de la première conscription. On décida « que puisque ces quatre jeunes gens allaient exposer leur vie pour la République, il était juste qu'ils fussent assurés d'une certaine somme pour les payer.» Mais, comme la commune n'avait aucune ressource, on résolut, le 3 juin 1793 (17 prairial an I) de mettre en vente, aux enchères publiques, les pierres des portions de rempart qui tombaient en ruine.

Le 5 du même mois, l'administration révolutionnaire adressa une sommation à Jacques Laurent, Jean-Baptiste Bouzigue et Louis Eymart, les trois consuls de l'administration précédente, à l'effet de les obliger à rendre compte de leur gestion. Ceux-ci ne s'empressèrent pas d'obéir. Déjà, Messieurs de la Révolution, ne jouissaient plus, dans le pays, d'une très-haute considération. Certains habitants ne se gênaient pas pour manifester en public leur mécontentement ; et plusieurs fois les conseillers se rendant aux réunions municipales avaient recueilli sur leur passage certains propos, qui n'étaient pas de nature à leur faire plaisir.

Quelques-uns de ceux qui avaient manifesté leur peu de sympathie pour la municipalité, ne tardèrent pas à être punis sévèrement. Parmi ceux-là se trouvait le nommé Mathieu Sarrobert, qui était alors en même temps valet de ville, fossoyeur pour l'inhumation des morts et chargé de loger les pauvres passants, d'en avoir soin et de les transporter dans les communes limitrophes. Sarrobert, avait l'habitude de se livrer à la boisson et plusieurs fois, il lui était arrivé, en état d'ivresse, de tenir certains

(1) Cette terre d'Aubarne est désignée, dans le compoix terrier de 1632, folio CXLI, à l'art. 4, par cette indication : « En Aubarne, une terre con» frontant du levant, couchant et marin aulx chemins et de vent droit la » rivière de Tave, contenant 2 saumées, 3 eyminées. » (Archives de la Fabrique).

propos contre plusieurs membres de la municipalité. Lorsque le conseil se réunit pour délibérer sur les châtiments à infliger aux insulteurs, après un long débat, on décida au sujet de Sarrobert, « qu'on lui laisserait sa qualité d'hospitalier et les quelques pièces de terre dont il jouissait pour exercer cette fonction ; qu'on lui laisserait aussi le soin d'enterrer les morts ; mais on le destitua de sa charge de valet de ville que l'on confia immédiatement à Joseph Chabert. » (1).

Cette sévérité des membres du conseil envers ceux qui se permettaient de les critiquer, arrêta pendant quelque temps les censures ; mais vers la fin du mois de juillet, les municipaux, à leur grand étonnement, reçurent communication d'une plainte formidable, que certains habitants avaient envoyée contre eux au District. Dans cette plainte, on les accusait : « 1° de malversation dans l'emploi de l'argent qui avait été levé pour le payement des hommes destinés au recrutement de l'armée ; 2° on les signalait comme des gens d'anarchie et de désordre, prêchant et laissant prêcher le meurtre et le pillage ; 3° exerçant, tous les jours, des actes arbitraires contre les citoyens honnêtes et les patriotes sincères, emprisonnant les uns, faisant chez les autres des visites domiciliaires pendant la nuit ; 4° s'entourant de correspondants mal intentionnés de Jalès, les faisant placer dans les emplois civils et militaires ; 5° ayant fait désarmer les plus zélés défenseurs de la patrie ; ayant enfin vendu un bois communal, sans formalité, sans permission de l'autorité. »

A toutes ces accusations les municipaux répondirent pour se justifier : « qu'il était faux qu'ils eussent voulu retenir furtivement la somme de 258 francs au préjudice des soldats. Qu'à la vérité, une erreur involontaire avait donné lieu à l'arrivée d'un commissaire qui était venu vérifier les comptes ; mais, dès que l'erreur avait été vérifiée, elle avait été corrigée par un supplément. Qu'il faut faire une différence entre les actions et les intentions. Qu'il est indécent de taxer la municipalité d'anarchiste ; elle a veillé à l'exécution des lois, à la conservation des personnes et des propriétés. Qu'on donne des preuves du contraire !... Elle n'a pas commis d'actes arbitraires. Une fois seulement elle a fait mettre en prison un citoyen, mais c'était pour donner satisfaction à deux officiers municipaux qui avaient été injustement injuriés. Quant au désarmement, elle s'y croyait autorisée par la loi, puisque les armes qu'on avait enlevées étaient destinées aux volontaires qui allaient partir. Si, en cela, la municipalité a manqué, c'est par

(1) Archives municipales.

ignorance et, par conséquent, elle est excusable, puisqu'il n'y a pas récidive. Dans cette commune, où le plus pur civisme a toujours respiré, il n'y a pas de mal-intentionnés. La municipalité n'a jamais eû en son pouvoir de déférer aucun emploi civil ou militaire et, par conséquent, il ne faut pas l'inculper de mauvais choix. Quant au bois de Bernon, c'est sans raison qu'on en attribue la propriété à la commune, puisqu'il est encore de notoriété publique que la citoyenne Vogüé le possède, à titre de propriété. Le sacrifice qu'elle a fait du produit puise sa source dans des vues charitables. En attendant que la commune justifie elle-même son droit de propriété, elle aurait pu ne suivre aucune formalité, puisqu'il résulte de la possession actuelle de la dite citoyenne que ce n'est pas un bien patrimonial, mais un don gratuit indépendant de toute administration. Cependant il conste, d'une délibération du 7 janvier dernier, que la vente de ce bois fut arrêtée et publiquement adjugée, le 13 du même mois, au citoyen Guigue de Gaujac, sous le cautionnement du citoyen Rolland. Cette conduite est trop naïve et trop simple ; d'ailleurs elle est trop authentique pour qu'on puisse la suspecter de prévarication. En vouloir revêtir le maire Borrelly et Laurent c'est leur faire une injure gratuite, puisque leur justification se trouve consignée dans le verbal d'adjudication, qui parlera toujours en faveur de leur probité et qui sera un témoin incorruptible de leur innocence. Donc il ne reste aucun vestige de corps de délit dans la dénonciation adressée contre la municipalité de Tresques. » (1)

Signés : Meynet, Rolland, Noé, Brueys, proc., Borrelly, maire.

Cette réponse fut expédiée à l'autorité départementale ; et la municipalité, confiante dans les nombreuses explications qu'elle avait données, reprit tranquillement le cours de son administration.

Le 26 juillet 1793 (8 thermidor an I) les officiers municipaux ne voyant pas arriver l'autorisation de vendre les pierres des remparts, pressés cependant de trouver l'argent nécessaire pour payer les soldats, convoquèrent une réunion générale, à laquelle assista le malheureux Raoux, curé constitutionnel. Dans cette réunion, on décida que la somme nécessaire pour payer les volontaires serait demandée à l'emprunt. Cependant, peu de jours après cette délibération, l'autorisation si impatiemment attendue arriva et l'adjudication des pierres des remparts fut fixée au dimanche 18 août (1er fructidor an I) après les vêpres.

Cette vente fut faite en deux lots. Le premier, comprenant la

(1) Archives municipales.

longueur de rempart située entre le portail de la Fontaine et la maison du citoyen Charmasson, fut adjugée à Pierre Faure, pour le prix de 465 francs. Le second lot, comprenant le côté de Favan, depuis la maison de Plagnol jusqu'à un cordon indicatif, fut adjugé à Pierre Faure, pour le prix de 90 francs (1).

On vient de voir que le curé Raoux avait assisté à une délibération, dans laquelle il avait été question d'un emprunt. Ce prêtre, resté seul depuis le départ du très digne abbé Troncart, n'avait pas tardé à s'apercevoir que la paroisse était un fardeau beaucoup trop lourd pour ses épaules et il s'était décidé, dans les premiers jours du mois d'août, à appeler auprès de lui un nommé *Charles-François Sibert*, qu'il fit installer, pour remplir les fonctions de vicaire, le 25 août 1793 (8 fructidor an I). Le procès-verbal de cette intéressante installation s'exprime ainsi : « La municipalité de Tresques, assemblée dans l'église paroissiale du présent lieu et *assistante* à la messe paroissiale, célébrée par le citoyen Charles-François Sibert, prêtre, habitant Bagnols ; laquelle finie, il est monté en chaire et a observé à la dite municipalité, assistée du conseil général de la commune et en présence de tous les assistants à la dite messe, qu'il a été pourvu du droit et de la faculté d'exercer ses fonctions dans cette paroisse, en qualité de vicaire amovible, ainsi qu'il conste des provisions qui lui ont été accordées par le citoyen *Evêque du département du Gard* (ces mots ont été effacés sur le procès-verbal) Raoux, curé de Tresques, en date du 30 juillet ; après quoi, il a prononcé un discours très édifiant, par lequel il a démontré, d'une manière sensible, l'inviolabilité de ses sentiments et son attachement non équivoque aux lois de la République, une et indivisible ; et a, de suite, prêté le serment requis et prescrit par la loi, duquel il en a requis acte, qui lui a été octroyé. » Signés : Sibert, p^{tre}, Meynet, off., Noé, off. (2).

Combien de temps ce prêtre constitutionnel resta-t-il à Tresques ? De quelle considération ou de quel mépris fut-il entouré ? Impossible de le dire ; car il n'en est plus question dans les documents de cette triste époque. Du reste, dès le milieu de cette année, 1793, le bruit de la mort de Marat, tombé sous le poignard de Charlotte Corday ; la chute des Girondins et leur supplice ; la mort de Marie-Antoinette ; la révolte et le châtiment de Lyon, toutes ces nouvelles successives semèrent l'agitation et le trouble dans tout le Midi de la France et les prêtres assermentés eux-

(1) Archives communales.

(2) Registre ; Archives communales.

mêmes étaient déjà poursuivis et maltraités. Il est donc probable que Sibert ne resta pas longtemps à Tresques.

Pour immortaliser le souvenir de Marat, la montagne ordonna une fête en son honneur dans toute la France. A cette occasion, une société qui s'était formée depuis peu, à Uzès, sous le titre de : *Société des défenseurs de la constitution républicaine*, écrivit à la municipalité de Tresques, pour l'avertir du jour où la fête en l'honneur de Marat devait être célébrée et la prier de venir y assister. Les républicains de Tresques se montrèrent très flattés de cette invitation. Ils se réunirent avec empressement « pour témoigner leur plus parfaite satisfaction des marques d'amitié et de fraternité, qui leur étaient données par la Société ; et, en lui assurant leur plus parfaite reconnaissance, ils la prient d'être bien persuadée de la réciprocité des mêmes sentiments et de la satisfaction que chaque membre éprouve de la célébration d'une fête, due à juste titre à la mémoire de l'ami du peuple (1). » Après toutes ces grandes félicitations, ils nommèrent deux officiers municipaux ; Joseph Prévôt et Honoré Pagès, pour se rendre à Uzès la-Montagne et représenter le village de Tresques à cette grande solennité.

Cependant depuis la mort de Marat, toute la France vivait sous le régime de la loi des suspects. C'était alors un rude labeur de parvenir à se dégager des embarras d'une dénonciation quelconque, sans être destitué ou incarcéré. Aussi, malgré toutes les explications données plus haut par notre municipalité, aux membres du District, le maire Borrelly fut d'abord suspendu de ses fonctions et remplacé par Joseph Arnaud. Celui-ci, voulant exploiter à son profit le mauvais effet produit sur les membres du District par le refus du don patriotique des cloches, s'empressa de faire descendre la plus grosse des deux cloches de l'église et de la faire transporter à Uzès. Il invita, à cette occasion, l'horloger de Bagnols, Vérune, à venir diriger l'opération du démontage et à transférer ensuite la sonnerie de l'horloge sur la cloche la plus petite, laissée en place et réservée désormais à cet usage. Il lui alloua, pour tout ce travail la somme de 5 francs (2).

Au commencement de 1794, la commune de Tresques se trouvait sans instituteur ; et l'une des plus grandes préoccupations de la municipalité était de trouver, pour instruire la jeunesse, une personne dont les idées ne fussent point entachées de fanatisme ni d'aristocratie. Après des recherches infructueuses, le citoyen

(1) Extrait du registre des délibérations.

(2) Cette petite cloche existe encore aujourd'hui. Elle a pour dimension : Diamètre 0.722 mm. — Hr 0.576 mm. — 1 Bord. 0.048 mm.

Duhand s'étant présenté pour remplir cette fonction, et ayant promis d'élever les enfants « dans les principes qui devaient faire de bons républicains », il fut admis avec empressement.

C'est à peu près vers cette même époque, que Mme Marianne de Cadolle, veuve de M. de Vogüé, fut obligée, pour la première fois, de comparaître devant la municipalité, pour obtenir un certificat de résidence. Ce certificat était exigé en vertu de la loi des suspects. Il constatait : « que la citoyenne Marianne de Cadolle, âgée de 51 ans, de taille moyenne, visage pâle, yeux et sourcils châtains, nez bien fait, bouche petite, menton rond, est demeurée à Tresques depuis le commencement d'octobre 1793 (2). »

Mais déjà la municipalité révolutionnaire, fortement ébranlée par les dénonciations, portées contre elle au District d'Uzès, devait succomber sous le coup de nouvelles attaques. De graves accusations furent envoyées contre chacun de ses membres, au chef-lieu du département et provoquèrent l'arrivée à Tresques, le 2 avril 1794 (13 germinal, an II) d'un commissaire du District, porteur d'un arrêté du représentant du peuple Borie. Cet arrêté ordonnait de procéder immédiatement à l'épuration de l'Assemblée municipale. En conséquence, Joseph Borrelly fut destitué de ses fonctions de Maire, pour s'être rendu, en qualité de député de la commune à une assemblée dite représentative du Gard et le commissaire nomma et installa à sa place Simon Bouzigue. De plus, cinq autres membres de la municipalité furent également destitués, parce qu'on ne leur reconnaissait ni les lumières ni l'énergie nécessaires, pour occuper leur emploi. Ce furent Meynet, qui fut remplacé par Laurent Granet ; Carmignan, remplacé par Jean Mercier ; Jean Payan, remplacé par Jacques Laurent dit Printemps ; Jacques Prévot, remplacé par Joseph Baume et enfin le chirurgien Pagès remplacé par Joseph Mathieu dit Chazalet. Quelques membres de la municipalité furent conservés, entre autres Gabriel Rolland, Pierre Noé, Chiron et Pécoul.

La nouvelle administration, pour ne pas s'attirer les mêmes reproches que l'ancienne, voulut dès le lendemain de son installation montrer son énergie et sa science ; et voici le fameux factum qu'elle rédigea dans sa première séance.

« Séance du 14 germinal an II de la République. Liberté, Égalité, Paix au peuple, mort aux tyrans... Les citoyens de la commune de Tresques, animés par le plus pur civisme, s'empressent d'envoyer au District d'Uzès, le reste des effets du ci-devant culte, pour subvenir aux dépenses que la République

(1) Registre des délibérations.

» est obligée de faire, pour remplir ses justes vues et voir renaître » ces beaux jours qui combleront nos vœux, après avoir anéanti » la force qui s'oppose au bonheur et à la tranquillité de la patrie. » On expédie, en outre de tous ces objets, une croix en fer, pour » le service de la République. » (1)

Quel pur civisme !... Quelle éclatante preuve d'énergie et de dévouement à la République! ... Avoir entièrement dévalisé l'église paroissiale, provoqué le départ des deux prêtres constitutionnels et expédié à Uzès, sur une charrette, tout ce qui restait « du ci-devant culte » ».. La nouvelle municipalité s'applaudissait elle-même de ces exploits et croyait avoir mérité des félicitations.

Elle se trompait. D'abord, personne dans la commune ne considéra les auteurs ou inspirateurs de ces actes comme ayant bien mérité de la patrie. Au contraire, ces actes, prétendus héroïques, marquèrent contre le nouveau maire, le début d'un autre système de délation. Et puis, tous les objets du culte restés dans l'église ne furent pas exactement déposés sur la charrette. Il est juste de mentionner ici la bonne action de Chabert, le valet de ville, qui ayant appris l'un des premiers que l'église allait être dévastée, se hâta de s'y rendre, s'empara de la statue de la Vierge, en bois doré, et la cacha dans sa maison. Après la Révolution, Chabert rapporta cette statue à l'église, qui la possède encore. C'est celle qui se trouve dans la sacristie. D'autres personnes cachèrent d'autres objets, tels que : pierres sacrées, missel, chandeliers, qui furent également rendus.

Trois jours après l'expédition du mobilier sacré, la municipalité reçut une lettre de l'Agent national du District d'Uzès, lui accusant réception de tous ces objets, qu'on devait bientôt livrer aux flammes sur la place publique et qui allaient ainsi « subvenir aux dépenses de la République ». Dans cette lettre, afin de raminer encore le zèle et l'activité des municipaux, il était dit : « Sous prétexte de faire des horloges, plusieurs communes veulent conserver leurs cloches ; mais de pareilles réclamations ne peuvent être faites que par des aristocrates ou fanatiques ou par des hommes qui croient encore au retour dès prêtres... Cependant la République a besoin de canons, pour terrasser ses ennemis et il y a lieu d'inviter toutes les municipalités à faire, de suite, apporter au chef-lieu du District les cloches qui sont en leur disposition ; et même, on est invité à abattre les clochers

(1) Extrait du registre des délibérations.

dans le délai de trois jours. Le moindre retard rendrait les municipalités suspectes. » (1)

Au lieu de félicitations, cette lettre renfermait une menace. La municipalité se vit un instant bien embarrassée. Toutefois, craignant de passer pour aristocrate ou fanatique et voulant à tout prix éviter une destitution, le maire réunit son conseil et fit prendre une délibération, qui est un vrai chef-d'œuvre de subtilité et dans laquelle il est dit : « Toute l'assemblée se proclame révolu-
» tionnaire (chose indispensable) et comme parfaitement résolue
» à faire disparaître jusqu'aux moindres vestiges du fanatisme.
» Le conseil n'a pas perdu un moment de vue l'invitation du Dis-
» trict et, sans hésiter (ce qui veut dire qu'il a été fort embarrassé)
» il a généreusement et d'une voix unanime délibéré : (hélas ! les
» voix étaient au contraire bien partagées) que la cloche qui res-
» tait encore à sa disposition, serait sur le champ descendue du
» clocher pour être transportée au District. Que, pour ce qui
» concerne le clocher, (ici encore, grand embarras) voyant que ce
» serait trop coûteux et même désavantageux pour la commune
» de le faire raser, vu que tous les ressorts qui font aller l'hor-
» loge s'y trouvent dedans et que d'ailleurs, il n'a aucune forme
» de clocher ; pour ces motifs, on décide que l'on écrira au
» District, pour demander son avis. (Mon Dieu ! cet avis on le
» connaissait suffisamment, mais on voulait gagner du temps).
» Enfin, on décide aussi de faire fermer immédiatement les ou-
» vertures, où se plaçaient les cloches. » (2)

Les étranges résolutions, prises dans cette délibération, ne furent pas exécutées. On laissa la petite cloche servir à la sonnerie de l'horloge. Les six baies ogivales du clocher furent respectées. Le maire Simon Bouzigue eût enfin assez de pudeur, pour ne pas accomplir les projets que la peur avait fait prendre à son conseil, mais peu de jours après, malgré ses protestations antérieures de pur civisme, malgré les gages qu'il avait crû devoir donner à la République, victime à son tour de nombreuses dénonciations, lancées contre lui par les adhérents de son prédécesseur, il fut arrêté le 27 avril 1794 (7 floréal an II.) Son arrestation eût lieu, en vertu d'un mandat d'arrêt, lancé par l'accusateur public, sous la prévention : « d'avoir tenté de rompre la forme du
« gouvernement républicain, par l'anéantissement de ses parti-
« sans. » Il fut conduit d'abord dans la prison d'Uzès, où il séjourna toute la journée du 8 floréal et, le lendemain, le gardien

(1) Archives communales.

(2) Extrait du registre des délibérations.

de cette prison le remit au gendarme Julian, pour le conduire à Nimes. Il n'était resté que 24 jours maire de Tresques.

Quelques jours après cette arrestation, six autres habitants de la commune : Louis Eymart, Jean-Baptiste Bouzigue, Pierre Bayet, Joseph Arnaud, Jean Labertrande et Jacques Laurent, furent également arrêtés et écroués dans la prison d'Uzès.

Pendant 44 jours les deux maires de Tresques restèrent dans les prisons de Nimes. Durant tout ce temps, les membres de leur famille, leurs parents et amis se livrèrent de part et d'autre à des démarches actives et souvent opposées ; dans lesquelles pour obtenir la relaxation de l'un, on n'hésitait pas à charger la cause de l'autre. Il s'établit entre Nimes et Tresques un échange continuel de renseignements plus ou moins exagérés, un va et vient de témoins, d'informations, d'enquêtes, de contre-enquêtes. La commune tout entière vivait dans une grande agitation et perplexité.

Enfin le 9 juin 1794, (21 prairial an II) Joseph Borrelly comparut le premier devant les juges ; et, grâce aux « bons témoignages qui furent donnés de ses sentiments profondément républicains, » il fut acquitté par un jugement, en date de ce jour et dans lequel il était dit : « que Joseph Borrelly, maréchal-ferrant, avait été député par sa commune à l'assemblée dite *représentative du Gard* ; qu'il avait pris part à toutes les délibérations qui y avaient eu lieu ; avait coopéré à tous les arrêtés liberticides par son assistance à ses séances ; formé des complots atroces contre l'unité et l'indivisibilité de la République... Mais, comme cet accusé et ses co-accusés sont agriculteurs ou artisans et qu'ils habitent d'ailleurs dans de petites communes, qui suivent presque toujours l'impulsion des grandes, ces accusés, en venant à cette assemblée contre-révolutionnaire, n'en ont pas connu les vues ; qu'ils n'ont point sérieusement participé à tous les arrêtés liberticides de cette infâme assemblée, ils ne sont pas, pour cette raison, convaincus des délits renfermés dans l'acte d'accusation ; sont acquittés, mis immédiatement en liberté et pourront reprendre les fonctions publiques qu'ils exerçaient avant leur accusation. » (1)

En vertu de cette sentence, Joseph Borrelly revint à Tresques et reprit immédiatement ses fonctions de maire.

La seconde série de prisonniers fut traité avec une plus grande sévérité. Par arrêt du 23 juin 1794 (25 prairial an II) le tribunal révolutionnaire condamna à la peine de mort Charles-Louis

(1) Archives communales.

Eymard et J.-B. Bouzigue. Quant à Simon Bouzigue, dit Cavalier et Jacques Laurent, ils furent retenus comme suspects, jusqu'à la paix. Enfin, Jean Labertrande, Pierre Bayet et Joseph Arnaud, furent condamnés à un emprisonnement d'une année. On les mit cependant en liberté le 27 octobre 1794 (6 brumaire an III) en vertu d'un arrêt du District d'Uzès : et neuf jours après on leva le séquestre qui avait été mis sur leurs biens meubles et immeubles, parce qu'ils n'avaient pas cinq cents livres de revenus.

Comme conséquence inévitable de toutes ces arrestations, procédures et condamnations révolutionnaires, il resta dans le pays de nombreux ferments de discorde, des rancunes profondes entre les habitants, des divisions très accentuées et même des haines héréditaires dont les tristes effets se sont prolongés jusqu'à nos jours.

Revenu au pouvoir, Joseph Borrelly s'empressa de mettre à exécution un projet qu'il avait conçu quelques jours avant son arrestation et que son successeur n'avait pas osé réaliser, la vente des pierres de taille de toutes les croix situées dans divers quartiers de la commune. Une première fois déjà ces pierres avaient été mises aux enchères. Le,nommé Sarrobert en avait offert 70 francs et Joseph Prévot 80 ; mais elles n'avaient pas été adjugées. Le 8 juillet 1794, (20 messidor an II) les enchères furent rouvertes. Louis Sarrobert offrit 82 francs, François Rivet 82 francs et 30 sols ; enfin Sarrobert éleva son offre à 84 francs et les croix lui furent adjugées. La démolition commença peu de jours après cette adjudication. Mais quelques-unes de ces croix échappèrent à la fureur du marteau révolutionnaire, entre autres celle qui se trouve à mi-côte et au croisement du chemin de Courac à Bouyas, avec celui de Canèque. Quelques braves paysans en cachèrent soigneusement les débris ; et, après la Révolution, cette croix fut rétablie à l'endroit où elle se trouve aujourd'hui. On a découvert aussi, près de Courac les débris d'une autre croix dans la terre, acquise vers 1870, par le sieur Payan de M. de Vogüé. Ces débris avaient, sans doute, été cachés en ce lieu, à cette triste époque de la Révolution.

Depuis le jour où le curé constitutionnel Raoux avait dû quitter Tresques, au moment de la suppression du culte, le malheureux n'avait trouvé, dans les diverses localités où il s'était successivement retiré, qu'une triste et pénible existence. La haine et la persécution contre tout ce qui rappelait le prétendu fanatisme s'étaient attachées à ses pas et l'infortuné Raoux avait fini par être arrêté et mis en prison, dans les premiers jours du mois de février 1795.

Du fond de son cachot, il écrivit à la municipalité de Tresques, pour demander « qu'on voulut bien s'intéresser à lui et adresser, en sa faveur, au tribunal révolutionnaire, une attestation sur sa conduite, à l'effet de lui procurer la liberté qui lui a été ravie, dit-il, dans ces temps fâcheux de terrorisme. » (1)

Le conseil municipal se réunit, à ce sujet, le 23 février 1795, (4 ventôse, an III), sous la présidence de Laurent qui était devenu maire. Il est dit, dans le procès-verbal de cette séance : « Après avoir pris connaissance de la lettre du citoyen Raoux ; considérant que le dit Raoux, ci-devant curé de la commune, a toujours manifesté le plus pur civisme, par sa soumission aux lois. Considérant que ce n'est qu'une pure malveillance des partisans de Robespierre, qui ont si longtemps tourmenté la commnne de Tresques, qui est la cause de son arrestation et que toutes les calomnies inventées contre lui sont fausses. Considérant qu'il est du devoir des fonctionnaires publics, dans un temps où la justice est à l'ordre du jour, de faire rendre la liberté à l'innocence opprimée ; arrête, que pour rendre hommage à la vérité, pour que la justice soit rendue à qui elle est due, il sera nommé des commissaires auprès du Représentant Guiraud Poujol, délégué du Département du Gard, lesquels seront munis d'extraits de la présente, signée par tout le conseil, à l'effet de réclamer la liberté à l'innocence opprimée, en rendant compte, au nom de la municipalité de la conduite du dit Raoux et lui marquant le dévouement qu'il a toujours montré pour la chose publique et son entier attachement aux lois émanées de la Convention Nationale. » On nomma Pierre Bayet et Laurent Granet, pour commissaires. Signés : Pélissier, Granet, Laplanche, Noé, Arnaud, Borrelly, Baume. (2)

On a toujours ignoré, à Tresques, le résultat de cette superbe attestation de civisme. Grâce à elle, le prisonnier recouvra-t-il sa liberté ? Nul n'a pu le dire ; et même, à dater de ce jour, personne n'entendit plus parler du curé Raoux, pas plus que de son vicaire, l'abbé Sibert.

Un autre personnage qui avait également quitté le pays et dont on n'avait déjà plus de nouvelles, en 1795, c'était l'instituteur Duhand. Il n'avait pas tenu sa solennelle promesse, d'enseigner aux enfants les principes qui devaient en faire de bons républicains ; et, pour faire cesser les plaintes des habitants, qui déplo-

(1) Archives municipales.
(2) Registre des délibérations.

raient cette lacune dans les services publics, on présenta, vers le milieu de juillet de cette année, un nommé François Dumary, précédemment à Rochegude ; lequel, devait être chargé des garçons, pendant que son épouse, Louise Pinet, serait chargée des filles. Mais, la commune ne fut pas plus heureuse dans ce nouveau choix, Dumary ne resta pas plus d'un mois, à Tresques. Une délibération du 13 fructidor an III (1795) fait connaître qu'il avait déjà, à cette époque, disparu du pays, sans espoir de retour ; et l'on proposait, pour le remplacer un nommé Jean Bauze, du Puy en Velay.

Parmi les actes administratifs du maire Laurent, il faut citer une vente de vieux ormeaux, que la commune possédait, à la descente de la Côte et d'un gros chêne, à la descente des Escarésieux. Les ormeaux furent acquis par Antoine Dubois, pour la somme de 350 francs et le chêne, par Claude Bayet, pour celle de 160 francs. Dans sa séance du 26 juillet 1795 (8 thermidor an III) le conseil municipal refusa d'approuver une vente, faite par Joseph Borrelly, le ci-devant maire, d'un lot assez important de fer réquisitionné, « ayant appartenu à l'église. » Cette vente parut illégale, parceque « l'arrêté de l'administration, relatif aux fers de luxe, mis en réquisition, l'année précédente, portait expréssément dans son art. 8 : demeurent exceptés de la réquisition les fers existants aux églises et maisons nationales, devant servir à la fabrication des armes. » Et, comme il restait encore une croix de fer, du poids d'environ quarante livres, il fut décidé qu'elle serait renfermée dans la salle des archives municipales et mentionnée dans l'inventaire qu'on devait dresser, de tous les documents, registres, cahiers et autres objets, appartenant à la commune.

Tous ces objets avaient été transportés dans la maison des Chartreux, appelée « l'ancienne Clastre, » laquelle, n'ayant pas été vendue avec les autres biens ecclésiastiques, avaient été utilisée, par les soins de la municipalité, pour servir de mairie ou maison commune. Pouvait-on soupçonner alors, le retour des religieux ou des prêtres ?..

CHAPITRE IX

Le retour du Prieur

(1797-1829)

SOMMAIRE. — L'amnistie. — La créance de M. de Vogüé. — Garde Nationale. — Le sénatus consulte. — Nouveau mobilier ecclésiastique. — Les premières indemnités ecclésiastiques. — Mariage de Charles de Vogüé. — Mort de Marianne de Cadolle. — Projets d'amélioration du château. — La fête de l'Empereur, en 1806. — Divisions. — Arrêtés municipaux. — Vente de la baronie de Cadoine. — L'abbé Troncart, ministre de paix. — Premier conseil de fabrique. — L'Etat-Major des Miquelets à Tresques. — Double projet municipal. — On donne un vicaire à l'abbé Troncart. — Les échanges et les grands travaux de M. de Vogüé. — Désordres de la jeunesse. — Réparations à l'église et première imposition des bancs. — Nouvelle cloche. — Suspicion contre l'abbé Troncart. — Première allocation pour la refonte de la cloche. — Les fuites de l'abbé Troncart. — Sa mort.

DÈS que le prieur Troncart, eut goûté le pain de l'exil, il le trouva bien amer et souvent il le trempa de ses larmes. Tel qu'un bon père de famille, arraché par des affaires pénibles à son foyer domestique, ne peut détacher sa pensée du souvenir de ceux qu'il a laissés et soupire sans cesse après l'heureux moment du retour ; ainsi le bon prieur n'était préoccupé que de sa chère paroisse. Sur la terre lointaine où il se trouvait, ses regards se portaient toujours, comme malgré lui, vers le côté de l'horizon où était sa patrie.

Après deux ans de cette souffrance morale qu'on appelle l'ennui, renseigné par une correspondance discrète, expédiée sans doute de Bagnols, l'abbé Troncart apprit enfin la fuite des deux prêtres constitutionnels Raoux et Sibert. Comme ce départ avait mis fin au scandale des intrus et conjuré le péril qui menaçait la foi de ses ouailles, il résolut alors de rentrer, ou du moins de se rapprocher de sa chère famille spirituelle. Et, pour mieux assurer le succès de son dessein, il en fit part à son évêque, qui bénit son projet et lui donna même des lettres de vicaire-général (1).

Muni ainsi de tous les pouvoirs canoniques, déguisé en jardinier, plein d'ardeur pour le salut des âmes, l'abbé Troncart rentra en France, dans les premiers jours de 1797 et reprit clandestinement possession de sa paroisse. Brûlant du désir de réparer les ruines spirituelles, accumulées par la Révolution, il se dévoua pendant près de deux ans à un ministère occulte et doublement dangereux.

Soit de jour, soit de nuit, il se rendait partout où il savait qu'il y avait quelque bien à faire; non-seulement à Tresques, mais aussi dans les environs, sans jamais tenir compte ni des fatigues, ni des dangers. Il assista, dans ses derniers moments, la vieille mère de Mme de Vogüé, lorsqu'elle mourut, à Bagnols, à l'âge de 80 ans. Il aida aussi de ses conseils Mme de Vogüé elle-même, déjà veuve, dans la profonde affliction où l'avait plongée la double perte de sa mère et de son mari.

Pendant la nuit, l'abbé Troncart se retirait le plus souvent, dans une petite maisonnette, située sous les grands arbres du parc, au bord de Tave et qui servait d'habitation au jardinier du château. Or, parmi les personnes qui avaient connaissance de cette retraite et des pieuses ruses du bon prieur, se trouva-t-il un Judas ? La tradition locale est toujours restée obscure sur ce point. Quoi qu'il en soit, le 30 avril 1799, (11 floréal an VII) de grand matin, l'abbé Troncart entendit frapper à la porte de sa maisonnette. Il ouvrit, pensant qu'on venait réclamer les secours de son ministère pour un malade. Il se trouva en présence de deux gendarmes, venus pour le prendre. Aux premières questions qu'on lui posa, le prieur essaya d'abord, par des réponses évasives, à dissimuler son identité. Mais bientôt, se ravisant et ne voulant pas avoir l'air d'éviter la persécution par de vulgaires subterfuges, il répondit hardiment aux deux agents révolutionnaires : « Je suis l'abbé Jacques Troncart, prieur de Tresques. » Au même instant, il fut pris et enchaîné.

Le bon prieur avouait plus tard, en racontant son arrestation, que, lorsqu'il eut fièrement déclaré ses nom, prénom et qualité, son âme éprouva aussitôt un grand soulagement.

Avant de se mettre en route pour la prison de Bagnols, lès

(1) L'abbé Goiffon, Dictionnaire topographique.

Le Clocher et l'École.

gendarmes, obligés de se rendre à la mairie dans le but de remplir quelques formalités, enfermèrent pendant quelques heures l'abbé Troncart dans la grande tour, qui est en face de l'église.

Bientôt la triste nouvelle de cette incarcération se répandit, comme une trainée de poudre, dans tout le village ; et les habitants surpris et indignés de savoir leur dévoué prieur garroté et emprisonné comme un vil malfaiteur, s'empressèrent de venir en grand nombre sur la place de l'église, devant la porte du vieux donjon, manifester hautement leur indignation, leurs regrets et leur sympathie. Et quand le moment du départ arriva, le plus grand nombre voulut accompagner l'intéressant prisonnier et ils le suivirent en pleurant. Mais lorsque le cortège fut arrivé à 800 mètres du village, près de l'église champêtre de Saint-Martin, les gendarmes ordonnèrent à la foule de se retirer et défendirent à qui que ce fût de venir plus loin. Il fallut se séparer. Ce redoublement de persécution religieuse, dont l'abbé Troncart était en ce moment victime, provenait de l'antagonisme qui existait alors entre le Directoire et le Conseil des cinq cents. Si le prieur de Tresques était rentré en France, en 1797, c'était à la faveur des adoucissements apportés, par le corps législatif, à la loi sur la déportation des prêtres. Mais, dès le 4 septembre de la même année, les farouches sectaires du Directoire exécutif avaient supprimé ces adoucissements et avaient renouvelé la persécution d'une manière aussi violente que sous la Convention.

De Bagnols, l'abbé Troncart fut conduit à Nimes. Là, on le traduisit devant un tribunal militaire qui le condamna à la réclusion. (1) Heureusement le règne du Directoire fut de courte durée. Après avoir violemment opprimé le corps législatif, il fut traité lui-même comme il l'avait mérité ; et il tomba, le 18 brumaire an VIII (9 novembre 1799) victime, à son tour, de la violence de Bonaparte. A dater de ce jour le Consulat était formé et la Révolution avait pris fin.

Les premières mesures de réparation adoptées par le nouveau gouvernement, à l'égard des prêtres, témoignèrent malheureusement d'une trop grande hésitation et d'une injustifiable partialité. L'amnistie qu'il accorda ne s'étendit d'abord qu'aux prêtres assermentés. Les ecclésiastiques insermentés, c'est-à-dire les plus honorables et les plus injustement persécutés n'en profitèrent pas. Cependant les murmures et les plaintes soulevées par ce déni de justice, arrivèrent bientôt à l'administration et la disposèrent à plus d'impartialité (2).

(1) Goiffon, dictionnaire topographique. p. 379.

(2) L'abbé Rivière, Cours d'Hist. Ecclésiastique. T. IV, p. 627.

L'abbé Troncart ne fut rendu à la liberté que le 7 janvier 1800. Il était resté huit mois en prison. Après sa libération, plusieurs motifs l'empêchèrent de rentrer aussitôt dans sa paroisse. Les fourberies du régime précédent avaient laissé dans son âme un sentiment de défiance que les débuts du Consulat n'étaient pas de nature à faire disparaître. De plus, bien que les consuls eussent promulgué, le 28 décembre 1799, un décret restituant au clergé toutes les églises non aliénées, néanmoins ce décret offensait gravement les convenances en ce qu'il prescrivait que le même édifice servirait successivement à l'exercice du culte et à la célébration des fêtes civiques des *décadi* qui étaient maintenues. Enfin, le Consulat exigeait des prêtres une « promesse de fidélité à la Constitution. » Cette promesse répugnait trop à l'abbé Troncart, ennemi déclaré de tout serment civique et de tout ce qui pouvait lui ressembler. Enfin, on commençait déjà à parler d'un concordat. Le bon prieur attendit.

En cette année 1800, toute l'administration municipale de Tresques fut renouvelée. Jean-Baptiste Bouzigue devint maire et Joseph Baume, adjoint. Au château, on considéra l'apparition de ces nouveaux édiles comme l'aurore de temps meilleurs, inaugurés par le Consulat. C'est pourquoi, M d'Albertas, qui depuis quatre ans était venu habiter la demeure seigneuriale, avec ses deux enfants, s'empressa, dès le 3 juillet, de se rendre à la Mairie et fit consigner sur le registre municipal la déclaration suivante : « J.-B. Albertas, légitime administrateur des biens et personne d'Auguste-René-Félix Albertas ; Alfred-Emilien Albertas, ses enfants et de feu Marie-Amélie-Charlotte Vogüé, décédée depuis peu ; Charles-François-Louis-Florimon Vogüé ; Félicité-Françoise-Gabrielle-Rose Vogüé, enfants de feu Florimon-Innocent Annet de Vogüé et vivante Marianne Cadolle, lesquels nous ont certifié et affirmé que la créance de cent soixante-dix mille livres à eux due par la nation comme représentants François-Melchior Vogüé, leur oncle, est sincère et véritable et qu'elle ne leur a point été payée. » (1) Il est douteux que, malgré toutes ses revendications, la famille de Vogüé soit jamais parvenue à récupérer cette somme.

Le 23 septembre, Etienne Gilhodès était nommé greffier de la commune ; et deux mois après, le préfet désigna pour former le Conseil municipal : Jean Serre, Joseph Arnaud, Jacques Delacroix, François Laplanche, Pierre Bayet, François Brueys, Jacques Laurent, Simon Borrelly, Labertrande et Jean Blisson.

Le 9 juillet de l'année suivante 1801, on réorganisa la garde

(1) Registre des délibérations municipales.

nationale. Elle fut composée d'une colonne mobile de 24 hommes et de deux compagnies, pour garde sédentaire, comprenant 160 hommes. La première compagnie se donna pour capitaine Joseph Trible et la seconde Mathieu Fosse.

Le 15 juillet 1801, le premier consul Bonaparte signait le Concordat et rétablissait en France le culte public de la religion catholique. L'abbé Troncart dut revenir à Tresques sur la fin de cette année. Toutefois, les registres paroissiaux ne commencent à être signés de lui que le 17 janvier 1802.

Le consul Bonaparte, qui était à la tête du gouvernement, devait bientôt en être l'unique membre. Dès le 24 mai 1802 (3 prairial an X) un registre fut ouvert à la mairie, à l'effet d'y inscrire le vote des habitants et leur réponse à cette question : Napoléon Bonaparte sera-t-il consul à vie ?... (1) Trois mois après, le 15 août, le maire Bouzigue reçut, dans la matinée, un arrêté du Préfet du Gard, portant promulgation du sénatus-consulte qui proclamait Napoléon consul à vie. L'arrêté préfectoral ordonnait de procéder à cette promulgation en ce même jour et avec la plus grande solennité possible. Mais le temps manquait « pour organiser les préparatifs nécessaires et convenables à une fête également chère à tous les français » Néanmoins, dans le but de « rappeler aux habitants le souvenir des nombreux bienfaits dont ils étaient redevables au héros pacificateur et premier magistrat de la République, » le maire fit afficher et publier dans le village : « qu'a 5 heures de l'après-midi, le maire et son adjoint se réuniront à la mairie. Le commandant et un détachement de la garde nationale s'y rendront également pour accompagner le maire, qui promulguera solennellement le sénatus-consulte, par lequel le Sénat proclame Napoléon Bonaparte consul à vie. Cette promulgation sera faite par le maire, qui invite tous les citoyens à donner à cette fête tout l'éclat possible. » (1)

Le compte-rendu, qui fut dressé plus tard de cette fête, indique qu'un *Te Deum* solennel fut chanté à l'église et qu'un feu de joie fut allumé à l'entrée de la nuit.

A cette époque déjà, l'abbé Troncart avait réparé, dans son église, les ravages de la Révolution. Il était parvenu à reconstituer les principaux éléments du mobilier ecclésiastique. Les deux pierres sacrées des autels et la statue de la Sainte-Vierge avait été soigneusement rendues par les personnes mêmes qui avaient tenu ces objets cachés, pendant les mauvais jours. De son côté, Mme de Cadolle aida généreusement le bon prieur dans toutes les

(1) Archives municipales.

acquisitions et les restaurations qu'il eût à exécuter pour la maison de Dieu. Elle daigna même fouiller dans les antiques armoires de son château, pour en extraire des robes de soie, de larges fragments de velours cramoisi, de longues bandes de galons d'officiers et confia à sa fille Gabrielle de Vogüé le soin de convertir en ornements sacrés ces nobles débris de l'opulence mondaine (1) Ainsi, sans trop de peine, l'abbé Troncart avait réorganisé, dans l'espace de six mois, tout ce qui était le plus strictement nécessaire au service religieux de sa paroisse.

Mais il ne lui fut pas aussi facile d'organiser le service particulier de sa maison. De tous les biens et revenus du prieuré, qui s'élevaient autrefois à dix-huit mille livres, il ne lui restait qu'un jardin de quelques arpents situé près du chemin de Connaux, sur la rive droite de Tave, au quartier appelé Aubarne. Le concordat avait bien stipulé et promis qu'une indemnité convenable serait servie au clergé paroissial ; mais cette indemnité se trouva uniformément réduite à 900 francs, pour les succursalistes ; et, dans le principe, l'acquittement de cette somme éprouva souvent des irrégularités et de préjudiciables retards. Afin de porter remède à ces irrégularités, le maire Bouzigue réunit le conseil municipal, dans le mois d'août 1803, et fit prendre une délibération où il est dit : « que, désormais, le percepteur des impositions sera tenu de percevoir, au même taux que les impositions, le traitement du desservant la succursale (2). »

Le 21 novembre de cette année 1803, Louis-François-Charles Florimon de Vogüé, le fils aîné de Marianne de Cadolle, se maria avec Marguerite-Sophie Gabrielle de Julien de Vinezac, fille unique de Pierre de Julien, marquis de Vinezac et de Henriette du Vivier de Lanzac. Avec une belle dot, la jeune femme apportait au comte de Vogüé le château de Camboux et son vaste domaine, situé dans le département de l'Hérault. Mais depuis la mort de son père (1788) c'est-à-dire depuis quinze ans, Sophie de Vinezac avait vécu successivement sous la tutelle de sa mère, de son aïeul et en dernier lieu de son aïeule, la marquise Marguerite de Laret. Celle-ci avait si mal géré et sa propre fortune et celle de sa pupille, qu'elle se trouva dans l'impossibilité de produire, de son vivant, un compte régulier de tutelle. Sa succession donna lieu à un grand litige entre les familles du comte Charles de

(1) Deux de ces ornements, en velours rouge, existent encore.

(2) Registre des délibérations

Vogüé et celles de la vicomtesse de Turenne, du vicomte de Ginestoux et de M. de Grasset, litige qui dura 50 ans (1).

Quelques mois après son mariage, le comte Charles de Vogüé perdit sa mère. Marianne de Cadolle mourut à Tresques, le 19 juillet 1804, entourée de l'affection de ses enfants, regrettée de toute la population et surtout des pauvres. Elle avait donné, pendant sa vie, de nobles exemples de générosité, d'esprit d'ordre et de courage dans l'adversité. Une seule fois, pendant les mauvais jours de la Terreur, elle avait un instant cédé à la crainte. Ce fut le jour où l'on vint lui annoncer la visite des délégués municipaux révolutionnaires. Elle se hâta de livrer aux flammes toutes les archives de son château ; et, lorsque les délégués se présentèrent, ils ne trouvèrent dans toute la demeure seigneuriale, pour exercer leur fureur dévastatrice, que les grandes armoiries sculptées sur le tympan du portail de la façade (1).

Marianne de Cadolle fut inhumée, le 20 juillet, dans le tombeau de la chapelle Saint-Antoine. A cette inhumation, la dernière faite dans l'église de Tresques, assistèrent MM. Bertout, curé de Bagnols ; de Béringuier, curé desservant de Connaux ; Bavelet et Martel, vicaires de Bagnols. Madame de Cadolle avait laissé en mourant une fille, Gabrielle-Félicité-Françoise de Vogüé, qui se maria l'année suivante, le 13 août 1805, avec François-Joseph-Étienne Rochier-de-la-Baume, de l'Argentière.

Après la mort de sa mère et le mariage de sa sœur, le comte Charles de Vogüé se mit en devoir de commencer l'exécution du plan gigantesque, conçu par son père pour l'amélioration du château. Ce plan consistait dans l'acquisition, non seulement de tous les immeubles confrontant la demeure seigneuriale, mais encore de tous les groupes de maisons voisines. D'après ce projet, le château et ses dépendances ne devaient être bornés que par les rues et chemins publics. Charles de Vogüé se rendit donc acquéreur tout d'abord des habitations situées entre le château et le presbytère. Il voulait construire dans cet espace un premier prolongement, c'est-à-dire une partie de l'*aile occidentale*, dans la-

(1) Petite généalogie. Le 26 février 1753, Rigol de Laret et dame Roquefeuil de Cambous, sa femme, marièrent leur fille Marguerite à Joseph de Julien, comte de Vinezac. Trois enfants naquirent de cette union : Françoise, qui se maria le 19 octobre 1778 avec Pierre de Brignac de Montarnaud ; Henriette, qui épousa le comte de Ginestoux ; et Pierre, qui suit.

Pierre de Julien, marquis de Vinezac, se maria deux fois ; la première fois le 2 mars 1783, avec Mlle Dupuy de Montbrun, qui mourut sans enfant. En secondes noces, il épousa Henriette Duvivier de Lanzac, le 22 novembre 1784. Il eut de cette union Sophie de Vinezac, le 12 octobre 1785.

(2) Renseignement fourni par le comte Elzéard de Vogüé.

quelle il voulait installer une bibliothèque et un atelier de tourneur. En même temps il engagea des pourparlers avec la commune, pour l'acquisition, par voie d'échanges, de la mairie ou ancienne maison des Chartreux, du presbytère, du chemin de la côte, d'une partie du grand chemin d'Uzès à Bagnols et de la portion des remparts appelée : le portail de Favan.

A cette époque, il ne restait presque plus rien des remparts du village. Un dernier éboulement venait de se produire, le 9 février 1805 (20 pluviôse, an XIII) au quartier appelé : *Posterlong*. La commune retira 96 francs de la vente des pierres provenant de cet accident. En additionnant cette dernière vente avec celle de l'an IV, relative aux pierres de la tour de Jean Pagès et celle de l'an X, on trouve que la commune avait retiré de toutes ces démolitions la somme totale de 690 francs

En 1806, Napoléon poursuivait sa marche victorieuse à travers l'Europe. On ne parlait de lui, en France, qu'avec enthousiasme. Partout, jusque dans le plus petit village, on donna à la fête de l'empereur un éclat extraordinaire. « Au dernier coup des vêpres, le maire Bouzigue, le commandant de la garde nationale et un détachement de sa troupe se rendirent à l'église, où tout le peuple était déjà réuni... A la fin des vêpres, le prêtre desservant la succursale prononça un discours analogue à la circonstance, dans lequel il rappela les bienfaits de l'heureux rétablissement de la religion caholique en France, la conclusion du Concordat, passé entre Sa Sainteté Pie VII et Sa Majesté l'Empereur des Français. Il rappela aussi la fête de la Saint Napoléon, jour de l'anniversaire de la naissance de notre Empereur. Il a fait sentir combien était puissante, auprès du Tout-Puissant, l'intercession de ce grand saint, dont le chef de l'Empire Français porte le nom. » Ce discours fini, on organisa une procession hors de l'église, ainsi qu'il était ordonné par le Décret Impérial du 19 février. « Immédiatement après la rentrée de la procession, un *Te Deum* fut chanté avec la plus grande solennité. Et, après cette pieuse cérémonie, le maire, accompagné de la garde nationale, alluma un feu de joie sur un des lieux les plus apparents du village. Son extinction fut suivie d'une décharge de mousqueterie exécutée par la garde et enfin les cris unanimement répétés de : Vive la religion catholique !. . Vive Napoléon, Empereur des Français!... terminèrent la fête. » (1)

Ne semble-t-il qu'après de pareilles démonstrations de joie et d'allégresse, la population allait se montrer unanime à reconnaître

(1) Archives municipales, registre des délibérations.

dans le nouveau gouvernement l'aurore d'une ère nouvelle, toute de paix, d'union, de concorde et d'oubli du passé. Malheureusement il n'en fut pas ainsi. Pendant l'époque de la Révolution deux partis s'étaient formés dans le village. Ces deux partis s'étaient, en quelque sorte, juré une haine implacable, une haine provenant surtout des dénonciations réciproques, trop longtemps pratiquées pendant les jours de la Terreur et qui avaient provoqué des incarcérations, des exils, des ruines et la mort sur l'échafaud de deux honorables habitants du pays. Les parents des victimes avaient communiqué leurs ressentiments à leurs enfants et bientôt la jeunesse du village fut partagée en deux camps bien distincts, qui ne cessèrent pendant longtemps de se faire une guerre acharnée.

Dès le mois de septembre 1807, l'autorité municipale fut obligée de prendre des mesures sévères pour empêcher les désordres et les rixes qui avaient lieu ordinairement pendant la nuit. On défendit « de séjourner dans les rues sans lumière et de troubler le repos public, par des chants ou des cris séditieux. » Les aubergistes reçurent l'ordre de fermer leurs établissements, à neuf heures du soir ; » et « des patrouilles furent organisées pour veiller à l'observation de ces prescriptions. » (1)

Le 1er janvier 1808, le maire Bouzigue fut remplacé dans ses fonctions par Jacques Delacroix. Ce nouveau maire se vit obligé, comme son prédécesseur, de recourir à des prohibitions, pour empêcher les habitants de se livrer à des excès regrettables. Le 18 du mois de septembre, il fit publier et afficher un arrêté, interdisant dans toute l'étendue de la commune « tous bals, tous rassemblements, toute association, soit dans les lieux publics, soit dans les maisons particulières. » Cet arrêté était motivé par un considérant, qui donne une idée de la situation où se trouvaient les esprits depuis quelques années « Considérant, dit M. le maire, » que les rassemblements, les bals, les associations produisent » ordinairement les plus mauvais effets, surtout dans les communes où trop longtemps la discorde a tenu ses torches allumées... » (1). Hélas ! que de fois, dans la suite des temps, ces torches de la discorde, dont parlait ici le maire, après avoir paru désormais éteintes, se rallumèrent tout à coup au contact d'une faible étincelle !

Dans le courant de cette même année 1808, de sérieuses propositions furent faites au comte Charles de Vogüé, pour le décider à vendre les terres et châteaux du Solier, de Beaujon, des Ayres

(1) Archives municipales.

et de Cadoine, situés dans les montagnes de la Lozère, près de Saint-Hilaire de Lavit. Ces domaines avaient successivement appartenu aux familles des seigneurs de Gardies, des Grégoire de Montpayroux, des Calvet, des de Juge et enfin, par le mariage de René de Juge, baron de Cadoine avec Jeanne de Pellegrin, en 1716, ils étaient devenus la propriété des seigneurs de la Bastide d'Orniols, près de Goudargues, dont la derni re héritière Anne de Juge de Cadoine avait été la mère de Marianne de Cadolle. Aux premières ouvertures qui lui furent faites de ces propositions de vente, le comte Charles répondit : qu'il n'était pas décidé à aliéner ces domaines. Cependant, quelques mois après et, sans doute pour favoriser la dot de sa sœur Gabrielle de Vogüé, il consentit à céder toutes ces terres à M. Pelet de la Lozère, pour le prix de 68.000 francs. (2)

Au milieu des difficultés de toute sorte, l'abbé Troncart ne cessait d'employer les industries de son zèle à la pacification des esprits. Vrai ministre de Jésus-Christ, il recommandait en toute occasion l'amour de la paix et la soumission aux lois. Dans le mois d'août 1809, le Tribunal d'Uzès ayant eu à donner un arrêt pour l'enregistrement d'un acte de naissance, conformément à la loi du 20 septembre 1792, déclara dans un considérant de cet arrêt : « que les habitants ne s'étaient décidés à faire leurs déclarations à l'Etat civil, qu'après y avoir été fortement engagés par le ministre de la Religion. » Mais, en conseillant la soumission aux lois, l'abbé Troncart en donnait lui-même l'exemple, pour le bien de la paix. En effet, il se soumettait malgré ses répugnances au fameux Décret, promulgué en cette même année 1809, décret aussi cauteleux que le Concordat et qui, sous le prétexte d'organiser les Fabriques des églises, renfermait tout un habile système de laïcisation.

Le conseil de fabrique de Tresques fut organisé le 20 mars 1811. Le Préfet du Gard nomma pour premiers conseillers : Eymard et Jean Labertrande. L'Evêque d'Avignon nomma, de son côté, Baume Joseph, Jean Pierre Jean, aîné et Jean Etienne Gilhodès. Mais ce conseil ne fut définitivement installé et ne commença à fonctionner que deux ans après.

Le 17 février 1812, le comte Charles de Vogüé eût un fils qui fut baptisé le 18 et reçut les noms de Gabriel Félix Elzéard de Vogüé. C'était le moment où l'étoile de Napoléon commençait à pâlir. Tous les Etats de l'Europe étaient coalisés contre lui et,

(1) Archives municipales.

(2) Archives de M. de Vogüé.

dans les derniers mois de l'année, les désastres de sa campagne de Russie mirent fin à sa puissance Ce fut en vain qu'il essaya, en 1813, de reconstituer son armée. Il ne put retrouver une nouvelle série de victoires. Le 3 avril 1814, le Sénat proclama sa déchéance et le 24 du même mois, la Restauration était faite.

Les deux frères Charles et Eugène de Vogüé saluèrent avec joie la rentrée des Bourbons. Ils se vouèrent aussitôt, pleins d'ardeur et de générosité, à la cause de Louis XVIII. Eugène de Vogüé surtout travailla beaucoup pour la réorganisation de la garde nationale dans le Gard. A l'époque des cent jours, il se mit à la tête des volontaires royaux appelés *Miquelets*, qui s'étaient donné pour mission de défendre la royauté contre les nouvelles tentatives de Napoléon Lorsque le 5 avril 1815 la petite troupe se mit en route pour se rendre à Pont-Saint-Esprit, le comte Charles voulut recevoir, en son château de Tresques, tout l'Etat-Major des *Miquelets* Il donna, à cette occasion, un grand diner de 40 couverts, pendant lequel éclatèrent les vœux les plus chevaleresques pour le succès de l'entreprise. Toutefois cette campagne n'eût aucun résultat ; car, le 7 avril, au moment où le commandant Eugène de Vogüé arrivait à Lapalud, on lui annonça que le duc d'Angoulème avait licencié ses troupes et il dut se retirer. « Les de Vogüé avaient dépensé, à cette occasion, 300,000 francs. » Et, plus tard, le roi Louis XVIII, sans doute mal renseigné sur » ces évènements, ne fut pas heureux dans les expressions dont » il se servit pour apprécier le dévouement des frères de Vogüé. » (1)

En 1817, le 6 du mois de mai, le conseil municipal de Tresques, s'occupa d'un double projet de construction d'une fontaine et d'un lavoir public. On décida « que la fontaine serait établie à l'endroit où existait anciennement la croix du *Posterlong* et qu'un tuyau serait réservé pour conduire, de cet endroit, les eaux de la fontaine jusqu'au dessous de la terrasse de la maison Brueys. Là, on devait construire une autre fontaine, avec un petit lavoir. » (2) Ce projet ne fut exécuté qu'en partie, quatorze ans plus tard, en ce qui concernait la fontaine de *Posterlong*. Mais le projet du bassin et du lavoir public échoua toujours devant trois obstacles : le manque de ressources, l'opposition du château et le caprice des partis.

Arrivé à l'âge de 71 ans, le bon prieur Troncart commençait à trouver pénible le service de la paroisse. Ses jambes, trop longtemps fatiguées sur le chemin de l'exil, ne lui permettaient que difficilement d'accomplir la visite des malades dans les

(1) Paroles prononcées par le comte Elzéard de Vogüé.

(2) Archives municipales.

campagnes éloignées. L'Evêque d'Avignon, juste appréciateur de la capacité et des mérites de ce vénérable prêtre, lui offrit à plusieurs reprises les dignités ecclésiastiques. Mais lui, n'écoutant que sa modestie et le profond attachement qu'il portait à ses paroissiens, refusa tous les honneurs et se contenta d'accepter un vicaire pour l'aider principalement dans la visite des malades. Le 12 mai 1817, le conseil municipal vota une somme de 300 francs pour le traitement de ce vicaire et le gouvernement décrêta définitivement le vicariat de Tresques, le 7 novembre de l'année suivante 1818. (1)

Le premier prêtre envoyé à Tresques, en qualité de vicaire, auprès de l'abbé Troncart, fut l'abbé *Rocher*, qui resta pendant six ans.

En 1819 le prieur Troncart fit réparer l'escalier devant la porte de l'église. Cette réparation coûta 140 francs. En 1820, il acheta un autel à Avignon qui coûta 180 francs. Cet autel était en bois doré. Il fut plus tard placé à Saint-Joseph et remplacé, vers 1866, par un autel en marbre. (2)

Le 23 janvier 1820, le conseil municipal donna son approbation au projet de modification du chemin vicinal n° 5 d'Uzès à Bagnols, dans sa traversée du bassin de la petite rivière de Pépin. Ce projet avait été élaboré, sur la demande du comte de Vogüé, dans le but de donner plus d'étendue à son parc et, pour cela, il faisait établir à 500 mètres plus en amont de la rivière, le passage de cette route. Ce projet du comte Charles de Vogüé ne fut pas pas le seul au sujet duquel la municipalité eût à donner son avis. Pendant plusieurs années, le seigneur de Tresques proposa à la Commune ou à de nombreux habitants quantité d'échanges de terrains, d'achats de maisons, de changements, modifications ou suppressions de chemins ou de rues, afin d'agrandir son parc ou d'améliorer les abords de son château. M. de Vogüé traita tous ses contractants en généreux et loyal chevalier. Pour un petit sentier qu'on lui cédait au midi des rochers de la côte, il s'engageait à faire construire une belle route du côté du nord. Pour quelques arpents de terre, qu'on lui abandonnait sur les bords de Tave ou de Pépin, il accordait le triple de terrain dans le fertile quartier des Plans ou de Saint-Loup. Enfin, il s'obligeait à faire construire un véritable hôtel-de-ville, en dédommagement de la vieille maison commune et d'un vieux presbytère qu'il convoitait près de son château Ils se trouvèrent nombreux les propriétaires, qui eurent à traiter avec lui ; car, on lui céda

(1) Archives municipales. — (2) Archives de la fabrique.

peu à peu tout le quartier méridional du village. Plusieurs s'enrichirent, dans ces ventes ou ces échanges. D'autres virent leur situation précaire sensiblement améliorée. Tous s'applaudirent de son admirable loyauté. Cependant quelques esprits chagrins regrettèrent plus tard les rochers ensoleillés de la côte.

Au milieu de cette même année 1820, l'autorité municipale fut obligée d'intervenir « pour arrêter la discorde qui régnait entre la jeunesse et pour faire cesser les troubles fréquents qui mettaient le désordre dans le pays et compromettaient souvent des personnes fort paisibles. » Ce qu'il y avait encore de bien désastreux, c'était que non seulement les jeunes gens de Tresques se faisaient entr'eux une guerre acharnée ; mais encore ils se rendaient fréquemment sur la route de Connaux se livrer à des rixes et à de véritables combats avec les jeunes gens de ce pays voisin. » (1) Le 25 août 1820, le maire de Tresques prit un arrêté pour défendre, sous les peines les plus sévères, à tous les jeunes gens de Tresques d'aller se battre à la fronde avec les jeunes gens de Connaux (1)

Tous ces désordres causaient la plus vive peine au vénérable prieur. Il avait beau multiplier ses conseils et ses sages avis, sa parole, bien que toujours écoutée avec respect, n'arrivait pas à faire disparaître les vieilles rancunes de famille, ni à éteindre les foyers de division des *partis*. Hélas ! au lieu de faire germer la liberté et la fraternité parmi le peuple, la Révolution n'avait que trop semé la zizanie !

En 1822, le bon prieur fit exécuter certaines réparations très urgentes dans l'intérieur de l'église. Ce travail terminé, l'argent manqua pour en payer intégralement les frais. Et, comme le chiffre de la dépense avait considérablement dépassé les prévisions, l'abbé Troncart, après avoir pris l'avis de son conseil de fabrique, ne trouva pas d'autre moyen de remédier à la difficulté, que celui d'imposer une rétribution sur les propriétaires des bancs de l'église. Cette rétribution fut fixée à 3 francs pour chaque banc. En conséquence, « chaque propriétaire de banc fut invité à payer, dans la huitaine, sous peine de se voir obligé à retirer son banc (2) »

C'était pour la première fois qu'on demandait aux paroissiens de contribuer aux dépenses du culte. Cette nécessité provenait du nouvel ordre de choses établi par la Révolution et consacré par le décret de 1809. Mais la mise en pratique de ce nouveau système de ressources ne pouvait pas entrer dans nos mœurs, sans diffi-

(1) Archives municipales. — (2) Archives de la Fabrique.

culté, ni sans murmure. A Tresques, on murmura beaucoup. Et, ce fut pour atténuer autant que possible ces plaintes, qu'on ne réclama tout d'abord cette redevance de 3 francs sur chaque banc, que d'une manière transitoire. Elle ne devint définitive que plusieurs années après.

En 1823, l'abbé Rocher fut remplacé, en qualité de vicaire, par l'abbé *Polge*, qui remplit ces fonctions pendant deux ans.

Lorsque l'abbé Troncart eût convenablement restauré l'intérieur de son église, il manifesta à la municipalité son ardent désir de voir gratifier le clocher d'une nouvelle cloche, pareille à celle qui avait été dérobée par les révolutionnaires, en 1793. Seule, la petite cloche de l'horloge, fondue en 1723, appelait les fidèles à l'église. Mais sa voix argentine était trop faible pour être entendue de loin ; et, les fêtes religieuses manquaient de leur premier élément de solennité.

Le maire Serre et son conseil municipal se montrèrent disposés à seconder les vues de l'abbé Troncart. Dès le mois de mars 1823, M. Baudouin, fondeur à Marseille, arrivait à Tresques et se livrait avec ardeur aux préparatifs nécessaires pour la fonte de la cloche. Le 8 mai suivant, la commune ayant vendu pour 5 111 fr. de propriétés communales, on décida de consacrer la majeure partie de cette somme à la confection de la nouvelle cloche. Cette cloche pesa treize quintaux et quatre vingt six livres et coûta 2.471 francs (2). Mais, comme l'opération de la coulée n'avait pas, sans doute, été accomplie dans de bonnes conditions, cette cloche se cassa après un service d'une seule année.

Cependant les nombreuses dépenses que l'abbé Troncart avait faites dans son église, la petite imposition dont il avait été obligé de frapper les propriétaires des bancs, enfin, la libre dispensation qu'on lui avait laissée des deniers de la fabrique attirèrent sur lui quelques petits soupçons, de la part de certains esprits ombrageux, méfiants et trop enclins à la critique.

Le bon pasteur n'avait pas attendu la fâcheuse inculpation dont il était victime, pour déplorer les détestables conséquences que devait produire tôt ou tard la législation civile sur les fabriques. Il avait blâmé l'introduction officielle de l'élément laïque dans la dispensation des deniers ecclésiastiques. Il soutenait que l'honnêteté d'une gestion dépend bien plus de la conscience et de l'esprit de foi du gérant, que de la multiplicité des formules financières. Quant à lui, il se trouvait trop vieux pour se condamner à apprendre tous les détails de cette nouvelle comptabilité, établie par

(1) Archives de la Fabrique. — (2) Archives municipales.

le décret de 1809. C'est pourquoi, après avoir dressé, à sa manière, un compte des recettes et des dépenses de son église, il le porta au marguillier Jean Labertrande, avec l'argent qui restait en caisse, le priant de remplir la charge de trésorier. En même temps il rédigea sur le registre de la fabrique la note suivante, vrai chef-d'œuvre de naïveté et d'humilité. « Le compte que je dépose entre les mains de M. Jean Labertrande, pour être présenté à tous les membres de la fabrique, se ressent de mon ignorance, de ma paresse et de cette négligence que j'ai toujours mises dans toutes mes affaires d'intérêt personnel. Je crois pourtant y avoir fait plus d'attention. Mais, qu'on me fasse grâce si on y trouve des oublis, des renvois, des contradictions, des erreurs ; qu'on ne les attribue qu'à des circonstances, qu'à des occupations majeures, qu'à des distractions. Ma conscience ne me reproche rien. Je n'ai rien omis de ce que j'ai reçu ; j'ai plutôt ajouté de mon propre fond. La recette est exacte et juste. La dépense seule est négligée et je l'ai voulu ainsi, parceque j'ai le droit de disposer du mien et que je je ne puis, ni dois, ni veux disposer du bien d'autrui et surtout d'un bien sacré. Je laisse 422 francs. Le 3 janvier 1825, Troncart. » (1)

Pendant l'année 1825, l'abbé Troncart eut, pour vicaire, l'abbé *Gébelin*, natif de Beaucaire. Il ne résida à Tresques que treize mois et fut nommé, en 1826, succursaliste à Cavillargues, où il resta pendant 52 ans. De 1826 à 1828, ce fut l'abbé *Féline* qui occupa la place de vicaire.

Sur les instances du prieur Troncart, le conseil municipal se décida, le 8 mai 1826, à voter 400 francs pour la refonte de la cloche félée ; mais ce fut en vain que le bon prieur attendit la réalisation de ce projet. Les jours, les mois s'écoulèrent et la cloche restait toujours silencieuse sur son beffroi. Tous ces retards causèrent au bon curé une vive peine. De plus, il remarqua avec le plus profond regret que toutes ses recommandations, ni ses prières, ses démarches pour obtenir la pacification de la jeunesse, ne produisaient aucun résultat. Alors, il se sentit profondément troublé dans son âme. Le découragement s'empara de lui. Il se persuada qu'il était désormais incapable de faire le bien et il prit la résolution de quitter sa paroisse. Une première fois il essaya d'accomplir ce dessein, et se mit en route de bon matin dans la direction de Bagnols, avec un petit paquet sous le bras et sans avoir mis personne dans le secret de sa fuite. Mais, on veillait sur lui ; et quelques habitants avertis de son départ, le rejoigni-

(1) Registre de la Fabrique.

rent bientôt au quartier de la Madeleine et, après quelques explications, le ramenèrent à Tresques.

Peu de temps après, le vénérable prieur succomba de nouveau à ses scrupules de conscience. Pour mieux assurer cette fois le succès de sa fugue, non seulement il attendit qu'on eût un peu oublié le souvenir de la première ; mais encore il eût la précaution de se mettre en route pendant la nuit et il se retira à Aramon, chez un des membres de sa famille. Les habitants de Tresques, bien que dépourvus de docilité pour les sages avis de leur pasteur, possédaient néanmoins la plus grande estime pour sa personne. Lorsqu'ils apprirent son nouveau départ, ils s'empressèrent de le rechercher et ne tardèrent pas d'apprendre le lieu de sa retraite. Une nombreuse députation se rendit à Aramon, où, après quelques pourparlers, elle réussit à ramener de nouveau le pieux déserteur.

Pour obtenir le retour de l'abbé Troncart, il avait suffi de lui déclarer qu'il pouvait encore être très utile au bien des âmes. Le bon prieur avait répondu : « je ne refuse pas le travail. » Il tint parole et il reprit avec une nouvelle ardeur les fonctions de son saint ministère.

En 1827, les nombreux projets d'échanges entre la commune et le comte de Vogüé reçurent leur approbation définitive et on commença à les exécuter.

On donna pour vicaire à M. Troncart, en 1828, l'abbé *Maurin*, qui ne resta qu'une année et fut remplacé par l'abbé *Garetso*, originaire de Pont-Saint-Esprit

M. Troncart mourut le 29 janvier 1829, à l'âge de 81 ans. A ses funérailles assistèrent : MM Tarratis, curé de Connaux ; Petit, curé du Pin, Gebelin, curé de Cavillargues et Bayle, vicaire à Bagnols Toute la population se fit un devoir de témoigner par sa présence aux obsèques, de sa profonde vénération pour son regretté pasteur. La cérémonie funèbre emprunta à cette circonstance particulièrement touchante, un caractère spécial de grandeur et de solennité. Mais, d'autre part, on remarqua dans la trop modeste sonnerie des glas, le silence de la cloche felée, dont le bon prieur avait inutilement réclamé la refonte, pendant les dernières années de sa vie. On ne connut jamais quel emploi avait reçu la première somme de 400 francs, votée le 8 mai 1826 et la municipalité dut encore voter une nouvelle somme de 400 francs, le 28 février 1829, un mois après la mort de l abbé Troncart.

CHAPITRE X

Courts exploits du Libéralisme.

(1829-1839)

SOMMAIRE. — Situation politique à l'arrivée de l'abbé Carle. — Ses premières œuvres paroissiales. — Les glorieuses. — Arrivée de Pagès à la mairie. — Menées électorales. — Incident électoral. — L'abbé Carle démissionnaire du Bureau de Bienfaisance. — Proposition de vente des biens communaux. — Troubles. — La confrérie du Saint-Scapulaire. — Reconstitution de la Fabrique. — Demande d'un secours pour l'église. — Tracasseries du Maire. — La toiture de l'église. — Premier projet d'une école, dirigée par des religieuses. — Revision des listes électorales. — Les restaurations du château. — Les tableaux de l'église. — Maladie de l'abbé Carle. — Administration Borrelly. — Nouvelles demandes de secours pour l'église. — Idée de construire une tribune. — Installation solennelle des religieuses de la Présentation. — Un dernier échange avec la commune. — Mort du comte Charles. — Inondation de Tave.

DEPUIS sept ans, la paroisse de Tresques avait cessé, comme toutes les autres paroisses de la rive droite du Rhône, d'appartenir à l'évêché d'Avignon et dépendait de celui de Nimes. Ce fut donc Mgr de Chaffoy, évêque de cette dernière ville, qui nomma l'abbé *Carle* en qualité de successeur de l'abbé Troncart.

Quand le nouveau pasteur arriva à Tresques, le gouvernement de la Restauration touchait à sa fin. Ce régime n'avait pas passé sans gloire, ni sans utilité pour le pays. Mais il avait accumulé maladresse sur maladresse ; ressuscité le gallicanisme et laissé aux libéraux et aux doctrinaires, sinon la liberté de tout faire, du moins à peu près la liberté de tout dire. La religion était appelée jésuitisme ; l'amour de l'ordre, absolutisme ; la fidélité au roi, haine de la Charte. Partout, jusque dans les plus petits villages, deux courants de doctrines, les unes appelées libérales et les autres rétrogrades, se trouvaient en présence et partageaient les populations en deux camps ennemis. L'abbé Carle, en prenant possession de son poste ne désirait qu'une chose, faire du bien à tous.

Comme il était jeune, plein de zèle et de vigueur, le travail de toute la paroisse, si pénible à son prédécesseur, n'avait pour lui rien de bien difficile. Dès lors, la présence d'un vicaire devenait superflue. L'abbé Gareiso fut nommé à l'une des vicairies d'Uzès et le nouveau curé de Tresques reçut de la commune un supplément de 200 francs, pour célébrer une seconde messe, les dimanches et les jours de fêtes d'obligation. Ce fut dans la séance du 12 avril 1829, que le conseil municipal vota, pour la première fois, ce supplément. Quelques années plus tard la municipalité essaya bien de retrancher cette somme du budget communal, pour des motifs de tracasserie personnelle ; mais le Préfet maintînt toujours cette allocation, qui, cependant, ne tarda pas à être réduite à la somme de 150 francs (1).

Le premier champ d'opération sur lequel l'abbé Carle exerça tout d'abord l'activité de son zèle fut son église. Le seul calice qui servait alors pour la célébration des Saint-Mystères était la propriété du prieur défunt. L'abbé Carle l'acheta, à la nièce de M. Troncart, pour la somme de 110 francs. Il fallut songer aussi à doter l'église d'un autel plus convenable que celui qui existait dans le chœur. Un marbrier de Nîmes, le sieur Peloux fut chargé d'en confectionner un autre ; et l'ancien, en bois doré, fut placé sous l'arceau du milieu de l'église et dédié à Saint Joseph. En même temps, l'abbé Carle, ayant appris par M. Gibrat, le régisseur du château que la famille de Vogüé payait tous les ans au curé de Tresques la somme de 36 francs, pour une fondation de messes, se livra aussitôt à d'actives recherches, pour trouver les titres de cette fondation. Mais n'ayant rien trouvé, dans les documents laissés par son prédécesseur, ni sur l'emploi de cette somme, ni sur l'intention et le nombre des messes, il consulta l'évêché de Nîmes. M. Laresche, vicaire général, régla lui-même l'emploi de cette somme à la célébration de trente messes par an. Cette fondation n'a guère été servie que jusques vers l'année 1845 (1).

L'abbé Carle ne trouva, non plus, aucun document, dans les

(1) Archives de la Fabrique.

archives de la paroisse, sur l'érection canonique de la confrérie du Saint-Rosaire, confrérie très ancienne puisqu'elle existait déjà, en 1686, sous l'administration du prieur Picon, concurremment avec celles de Saint-Joseph, du Saint-Sacrement et de Saint-Laurent. Avant la Révolution, cette confrérie possédait, dans le clocher, une petite cloche spécialement affectée à son usage. La communauté lui servait tous les ans une rente de huit livres, représentant les intérêts d'une somme de deux cents livres, qui avait été capitalisée sur la caisse publique. Plusieurs testaments, entr'autres celui de Pierre Malignon, en 1749 et celui d'un autre Malignon, notaire à Tresques, en 1769. avaient contenu des libéralités, en faveur de cette confrérie. Désireux de rétablir dans la paroisse cette pieuse association, l'abbé Carle demanda à l'Evêque de Nimes les autorisations nécessaires ; et, le 29 janvier 1830, Mgr de Chaffoy lui envoya le diplôme d'érection canonique. Le dimanche suivant, à l'occasion de la grande fête de clôture d'un jubilé, prêché par l'abbé de Ginestière et qui avait donné les résultats les plus consolants, l'ordonnance épiscopale fut solennellement promulguée, les demandes d'agrégation affluèrent et la confrérie du Rosaire reprit une vie nouvelle (1). Depuis cette époque, et, sans doute, en souvenir de cette nouvelle érection, on prit la coutume, tous les dimanches et les jours de fête, de réciter le Rosaire entier à la seconde sonnerie des vêpres.

Au milieu de cette année 1830, on comptait à peine vingt années, écoulées depuis la fin de la Révolution et déjà la France s'acheminait vers des révolutions nouvelles. La persécution religieuse, à laquelle le gouvernement de Charles X s'était malheureusement laissé entraîner, avait donné la mesure de sa faiblesse et annoncé sa ruine. On apprit bientôt, dans toute la France, que les trois journées de juillet avaient balayé le trône des Bourbons et mis à leur place Louis-Philippe. Mais cette révolution n'était que le triomphe du libéralisme. Il arrivait au pouvoir, après une longue opposition, qu'il appelait lui-même la comédie de quinze ans. Et c'était aussi le triomphe du parti de l'impiété.

Dès la fin de juillet, le drapeau tricolore était arboré à la mairie de Tresques. Le pays jouissait encore de la tranquillité. Toutefois, dans les premiers jours du mois d'août, on commençait déjà à parler d'un changement de maire et de prochaines élections. « Parmi les libéraux, certains esprits remuants tenaient des conciliabules secrets, dans lesquels on travaillait activement. » Et, comme les élections devaient avoir lieu dans peu de jours et que

(1) Archives de la Fabrique.

la fraction remuante escomptait un succès, « on se proposait de célébrer cette victoire électorale par un grand banquet, donné à la mairie. Dans ce but, et, afin d'avoir une salle suffisamment spacieuse, on avait résolu de démolir la cloison qui partageait en deux parties l'aile droite de la maison commune (1). »

L'arrivée au pouvoir d'une nouvelle municipalité marqua une époque « de défiance, de menées sourdes et de mesquines tracasseries. L'abbé Carle, lui-même, n'était pas exempt de craintes, bien qu'il s'étudiât en toute circonstance à user de bons procédés, pour s'attirer la bienveillance des nouveaux magistrats. Hélas ! il s'apercevait qu'on cherchait à se passer totalement de lui (1). »

Fallait-il s'en étonner ? L'administration voulait favoriser les libéraux ; et, en vue des prochaines élections, elle entreprenait contre les tenants de la légitimité une vraie campagne de dénigrement et de fausses suppositions. Leur plan d'attaque était bien simple. Il s'agissait de démontrer que le parti libéral réussirait bien mieux que le parti royaliste à faire le bonheur du peuple. La première preuve en était que, si jusqu'à ce moment, de nombreuses familles avaient trouvé leur gagne-pain dans les grands travaux exécutés par le comte de Vogüé, afin de s'acquitter de ses engagements vis-à-vis de la commune, ces travaux cependant touchaient à leur fin ; et, bientôt un grand nombre de familles allaient être replongées dans la misère. Le parti libéral ne les abandonnerait pas. Une autre preuve, que le parti libéral entendrait mieux les intérêts du peuple, c'est que déjà ce parti avait découvert certaines duperies dans les échanges passés, par l'ancienne administration, avec le comte de Vogüé.

En effet, qu'avait cédé la commune ? — 1° La petite maison du vicaire, construite contre le mur occidental de l'église. Cette maison, depuis le départ du vicaire, servait de maison d'école et avait été estimée 1800 francs. — 2° L'ancienne maison presbytérale, situées au sud, en face de la grande porte de l'église. Cette maison comprenait un rez-de-chaussée de quatre pièces ; en-dessous, une cave, un bucher, une petite écurie et une cour , au premier étage, une chambre, un grenier et un cabinet de travail. Elle avait été estimée 3 700 francs. — 3° La maison des Chartreux, voisine de la précédente, comprenant trois étages et trois pièces à chaque étage, avec un vestibule au premier, une cour et une petite masure sans toiture. Cette maison avait été estimée 4.000 francs. — 4° La commune avait encore cédé tout le coteau de la *côte* et le chemin passant au midi de cette côte.

(1) **Extrait de la correspondance de M. Baume à M. Gibrat, l'intendant du comte de Vogüé.**

Qu'avait donné, en échange, M. de Vogüé : 1° Le presbytère actuel, vieille maison, ayant appartenu à la famille Lacroix et d'une valeur à peu près égale à celle de l'ancien. — 2° La nouvelle mairie, avec salle d'école et habitation pour l'instituteur et un garde-champêtre. — 3° La fontaine du *Posterlong*. — 4° Une section de grand-route sur tout le prolongement septentrional de la *côte*.

Or, ajoutaient les libéraux, en admettant que les constructions cédées soient équivalentes aux constructions reçues et que les chemins nouveaux compensent la perte des chemins anciens, il reste encore la colline de la *côte*, ces superbes grès, ces rochers ensoleillés, abris inappréciables, refuges d'hiver, où les pauvres du pays, les infirmes, les vieillards, les enfants allaient gratuitement se réchauffer aux rayons du soleil...

M. Baume recueillait tous les bruits qu'on répandait alors dans le pays et en transmettait un écho fidèle dans ses lettres à M. Gibrat. « Le pays a été gâté. Beaucoup de familles se croient autorisées à réclamer du château tout leur nécessaire. On s'imagine que la maison est obligée de les occuper toujours et de fournir à leur entretien... L'ancienne administration, qui a procédé aux échanges, est accusée de s'être montrée beaucoup trop facile à l'égard de M. le Comte et de lui avoir tout cédé pour rien. On parle même de revenir sur ce qui a été fait... » (1)

Ce fut dans ces conditions que les élections municipales eurent lieu, le 19 octobre 1830. La lutte devint vive et acharnée. Un incident, un peu délicat pour le maire, troubla un instant les opérations électorales. Ses deux fils se présentèrent avec audace dans la salle du scrutin, et se permirent de protester publiquement contre les tendances que la marche des opérations semblait indiquer. Ils s'écrièrent : « qu'on devait introduire dans le conseil certains hommes du parti libéral qui méritaient d'y entrer. » Le maire, dont la connivence avec ses fils ne faisait doute pour personne, garda cependant une attitude assez correcte. Il fit bonne contenance, au milieu du trouble produit par les objurgations de ses deux fils ; et, malgré cet incident, les opérations électorales purent se terminer. Les royalistes obtinrent la majorité et trois libéraux seulement entrèrent au conseil.

L'abbé Carle ne vécut pas longtemps en bonne intelligence avec le maire. Le 7 octobre 1830, à la suite d'une séance du Bureau de Charité, dans laquelle les propositions et les conseils du curé avaient été obstinément écartés, celui-ci donna

(1) Correspondance de M. Baume.

sa démission. Jusqu'alors, les curés de Tresques avaient toujours fait partie de ce bureau. Et c'était justice. Qui pouvait mieux connaître et plaider la cause des vrais pauvres ? Qui pouvait mieux administrer les dons de la charité, que le ministre même du Dieu de charité... ? Les ressources dont ce Bureau pouvait disposer n'étaient pas considérables. Elles se composaient d'abord du revenu de quelques terres, qui avaient été léguées aux pauvres, de temps immémorial, et que les administrateurs cédaient à des particuliers, moyennant une certaine redevance en blé. On voit, par le testament du marquis Jacques de Vivet, fait en 1714, que le testateur ordonne à ses héritiers « de distribuer aux pauvres de Tresques deux émines de seigle, pour les trois boisseaux de terre qu'il peut avoir pris à l'hôpital de Tresques. » Le Bureau de charité avait encore, depuis un temps immémorial, le revenu de la ferme des tours. Celle qui est au nord du village, fut cédée en 1544, par devant Antoine Servier, notaire à Bagnols, à Simon Charmasson, qui « en passait reconnaissance pour trois cartières de blé conségal. » En 1603, le 7 novembre, Balthasard Labertrande en faisait hommage devant Pierre Granet, notaire à Tresques. En 1678, le 14 avril, Jean Missot la reconnaissait devant Me Eymard. Enfin, le 28 mai 1702, Isabeau Missot en passait reconnaissance, sous la cense annuelle d'une cartière de blé, payable chaque année, le jour de la fête de Saint-Michel. La somme totale que produisaient les diverses pensions, redevances ou censives se montait ordinairement à trois émines et quatre boisseaux de blé et à une somme en argent d'environ trenté-six livres.

Au moment où l'abbé Carle se retira, le Bureau de charité possédait environ deux hectares, soixante-deux ares de terre, situés dans les quartiers de Famalongue, des Fonts, de la Roquette, d'Aubarne, de la Veyre, du Flaugeas et de Dominargue. La ferme de toutes ces terres rapportait 300 francs de revenu. Outre le produit de ces terres, le budget des pauvres portait encore une somme de 162 francs, provenant de quelques petites pensions ou redevances de certains habitants ; ce qui élevait le total des fonds, distribués par le Bureau, à la somme de 462 francs. Il était trop pénible, pour un prêtre, de voir ces fonds sacrés de la charité, distribués, non pas selon les nécessités de la misère, mais selon les besoins de la politique.

Le maire, n'ayant pu vivre en bonne harmonie avec le curé Carle, il était évident qu'il ne s'entendrait pas mieux avec la majorité de son conseil municipal. « Toujours entouré d'une phalange de petits avocats de village, ses confidents habituels, il n'écoutait que leurs doléances et ne suivait que leurs conseils. » (1) Vivement pressé par ces esprits inquiets, dévoré lui-même d'ambition et de popularité, il se décida, vers le milieu de l'année 1831, à proposer, dans une séance du conseil, la formation d'un rôle supplémentaire, pour l'établissement d'un atelier de charité. Et, comme pour arriver à ce résultat, il fallait trouver les ressources nécessaires, il demanda l'aliénation des biens communaux. Cette double proposition souleva, au sein de l'assemblée municipale, une tempête d'objections. Après la vente des communaux, disait-on, plus de vaine pâture, plus de paccage, plus de bestiaux, plus de bruyère pour les éducateurs de vers-à-soie, plus de bois mort pour les pauvres... Ces objections amenèrent un grand tumulte. Dans le tumulte, éclatèrent les injures, puis les menaces et les menaces allaient produire une rixe scandaleuse et générale, lorsque la plupart des conseillers quittèrent la salle et toute décision fut rendue impossible. Cependant le maire et ses amis voulant absolument obtenir une délibération, serait-ce par la voie de l'intimidation. firent intimer, le soir du même jour, aux conseillers municipaux, l'ordre de se rendre à la mairie, après les vêpres, afin de terminer la séance interrompue. Mais ceux ci, en s'approchant de la mairie, virent les abords de la salle envahis par une multitude menaçante et refusèrent d'obtempérer à une invitation si peu gracieuse et si peu rassurante.

Vers la fin de l'hiver, le 12 février 1832, la proposition de mettre en vente les biens communaux fut de nouveau soumise au conseil ; mais elle fut rejetée à la majorité de deux voix.

Ces questions avaient profondément agité les esprits. Il était évident que bientôt les querelles, les disputes et les rixes allaient commencer. Elles éclatèrent le Dimanche, 13 mai 1832. Pendant la nuit, quelques jeunes gens s'étaient donné l'agréable occupation de changer l'arbre de la liberté, planté devant la mairie. Pendant ce travail, ils avaient, selon l'usage, fréquemment arrosé d'un vin généreux, non pas le nouvel arbre symbolique, mais leurs gosiers. Les libations se prolongèrent pendant toute la matinée. En sortant du cabaret ces jeunes gens se rendirent dans le quartier du cimetière, où, ils se permirent de provoquer quelques hommes paisibles, en train de jouer aux boules. Ceux-ci firent bonne contenance, rendant à leurs agresseurs injures pour injures, invectives pour invectives. Malheureusement le maire voulut intervenir dans la querelle. Alors, au lieu de se calmer,

(1) Correspondance de M. Baume.

la dispute s'envenima. « Un des joueurs, prononça quelques paroles choquantes à l'adresse du maire ; il fut aussitôt terrassé. Les autres joueurs et les jeunes gens avinés se mêlent à la lutte, ainsi que toute la garde du maire et celui ci reçut, dans la mêlée, un coup de pied à une jambe déjà malade. Cette malencontreuse blessure du premier magistrat mit fin à la bataille. Mais le châtiment ne se fit pas attendre. Un procès-verbal des plus atroces accusa le père Lacroix d'avoir donné le coup de pied, » (1) et, quelques jours après, le procureur du roi lança contre le prétendu coupable un mandat d'arrêt. Lacroix se vit obligé de prendre la fuite et de se tenir caché, pour éviter les recherches de la gendarmerie. Dans une lettre où M. Baume écrivait ces détails à M. Gibrat, il ajoutait en terminant : « c'est le commencement de la terreur ; nous nous attendons à tout et nous nous y préparons. »

L'abbé Carle, sans se laisser effrayer par les audaces des libéraux, poursuivait tranquillement son œuvre de bonne administration de sa paroisse. Il sollicita et obtint, le 7 du mois de juin 1832, l'érection d'une confrérie du Saint-Scapulaire, dite de N.-D. du Mont Carmel. Cette pieuse association prit tout de suite une grande extension et les demandes d'inscription arrivèrent nombreuses, non seulement de Tresques, mais encore des pays voisins : de Saint-Pons et du Pin ; en sorte que cette dévotion parût répondre aux aspirations du moment.

D'autre part, la sollicitude de l'abbé Carle dut se porter sur l'état de délabrement dans lequel se trouvaient et la charpente et le mobilier de son église. C'était là deux questions extrêmement importantes et, dans la solution desquelles, le conseil de fabrique devait intervenir. Mais ici deux obstacles se présentaient. Non seulement les ressources faisaient défaut ; mais encore le conseil de fabrique lui-même, faute de renouvellement triennal, ne se trouvait plus régulièrement constitué et ne pouvait plus légalement fonctionner. L'abbé Carle se hâta d'accomplir les formalités requises et, le 17 juin 1832, il installa un nouveau conseil composé de cinq membres, dont trois avaient été nommés par l'Evêque, et deux par le Préfet. Dans cette séance d'installation, le nouveau conseil décida l'achat d'un dais, en velours soie rouge, avec galons or fin, du prix de 300 francs. En même temps, au sujet de la toiture de l'église, il délibéra d'adresser à Mgr l'Evêque une supplique longuement motivée, dans laquelle il priait S. G. d'approuver la demande qu'on envoyait au gouvernement d'un secours de 2,000 francs, pour la reconstruction totale

(1) Correspondance de M. Baume.

de cette toiture. Dans le mois de juin de l'année suivante, l'abbé Carle fit l'acquisition d'un ostensoir en argent, pour l'exposition du Saint-Sacrement. Son conseil de fabrique avait alloué pour cet objet une somme de 300 francs. (1)

De toute part dans la paroisse on louait l'ardeur avec laquelle l'abbé Carle travaillait à augmenter la beauté de la maison de Dieu. Mais en même temps le maire et ceux de son parti non seulement ne partageaient pas la satisfaction générale ; mais encore ils reprochaient à l'abbé Carle d'agir avec trop d'indépendance, de s'affranchir trop aisément de l'autorité municipale et de prétendre enfin tout gouverner dans le pays. Libéraux en principe, ces messieurs se montraient autoritaires dans la pratique. Il leur semblait que, depuis le Concordat, lorsque un curé doit une partie de son pain à un pouvoir, s'il n'en est pas forcément l'esclave, il doit s'en montrer du moins l'obligé craintif. C'est pourquoi le maire voulant donner une bonne leçon au digne prêtre, lui supprima l'indemnité de 200 francs que la commune lui servait, pour célébrer la seconde messe du dimanche. De plus, il résolut de lui enlever la feuille des mûriers, plantés dans le vacant, situé au nord de l'ancien presbystère

En présence du conflit déclaré contre lui, le curé Carle s'empressa de se rendre à Nimes afin d'exposer la situation au Préfet du Gard. Il démontra d'une part, que le service de la seconde messe était indispensable dans une paroisse. contenant comme Tresques 600 âmes dans les campagnes éloignées ; et d'autre part, qu'il n'existait sur la jouissance des mûriers en question aucun document, attribuant cet avantage à la commune. Devant ces déclarations, le Préfet promit de rétablir l'indemnité de 200 francs sur le budget communal et autorisa le curé à faire traiter la question des mûriers par son conseil de fabrique. La réunion fut fixée au 7 juillet 1833. On délibéra « qu'il ne fallait rien changer à ce qui se pratiquait depuis des siècles et qu'il fallait laisser à M. le curé et à ses successeurs la libre disposition de ce produit. » (1)

Quinze mois s'étaient écoulés depuis la demande d'un secours de 2000 francs, que l'abbé Carle avait adressée à l'autorité départementale, pour une restauration importante à la toiture de l'église. Rien encore ne paraissait faire présager un accueil favorable à cette proposition. C'est pourquoi, M. Carle, qui ne se lassait jamais lorsqu'il s'agissait des intérêts de son église, réunit encore son conseil de fabrique le 6 octobre 1833. Il exposa « que la toiture de l'église se trouvait dans un très-mauvais état ; que les

(1) Archives de la Fabrique.

poutres étaient pourries et même qu'une partie de la toiture était déjà tombée depuis quelques mois, sur une étendue d'environ quatre toises. » Le conseil, persuadé que le chiffre trop élevé de la première demande était sans doute la cause de sa non réussite, se contenta, cette fois, de demander à M. le Préfet, la somme de 600 francs. Mais cette nouvelle supplique ne fut exaucée qu'en partie, trois ans après et par une faible somme de 270 francs. A l'aide de ce secours, il fut cependant possible de faire quelques réparations. (1)

Une des œuvres paroissiales la plus importante et dont le curé Carle poursuivait depuis longtemps la réalisation, c'était la création d'une école communale de filles, confiée à des religieuses. Il avait gagné à cette cause la plupart des conseillers municipaux et il espérait obtenir bientôt, sans trop de peine, la nomination et le traitement des institutrices préférées. Mais, il lui paraissait bien difficile d'obtenir sur le budget communal les sommes nécessaires pour le logement et pour les frais du mobilier. Pendant qu'il cherchait vainement les moyens de se procurer les ressources suffisantes, le comte de Vogüé arriva à Tresques. C'était vers l'époque du mariage de son fils Elzéard de Vogüé, qui devait épouser sa cousine Laure Sophie Victorine Blanche de Vogüé. La Providence se chargea de venir admirablement en aide au digne curé.

Un jour, le comte Charles se promenait sur le chemin de Connaux, près de sa ferme appelée Grange-Neuve. Il rencontra quelques petites filles, qui, en passant près de lui, le saluèrent très gracieusement. Enchanté de cette marque de respect, M. de Vogüé s'arrêta et leur demanda où elles allaient ainsi toutes ensemble ? — Nous allons à Connaux, répondirent-elles. — Et qu'allez-vous faire à Connaux ? — Nous allons à l'école des sœurs. — Il y a donc des religieuses à Connaux ? — Oui, M. le comte. — Etes-vous bien contentes d'aller à l'école des sœurs ? — Oh ! oui, M. le comte ; elles nous apprennent de bien belles choses !... Ces dernières paroles impressionnèrent profondément le comte de Vogüé, qui reprit lentement et tout rêveur le chemin de son château. Le lendemain, il fit appeler l'abbé Carle et lui proposa de se charger lui-même des frais de premier établissement, offrant pour la nouvelle école la maison qu'il avait acquise depuis peu de M. Lacroix. Cette maison était située sur la place principale du village.

A cette proposition, l'âme de l'abbé Carle fut remplie d'une

(1) Archives de la Fabrique.

sainte joie. Dans les premiers jours de février 1834, il écrivit à la mère Rivier, fondatrice et supérieure-générale des Sœurs de la Présentation du Bourg-Saint-Andéol. Cet institut avait été légalement reconnu par Charles X, le 29 mai 1830. La mère Rivier délégua aussitôt deux de ses religieuses, pour venir à Tresques, visiter la maison et déterminer les conditions d'ouverture de l'établissement projeté Ces conditions eurent malheureusement le tort d'effrayer un peu trop M. Baume, l'intendant du château. Ce serviteur très attaché aux intérêts de son maître et vivement contrarié de n'avoir pu faire abandonner quelque chose des prétentions des sœurs, écrivait, quelques jours après cette visite : « Les religieuses qui doivent venir ont visité Tresques. Mais leurs demandes sont exorbitantes. Il faudrait plus de six mois de travail, pour aménager selon leur désir la maison Lacroix. Je n'ai pas cru devoir donner congé au fermier qui l'occupe. Je désespère que jamais ces filles puissent habiter Tresques , car, avec les autres demandes qu'elles ont formulées, la commune n'est pas assez riche pour leur faire 600 francs fixes, sans compter de douze à quinze cents francs de mobilier (1) » Le projet d'école se trouva momentanément arrêté, au grand déplaisir du curé et à la grande satisfaction des sectaires libéraux.

Ce parti, profondément exaspéré, depuis l'insuccès de la mise en vente des communaux, ne s'étudiait qu'à contrarier tous les projets et tous les vœux de la majorité. On voyait bien que leur théorie libérale n'était qu'une étiquette hypocrite pour cacher leur tyrannie. Dans le mois d'avril de cette même année 1834, au moment où l'on procédait à la révision des listes électorales, après l'inscription de plusieurs fermiers reconnus susceptibles d'être électeurs, M. Lacroix demanda son inscription ainsi que celle d'autres fermiers qui étaient du château. Mais le maire refusa obstinément, même en présence du conseil. Cependant la majorité protesta, vota en faveur de l'inscription et adressa une réclamation au Préfet. La question fut portée devant le conseil de préfecture, qui rendit un arrêt d'après lequel : Lacroix ne devait plus être inscrit sur la liste, ni les fermiers du comte de Vogüé, ni le fils de M. Baume.

La peine que l'intendant du château éprouva de cette condamnation fut bientôt suivie d'une autre contrariété. Le fermier de l'importante métairie de Boussargues, le nommé Bony, perdit en 1835 un grand nombre de bestiaux de sa ferme et il fut reconnu que la mort de ces animaux provenait de l'empoisonnement des

(1) Correspondance de M. Baume.

eaux de la fontaine champêtre, où l'on avait coutume de les abreuver. Il fut impossible de jamais connaître l'auteur de ces coupables agissements, dont on attribuait le mobile à la jalousie. (1)

Par les fréquentes correspondances de M. Baume, le comte Charles de Vogüé, qui, depuis le mariage de son fils Elzéard, résidait le plus ordinairement au château de Cambous, était fidèlement renseigné, sur tout ce qui se passait à Tresques. C'est par ce moyen qu'il apprit, au commencement de 1836, que les nouvelles constructions de son château étaient à peu près terminées. On avait achevé « de restaurer l'écurie de l'ancienne clastre. » Des rampes habilement ménagées avaient été construites sur la déclivité de la colline, occupée jadis par de vieilles maisons Ces nouvelles voies rendaient désormais l'accès du château plus facile et plus agréable. Des arbres au feuillage toujours vert décoraient les bordures de ces chemins en zigzags et ainsi, la demeure seigneuriale semblait se dresser désormais sur une base plus riante, sur un ravissant côteau de verdure.

Dans le mois de septembre 1836, M. de Vogüé fut averti que l'abbé Carle venait de faire restaurer le pavé de l'église et de faire blanchir à la chaux les voûtes et les deux nefs. Il s'empressa de lui envoyer aussitôt un grand tableau, représentant Jésus crucifié et destiné à être placé au-dessus de l'autel du chœur. Ce cadeau portait à cinq le nombre des tableaux qui décoraient alors l'église. — Elle possédait en effet un autre tableau représentant le même sujet, Jésus crucifié, mais ayant aux côtés de sa croix la Sainte-Vierge et l'apôtre Saint-Jean. — Sur l'autel de N.-D., un troisième tableau représentait la Vierge Mère, offrant de sa main droite le Rosaire à Saint-Dominique, pendant que l'Enfant-Jésus, porté à son bras gauche, offrait lui-même le Scapulaire à Sainte-Thérèse. — Derrière le banc des Marguilliers, en face du chœur, un autre tableau représentait la Sainte Famille. — Aucun de ces quatre tableaux n'offrait le moindre intérêt artistique. Mais il n'en était pas de même d'un cinquième qui se trouvait dans la chapelle Saint-Antoine. Celui-ci se recommandait, sinon par la beauté du coloris et la perfection du dessin, du moins par la naïve allégorie qu'il représentait. Au centre on voyait Saint-Antoine debout, lisant des oraisons et priant avec recueillement. A sa droite, une comtesse ou une marquise, dans l'attitude de la plus entière confiance, paraissait attendre de son intercession une grâce des plus importantes. A sa gauche, une personne allégorique tenait à la

(1) Correspondance Baume.

main un cierge allumé et son visage offrait une expression d'angoisse et d'anxiété. Au-dessus, le ciel était entr'ouvert et un groupe d'anges assistait, avec le plus vif intérêt à un combat livré autour du cierge, entre un petit ange qui s'efforçait de le tenir allumé et un petit diable qui s'obstinait à l'éteindre. Ce combat rappelait évidemment le souvenir de la paroisse de Tresques, si souvent prise et reprise pendant les guerres de religion. Et il est probable que, par ce tableau votif, on avait voulu attribuer la conservation de la foi catholique dans Tresques, à l'intercession de Saint-Antoine, particulièrement honoré dans cette chapelle, depuis la fondation des seigneurs au XIIIe siècle.

L'année 1837 faillit être une année fatale à l'abbé Carle. Dans le mois d'avril, il tomba gravement malade, et, pendant plusieurs semaines, il lui fut impossible de s'acquitter d'aucune fonction paroissiale. M Michel, alors vicaire du Pin et résidant à Saint-Pons-la-Calm, (1) le remplaça, pendant tout le temps que dura cette maladie.

A peine l'abbé Carle eut-il recouvré ses forces, qu'il se remit à l'œuvre avec la même ardeur et le même zèle qu'auparavant. Du reste, la situation politique avait sensiblement changé.

Une nouvelle municipalité plus favorable au curé Carle fut installée en 1837. En cette même année, M. Carle acheta deux bannières, une chappe blanche de 125 francs et une chasuble en drap d'argent de 113 francs. Il obtint du conseil municipal une somme de 100 francs pour la toiture de l'église. Et, comme il se plaignait de l'insuffisance du secours, la municipalité lui promit, pour l'année suivante, de se joindre à lui et de reprendre les démarches dans le but d'obtenir une gratification de l'Etat, que l'on fixa cette fois à 900 francs. En attendant, on consacra une somme de 150 francs, pour faire réparer l'horloge du clocher, qui, depuis environ six ans s'obstinait à rester muette. (2).

(1) Depuis 1804, la paroisse de Saint-Pons-la-Calm était réunie, ainsi que Pougnadoresse, à la succursale du Pin. L'abbé Reynaud, succursaliste au Pin, reçut, en 1806, l'abbé Cousin pour vicaire chargé d'administrer spécialement le village de Saint-Pons. Au mois de novembre 1807, le curé Reynaud fut remplaeé au Pin par l'abbé Laugier, qui eut pour successeur vers le milieu de 1812 l'abbé Petit. Le 7 février 1830, l'abbé Montagne succéda à l'abbé Petit. Le 20 juin 1833, l'abbé Roque, originaire de Beaucaire, lui succéda et reçut successivement pour vicaire, le 20 mai 1834 l'abbé Rath; vers le commencement de décembre 1835 l'abbé Devèze et en 1836 l'abbe Michel, natif de Roquemaure. L'abbé Michel, après un séjour de sept ans à Saint-Pons, reçut le titre de curé, le 26 décembre 1843, époque où la paroisse fut érigée en succursale.

(1) Archives municipales.

Le conseil de fabrique dressa donc, en 1838, deux délibérations, dans lesquelles il demandait, par la première, une somme de 964 francs et par la seconde une somme de 800 francs « pour le couvert de l'église. » Toutes ces demandes restèrent sans effet et l'abbé Carle se vit enfin obligé à faire procéder lui-même aux frais de la fabrique à ces réparations, auxquelles on ne put consacrer que la somme de 300 francs.

Après avoir dépensé beaucoup d'argent pour entretenir, réparer ou embellir son église, l'abbé Carle, ainsi que ses prédécesseurs, était obligé de regretter finalement l'insuffisance de l'édifice, pour contenir une population d'environ 1.200 âmes. Cette insuffisance apparaissait même bien plus évidente et plus pénible aux paroissiens, depuis le rétablissement du culte par le Concordat. La collégiale de quatre prêtres n'ayant pas été rétablie, les fidèles n'avaient que deux messes les dimanches et les fêtes d'obligation. Pour remédier aux désagréments de l'exiguïté de l'église, le curé Carle n'aurait pas eu grand peine. Un architecte lui aurait volontiers dressé un plan régulier de restauration et d'agrandissement, que M. de Vogüé aurait puissamment contribué à faire exécuter et par son influence et par ses largesses. Au lieu d'agir ainsi, l'abbé Carle eût la malheureuse idée de convoquer son conseil de fabrique, le 7 octobre 1838 et de lui faire prendre une délibération, par laquelle il demandait à la commune une somme de 100 francs, destinée à la construction d'une tribune.

Le conseil municipal refusa de voter une somme quelconque pour cette construction, dont le projet du reste n'était ni bien détaillé, ni nouveau. Au XVIe siècle, l'église possédait déjà une tribune en bois sur la grande porte ; et l'on s'était décidé à la supprimer, à cause des nombreux inconvénients qui en étaient résultés. Mais le conseil municipal se montra, d'autre part, disposé à se charger de l'établissement de deux religieuses pour instruire les enfants et il prit toutes les dispositions nécessaires pour l'ouverture de l'école, dans les premiers jours de 1839.

Ce fut le 23 janvier que les deux sœurs Marie Saint-Gervais et Marie Basilisse, envoyées par le couvent de la Présentation du Bourg-Saint-Andéol, furent solennement installées. La cérémonie fut présidée par M. Hébrard, curé doyen de Bagnols. Il était assisté de MM. Gebelin, curé de Cavillargues ; Griolet, curé de Saint-Victor-la-Coste ; Malarte, curé de Connaux et Batailler, curé de Gaujac. « Après le chant du *Veni creator*, le curé-doyen célébra la sainte messe, pendant laquelle il prononça un discours adapté à la circonstance avec beaucoup d'onction. Une procession s'organisa ensuite et on procéda à la bénédiction des appartements que la municipalité avait assignés aux religieuses (1). »

Peu de jours après la solennelle installation des religieuses, le conseil municipal se réunit, le 10 février 1839, à l'effet de délibérer sur une proposition de M. de Vogüé, présentée déjà une première fois, en octobre 1825 et n'ayant pas été acceptée à cette époque.

Il s'agissait d'un échange par lequel la commune devait céder à M. de Vogüé le terrain occupé par la petite rue qui conduit directement au portail de la Planette et descend au village, en traversant quelques parcelles de terrain vague, acquises par le comte et autrefois occupées par des maisons, dont la principale avait appartenu à la famille Sauvan, notaire impérial, en 1805. M. de Vogüé donnait, en échange à la commune, une rue nouvelle qu'il devait ouvrir un peu plus loin, au nord, suivant l'alignement des rochers et les restes d'un ancien rempart. Cette fois le conseil municipal accepta les propositions de M. de Vogüé ; mais il mit à son acquiescement deux conditions qui en empêchèrent l'exécution. Ces deux conditions étaient : 1° qu'en outre de la construction de la nouvelle rue pour descendre au village, M. de Vogüé laisserait un passage suffisant près des murs de l'église, pour permettre, au besoin, de circuler autour de l'édifice ; et, 2° qu'il ferait construire, à ses frais, le lavoir public, dont il avait été question, lorsqu'on avait dressé le projet de la fontaine de *Posterlong*. Chose digne de remarque ! La question de ce malheureux lavoir public a toujours été le prétexte des désaccords entre le château et les habitants ! Ceux-ci ont toujours regretté de n'en pas avoir exigé l'exécution, lors des premiers actes passés avec le comte ; et le comte a toujours considéré ce regret comme un outrage et une ingratitude à son égard.

Le 22 mai 1839, mourut à son château de Cambous, près Montpellier, le comte Louis-Charles-François-Florimond de Vogüé, Pair de France et chevalier de l'Ordre royal et militaire de Saint-Louis. Il était âgé de 70 ans Son corps fut transporté à Tresques et inhumé dans un caveau de famille, qu'on fit construire, à cette époque, dans la chapelle rurale de Saint-Martin.

La cérémonie de ses funérailles fut célébrée le 24 du même mois, en présence d'un grand nombre de prêtres et de fidèles.

Le comte Charles de Vogüé fut universellement regretté. La cérémonie de ses funérailles prit les proportions d'un véritable

(1) A cette procession assistèrent tous les conseillers municipaux. (Archives de la Fabrique).

deuil public. Ami des pauvres, chrétien fervent, gentilhomme digne et sans raideur, seigneur sans fierté, le comte Charles s'était toujours montré le protecteur des lettres et des arts. Il possédait, dans sa bibliothèque, un certain nombre de livres dont les auteurs lui avaient fait hommage Il avait aussi établi dans l'aile occidentale de son château, près de la bibliothèque, un atelier de tourneur et d'horloger. Là, il se plaisait souvent à passer de longues heures, exécutant certains petits travaux qui témoignaient de beaucoup de patience et d'habileté.

Le remarquable outillage de cet atelier fut donné par son fils Elzéard de Vogüé aux Chartreux de Valbonne.

Dans le mois de septembre de cette même année 1839, des pluies torrentielles ne cessèrent de tomber pendant plusieurs jours consécutifs et la rivière de Tave, grossie par elles, déborda avec une impétuosité inouïe jusqu'alors. Une inondation désastreuse envahit toutes les propriétés situées au tour du village de Tresques Tous les ponts furent emportés, toutes les terres ravinées, un nombre incalculable d'arbres déracinés et entraînés par les eaux. Le jardin du presbytère perdit son mur de clôture ; toutes les murailles du jardin du moulin du château ainsi que la petite maison de la Damette furent renversées. Ce désastre causa des dommages considérables à tous les riverains et surtout au comte de Vogüé. On évalua ses pertes à la somme de 30.000 francs. (1)

Il fallut longtemps pour réparer les dégâts occasionnés par cette terrible inondation. Afin de prévenir le retour d'une pareille catastrophe, au lieu de rétablir le pont de Pépin, on préféra paver soigneusement la partie de la route, traversée par les eaux du torrent. Et, lorsqu'on se décida à reconstruire le pont de Tave, on jugea prudent d'adopter le système des ponts submersibles. Quant au jardin du presbytère, il est resté dans l'état où cette inondation l'avait laissé, sans clôture et sensiblement entamé par les eaux.

(1) Archives du château.

CHAPITRE XI

Diverses tentatives d'agrandissement de l'église.

(1839-1869)

Sommaire. — Le comte Elzéard achève de réaliser les projets de son père. — Logement des Sœurs. — Le parc du château. — Deuxième tentative d'agrandissement de l'église, suppression des piliers. — Visite pastorale de Mgr Cart. — Changement de l'abbé Carle à Pouillargues. — L'abbé Gonnet, curé de Tresques. — Ses conseils au comte Elzéard. — Bibliothèque paroissiale. — Confrérie de la Sainte-Vierge. — Troisième tentative d'agrandissement de l'église. — Préservation du choléra. — Confrérie de Notre-Dame de la Salette. — Quatrième tentative d'agrandissement de l'église. — Concession des places. — Nombreuses réclamations. — Adjudication des chaises. — Coupure des angles des piliers. — Achat d'une maison pour l'école des Sœurs. — Mort de l'abbé Gonnet. — Arrivée à Tresques de l'abbé Charrier. — Période de paix et de tranquillité. — Les désirs de Mgr Plantier.

On a vu, qu'après l'insuccès du projet, conçu par le comte Charles et relatif à l'installation des Sœurs dans l'ancienne maison Lacroix, le Conseil municipal les avait installées dans les appartements de la mairie. Ce logement ne pouvait leur convenir longtemps. Outre sa fâcheuse situation sur la place publique, au centre du bruit et de l'agitation, son éloignement de l'église le rendait impropre à des religieuses.

Après la mort du pair de France, son fils, le comte Elzéard, reprit le projet de son père et fit l'acquisition de la maison Eymard, située au pied de la grande tour et contigüe au presbytère. Il affecta généreusement ce petit immeuble au logement des Sœurs ; et, comme il manquait encore une salle assez vaste pour l'école, on pratiqua une porte de communication avec le sous-sol du presbytère et on disposa convenablement une des salles de ce sous-sol, pour en faire la salle de classe (1).

Mais le louable empressement avec lequel le comte Elzéard s'appliqua à réaliser les pensées de son père, ne se borna pas à procurer un logement aux religieuses. Le jeune seigneur ordonna de plus l'achèvement des constructions commencées à l'aile occidentale du château, dans laquelle il se choisit ses appartements particuliers. Il fit terminer tous les ouvrages de démolition, entrepris par son père, pour dégager entièrement les abords de la maison seigneuriale. Enfin, il voulut finir les plantations du parc et réparer au plus vite les nombreux dégats causés par l'inondation de 1839.

Les terrains successivement acquis, pour la formation du parc, étaient situés à l'Ouest du château, sur les deux rives de Tave et occupaient une superficie totale d'environ deux kilomètres carrés. Sur cette vaste étendue, le comte réserva, pour en faire un parc d'agrément, une étroite vallée de 900 mètres de longueur et abritée contre les vents du nord par la longue colline de la côte. La crête rocheuse de cette colline fut bientôt couronnée d'une petite forêt de pins d'Alep. Sur le penchant méridional, on planta une vigne, dont le vin généreux devait être spécialement réservé pour la table seigneuriale. Un canal profond, dont le cours suivait exactement le pied de la colline, servait à amener les eaux de Tave et de Pépin, depuis un petit lac dans lequel elles se confondaient, jusque dans l'écluse du moulin du château Ce moulin, fortement endommagé par l'inondation, ne fut pas rétabli. Les débris de son mécanisme restèrent dispersés et abandonnés comme des épaves. Mais le corps du bâtiment, après avoir été transformé, servit à la construction de somptueuses écuries et l'écluse fut changée en un grand bassin d'arrosage. De vastes prairies occupaient le fond de la vallée. Les contours irréguliers de ces prairies furent encadrés par d'agréables bosquets ou des touffes d'arbres, de nature et d'essence habilement variées. A travers ces grands massifs, le comte Elzéard fit tracer de larges allées, auxquelles on donna des directions souvent capricieuses et qui portèrent des noms en rapport avec celui des arbres plantés sur leurs bords. Il y eût l'allée des platanes et des trembles ; le rond-point des marronniers ; l'allée des tilleuls ; celle des acacias ; celle des noisetiers, etc.

(1) Des circonstances particulières retardèrent l'installation des religieuses dans ce nouveau local, jusqu'au mois de septembre 1841 (Lettre à M. de Vogüé).

Le comte se plaisait à parcourir à cheval ces allées ombreuses et fraîches, où l'on n'entendait que le bruit du vent, le bourdonnement des insectes ou le chant des oiseaux.

Cependant l'abbé Carle n'oubliait pas les intérêts de son église, ni l'exécution des projets qu'il avait conçus. S'il n'avait pu réussir à réaliser la construction d'une tribune, il essaya d'entreprendre, d'une autre manière, l'agrandissement de l'édifice. Le 10 octobre 1839, il fit rédiger une délibération à son conseil de fabrique, dans laquelle il était dit : « Considérant que l'église est trop peu spacieuse pour permettre à la population d'assister aux offices les dimanches et les jours de fêtes chômées. Considérant que les deux piliers tiennent un espace considérable dans l'église et la rendent très irrègulière... Considérant que leur suppression nécessiterait une somme de 8,000 francs, est d'avis à l'unanimité de s'adresser à Sa Majesté le roi des Français, pour la supplier d'accorder la somme de 8,000 francs sur les fonds de l'Etat pour être employée à la suppression des deux piliers et à la réparation de l'église. » (1) Hélas ! dès l'année 1543, on réclamait déjà la suppression des deux piliers, pour agrandir l'église ; mais l'exécution d'un pareil projet devait entraîner fatalement la démolition de la coupole, celle des voûtes de l'église et même de la tour du clocher. Dès lors, il était aisé de prévoir que ce système d'agrandissement absorberait non pas huit mille, mais au moins quinze mille francs.

Au lieu de faire bon accueil à la proposition du conseil de fabrique, la municipalité trouva au contraire de nombreux motifs pour la repousser. On discuta l'utilité d'une entreprise si considérable, si onéreuse et si peu avantageuse à la population. Dans le cas où un sacrifice pécuniaire s'imposerait, pourquoi se borner à agrandir de quelques mètres un édifice si vieux, si incommode, si irrégulier ? Ne serait-il pas préférable d'en construire un autre, dans un quartier plus accessible, avec une forme plus régulière, et des proportions plus convenables. On s'arrêta donc à l'idée de ne rien faire momentanément, plutôt que de tenter un généreux effort.

Ce n'est pas à dire que les habitants se montrèrent toujours craintifs ou rebelles devant tout appel fait à leur générosité. Plusieurs fois, lorsqu'il fut nécessaire de trouver quelques ressources, pour l'achat d'un objet du culte, pour l'acquisition ou la réparation de quelque ornement ou de quelque meuble, les dons particuliers ne manquèrent pas ; mais dès qu'il s'agissait d'entreprendre la restauration ou l'agrandissement de l'église, toutes les énergies

(1) Archives de la Fabrique.

étaient subitement paralysées. Tout effort généreux s'arrêtait, comme devant un obstacle insurmontable. La population trouvait cette entreprise au-dessus de ses forces.

Une preuve de cette situation se trouve dans l'ordonnance que Mgr Cart, Evêque de Nimes, dressa lors de sa visite pastorale à Tresques, le 13 novembre 1839. Sa Grandeur rend un certain hommage à la générosité des fidèles pour les choses saintes. « Nous Jean-François-Marie Cart, Evêque de Nimes, après avoir fait la visite canonique de l'église et du cimetière de Tresques, avons arrêté et arrêtons ce qui suit :

« Art. I. — Nous ordonnons que la chaire soit réparée dans le plus bref délai, si les fonds de la fabrique le permettent. »

« Art. II. — Nous exprimons le désir que l'on puisse faire une sacristie plus commode et moins humide. Nous exprimons en même temps notre satisfaction à MM. les membres de la fabrique sur la propreté qui règne dans l'église et sur le zèle qu'ils ont mis à l'entretenir et nous remercions les pieux fidèles dont les dons ont contribué à l'embellissement du lieu saint. »

« Art. III. — Nous ordonnons que l'on pratique dans la sacristie une armoire pour contenir les linges d'autel et les ornements. »

« Ainsi fait et arrêté par nous, le 13 novembre 1839. »

« ✝ François, Evêque de Nimes. » (1)

Après cette visite, l'abbé Carle s'empressa d'exécuter fidèlement les prescriptions de l'ordonnance épiscopale. Il fit exécuter quelques réparations à la chaire et à la sacristie. Enfin, il consacra une somme de 70 francs à la confection d'un meuble convenable, destiné à renfermer les ornements. Mais il ne resta pas longtemps à Tresques, après l'exécution de ces petits travaux. D'après la correspondance de M. Baume, quelques habitants avaient exprimé des doléances sur les prétendus écarts de son zèle, sur son ingérence dans les affaires de famille ; enfin on l'avait représenté comme hostile à M. Coussin, le nouveau régisseur du comte Elzéard de Vogüé. Aussi, dès la fin du mois de janvier 1840, il fut appelé à la succursale de Bouillargues et remplacé à Tresques par l'abbé Gonnet, vicaire à Bagnols.

L'abbé Gonnet était originaire de Pernes (Vaucluse). Il avait fait ses études théologiques au séminaire de Sainte-Garde. Prêtre vraiment remarquable, par sa science autant que par sa piété, l'abbé Gonnet possédait sous un extérieur un peu rude et sans formes, un caractère plein de franchise et de bonté, une âme tendre et profondément dévouée.

(1) Archives de la Fabrique.

Le comte Elzéard fut l'un des premiers de la paroisse à apprécier les belles qualités de l'abbé Gonnet et il voua à ce digne prêtre une sincère amitié. Celui-ci profita de ces dispositions, pour donner en retour au comte les conseils d'un véritable ami.

A la mort de son père, le comte Elzéard s'était vu à la tête d'une fortune considérable, consistant principalement en possessions territoriales. Les biens qui la constituaient se trouvaient situés non-seulement sur les territoires de Tresques, de Sabran et de Montclus, terres de l'ancienne seigneurie, mais encore sur les territoires de La Bastide de Goudargues, de Cambous, dans le Roussillon, en Camargue, etc. N'ayant ni le goût, ni les aptitudes pour exercer la haute administration de tous ces biens, Elzéard se déchargea entièrement de ce soin sur des hommes d'affaires. Il en eût une légion. Mais les procédés de plusieurs d'entr'eux ne méritèrent pas toujours des éloges. Le comte racontait lui-même, qu'un jour, un de ses hommes d'affaires, tombé gravement malade, l'avait fait appeler près de son lit d'agonie. C'était afin d'obtenir de sa bonté un abandon miséricordieux des quelques sommes qu'il avait pu lui soustraire, pendant sa gestion. « A quel chiffre, lui demanda le comte, peuvent bien s'élever en totalité ces différentes sommes ? Parle sans crainte, nous voilà seuls... Et, comme le malade hésitait, le comte ajouta lui-même : Est-ce cinq ou six mille francs ? — Un peu plus. — Est-ce 15.000 ?... 18.000 ? 20.000 ? — Encore un peu plus... Le comte se tut ; et le malade faisant un suprême effort déclara une trentaine de mille francs. Alors, le comte d'un air majestueux lui dit : je te les donne ; mais de grâce, meurs vite !... »

Il était aisé de prévoir qu'une fortune, quelque considérable qu'elle fut, ne pourrait longtemps résister à de pareilles dilapidations. Ici, non-seulement l'œil du maître faisait défaut, mais les goûts et les habitudes mêmes du maître contribuaient encore à agrandir les fissures du navire.

Lorsque l'abbé Gonnet apprit la vente du domaine de l'étang et de celui du Mas des Bouttes, il crut de son devoir de faire entendre un premier cri d'alarme. Avec sa franchise habituelle, rehaussée par sa sainte liberté d'apôtre, il signala au comte les écueils qu'il devait éviter, surtout ses trop fréquents voyages à Paris, les grandes soirées qu'il y donnait et ses étranges prodigalités pour les chevaux de luxe. Le comte Elzéard, bien qu'il eût brisé de bonne heure sa carrière militaire, à la suite d'un malencontreux duel, avait toujours gardé la passion des chevaux. Il tenait à honneur de posséder les plus beaux types et les plus belles races. Il recherchait pour eux les harnais les plus riches, leur faisait disposer les écuries les plus confortables, choisissait les jockeys et les palefreniers les plus habiles, allant pour cela les recruter jusqu'en Angleterre. Tels étaient enfin ses goûts pour les chevaux, qu'il ne trouvait pas de plus agréable décoration pour ses appartements privés, qu'une galerie des portraits de tous les sujets qu'il avait successivement possédés. Sa bibliothèque était remplie d'ouvrages d'équitation, de sport ou de manœuvres de cavalerie. Cependant les bons conseils et les sages avis de l'abbé Gonnet réussirent peu à peu à modérer ces goûts et ces habitudes.

La première œuvre paroissiale dont s'occupa l'abbé Gonnet, fut la création d'une bibliothèque publique. A l'aide de quelques fonds, recueillis auprès des personnes pieuses, il commença, le 1er janvier 1843, à se procurer quelques livres de lecture, capables de répandre dans les âmes la semence des bonnes doctrines. Mais il ne tarda pas à s'apercevoir que ses faibles ressources et le grand nombre d'autres œuvres qu'il avait à soutenir allaient l'empêcher de donner à cette bibliothèque tout le développement désirable ; et, il s'estima heureux de trouver dans Mme la comtesse de Vogüé une auxiliaire puissante, qui se chargea entièrement de cette œuvre. Elle forma elle-même une nouvelle et importante bibliothèque, composée d'ouvrages choisis avec goût et discernement, qu'elle confia à une personne du pays, chargée du soin et de la distribution des livres. Cette bibliothèque a existé dans la paroisse pendant 48 ans et a fourni à toutes les personnes qui aimaient la lecture un excellent aliment d'édification et d'instruction.

Dans le courant de la même année, l'abbé Gonnet, voulant communiquer à ses paroissiens quelque chose de son ardente dévotion pour la Sainte-Vierge, établit dans son église une association de prières en l'honneur du très saint et Immaculé Cœur de Marie, afin d'obtenir par sa protection la conversion des pécheurs. Les statuts de cette association furent approuvés à Nimes, par M. d'Azon, vicaire général, le 24 février 1843 ; et, le 25 du même mois, cette association fut agrégée à l'Archiconfrérie du Saint-Cœur de Marie de N.-D. des Victoires, à Paris. Conformément aux statuts de cette association, l'abbé Gonnet célébrait tous les dimanches et aux jours de fêtes d'obligation un office spécial, qui consistait dans le chant des vêpres de la Vierge, suivies d'une courte instruction et du chant du *Parce Domine* et du *Sub tuum*. Un très grand nombre de personnes de la paroisse se firent inscrire sur le registre de cette association.

Mais l'abbé Gonnet reconnut bien vite, qu'avant de chercher à introduire dans la paroisse l'esprit de dévotion et de piété, il devait commencer par procurer un peu plus d'ordre et de respect dans le lieu saint. L'exiguité de l'église occasionnait souvent de tristes incidents. Comme un grand nombre de paroissiens ne pouvaient trouver place dans l'intérieur de l'édifice, il en résultait beaucoup de dissipation pendant les offices, des troubles et des murmures à la porte, une grande gêne à l'intérieur, l'impossibilité de prier avec recueillement et de faire aucune cérémonie avec la décence convenable.

Devant ces graves inconvénients il voulut entreprendre lui aussi la restauration de la maison de Dieu. Le 11 avril 1847, il fit prendre une délibération par le conseil de fabrique, dans laquelle il était dit : « Considérant que l'église est insuffisante pour contenir la population, même en temps ordinaire. — Considérant que si les piliers qui la séparent en deux corps disparaissaient, que le chœur fut allongé de cinq mètres et qu'une chapelle fut construite du côté de l'Evangile, vis-à-vis celle qui existe du côté de l'Epître, le vaisseau serait suffisant, même les jours de grande solennité. — Considérant le désir unanime de la population pour l'agrandissement de l'église. — Vu la modicité des revenus de la fabrique, qui, en moyenne, ne dépassent pas 200 francs ; pour tous ces motifs, le conseil s'adresse au conseil municipal pour obtenir les fonds nécessaires à la réparation. » (1)

C'était la troisième tentative pour réparer cette pauvre église. Elle ne fut pas plus heureuse que les deux autres. L'abbé Gonnet, reconnaissant bientôt l'inutilité de ses efforts, pour arriver au résultat qu'il désirait, abandonna son projet d'agrandissement et se borna à faire réparer le pavé des deux nefs, qui, depuis quelque temps se trouvait considérablement détérioré.

Afin de se procurer les ressources nécessaires à cette dépense, son conseil de fabrique se vit obligé, le 3 octobre, d'imposer une rétribution sur tous les bancs de l'église ; et le 18 avril de l'année suivante 1852, dans le but d'assurer quelques revenus fixes, on décida que cette rétribution serait désormais annuelle et obligatoire. (2)

L'année 1854 plongea le pays dans la tristesse et la désolation. Le choléra exerça ses ravages dans un grand nombre de localités du département. Déjà les villages voisins de Tresques étaient atteints par le terrible fléau, lorsque M. Gonnet, dont la con-

(1) Archives de la Fabrique.

(2) Archives de la Fabrique.

fiance en Marie ne connaissait pas de borne, eût l'heureuse pensée de consacrer sa paroisse à cette bonne Mère. Il la pria et la fit prier beaucoup, pour obtenir, par son intercession, que Dieu épargnât son troupeau. Ses prières furent exaucées ; et, pour témoigner sa reconnaissance à Celle qui s'était montrée si favorable à ses vœux, il fit donner à ses paroissiens une retraite par des religieux de N.-D. de la Salette. Un de ces pieux missionnaires, le P. Sibillat, se distingua par son zèle et surtout par sa parole ardente et persuasive. Aussi, produisit-il un grand bien dans les âmes. A l'issue de cette retraite, un groupe représentant la Sainte-Vierge, dans son apparition aux deux bergers de la Salette, fut placé sur l'autel de la Vierge. Ce groupe avait été sculpté par un artiste d'Avignon, sur un bloc en pierre de taille d'une grande finesse et l'exécution était assez heureuse. Le socle portait cette inscription : « A. N.-D. de la Salette, la paroisse de Tresques, en reconnaissance d'avoir été préservée du choléra de 1854. »

Quelques jours après la cérémonie de clôture, en vertu d'une autorisation de Mgr Cart, une confrérie en l'honneur de N.-D. Réconciliatrice de la Salette était érigée solennellement dans l'église de Tresques. Cette confrérie reçut bientôt le privilège d'être affiliée à l'Archiconfrérie de même nom, érigée sur la montagne de la Salette. Enfin, comme pour cimenter les liens de cette affiliation, la comtesse de Vogüé voulut bien organiser, pendant plusieurs années, des pélerinages de jeunes filles, se rendant de Tresques au sanctuaire vénéré de l'apparition, en témoignage de piété et de reconnaissance.

Cependant si l'abbé Gonnet s'était vu obligé d'abandonner le projet d'agrandir son église, il n'avait pas renoncé pour cela à son devoir d'essayer, par tous les moyens possibles, soit de mettre fin au désordre pendant les offices, soit de procurer des places à un assez grand nombre de fidèles qui en manquaient. Pour arriver au premier de ces deux résultats, il mit à exécution, le 18 avril 1852, un projet qu'il avait conçu, depuis quelque temps, celui de confier à un suisse le soin de maintenir l'ordre dans l'église. Mais il fut bientôt obligé de supprimer cet emploi ; car, il devenait l'occasion de fréquentes disputes, de révoltes et de répugnants procès.

Pour obtenir le second résultat, l'abbé Gonnet sollicita de Mgr l'Evêque et engagea plusieurs habitants à solliciter avec lui, par voie de pétition, l'autorisation de remplacer les vieux bancs de l'église par des chaises. Le 12 mars 1856, Mgr Plantier rendit une ordonnance, dans laquelle il disait : « Vu le décret du 30 novembre 1809, réglant la transmission et la fixation des droits sur les bancs et chaises d'une église paroissiale ;

« Vu la réclamation présentée à notre vénéré prédécesseur, le 26 septembre 1854, par plusieurs habitants de Tresques, qui se plaignent de la non-exécution dans leur église du décret ci-dessus et par suite de l'état de souffrance où se trouvent plusieurs familles manquant de places. — Vu l'ordonnance portée en cette occasion par l'autorité ecclésiastique, le 25 octobre 1854, laquelle, pour des raisons plus ou moins admissibles n'a pas reçu d'exécution. — Considérant qu'un tel état de choses ne peut subsister davantage et qu'il est de notre devoir d'y mettre un terme. — Considérant que l'exiguité de l'église et partant le besoin de la population réclament que les bancs soient remplacés par des chaises, avons ordonné et ordonnons : Art. I. Le 3e dimanche après Pâques, le 13 avril, le conseil de fabrique de l'église de Tresques s'assemblera pour prendre les mesures nécessaires à l'exécution du susdit décret... » (1)

Conformément à cette ordonnance, le conseil se réunit le 13 avril ; et, dans une délibération longuement motivée, décida que toutes les places comprises dans les deux nefs de l'église « seraient mises aux enchères publiques et adjugées aux plus offrants et derniers enchérisseurs. » La même délibération contenait ensuite les clauses et conditions de l'adjudication qui devait être faite.

Il eût été téméraire de penser qu'une pareille mesure ne rencontrerait que des approbateurs. Selon les prévisions de l'abbé Gonnet, un grand nombre de personnes et généralement tous les anciens propriétaires des bancs montrèrent un profond mécontentement. La délibération avait bien essayé de prouver, dans ses considérants, que les lois du 2 novembre 1789, du 12 juillet 1790, du 30 avril 1791, du 21 thermidor an XIII, en déclarant propriété nationale les biens ecclésiastiques, avaient éteint, par cela même, tous les droits que les particuliers possédaient autrefois dans les églises. Toutes ces raisons ne furent pas admises par les récalcitrants.

A leur tête se trouvait le comte Elzéard de Vogüé. Il prétendait, pour sa part, qu'en vertu de son titre seigneurial, il avait des droits séculaires sur la chapelle Saint-Antoine. Il soutenait que les lois et les décrets ayant aboli les anciens droits seigneuriaux, ainsi que les droits de place dans les églises, étaient injustes. Par conséquent les administrateurs ecclésiastiques, en appuyant leurs actes sur ces lois injustes, commettaient eux-mêmes une injustice.

(1) Archives de la Fabrique.

L'abbé Gonnet, qui vivait dans d'excellents rapports avec le comte, lui fit remarquer qu'anciennement personne ne possédait ni droit de place, ni droit de sépulture dans les églises. Mais comme d'une part, aucun canon ecclésiastique ne permettait ni ne défendait l'établissement de ces droits et que, d'autre part, la construction des églises, leurs proportions, le nombre et la qualité de certains exercices religieux dépendaient souvent de la situation politique de la société, aussi bien que des lois et usages qui la régissaient, il en était résulté que, dans la distribution des places, il s'était introduit peu à peu des différences entre celles des rois, des princes, des seigneurs, des patrons ou des simples fidèles. Mais les droits honorifiques que ces différences avaient engendrés, ayant puisé leur origine dans la situation politique de la société, plutôt que dans la situation disciplinaire de l'église, il devait en résulter, dans la suite des siècles, des perturbations ou des modifications que l'église pouvait bien regarder comme injustes ; mais qu'elle devait subir sous peine de mort. Tels furent les principes qui guidèrent l'Eglise dans l'acceptation des concordats et dans les changements introduits par les différentes législations civiles, jusqu'au décret de 1809, qui changea totalement les formes d'acquisition et d'administration du temporel des églises.

Mais le comte de Vogüé ne voulut rien entendre à toutes ces explications et il resta inébranlable dans ses opinions. Cependant il fallait en finir. Il n'y avait pour cela que deux moyens ; ou bien agrandir l'église et par là on conservait tous les anciens droits, mais on se trouvait en présence d'une dépense de 20 ou 30 mille francs ; ou bien il fallait laisser faire de nouvelles concessions de places et alors on perdait tous les anciens droits.

Ce second système l'emporta. Il présentait beaucoup plus d'avantages à M. de Vogüé et à toute sa suite de mécontents. Il se trouvait beaucoup plus économique ; car on pensait pouvoir prolonger indéfiniment le payement des nouvelles concessions, en faisant adopter par la fabrique une résolution bien simple en apparence, mais en réalité bien hypocrite, celle de ne verser le capital de la concession que lorsque la fabrique aurait à faire une dépense importante, c'est-à-dire lorsque on construirait une autre église. Il fut donc résolu qu'on ne s'opposerait plus à l'adjudication.

Par suite d'un accord avec M. de Vogüé, le conseil de fabrique, dans sa délibération de 1856, décida qu'il ne serait pas fait de concession de places dans la chapelle Saint-Antoine ; et cela, par la raison qu'on pouvait quelquefois avoir besoin de cette chapelle, soit pour y placer un confessionnal, lorsqu'un missionnaire viendrait dans la paroisse, soit pour y refouler les enfants aux jours de grande solennité. Le véritable motif était qu'on voulait laisser la chapelle à M. de Vogüé.

Celui-ci se décida même à en faire officiellement la demande de concession, dans une lettre où il disait au président de la fabrique : « Puisque le conseil de fabrique de la paroisse de Tresques va bientôt mettre aux enchères les places des deux nefs de l'église et qu'à cause du besoin fréquent qu'il a de la chapelle attenante au château, il ne peut pas y placer des chaises et se voit ainsi dans l'impossibilité d'en retirer un revenu. Je demande au conseil de fabrique de m'en faire une concession de famille. Le fréquent besoin que la fabrique a de cette chapelle est pour moi une raison de lui faire cette demande, afin de lui faire retirer un revenu d'un objet qui est pour elle improductif. Je donne pour cela à la fabrique 500 francs en une rente annuelle de 25 francs. C'est un bien faible don que je fais à ma paroisse, en attendant que je puisse accomplir le projet que j'ai formé de lui en faire un plus grand. »

Quel était « ce projet d'un don plus considérable » que le comte se proposait de faire à sa paroisse ? Il sembla à tout le monde qu'il devait consister dans quelque restauration ou agrandissement de l'église et généralement on se prit à espérer. Mais hélas ! avant d'accomplir cette bonne œuvre, le comte voulait attendre des temps meilleurs. Et, en attendant, il se produisait toujours de nombreuses fuites dans la dispensation de ses revenus seigneuriaux, et un troisième domaine, celui de La Bastide de Goudargues, dut être mis en vente. De leur côté, les paroissiens commencèrent à se dégoûter de venir assister aux offices dans une église, où ils ne pouvaient voir ni le célébrant ni le prédicateur. N'était-il pas à craindre qu'après une trop longue attente, après de trop nombreuses désertions, un jour viendrait où l'agrandissement de l'édifice paraîtrait superflu ?

Le 1er mai 1856, le conseil de fabrique accorda « à M. de Vogüé et à sa famille, tant qu'elle existerait, » la concession de la chapelle attenante au château. Il se réserva toutefois la faculté d'établir un confessionnal dans cette chapelle et d'y refouler les enfants quand il en serait besoin. Les réparations et l'entretien de la chapelle restèrent à la charge de la famille de Vogüé, qui comprenait quatre enfants : Joseph de Vogüé, Marie de Vogüé, Raymond de Vogüé et Albert de Vogüé.

Cette concession qui fut faite à M. de Vogüé, à titre de bienfaiteur insigne de l'église, était conforme à l'art. 72 du décret de 1809. Dès lors, la situation devenait régulière. C'était ce que voulait l'abbé Gonnet. Dans sa pensée, le véritable but de la lettre qui demandait la concession et le but aussi de la délibération qui l'accordait ne tendaient qu'à rendre aux yeux des habitants la situation des châtelains semblable à celle de tous les autres propriétaires. De son côté, M. de Vogüé, en se prêtant à ces combinaisons, voulait se borner à ne pas faire de la peine à l'abbé Gonnet, mais il ne croyait pas plus avoir renoncé à ses anciens droits seigneuriaux, qu'il n'avait au fond abandonné ses anciennes opinions.

Le 27 juillet on procéda à l'adjudication générale des chaises, au nombre de 237. Qu'était ce faible nombre, sur une population de 1178 habitants ! Aussi, se trouva-t-il encore beaucoup de mécontents, parmi ceux qui n'avaient pu obtenir de places. Alors l'abbé Gonnet voulant satisfaire quelques personnes de plus, eut recours à un moyen qui ne manquait pas d'audace, mais qui était bien périlleux, très voisin du vandalisme et qui pouvait compromettre sérieusement la solidité de l'église. Il se décida à faire échancrer jusqu'à une hauteur de deux mètres les piliers qui supportaient les voûtes. Cette opération permit de trouver des places pour dix autres chaises. Mais le maçon, qui taillait ainsi ces piliers, crût bientôt s'apercevoir que la voûte de la nef primitive commençait à se lézarder et il s'arrêta dans cette œuvre dangereuse.

Le 5 octobre de cette même année 1856, on procéda à l'adjudication de ces dix places supplémentaires, et le même jour le conseil de fabrique passa avec le menuisier, Hippolyte Delhomme, un marché pour la construction d'une chaire à prêcher, du prix de 900 francs. Une personne pieuse avait déjà donné pour cet objet la somme de 300 francs et le conseil de fabrique, par une délibération du 1er janvier 1856, avait établi en faveur de cette donatrice une fondation de six francs pour trois messes à dire dans le mois de janvier, pendant vingt années consécutives. Le restant du prix de la chaire fut emprunté sur les fonds provenant d'un premier payement, en à compte de l'adjudication des chaises. Comme, à l'occasion de ce premier payement, quelques adjudicataires, mettaient peu de bonne volonté à acquitter cette première partie de leur dette, le conseil de fabrique fut obligé de s'adresser au conseil de Préfecture à l'effet d'obtenir l'autorisation de les poursuivre devant le juge de paix. Cette autorisation fut accordée par un arrêté en date du 24 juillet 1857 contre vingt neuf adjudicataires. Mais les registres de la fabrique ne contiennent aucune indication capable de faire connaître si le conseil avait exercé les poursuites, ou bien s'il avait obtenu le payement réclamè.

Peu de temps après cette importante réorganisation des places de l'église, l'abbé Gonnet voulut entreprendre une autre œuvre non moins importante, pour le bien de la paroisse, celle d'un établissement de Frères des Écoles Chrétiennes. Déjà les premières démarches avaient été remplies. L'excellent sous-prétet d'Uzès, M. Alazard, se montrait favorable à ce projet. Il ne s'agissait plus que de faire accepter la proposition par l'autorité municipale et voter les premiers fonds. Mais la municipalité ne voulut jamais approuver cette œuvre et elle la refusa avec une obstination et une opiniâtreté qui coûtèrent au maire Laurens la démission forcée de ses fonctions. Des informations particulières ont permis de savoir, que Laurens était secrètement poussé, dans la voie de cette opposition, par le comte de Vogüé lui-même, qui craignait qu'un pareil établissement, dont la première conception était due à sa femme, ne put se soutenir, sans constituer une lourde charge pour le château.

L'abbé Gonnet, voyant que ce projet ne pouvait réussir,changea la destination de la somme qu'il avait résolu d'y consacrer. Les sœurs institutrices étaient logées, depuis quelques années, dans une petite maison adjacente à la cure et appartenant à M. de Vogüé. Cette maison, outre le défaut d'être très-étroite et assez incommode, se trouvait encore malsaine. La salle de classe, étant établie dans le sous-sol du presbytère, plusieurs religieuses y avaient contracté des rhumatismes. L'abbé Gonnet fit acheter la maison Labertrande, à l'occident de la grande tour ; il y fit exécuter, en 1858, des réparations pour une somme de 1.266 francs ; et, après l'avoir convenablement disposée pour sa nouvelle destination, il y installa les religieuses de la Présentation.

En 1860, la fabrique ayant reçu un don de 500 francs par un legs contenu dans le testament de la nommée Lucie Martin, décida que cette somme serait ajoutée à celle qui provenait des payements effectués sur l'adjudication des chaises et qu'elle servirait à l'achat d'un calice et d'un ostensoir en vermeil. L'abbé Gonnet se rendit à Lyon, le 3 octobre de cette année et il acheta pour l'église de Tresques, ces deux vases sacrés, qu'il choisit dans le style du XIIIe siècle, pesant ensemble 2282 grammes et du prix de 1.650 francs.

En même temps qu'il s'occupait des œuvres paroissiales, l'abbé

Gonnet se livrait avec ardeur à l'étude. On peut même dire de lui : qu'il avait la passion de l'étude Indépendamment des jeunes gens, qu'il gardait au presbytère, pour les instruire, il s'appliquait à traiter avec le plus grand soin les conférences ecclésiastiques. Il étudiait aussi la philosophie, les sciences naturelles et surtout la botanique.

Il avait fait imprimer à Bagnols, en 1847, un ouvrage élémentaire de botanique en deux volumes in-8° de 420 pages. Il avait aussi composé une neuvaine en l'honneur de la Vierge-Immaculée. Il l'avait dédiée à Mme la comtesse de Vogüé ; et, ses paroissiens, après en voir entendu la lecture à l'église, l'avaient favorablement appréciée. Il s'occupait enfin, d'un important ouvrage sur : *l'unité de la race humaine*, lorsque la mort vint le frapper. Son manuscrit, ainsi que son herbier qui était considérable, furent donnés au Grand-Séminaire de Nimes.

L'abbé Gonnet mourut le 10 février 1861. On lit dans l'acte de sa sépulture : « Nous, aumônier de l'Hôtel-Dieu de Bagnols, avons donné la sépulture ecclésiastique à M. Prosper-Hilarion Gonnet, curé de la paroisse de Tresques, prêtre aussi remarquable par sa science que par ses vertus. Il a emporté les regrets de tous ses paroissiens et ses funérailles se sont faites avec le plus de pompe possible. Non-seulement tous les habitants de Tresques y ont assisté, mais il y a eu même dix prêtres des environs et l'affluence des populations, accourues du dehors, a été tout-à-fait considérable. Les prêtres présents étaient : MM. Lambert, curé de Connaux ; Patron, curé de Saint-Victor ; Bouard, curé de Pouzilhac ; Montagne, curé de Gaujac ; Gebelin, curé de Cavillargues ; Sabran, curé de Colombiers ; Villaret, curé de Saint-Michel ; Labertrande, curé de Labastide d'Engras : Laurent, curé de Saint-Nazaire ; Channa, curé de Saint-Gervais ; Laurent, vicaire de Laudun ; Joly, curé de Saint-Paul-les-Connaux ; Rath, curé de Saint-Pons-la-Calm ; Dumas, vicaire de Bagnols ; Calas, curé du Pin ; Besson, vicaire de Bagnols et Delacroix, aumônier de l'Hospice de Bagnols.

Après la mort de l'abbé Gonnet, l'autorité ecclésiastique envoya, pour exercer à Tresques le saint ministère, l'abbé Charrier, chanoine honoraire, ancien curé du Vigan et retiré depuis quelques années à Bagnols. En choisissant ce prêtre déjà avancé en âge, l'Evêque de Nimes n'avait pas l'intention de le laisser longtemps à la tête de la paroisse et ce ne fut, qu'à titre provisoire, que M. Charrier prit possession de la succursale. Cependant les années se succédèrent ; et, comme rien ne vint troubler la paix et la tranquillité de la paroisse, l'administration de l'abbé Charrier se prolongea pendant huit années. C'est ainsi que l'on voit quelque fois une période de calme et de repos succéder à une période d'activité et d'agitation.

Deux circonstances du reste contribuèrent puissamment à cette tranquillité. D'une part, les rênes du pouvoir municipal avaient été confiées aux mains d'un homme particulièrement doué de prudence, d'une rare droiture et simplicité, M. Charles Labertrande. Il exerça pendant 14 ans les fonctions de Maire, sans avoir jamais voulu connaître ni favoriser aucun parti. Aussi pendant sa longue carrière administrative, il réussit à éteindre tout à fait les trop fameuses « torches de la discorde. » D'autre part, à cause de sa vieillesse, l'abbé Charrier n'entreprit l'exécution d'aucune œuvre paroissiale un peu importante. Il se borna à recueillir et à savourer les fruits de celles que ses prédécesseurs avaient semées. En de telles conjonctures, l'ennemi du bien ne pouvait trouver aucune occasion pour soulever des contradictions et des tempêtes.

Cependant à cette époque, l'illustre évêque de Nimes, Mgr Plantier, semblait s'être donné la glorieuse mission de susciter, sur tous les points de son diocèse, la construction de nouvelles églises ou la restauration des anciennes. Dans le cours d'une visite pastorale qu'il fit au Pin, au printemps de 1865, comme il déterminait les conditions dans lesquelles il souhaitait que l'église de ce village fut reconstruite, ayant aperçu l'abbé Charrier, parmi les prêtres qui l'entouraient, il lui dit de la manière la plus aimable : « et votre église de Tresques, quand son tour viendra-t-il ? » L'abbé Charrier lui exposa alors respectueusement qu'une telle entreprise rencontrerait, dans la paroisse, un obstacle préliminaire très sérieux ; obstacle, résultant de la prétention mutuelle et jalouse que s'attribuaient le seigneur d'un côté et la population de l'autre, sur le choix de l'emplacement d'une nouvelle église. Les châtelains ne pouvaient consentir à être privés de l'antique et précieux voisinage de la maison de Dieu. La population réclamait au contraire un édifice, construit, non pas au sommet, mais au bas du côteau, au centre du village. Ce désaccord initial, dans une œuvre aussi délicate et aussi complexe, était de nature à paralyser les volontés, à arrêter les efforts généreux et à tarir les sources d'où pouvaient découler les dons et les offrandes nécessaires.

Malgré les désirs de Mgr Plantier, l'abbé Charrier n'eut garde de s'engager dans une œuvre qui ne pouvait lui susciter que des conflits. Il se borna à augmenter un peu le mobilier de sa vieille église, en faisant l'acquisition de deux ornements blancs, pour la messe et de deux bannières, pour les processions.

Quelques personnes pieuses se cotisèrent et firent remplacer l'autel en bois doré de Saint-Joseph, par un petit autel en marbre blanc, commandé à Avignon. Le chœur de l'église s'enrichit d'un petit orgue d'accompagnement et, grâce à l'intervention de la comtesse de Vogüé, les décorations de l'église à toutes les fêtes, les illuminations, le chant des cantiques ne laissaient rien à désirer. Tresques n'avait rien à envier aux grandes villes.

CHAPITRE XII

Projet d'une nouvelle église.

(1869-1872)

SOMMAIRE. — Les vœux de Mgr Plantier. — Mission confiée à l'abbé Bouzige. — Arrivée d'un nouveau curé. — Dispositions des esprits. — Première visite au comte de Vogüé. — Confection du plan et souscription volontaire. — Deuxième visite au comte de Vogüé. — Approbation du conseil municipal. — La séance des plus imposés. — Protestation du Comte. — La récolte des signatures. — Réfutation de la protestation. — La guerre de 1870. — Les élections. — La République et la commission municipale. — La mort de Joseph de Vogüé. — Ses funérailles à Tresques. — Le général de Polhès à Tresques. — Visite pastorale de Mgr Plantier. — Vente du domaine seigneurial. — Réparations à la chapelle de Saint-Martin. — Abandon du projet. — Réparation de l'horloge communale.

VERS le milieu de l'année 1869, grâce à l'énergique élan imprimé dans tout le diocèse par Mgr Plantier, on avait déjà reconstruit ou restauré un grand nombre de vieilles églises. On disait bien : que la plupart de ces nouveaux édifices n'atteindraient pas une durée séculaire, comparable à celle des anciens monuments dont ils devaient occuper la place. Mais, s'il y eût dans certaines constructions quelques déplorables malfaçons, il serait injuste d'en faire remonter la cause au promoteur même de l'œuvre. Les promoteurs d'églises ont toujours été et seront toujours les évêques. Ce qui a malheureusement changé, c'est le système d'exécution des travaux. Avec les adjudications au rabais, avec la manie du « faire vite », l'amour du clinquant et de la légèreté, enfin, avec la parcimonie qui a trop souvent présidé au choix des matériaux, est-il étonnant qu'on ne puisse prédire, à plusieurs constructions contemporaines, qu'une durée éphémère ?

Du reste, quel projet d'église a-t-on jamais pu exécuter, surtout dans les campagnes, sans voir apparaître sur cette œuvre une sombre nuée de difficultés. Elle serait longue, si on l'écrivait, l'histoire des contrariétés, des luttes, des orages soulevés par le tourbillon des passions humaines ! Vanité d'un architecte qui veut faire grand. Caprice d'un maire qui veut tout gouverner. Exigences des conseillers municipaux. Jalousies des habitants. Guerres sur la forme, les dispositions ou l'emplacement de l'édifice. Intérêts électoraux. Retards de la bureaucratie. Rapacité des entrepreneurs. Oublis considérables dans les prévisions du devis. Critiques nombreuses. Lamentations sur les dépenses. Incommodités d'un local provisoire. Suspension des travaux. Etc. etc.

Quoi qu'il en soit, à cette époque, Mgr Plantier manifestait plus hautement que jamais son désir de voir construire une autre église à Tresques. Lors de sa visite pastorale au Pin, Sa Grandeur avait compris que l'abbé Charrier ne consentirait jamais à se charger des préliminaires d'une telle entreprise. Il fallait pour une pareille tâche, un prêtre plus jeune, plus actif et possédant déjà quelques connaissances pratiques sur le formalisme administratif ou les artifices villageois. Le prélat jeta les yeux sur l'abbé Bouzige, depuis sept ans curé de Lédignan. Ce jeune prêtre avait déjà fait construire, en 1858, l'église d'Elzeet réparer celle de Mâlons. De 1863 à 1869, il avait fait bâtir le presbytère de Lédignan, fondé la paroisse et préparé la restauration de l'église. Sa Grandeur chargea son secrétaire particulier, l'abbé de Cabrières, d'envoyer à ce modeste succursaliste ses lettres de nomination à la paroisse de Tresques et de lui faire connaître : qu'on lui confiait la mission d'y reconstruire l'église.

Dans les premiers jours de septembre 1869, l'abbé Charrier se retira à Bagnols et l'abbé Bouzige arriva à Tresques, le 28 du même mois. Il fut installé, le 1er octobre, dimanche du Rosaire.

Avant d'entreprendre l'œuvre importante dont il était chargé, il voulut étudier les dispositions des esprits et connaître les vœux des habitants. Dans ce but, il profita de la première visite qu'il fit à ses nouveaux paroissiens, quelques jours après son installation, pour travailler à démêler les préférences de chaque famille. Il reconnut bientôt de nombreux indices de division. Les uns, en effet, à la nouvelle qu'on allait reprendre la question de l'église, avaient ouvert leur cœur à l'espérance. Les autres avaient manifesté des craintes et des alarmes au sujet des énormes sacrifices pécuniaires, que la commune serait obligée de s'imposer. D'autres enfin, avaient émis des doutes sur le succès d'une entreprise, dans laquelle les préférences de la population ne seraient que trop inconciliables avec les exigences des châtelains.

Le 10 novembre, le nouveau curé se rendit au château, pour s'ouvrir au comte Elzéard sur la mission spéciale que Mgr l'Évêque lui avait confiée. Mais le comte, oubliant sans doute « le projet qu'il avait formé de faire un don important à sa paroisse » ne daigna manifester aucune préférence au sujet de l'église. Il chercha même à écarter, comme inopportune, toute idée de construction ou de réparation.

Cependant, vers la fin de l'hiver, quand l'abbé Bouzige eût acquis la certitude que la majorité de la population réclamait une église, sur un autre emplacement ; après avoir consulté son conseil de fabrique, il fit appel à M. Germer-Durand, architecte à Nimes, le priant de dresser les plans et devis d'un projet complet. Puis, tandis que l'architecte se livrait à ce travail, le maire et le curé parcouraient ensemble toute la commune, à l'effet de procéder à une souscription volontaire soit en argent, soit en travaux, afin de trouver les voies et moyens d'exécution.

Dès le milieu du mois de mars les sommes souscrites avaient atteint le chiffre de 9.600 francs. En ajoutant à ce chiffre les 6.500 francs, résultant des sommes encore dues sur l'adjudication des chaises, on arrivait à un total de 16.100 francs. Alors, le maire et le curé jugèrent qu'il était convenable d'aller trouver le comte de Vogüé afin de s'entendre avec lui. Ils se rendirent au château, le 20 mars, à 5 heures du soir et le curé Bouzige prit, le premier, la parole.

« Notre visite, M le Comte, a pour but de vous faire connaître, qu'afin de nous conformer aux ordres de Mgr l'Evêque et afin de connaître les vœux de la population, relativement à la construction d'une nouvelle église, nous avons commencé une souscription qui s'élève déjà au chiffre de 16.000 francs. »

M. le Comte. — C'est beaucoup.

M. le Curé. — Avant de mettre définitivement à l'étude un projet quelconque, nous désirerions savoir quel serait votre avis, M. le Comte, et quelles seraient vos préférences tant sur la construction elle-même, que sur le choix d'un emplacement.

M. le Comte. — Vous connaissez déjà mon avis, M. le Curé, sur le projet de construction d'une nouvelle église. Je vais vous le résumer avec franchise et netteté dans un seul mot : *Non est hic locus*. Le moment n'est pas venu. Les années sont trop mauvaises. Les vers-à-soie ne donnent que des déceptions. Pour faire une nouvelle église, il faudrait une somme trop considérable, au moins 60.000 francs. Quant à moi, je ne suis pas en mesure de faire quoi que ce soit et j'ai même recommandé à Madame de ne rien vous promettre, parce qu'elle n'est pas en mesure. Du reste, il me semble qu'il n'y a pas une nécessité bien grande de faire une nouvelle église. Celle que nous avons est très convenable. Ah ! si elle menaçait ruine ; s'il lui était arrivé quelque catastrophe, je serais le premier à me mettre sur les rangs et à dire : imposons-nous des sacrifices, privons-nous de quelque chose, supprimons, s'il le faut, un repas, et mettons-nous à l'œuvre. Mais, dans le cas présent, rien ne réclame cette construction.

M. le Curé. — Le principal motif qui fait réclamer la construction d'une nouvelle église, c'est l'exiguité de l'église actuelle.

M. le Comte. — Il est bien rare que les églises soient suffisantes pour contenir la population de chaque paroisse. Dans beaucoup de villes, il en est ainsi. Et, en particulier l'église Saint-Roch, à Paris, bien qu'elle possède des proportions immenses, je l'ai vue souvent trop étroite pour contenir les flots de la population qui s'y pressait à certains jours.

M. le Curé. — Dans les villes, l'exiguité des églises pourrait, en quelque sorte se tolérer, mieux que dans les villages, parce que ces édifices sont plus nombreux et on y célèbre des messes à toutes les heures de la matinée. La trop grande affluence ne vient que d'un motif de curiosité ou de paresse, qui fait affluer tout le monde vers la même église, à la même messe, à la même heure. Dans les villages, il n'y a jamais qu'une ou deux messes et il faut que toute la population y arrive en même temps.

M. le Comte. — Du reste, M. le Curé, je crois que le défaut d'espace, dans votre église, ne se fait remarquer que deux ou trois fois par an. Car, la pratique des devoirs religieux tend malheureusement à diminuer chez nos populations.

M. le Curé. — Je demande pardon à M. le Comte. Dans la paroisse de Tresques, les offices religieux sont encore très fréquentés. Je pourrais vous citer 250 personnes qui nous ont demandé des places et qui gémissent de ne pas en avoir. Du reste, les calculs sont faciles à faire. La population est de 1178 habitants. En supposant, ce qui est bien au-dessous de la vérité, que la moitié seulement fréquente les offices, il faudrait 600 places à offrir aux fidèles. Or, l'église, que j'ai mesuré très exactement, ne contient que 117 mètres de superficie et elle ne peut renfermer que 248 chaises. Reste donc à pourvoir, pour les temps ordinaires, à 300 places.

M. LE COMTE. — On aurait dû laisser les vieux bancs. Ils étaient très grands et il y avait toujours de la place pour quelqu'un, en se serrant un peu.

M. LE CURÉ. — Un des considérants de l'ordonnance épiscopale, qui ordonnait de mettre des chaises à la place des bancs, est précisément fondé, sur le trop grand espace occupé par ces bancs et sur le petit nombre de places qu'ils fournissaient. Quelquefois, une famille de trois personnes occupait seule un banc, qui aurait pu contenir 8 personnes.

M. LE COMTE. — Enfin, M. le Curé, en supposant que vous persistiez à vouloir faire construire une église, je ne vois pas où vous pourrez trouver un emplacement. Il n'y aurait que l'ancien cimetière ; mais, outre que ce serait une profanation d'y toucher, avant dix ans, cet emplacement serait encore trop petit pour contenir l'église et le presbytère. Le seul emplacement qui conviendrait serait ce vaste pré qui est sous la fontaine publique. Là, l'église serait au centre du village et il y aurait assez d'espace pour y construire, non-seulement l'église, mais le presbytère, avec jardin pour le curé et une maison d'école pour les sœurs. Seulement, cet emplacement m'appartient et je l'ai mis en vente.

M. LE MAIRE. — M. le Comte pourrait bien nous le céder, au moins en échange de la vieille église, qui serait rendue au château.

M. LE COMTE. — Oh ! non, M. le Maire. Je n'ai que faire de cette église. Du reste, il n'est pas probable que je finisse mes jours à Tresques et elle me serait inutile.

M. LE MAIRE. — Vous serez du moins assez bon, M. le Comte, pour nous donner la préférence sur les autres acquéreurs, qui pourraient se présenter.

M. LE COMTE. — Oh ! oui ; si la commune m'en donne le prix que j'en demande. Mais, je le répète, là, vous pourriez faire quelque chose de très bien. C'est l'emplacement le plus convenable, le plus central ; car la population, vous le voyez, tend à descendre dans la plaine. Seulement, il vous faudrait acheter la maison qui est devant le pré, afin de pratiquer une rue pour aller à l'église. Et, si le propriétaire voulait vous en demander trois fois la valeur, comme les gens de Tresques m'ont fait à moi et à mon père, il y aurait encore un moyen d'arriver à l'église par les côtés et de lui laisser sa maison, jusqu'à ce qu'il se montrât plus raisonnable dans ses prétentions. Je possède bien un autre emplacement que je pourrai vous céder gratuitement. C'est la *Glacière*. Mais je crois que ce serait trop petit.

M. LE MAIRE. — Et de plus, ce serait beaucoup trop loin du centre de la population.

M. LE COMTE. — Ah ! mon Dieu, Messieurs, je regrette, croyez-le bien, de n'être pas plus riche. Si j'avais de l'argent, je vous ferais bâtir une Métropole. C'est ce que je disais souvent à M. l'abbé Gonnet, qui était mon ami. J'ai bien des propriétés immenses ; mais je n'appelle pas cela être riche. C'est le superflu qui fait la richesse. Là où il n'y a pas de superflu, il n'y a pas la richesse. Tenez, M. le Curé, priez Dieu qu'il m'envoie trois millions de superflu et alors je me charge de tout.

M. LE CURÉ. — Ce serait très beau et très bien ; mais il n'y aurait pas un très grand mérite.

M. LE COMTE. — Ah ! pardon ; car le superflu, on trouverait toujours moyen de l'employer de quelque manière.

M. LE CURÉ. — C'est vrai ; mais je veux dire qu'il n'y aurait pas de sacrifice et par conséquent le mérite serait bien moindre (1).

Cette conversation prouvait que le comte Elzéard se désintéressait de la grande question de l'église. Devant ce parti pris d'abstention systématique, le Maire et le Curé restèrent quelque temps indécis. Cependant l'architecte ayant présenté, vers le 18 mai, les plans et devis, qui élevaient la dépense à 41,857 francs, le conseil de fabrique se vit obligé de renoncer à l'insuffisante souscription et de décider, le 5 juin 1870, que le projet serait transmis au conseil municipal, pour en poursuivre l'exécution à l'aide d'une imposition communale.

Cette fois, le conseil municipal accueillit favorablement le projet. Il reconnut la nécessité d'une nouvelle église et, dans une première délibération, prise le 19 juin 1870, il approuva les plans et devis dressés par M. Germer-Durand.

Cette approbation exaspéra M. de Vogüé, qui avait cru décourager le Maire et le Curé dans l'entrevue du 20 mars. D'habiles flatteurs lui avaient adroitement persuadé que jamais aucun projet ne saurait réunir une majorité, tant que les promoteurs ne seraient pas patronnés « par le château ».

Mais la surprise du Comte devint extrême lorsqu'il apprit que le conseil municipal, renforcé des plus imposés, devait se réunir, le 10 juin suivant, à l'effet d'établir une imposition de 0,13 c. pour 100, sur le revenu foncier, destinée à servir l'amortissement d'une somme de 20,000 francs, qu'on se disposait à emprunter au Crédit foncier, afin de subvenir aux frais de la construction.

Le Comte n'hésita pas. Il résolut de se rendre à cette séance,

(1) Copie d'un compte-rendu, envoyé à l'évêché, le 4 mai 1870.

en sa qualité de plus fort imposé. Arrivé dans la salle des délibérations, il commença par distribuer de nombreuses poignées de mains et des cigares exquis à tous les assistants. Puis, il demanda la parole et combattit vigoureusement le projet. Il s'efforça de démontrer l'inutilité de cette construction et l'énormité de la dépense. Mais il eut la malheureuse inspiration de proposer, comme projet plus avantageux, la construction d'une tribune dans le fond de la nef « actuelle » de l'église ; promettant de donner dans ce but, la petite maison adossée contre la façade occidentale. Le maire Labertrande n'eut pas de peine à réfuter ce vieux projet de tribune, depuis longtemps abandonné comme irréalisable. En effet, percer le mur occidental qui soutenait le clocher et qui était déjà considérablement lézardé ; établir dans ce mur un arceau, pour une tribune, c'était s'exposer à la ruine de l'édifice. « Et puis, dit le Maire en terminant, cette tribune, confinée dans une maison extérieure, ne serait en définitive qu'un nid de polissons. »

M. de Vogüé demanda le vote par scrutin secret. Le résultat donna, sur 17 votants, 8 voix contre et 9 voix pour l'imposition. Un pareil résultat ne donnait guère plus le droit aux victorieux de se réjouir, qu'aux vaincus de s'attrister. Aussi le comte de Vogüé ne se tint pas pour battu. Dès le lendemain il rédigea la protestation suivante :

« Monsieur le Sous-Préfet. — La délibération du Conseil municipal, renforcé de quelques propriétaires les plus imposés et par laquelle une imposition de 0.13 c. a été votée pour subvenir aux frais de construction d'une nouvelle église est tout-à-fait irréfléchie, intempestive et contraire aux intentions de la majorité des habitants.

» D'abord, il est bon de vous faire connaître que la commune de Tresques n'a pas besoin d'une nouvelle église, qu'elle en possède une, ancienne il est vrai, mais d'une solidité à durer encore plusieurs siècles, parfaitement suffisante pour la population et qu'il est d'ailleurs facile d'agrandir de manière à la rendre plus que suffisante, au moyen d'une maison attenante qu'un propriétaire voisin propose de céder gratuitement à cet effet. Que si l'accès de cette église est un peu pénible de certains côtés, il peut être rendu commode à peu de frais ; et, qu'en revanche elle a l'avantage d'être située au centre du village, à proximité du presbytère et de la maison d'école des jeunes filles.

» Il est absurde de supposer qu'une somme de 20.000 francs suffira, avec le produit de dons ou quêtes pouvant s'élever à une somme de 8 à 10 mille francs, à la dépense qu'entraînera une église destinée à une population toute catholique de 12 à 13 cents âmes. C'est une somme de 50.000 francs au moins qu'il faudrait voter et à laquelle il faudrait bien ensuite ajouter une somme de 14 ou 15 mille francs, pour la construction d'un autre presbytère, car il n'est pas présumable que lorsqu'on aura éloigné l'église de 300 ou 400 mètres du presbytère actuel, le desservant se contente de cette habitation, qui est du reste suffisante, quoique modeste. Mais alors ce n'est plus un impôt de 0.13 c. pendant 30 ans qu'il faudrait voter sur la contribution foncière, qui se porte à 10.000 francs environ, mais un impôt de 0.35 c. pour 50 ans, afin de suffire à cette dépense. En effet, il faut tenir compte non-seulement des frais de construction, mais encore de l'achat de l'emplacement, des frais d'emprunt et des honoraires de l'architecte. Il ne faut pas du reste compter sur la vente des matériaux de l'église actuelle dont la solidité rendrait les frais de démolition considérables ; et, en outre, si la démolition de l'une devait servir à la construction de l'autre, la commune serait privée jusqu'à l'achèvement de la nouvelle église de la célébration du culte, vu qu'il n'existe pas dans tout le village un local qui puisse être provisoirement employé à cet effet.

» Mais si l'on eût fait connaître la véritable dépense, on eût effrayé la population et l'on n'eût pas obtenu la faible majorité d'*une* voix. D'ailleurs le moment est-il bien choisi pour s'imposer, sans nécessité, une charge aussi lourde et pour un temps aussi long, dans une commune sans industrie, où tout doit venir du sol, alors que tous les produits du sol font défaut.

« Les soussignés osent espérer de votre haute sagesse, M. le Sous-Préfet, que, prenant en considération les observations qu'ils ont l'honneur de vous soumettre, vous refuserez votre autorisation à un vote qui aurait pour résultat de jeter dans la plus grande gêne les habitants et surtout les pauvres de cette commune. »

Avant de faire présenter cette protestation à domicile, pour recueillir des signatures, le Comte jugea prudent de se concilier les esprits par un acte imprévu de générosité. Il fit annoncer dans tout le pays, que, « vu la grande sécheresse qui désolait la campagne, il autorisait les habitants à ramasser librement de l'herbe, du bois et des fruits soit dans son parc, soit dans toutes ses propriétés. » Ensuite, grâce au concours de son intendant et de son garde particulier, qu'il envoya de maison en maison, il fut assez heureux pour recueillir sur sa protestation cent quatre-vingt-douze signatures.

Toutefois, il serait injuste d'attribuer tout le succès d'une si belle récolte de signatures au don gratuit des herbages du parc. Il faut reconnaître que les émissaires du comte se signalèrent par une extrême habileté à faire jouer tous les ressorts de la diplomatie campagnarde. Tour à tour ils employèrent les promesses ou les menaces ; provoquant ici la crainte et là l'espérance. Aux uns ils représentèrent la folie de la dépense, aux autres ils firent luire la perspective d'un avenir de paix et de tolérance ou bien tout une série de désastres prochains. C'était, du reste, le moment où la funeste guerre entre la France et l'Allemagne venait d'éclater. Nos troupes se rendaient déjà en masse sur la frontière du Rhin. Qu'allait-il arriver ? .. Que deviendraient les propriétaires pauvres, lorsque, par suite de l'imposition extraordinaire, tous les biens seraient comme grevés d'une hypothèque pour quarante ans !!...

Là-dessus, une déplorable désaffection se manifesta contre le projet de l'église. Un revirement complet s'opéra dans l'opinion publique. Ce fut une volte-face générale de la part même de ceux qui avaient souscrit des travaux ou des sommes d'argent pour concourir à la sainte entreprise.

Dès que le Sous-Préfet d'Uzès eut reçu la protestation du comte de Vogüé, il la transmit au maire de Tresques, avec prière de lui fournir ses explications. Le 31 juillet 1870, le conseil municipal se réunit et après avoir, dans une première délibération, demandé au gouvernement un secours de 10.000 francs pour aider la commune dans la construction de l'église, il réfuta dans une seconde délibération la protestation du Comte.

Il disait : « Considérant que le projet adopté par le conseil municipal ne saurait être appelé irréfléchi, puisqu'il est à l'étude depuis déjà huit mois et que depuis trente deux ans le conseil de fabrique demande une église plus en rapport avec la population. Qu'il n'est pas irréfléchi, puisque M. le Sous-Préfet a été préalablement consulté et a bien voulu donner toutes les indications nécessaires, soit pour un emprunt, soit pour une imposition extraordinaire. Qu'il n'est pas irréfléchi enfin, puisque l'autorité ecclésiastique en réclame de tous ses vœux l'exécution depuis plusieurs années.

« Considérant que le dit projet n'est pas non plus intempestif puisqu'il a été reconnu au contraire très urgent et que, si, comme le disent les pétitionnaires, il y a de 1200 à 1300 catholiques dans la paroisse, il est évident qu'une église qui ne peut contenir que 246 places est bien insuffisante. Qu'il n'est pas non plus intempestif puisque l'architecte a constaté de graves lézardes à l'édifice actuel, occasionnées par des échancrures profondes pratiquées à la base des piliers, lesquels, n'ayant plus de points d'appui ne peuvent plus supporter le poids de la voûte. Que ce projet n'est pas intempestif puisqu'il répond à un besoin réel et reconnu par toutes les personnes qui ne se laissent dominer par aucune passion ou intérêt personnel.

« Considérant que le dit projet n'est nullement contraire aux intentions de la majorité des habitants, car la pétition porte le nombre des habitants à 1300 ; or, elle ne renferme que 192 signatures et encore faut-il, pour être juste, retrancher de ce nombre, d'abord le nom des personnes étrangères qui habitent Bagnols ou les villages voisins et ensuite le nom de celles qui ont souscrit des sommes d'argent ou des travaux en nature pour la construction d'une nouvelle église ; il reste en définitive 60 signatures, ce qui ne peut évidemment représenter les intentions de la majorité.

« Considérant que le dit projet n'est nullement absurde, comme le disent les pétitionnaires, car le conseil ne pense pas qu'il y ait rien de contraire à la raison, dans les motifs qui l'ont décidé à l'adopter. » Pour tous ces motifs, etc. (1)

Cependant les plus tristes nouvelles commencèrent bientôt à arriver du théâtre de la guerre. A part un léger succès, remporté à Sarrebrük, les courriers qui suivirent ne relatèrent que des défaites. On apprit, avec autant de surprise que de déception, le triste résultat des batailles de Wœrt, de Frœschviller, Reichshoffen et Forbach. Tous les Français étaient dans la stupeur, ne pouvant se faire à l'idée que leur patrie eut cessé d'être invincible. Toutes les affaires administratives, civiles, financières, restèrent paralysées et M. Labertrande n'osa pas, dans de telles conditions, relancer le projet à la Sous-Préfecture. Il suspendit toutes les démarches, attendant des temps meilleurs.

Mais devant la persistance des désastres nationaux, l'entrain s'arrêta et l'enthousiasme de la population se refroidit. Le paysan est craintif, méfiant, facile à effrayer. Ce projet si ardemment désiré, si universellement accueilli, ce projet était devenu en deux mois entièrement impopulaire. La preuve de cette impopularité apparut évidente dans le résultat des élections municipales, qui furent faites dans le mois d'août 1870.

Pendant la nuit qui précéda le jour même du vote, une réunion clandestine résolut d'effacer, sur les bulletins électoraux, le nom de tous les conseillers qui avaient voté le projet d'église et surtout l'imposition de 13 centimes. Le maire Labertrande, malgré

(1) Registre des délibérations municipales.

quatorze années d'une administration intègre, n'arriva à entrer dans le conseil municipal qu'à une voix de majorité.

Le mois de septembre, au lieu d'amener des temps meilleurs, débuta par une série de nouveaux désastres. La capitulation de Sedan, la révolution qui éclata à Paris, le 4 septembre, ainsi que la formation du gouvernement de la défense nationale, achevèrent de détourner l'attention populaire et de la rendre même hostile à toute œuvre religieuse.

Le 4 octobre, par ordre du nouveau gouvernement, une commission municipale de douze membres fut établie à Tresques. Au moment de l'installation de cette commission, le président demanda à ses collègues : « s'ils acceptaient les fonctions qui leur étaient confiées, pour la bonne administration de la localité et s'ils voulaient en outre prêter leur concours à l'établissement de la République. » Sur leur réponse affirmative, ils furent déclarés revêtus du pouvoir municipal (1).

Le premier acte administratif, accompli par cette commission, consista dans la formation d'un rôle de taxes supplémentaires, destiné à constituer une contribution de guerre. La Banque de France s'étant montrée sourde à la demande des membres du gouvernement de la défense nationale, qui désiraient trouver l'argent nécessaire à l'équipement et à la solde de la garde nationale mobilisée, alors, toutes les communes avaient été taxées proportionnellement à leur population. Tresques reçut l'ordre, le 14 novembre, de fournir la somme de 8.036 francs. Les habitants souscrivirent sur cette somme 3504 francs et le reste fut porté sur le rôle dressé par la commission. Ce rôle s'éleva à 4.522 francs (1). Cette imposition ne souleva aucun murmure, aucune protestation. Le patriotisme faisait un devoir à tous les Français de seconder l'œuvre de la défense nationale et d'accepter les sacrifices reconnus nécessaires.

Il y eut néanmoins bien des sujets d'étonnement et de tristesse. On gémit beaucoup du choix d'un ingénieur civil pour ministre de la guerre et l'on n'augura rien de bon lorsqu'on vit centraliser, en de pareilles mains, toutes les opérations militaires. On plaignit les mobiles auxquels on ne donna que des souliers de carton, pour exécuter de longues marches, au milieu des frimas. Nombreuses furent les victimes de cette guerre néfaste. Le village de Tresques, pour sa part, en compta une dizaine, qui périrent dans divers combats.

Le 2 décembre 1870, au combat de Patay, où le régiment des

(1) Archives communales.

zouaves pontificaux se signala glorieusement, le fils aîné du comte de Vogüé fut tué ; et, la mort de cet élégant jeune homme qui devait hériter du château de Tresques, changea tout à fait les dispositions paternelles. Peu de jours après la bataille, la comtesse de Vogüé se mit en route pour se rendre à Patay et à Loigny, dans le but de rechercher le corps de son fils. Des renseignements particuliers lui avaient appris : « que le sergent de Vogüé faisait partie d'un groupe considérable de zouaves pontificaux, dont les cadavres, après le combat, avaient été entassés dans l'église de Loigny et enterrés, le lendemain, dans une fosse commune. »

La courageuse Comtesse, munie d'un sauf-conduit, traversa toute l'armée du prince Frédéric Charles, près d'Orléans. se livra ensuite à de longues et de douloureuses recherches, supporta plusieurs fois les rebuffades des officiers prussiens, souffrit horriblement dans son cœur de mère et de française et finit enfin par trouver le corps de son fils. Il fut reconnu, dit-on, au scapulaire tout spécialement brodé de ses mains maternelles. Elle fit déposer Joseph dans un tombeau provisoire du cimetière de Loigny et quelques semaines après, on le transporta à Tresques, pour être inhumé dans la chapelle de Saint-Martin.

La cérémonie des funérailles fut imposante. Le cercueil avait été placé sur un riche catafalque, dressé en forme de pyramide, sous l'arceau de Saint-Joseph, entre les deux nefs de l'église. Les quatre angles de la pyramide étaient décorés de fleurs et d'oriflammes, aux couleurs françaises et pontificales, rappelant par des inscriptions les combats de Patay, de Loigny, de Mentana et de Rome. Le clergé des paroisses limitrophes s'était rendu à l'appel du curé Bouzige ; et l'abbé Astier, curé de Laudun, fit l'éloge des zouaves pontificaux, « de ces héros magnanimes qui avaient si généreusement donné leur sang pour les deux plus nobles causes qui soient au monde : « Dieu et la Patrie. » Au moment du départ pour les funérailles, un détachement de la garde nationale se rangea autour du cercueil. Toute la noblesse du canton de Bagnols et une grande partie des populations voisines de Tresques se joignirent au cortège et grossirent les rangs de l'immense procession, qui se déroulait depuis l'église du village jusqu'à la chapelle rurale de Saint-Martin, où était le tombeau.

A ces obsèques vraiment seigneuriales, le Comte Elzéard suivit sombre et soucieux le cercueil de son fils. Son attitude révélait à la fois une grande douleur et une immense déception. Elle trahissait, avec des espérances à jamais perdues, beaucoup d'incertitudes sur les résolutions à prendre. A son retour de la guerre, Joseph devait contracter un riche mariage ; et dans cette noble alliance, le père se flattait de trouver le moyen de réparer la brèche faite à sa fortune. La mort était venue ravir cet espoir et détruire ces projets.

Quelques jours après les obsèques de son fils, le comte Elzéard reçut en son château de Tresques la visite du général de Polhès, son vieil ami, qui, pendant la guerre, avait été chargé de la défense d'Orléans. Il venait auprès de son ami, rédiger, dans le calme et la solitude, un rapport militaire qu'il destinait au ministre Freycinet, afin de justifier ses opérations devant cette ville. Les deux amis se donnèrent dans cette occasion de mutuels conseils. Ce fut dans ces épanchements de l'amitié, que le général crut devoir engager le Comte à vendre son domaine de Tresques et à se retirer dans son château de Camboux. Toutefois ce projet devait rester secret pendant toute l'année 1871. Ce secret fut bien gardé ; et, c'est ce qui empêcha longtemps de comprendre le vrai motif qui portait le comte de Vogüé à se désintéresser, avec tant d'obstination, de l'importante question de l'église.

Dans les premiers jours du mois de mars 1871, Mgr Plantier ayant fait annoncer une visite pastorale à Tresques, le curé Bouzige s'empressa d'inviter le Comte à dîner au presbytère avec Sa Grandeur. M. de Vogüé accepta volontiers l'invitation, mais à la condition « qu'on ne parlerait pas devant lui de l'église de Tresques. » Le secrétaire de l'Evêché, averti de ce désir, qui paraissait bizarre, répondit le 16 mars 1871 : « Il n'est pas douteux que Monseigneur s'occupera, en passant à Tresques de la construction de la nouvelle église, mais il ne le fera pas *inter pocula*. Et, s'il croit devoir *privatim* exprimer quelque vœu à M. le Comte, il aura soin de ne point le froisser. »

On ne connut officiellement, que le 1er janvier 1872, la vente du château et des domaines de Tresques et de Boussargues. Cette vaste propriété avait été acquise, au prix de 800.000 francs, par M. Fortunet aîné, de Carpentras, conjointement avec sa fille, Mme Emilie Fraisse. Ils ne tardèrent pas à en prendre possession, dès les premiers jours de février de cette année. Les de Vogüé ne conservèrent à Tresques, comme propriété, que le petit enclos de Saint-Martin, avec son antique chapelle, où se trouvait, depuis 43 ans, le tombeau de la famille.

Après le départ du Comte, le curé Bouzige fut chargé, par la comtesse de Vogüé, de diriger certains travaux de réparation à cette chapelle, dont l'entretien avait trop longtemps été négligé.

Le 17 septembre 1872 on commença la restauration totale de la toiture en pierres. La voûte et l'intérieur de la chapelle furent également réparés et un autel en terre cuite, venu de Toulouse, fut placé dans le fond de l'abside. Quelques années plus tard, on refit le mur oriental de clôture qui menaçait ruine et un solide portail en fer remplaça la vieille claire-voie en bois qui tombait de vétusté.

Ni la visite de Mgr Plantier, ni le départ du Comte, ni l'arrivée des nouveaux propriétaires du château n'offrirent aucune occasion favorable pour réveiller l'ardeur en faveur de l'église. Le grand projet paraissait universellement abandonné. Bien plus, non-seulement le curé Bouzige ne trouvait plus dans toute sa paroisse le plus petit symptôme de bonne volonté, mais encore il découvrait de toute part des indices de défiance, de discrédit et d'impopularité.

La désaffection si habilement suscitée contre le projet, avait atteint sa personne même. On le représentait comme un « jeune et prétentieux léader, avide d'exciter des enthousiasmes intempestifs et d'inventer des projets ruineux pour les finances communales. » Il comprit dès lors la nécessité de refaire sa popularité, en donnant au plus tôt des preuves de son dévouement au pays. Une circonstance le servit merveilleusement.

Il avait trouvé au sommet d'une petite tour bâtie dans l'angle sud-est du clocher, un vieux mécanisme d'horloge, abandonné depuis plus de 30 ans, enseveli dans la poussière et rongé par la rouille. Il s'empressa de recueillir avec soin toutes les pièces de cette misérable machine, les nettoya, les rajusta, les restaura une à une. Ensuite, il rétablit à ses frais les pièces qui manquaient ; et enfin, après deux mois d'un travail minutieux et délicat, il réussit à radouber la vieille horloge et à lui rendre le mouvement et la vie.

Une véritable explosion de joie éclata dans tout le village, le jour où, pour la première fois depuis 30 ans, on entendit résonner sur la petite cloche de l'église le tintement monotone des heures. Bientôt les pendules, les montres, les réveille-matin, les cartels et même les tournebroches affluèrent au presbytère, pour y trouver la guérison de leurs infirmités. La glace était désormais rompue entre le pasteur et le troupeau. La confiance populaire revenait rapidement vers le prêtre. Sans doute elle n'accourait que portée sur les ailes de l'intérêt et, d'autre part, elle causait un peu de déplaisir aux horlogers de Bagnols ; mais enfin, elle rétablissait l'idée du dévouement sacerdotal.

CHAPITRE XIII

Adoption du projet de restauration

(1872-1887)

SOMMAIRE. — Regrets sur l'abandon du projet d'une nouvelle église. — Achats de rentes sur l'État. — Réparations au presbytère et à l'église. — Le lavoir public construit dans Tave. — Accident à la grosse cloche. — Elections municipales de 1881. — Départ de Sœur Colombe. — Refonte de la cloche. Assassinat du sonneur Camp. — Mgr Besson, évêque de Nimes. — Sa première visite à Tresques. — Son avis de réparer l'église. — Contrariétés. — Lettre de l'Evêque. — La souscription. — Premiers plans et devis de restauration. — Modifications. — Approbations. — Enquête *de commodo et incommodo*. — Réponses à cette enquête.

Ce ne fut pas sans regret que l'abbé Bouzige se vit obligé, devant le manque de ressources, de surseoir à son œuvre et de laisser dormir dans les cartons de la fabrique, les plans et devis de M. Germer-Durand. Toutefois, il ne renonça pas à l'espoir de reprendre, un jour, son projet, ou bien de poursuivre sa mission d'une autre manière.

On a dit que l'Eglise catholique était « une recommenceuse perpétuelle. » Il doit en être de même de ses ministres. Et pourquoi pas ? Le but que le prêtre poursuit, dans toutes ses œuvres, n'est-il pas le salut éternel des âmes ? Et, peut-il jamais renoncer à ce but ? Sans doute, les fruits de son zèle ne peuvent arriver à maturité que sous les rayons du soleil de la grâce ; mais n'est-il pas vrai que son rôle à lui consiste à toujours planter, semer et arroser, laissant à Dieu le soin de donner l'accroissement et la récolte.

Résolu d'attendre patiemment l'occasion favorable pour reprendre son œuvre, le curé Bouzige s'appliqua de suite à réunir les éléments nécessaires pour un succès futur. Il commença, dès le 25 août 1871, à déposer à la Recette Générale les économies de sa fabrique et acheta pour son église des rentes sur l'Etat. Après un premier versement de 500 francs, il en opéra un second, de la même somme, le 8 novembre 1872. Un troisième versement, à la date du 31 janvier 1874, s'éleva à 1384 francs. Un quatrième à la date du 10 juillet 1875 se monta à 793 francs. En considérant qu'à cette époque le taux de la rente se trouvait peu élevé, il était aisé de prévoir que, dans un avenir plus ou moins prochain, toutes ces sommes formeraient un capital pouvant aider, sinon à construire une nouvelle église, du moins à réparer convenablement l'ancienne.

Pour réaliser tous ces prélèvements sur les fonds disponibles de sa fabrique, le curé Bouzige dût s'imposer de sévères habitudes d'économie. Toutefois, il trouva encore le moyen de subvenir au double entretien de l'église et du presbytère. En 1874, il remplaça l'ancien chemin de la Croix, par 14 tableaux en chromolithographie, soigneusement choisis et expédiés par le capitaine Bayet, retraité à Toulouse. Dans le mois d'octobre de la même année, il entreprit des améliorations importantes au presbytère, où il fit construire un corridor, pour servir de passage, de la porte d'entrée jusqu'au salon et il fit refaire plusieurs parties du pavé avec des briques hydrofuges. (1)

Depuis longues années l'église n'avait reçu aucun entretien. Le chassis de la grande fenêtre ogivale était vermoulu, branlant et incapable de résister aux coups du vent du nord. Il devint urgent de le rétablir à neuf. Les deux portes d'entrée tombaient de vétusté ; elles furent renouvelées. Le pavé des deux nefs et les deux escaliers extérieurs réclamèrent à plusieurs reprises des réparations. La plus grande partie des linges et des garnitures d'autel, les ornements de deuil et les manteaux funèbres durent être changés. A l'occasion de la visite pastorale de Mgr Plantier, des canons d'autel et huit costumes d'enfants de chœur furent achetés à Avignon. (1).

Bien que l'utilité de toutes ces dépenses lui fut démontrée, l'abbé Bouzige ne les accomplissait qu'à regret. A ses yeux, c'était l'église elle-même qui réclamait des améliorations plus impérieusement encore.

Lorsque le Gouvernement rendit à la commune les 4000 francs, que celle-ci avait fournis pour l'équipement des mobiles, le curé exprima le désir que cette somme fut réservée pour être affectée à l'église. Mais la majorité de la population réclama, avec la

(1) Archives de la Fabrique.

plus vive instance, la construction d'un lavoir public, construction après laquelle elle soupirait depuis 45 ans. Le maire Labertrande, revenu au pouvoir, depuis le rétablissement des élections par l'Assemblée Nationale, préféra se rendre au vœu de la population. Le lavoir public fut enfin construit, non pas près de la tour méridionale, mais dans le lit de la rivière de Tave, sur un emplacement que Mme Graisse voulut bien donner gratuitement et à titre de bien-venue.

A partir de ce moment, les occasions de grossir le petit capital. mis en réserve pour l'église, ne se présentèrent plus. Mais par contre, bien des motifs plus ou moins spécieux de dépenser cet argent, si péniblement économisé, ne manquèrent pas de s'offrir. Heureusement le curé trouva toujours le moyen de rendre ces fonds intangibles.

Le 15 janvier 1879, après la dernière sonnerie des offices religieux de l'Adoration perpétuelle, on constata avec surprise que la grosse cloche s'était félée, par suite d'un accident dont la nature resta toujours inconnue. Vainement, quelques jours après, on fit pratiquer, avec le forêt, un petit trou rond à l'extrémité de la félure, afin d'en arrêter les progrès. Ce stratagème n'eût aucun succès. Vainement aussi, on accueillit les propositions d'un ouvrier italien, qui proposait le système du soudage. Cet ouvrier recula lui-même devant les difficultés de l'opération. Enfin, les membres du conseil de fabrique, réuni en séance de Quasimodo. se décidèrent à proposer la refonte de cette cloche à l'aide des fonds capitalisés pour l'église.

Tel n'était pas l'avis du curé. Mais loin de combattre ouvertement la proposition de refonte, il parut l'adopter, en déclarant toutefois : « qu'avant de rien décider, soit sur la descente, soit sur la réinstallation de la cloche, il était prudent de réclamer l'avis du conseil municipal. Ne serait-il pas téméraire, en effet, d'aller de l'avant, à cause des lézardes du clocher et de la voûte de l'église ? Il était nécessaire, non seulement de pressentir les dispositions de la commune, mais encore d'obtenir, de sa part, une autorisation régulière. » (1)

Quand cette demande d'autorisation arriva à la mairie, les conseillers municipaux craignirent d'assumer une trop lourde responsabilité ; et, dans le but de s'éclairer sur l'opportunité d'un acquiescement ou d'un refus à la requête, ils déléguèrent un architecte de Bagnols, M. Degan, pour vérifier l'état de la voûte et du clocher.

(1) Archives de la Fabrique.

L'architecte se livra à une sérieuse inspection de tout le monument, en compagnie du curé lui-même et déclara sous forme de conclusion : « qu'il y aurait imprudence, non pas à placer, mais à faire sonner à grandes volées une nouvelle cloche du poids de 650 kilogs dans une pareille tour. De tels balancements pourraient être funestes à des murailles déjà profondément lézardées. » Devant cette conclusion, le curé fit observer : « qu'il serait peu avantageux à la fabrique de dépenser une somme considérable, pour la refonte d'une cloche, susceptible seulement d'être tintée. »

Les choses en restèrent là, pendant près de deux ans. Dans la pensée d'éviter des frais à la commune et, peut-être aussi pour ne pas fournir de document, sur lequel la fabrique pourrait plus tard s'appuyer, à l'effet de réclamer des réparations à l'église ou au clocher, le maire dispensa l'architecte de rédiger son rapport d'inspection.

Deux ans plus tard, le 9 janvier 1881, on procéda à des élections pour le renouvellement du conseil municipal. Depuis 47 ans, le choix des électeurs s'était toujours maintenu dans les limites d'une même catégorie d'habitants et, bien que la France, depuis les dix dernières années, se fut donné un gouvernement républicain, aucune élection régulière n'avait réussi à arracher le pouvoir aux conservateurs. Mais ce jour-là, l'état de santé du maire Labertrande ne lui ayant pas permis de présider aux opérations électorales et, celui-ci ayant dû confier la présidence à un adjoint inexpérimenté, l'ancienne méthode de régularité fut entièrement mise de côté. Quelques jeunes audacieux, aidés d'un petit nombre de comparses, non contents d'avoir intimidé certains électeurs au moment de leur vote, convertirent le dépouillement du scrutin en un véritable escamotage. Finalement, le résultat contre lequel personne ne protesta. fut l'entrée à la mairie du parti républicain.

Après ce succès. les prétendus élus ne se possédèrent pas de joie. Le jour même de leur triomphe, ils publièrent le programme des admirables réformes qu'ils se proposaient d'accomplir. Améliorations dans la situation du pauvre peuple, sérieux entretien des chemins ruraux, laïcisation de l'école des filles, etc. etc.

L'école des filles, confiée depuis 42 ans aux Sœurs de la Présentation, était dirigée depuis les sept dernières années par une petite religieuse, dont la douce influence, toujours grandissante, paraissait constituer un obstacle et un danger aux projets des libéraux. Cette excellente institutrice, non contente de s'appliquer avec ardeur au travail de sa classe, retenait auprès d'elle toutes ses élèves, présidant à leurs jeux, à leurs promenades, à leurs amusements. Elle avait même organisé une nombreuse congrégation dont le but était de détourner les jeunes filles de la danse et des plaisirs mondains. N'était-il pas urgent d'éteindre un pareil foyer de réaction et de cléricalisme ?

Mais avant l'installation de *la laïque*, avant l'inauguration de ce nouveau système d'enseignement breveté, avec garantie du gouvernement, la disparition de Sœur Colombe s'imposait. On réclama son changement avec tant d'insistance, auprès de la supérieure générale, qu'on finit par l'obtenir. Le 18 mai 1881 cette excellente religieuse dut quitter Tresques en emportant les regrets de toute la paroisse.

Les supérieures de la Présentation voulurent bien envoyer encore une autre directrice, jusqu'à la fin de l'année scolaire. Mais, dès le 21 septembre 1881, la Mère générale écrivait au curé : « A cause des instantes réclamations de l'autorité municipale, nous avons retiré, dans le courant de l'année, la directrice de notre petite œuvre de Tresques. Un changement de titulaire n'a pas amélioré la position ; et, quoique les tracasseries soient d'un autre genre, nos bonnes sœurs se trouvent dans l'impossibilité d'opérer le bien. Elles en souffrent ; et notre but n'étant pas atteint, nous croyons devoir les rappeler d'une manière définitive. » Après avoir lu cette lettre, l'abbé Bouzige écrivit aussitôt à l'Evêché de Nimes, afin de prier le vicaire-général Clastron d'user de son influence, pour faire revenir la supérieure sur sa résolution. Tout fut inutile ; et, le 30 septembre, l'avant-veille de l'ouverture des classes, deux religieuses avaient à Tresques déclarer au maire Teissier que le couvent n'avait plus de directrice pour son école, et qu'elles venaient elles-mêmes reprendre le mobilier. La *laïcisation* était accomplie.

Il faut le dire, cette petite école ne tombait pas sans gloire. Elle avait brillé pendant 42 ans d'un éclat soutenu, incontesté et l'Académie avait décerné la médaille d'honneur à une de ses directrices, la Sœur Agathe-de-la-Croix. Etrange fragilité de la reconnaissance populaire ! Dès le début de la lamentable campagne de laïcisation et de mensonges, entreprise par le Gouvernement, une partie de la population, égarée et trompée par les idées nouvelles, avait déserté lâchement la cause de ces admirables religieuses, qui avaient travaillé pendant près d'un demi-siècle à former des épouses instruites, honnêtes et fidèles. L'autre partie des habitants, bien qu'elle eût vite compris les noirs projets des sectaires, ne montra aucune indignation. Elle assista muette, presque indifférente, comme frappée d'aveuglement et d'une sorte d'anesthésie morale, au départ des sœurs. Elle ne sut pas apprécier, en ce moment, l'immense perte que le rappel des religieuses allait faire subir aux enfants de la paroisse. Elle mesura si peu l'étendue de ce malheur, qu'elle se prêta de bonne grâce, au moment du départ, à aider les religieuses à emballer et à charger leur petit mobilier.

L'abbé Bouzige éprouva une vive peine de ce départ. Il ne cacha pas son mécontentement de se voir privé de si précieuses auxiliatrices pour le bien, et il déclara qu'il s'efforcerait bientôt d'obtenir la création d'une école libre. En attendant cet heureux évènement, qui ne devait se présenter que douze ans après, la Providence voulut bien lui ménager, comme compensation, une agréable surprise.

M. Fortunet, mû par cette judicieuse pensée qu'il est toujours préférable d'accomplir ses bonnes œuvres pendant sa vie, plutôt que d'en charger ses héritiers, vint déposer entre les mains du curé un billet de 1.000 francs, pour servir à la refonte de la cloche félée.

Afin de se conformer aux intentions du généreux donateur, le conseil de fabrique, dès les premiers jours d'octobre 1881, passa un traité avec M. Baudouin, de Marseille (1) et il décida que la nouvelle cloche porterait le nom d'Emilie, que son parrain serait M. Fortunet lui-même et la marraine, Mme Fraisse, sa fille.

Il y eut grand émoi parmi les municipaux républicains, lorsqu'ils apprirent que la fabrique avait ordonné la refonte de la cloche. Les registres de la mairie portaient, en effet, que M. Degan, architecte à Bagnols, avait été chargé, en 1879, de se prononcer sur la question de savoir s'il était prudent de replacer une nouvelle cloche dans le clocher. Or, on ignorait si l'architecte avait donné une décision et qu'elle était cette décision. On délégua auprès de lui le maire Teissier, afin de s'informer si la fabrique avait reçu l'autorisation autrefois demandée. M. Degan se déclara en mesure de produire dans peu de jours un rapport fortement motivé. Là-dessus, la municipalité se hâta d'augurer pour le projet de la fabrique un prochain refus. Elle chargea même le maire Teissier de transmettre au curé le charitable avis de suspendre les frais déjà peut-être commencés. Cet avis ne provoqua aucun arrêt dans les préparatifs. Quelques jours après, le rapport fut lu en séance du conseil ; et, quand les conseillers municipaux entendirent l'architecte appeler le clocher « une ruine, » démontrer que « la voûte ne présentait aucune garantie de solidité, »

(1) Archives de la Fabrique.

que les murs « avaient été sapés à leur base, par de nombreux affouillements » et qu'ainsi, « on avait affaibli les parties vives de l'édifice ; » quand enfin il émit cette conclusion : « que les « oscillations d'une cloche de 650 kilos pourraient causer de funestes ébranlements, » alors, d'une voix unanime, on prononça un refus catégorique.

Ce refus cependant, par un mystère qu'on ne pouvait comprendre, ne causa aucune déception au curé, qui se montra pleinement satisfait du rapport de l'architecte. Il en approuva tout le contenu et il en loua toutes les appréciations. Ces témoignages d'approbation paraissaient renfermer une énigme. Le mystère fut enfin expliqué, le 16 novembre, jour où M. Baudouin arriva de Marseille, pour descendre la vieille cloche.

Ce jour-là, le curé Bouzige déclara au maire Teissier, « qu'il garderait volontiers copie du rapport de l'architecte. Mais qu'en l'espèce, ce document important n'empêchait nullement de changer la vieille cloche pour une cloche neuve, pourvu que cette dernière ne fut jamais mise en branle. » Il promit de rester fidèle à remplir cette condition, désireux plus que personne d'éviter tout accident fâcheux à son église.

La cloche fut coulée à Marseille, dans les derniers jours de novembre et la cérémonie de son baptême fut fixée au 18 décembre, IVe dimanche de l'Avent. Elle fut présidée par M. l'abbé Delacroix, curé-doyen de Bagnols. Les deux nefs de l'église ne pouvaient contenir la foule qui se pressait, pour assister à ces prières et à ces chants d'un sublime et touchant symbolisme. Tout le monde louait l'habile ordonnance du campanille, dressé devant l'autel de la Sainte-Vierge, décoré de verdure et de fleurs, dans lequel la nouvelle cloche avait été installée. La population se montrait heureuse de revoir et de contempler son ancienne cloche sortie du creuset plus brillante, plus belle, plus harmonieuse qu'avant l'accident du 15 janvier 1879.

Dès le lendemain de son baptême, le nouveau bronze était remonté, sans encombre, dans le clocher, à son ancienne place ; mais, par une triste et lugubre coïncidence, ses premiers tintements émirent un glas funèbre, le glas de son ancien sonneur, de celui qui, deux ans auparavant, lui avait probablement donné le coup fatal. Le sonneur Camp avait reçu lui aussi un coup fatal. Il était tombé, à deux pas de sa maison, au milieu du jour, assassiné par son gendre. Après son crime, l'assassin alla se cacher dans la magnanerie Plagnol, où il passa tout le reste de la journée sans être découvert. Le soir venu, sur les conseils de ses parents et amis, il préféra à une fuite toujours périlleuse, la démarche plus habile de se constituer prisonnier à la gendarmerie de Connaux. Il ne fut condamné qu'à cinq ans de prison.

A la date de ces derniers évènements, le diocèse de Nimes était gouverné par Mgr Besson qui avait succédé à Mgr Plantier, décédé le 25 mai 1875. Le nouvel Evêque se rendait déjà illustre par son double et remarquable talent d'écrivain et d'orateur. A l'exemple de son distingué prédécesseur, il consacrait tous ses efforts à combattre le bon combat. Comme lui, il ne craignait pas, dans les temps difficiles, de défendre avec une grande liberté apostolique toutes les saintes et nobles causes. Aussi bien déjà la gloire de ses travaux avait franchi les limites de son diocèse et rayonnait dans toute la France, provoquant partout la plus juste admiration. Pourtant cette similtitude de glorieux travaux entre les deux prélats, n'excluait pas de nombreuses dissemblances dans leur style, leurs habitudes et leurs procédés administratifs. La plume et la parole de Mgr Besson, sans refléter l'éclat, la méthode, la profondeur, la recherche et le piquant de son prédécesseur, possédait néanmoins un si agréable mélange de douceur, de clarté et de grandeur que tout le monde le lisait et l'écoutait avec plus de facilité et de plaisir. L'episcopat de Mgr Plantier s'était distingué par la ponctualité, l'esprit de suite, la dignité, presque la raideur ; celui de Mgr Besson brillait par l'indépendance, l'activité, l'imprévu, la hardiesse et parfois par une fine et spirituelle ironie. Le premier prélat n'ignorait et ne négligeait absolument rien de ce qui pouvait rehausser la majesté du culte. Il aimait et favorisait tous les arts, surtout dans leurs rapports avec la religion. Le second appréciait peu les chants religieux, les décorations, les pompes et les mélodies liturgiques. Il n'affectionnait même les cérémonies qu'à raison de leur briéveté, à l'instar d'un colonel ou d'un général de brigade.

Cependant à travers toutes ces dissemblances, les deux évêques portèrent un égal dévouemeut à l'instruction de l'enfance et à la réédification des églises.

Mgr Besson fit à Tresques sa première visite pastorale, le 11 avril 1883. A la vue de cette vieille église, avec ses deux nefs si disparates, sa voûte et son clocher lézardés, son pavé et sa toiture dans l'état le plus lamentable, le savant prélat fut saisi de surprise et de pitié. En quelques mots, le curé Bouzige expliqua à Sa Grandeur les dernières et infructueuses tentatives faites, pour la construction d'une nouvelle église. Mgr lui répondit : « Il est inutile, mon cher ami de caresser encore l'idée de faire bâtir une nouvelle église ; c'est une illusion. Vous ne trouverez jamais une somme suffisante pour réaliser ce plan. Contentez-vous de faire réparer celle-là le mieux possible. M. Chabanon, architecte à Uzès, vient de nous donner une charmante église à la Roque. Adressez-vous à lui. Il vous établira un projet qui sera moins coûteux et par suite plus réalisable. »

Informé de ces déclarations de l'Evêque, M. Chabanon se rendit à Tresques, le 26 avril de la même année dans le but d'examiner avec soin comment il serait possible de restaurer, de modifier et d'agrandir l'édifice.

Lorsqu'on apprit dans le village, qu'il était question de réparer la vieille église, aucune voix ne s'éleva pour contester, soit l'utilité de l'entreprise, soit la justesse du raisonnement suggéré par l'Evêque. Il semblait donc que ce nouveau projet ne devait rencontrer aucun obstacle. On essaya bien de faire quelques timides observations, sur les abords de l'édifice, d'un accès un peu difficile Mais ceux qui présentaient ces observations, ajoutaient eux-mêmes : qu'il serait aisé de rendre ces abords plus accessibles, en modifiant les chemins un peu scabreux qui y conduisaient.

Cependant les contrariétés ne devaient pas tarder à se présenter. La première vint de l'architecte lui même, qui tomba malade, peu de jours après sa visite à Tresques et se trouva bientôt dans l'impossibilité de s'occuper du travail à lui confié.

M. Chabanon resta longtemps dans cet état d'inaction et d'impuissance. Pressé par les demandes réitérées qu'on ne cessait de lui adresser, il prit enfin le parti de se donner un collaborateur, dans la personne de M. Méry, architecte à Nimes. Celui-ci ne trouvant pas, dans les notes de M. Chabanon, tous les renseignements nécessaires pour la confection d'un plan bien étudié, hésita quelque temps encore avant de se mettre à l'œuvre. D'ailleurs comment pouvait-il s'aventurer dans l'élaboration d'un projet, sans connaître la somme dont on pourrait disposer ? Et, d'autre part, comment lui faire connaître cette somme ?..

En ce moment le parti républicain gouvernait, depuis près de trois ans, les affaires et les finances communales. Or, tant que ce parti règnerait à la mairie, il ne fallait pas s'attendre à voir la municipalité s'occuper des choses du culte. Son grand souci consistait à prendre les mesures les plus efficaces pour se fortifier au pouvoir comme dans une forteresse conquise. Dans ce but les prudents municipaux sollicitèrent et obtinrent du Conseil-Général du Gard, dès le commencement de 1884, le sectionnement électoral de la commune.

Quand les élections eurent lieu, le 4 mai de cette année, la petite section, qui était la part réservée aux conservateurs, nomma deux conseillers à une grande majorité et sans aucune contestation. Mais dans la grande section, l'élection de huit conseillers républicains fut contestée et cassée, le 21 du même mois. Dès ce moment, la précaution du sectionnement se retourna contre ses auteurs ; car, elle ne laissa subsister comme dépositaires du pouvoir, que les deux élus de la petite section.

Les élections furent refaites, le 12 juillet de la même année et donnèrent la majorité à huit candidats conservateurs. On s'amusa longtemps, dans le pays, à chanter les insuccès du sectionnement.

Deux années s'écoulèrent ; mais le nouveau Conseil municipal, pas plus que l'ancien, ne paraissait favorablement disposé à l'égard de l'église. Lui aussi, après s'être emparé de la citadelle du pouvoir, ne travaillait qu'à s'y maintenir. Du reste, telles sont les habitudes du bourgeois paysan, il ne fait risette à ses électeurs que le jour des élections, de même qu'il ne donne le bras à sa femme que le jour de son mariage et c'est pour la première et dernière fois.

Le 31 mars 1887, Mgr Besson, se trouvant à Saint-Pons-la-Calm pour administrer la Confirmation, voulut bien, après la cérémonie, s'entretenir quelques instants avec le curé de Tresques et lui demander avec la plus vive sollicitude des nouvelles de son église. Le prélat fut bientôt renseigné sur les deux grands sujets de contestation qui, depuis trois siècles, paralysaient tous les efforts : le choix d'un emplacement et la gêne pécuniaire. Alors l'Evêque, qui était sceptique en fait d'obstacle et qui avait en horreur les discussions énervantes, prit aussitôt la plume et rédigea la lettre suivante dont il chargea le curé de donner lecture à ses paroissiens du haut de la chaire, le dimanche suivant.

« Monsieur et très cher curé,

« Il y a trois cents ans qu'il est question de réparer et d'agrandir l'église de Tresques. Son antiquité la rend respectable et la place qu'elle occupe doit être soigneusement gardée. Mais autant les souvenirs qu'elle rappelle sont sacrés pour l'art et pour la religion, autant il importe de mettre les nouvelles constructions en harmonie avec le passé et surtout d'assurer à tous les paroissiens une place dans le lieu saint. Plus on attendra plus l'œuvre deviendra difficile.

« J'ai pensé que le temps était venu et que mes excellents fidèles de Tresques feraient ce qui se fait, cette année même à

Arre, à Robiac, à Colombiers, à Dourbies, à Saint-André-de-Majencoule, dans la plaine comme dans la montagne, grâce au zèle des curés, au dévouement des fidèles et à la générosité de tous.

« En conséquence vous lirez le jour de Pâques, au prône, la lettre que j'ai l'honneur de vous adresser. Je souscris malgré ma pauvreté et mes charges pour 500 francs, payables le jour où l'on posera la première pierre. J'espère que les propriétaires actuels du château vous aideront dans cette entreprise avec une générosité dont ils profiteront eux-mêmes, puisque l'église touche leur demeure.

« Vous réunirez la fabrique le jour de Quasimodo pour délibérer sur les plans et devis ; vous solliciterez les sympathies et les secours du conseil municipal : vous présenterez en temps utile une demande au conseil général pour obtenir auprès du gouvernement un avis favorable et par suite une allocation. Mais toutes ces pièces doivent être appuyées par une souscription locale pour laquelle vous vous présenterez dans chaque maison, chez le pauvre comme chez le riche. Il me tarde d'apprendre que l'œuvre est entreprise, je la bénis et je compte sur votre activité, votre zèle et votre dévouement pour la faire réussir.

« Recevez, mon cher curé, avec mes bénédictions et mes encouragements, l'expression de mes plus affectueux et dévoués sentiments.

« † Louis, Ev. de Nimes. » (1)

Cette lettre renfermait tout un programme. Mais hélas ! ce programme était-il réalisable ? Et d'abord quel pourrait être le produit d'une souscription locale ? A en juger par les minces résultats obtenus en 1870, alors qu'un premier essai n'avait donné que de timides engagements pour un total de neuf mille francs payables en quatre ans, pouvait-on sans témérité compter sur un chiffre supérieur ? Pouvait-on pareillement espérer le vote d'une imposition extraordinaire ? Ce second moyen avait également été essayé en 1870 et l'on avait pu constater l'horreur extrême que les habitants éprouvaient pour toute augmentation d'impôt.

Au milieu de ces perplexités, le curé Bouzige se décida à appeler auprès de lui le maire et l'adjoint, afin de s'éclairer de leurs conseils.

Tout d'abord, les deux premiers magistrats municipaux décla-

(1) Archives de la Fabrique.

rèrent trouver intempestive la lettre épiscopale. Ils avouèrent qu'en ce moment on ne trouverait dans le pays que bien peu de personnes favorablement disposées, soit à l'entreprise d'une nouvelle église, soit à la restauration de l'ancienne ; qu'il s'élèverait même une lutte entre les deux projets et à cause de ce conflit, une souscription volontaire produirait peu de résultat ; enfin, qu'une imposition budgétaire serait très imprudente au point de vue de la popularité et de la réélection des conseillers municipaux conservateurs.

Que faire alors ?... Le curé hésita quelques jours, comme le pauvre matelot hésite avant de mettre à la voile, lorsque le ciel est noir, les vents contraires et la mer agitée. Cependant il fallait lire la lettre en chaire, exécuter le programme tracé par l'évêque et entreprendre une souscription. La seule ressource qui restait à l'abbé Bouzige, c'était d'imaginer un système pour rendre cette souscription aussi fructueuse que possible.

Il crut avoir trouvé ce moyen, en se faisant autoriser par le Conseil de fabrique à promettre à chaque souscripteur : 1° que dans la concession qui sera faite des places dans la nouvelle église, il serait tenu compte des sommes que chacun aurait souscrites et payées pendant l'exécution des travaux ; 2° qu'un droit de place serait définitivement acquis à chaque souscripteur et cela à raison d'une place par chiffre minimum de 60 francs et pour une durée de 60 années ; 3° que chaque souscripteur serait libre d'acquitter le montant de sa souscription, soit en argent, soit en travaux, estimés par l'entrepreneur ; 4° que chaque souscripteur, par le payement de sa souscription, serait rendu quitte envers la fabrique de toutes les sommes qu'il pourrait encore devoir à raison de l'adjudication faite en 1856.

Pour l'intelligence de ce dernier article, il est nécessaire d'expliquer, qu'en 1856, lorsque les places de l'église furent données aux enchères, on n'avait exigé des acquéreurs que le quart de leur enchère respective. Plus tard, en 1870, on leur avait réclamé un deuxième quart. Il était donc encore dû à la fabrique la moitié du prix des places de l'église. Ne semblait-il pas que dans des conditions si favorables, une souscription ne pouvait manquer de réussir ? Ce n'était plus un acte de pure générosité qu'on allait demander aux habitants, c'était une bonne affaire qu'on leur proposerait. Ils éteindraient une dette et ils obtiendraient une nouvelle concession de places pour 60 ans.

Le 17 avril, dimanche de Quasimodo, le curé Bouzige donna ecture du haut de la chaire de la lettre épiscopale et fit connaître ensuite les conditions si avantageuses dans lesquelles la souscription allait être ouverte. Dès le lendemain, en effet, cette souscription fut commencée dans le quartier de Saint-Loup et continuée les jours suivants dans toute la paroisse jusqu'au 10 du mois de mai.

Les engagements recueillis ne s'élevèrent qu'à la somme totale de 11.232 francs, payables à la pose de la première pierre. Ce résultat parut médiocre, car le nombre des souscripteurs ne s'éleva qu'à 61 sur une population de 900 âmes. Quant au grand nombre de ceux qui avaient refusé de souscrire, il pouvait se diviser en quatre catégories. La première, celle des pauvres, ou du moins celle des habitants incapables de tout engagement. La seconde, celle des indifférents, qui prétendaient n'avoir nul besoin d'église. Ces deux premières classes, il faut l'avouer, étaient loin de renfermer le plus grand nombre de refus. La troisième, celle qui en comptait le plus, comprenait les habitants qui réclamaient une nouvelle église sur un autre emplacement. Il est vrai que lorsqu'on les invitait à déterminer quel devait être cet autre emplacement, e désaccord s'accentuait et l'on pouvait compter dans cette catégorie trois ou quatre subdivisions. Enfin, la dernière catégorie se composait des prudents ou des habiles, qui désiraient, avant de souscrire, attendre l'achèvement des travaux.

En somme, une idée générale semblait se dégager de cette sorte de consultation populaire: c'était celle d'un marchandage, prenant la place de la générosité. Si la souscription avait réalisé les prévisions de son auteur, 300 places à 60 francs l'une auraient produit 18000 francs ; la chapelle du château 3000 francs ; le disponible de la fabrique 6000 francs ; le total se serait élevé à 27.000 francs.

Cependant les architectes Méry et Chabanon travaillaient activement à la confection des plans et devis de la restauration. Dès le 5 avril 1887, les bases du projet étaient arrêtées. Elles consistaient : dans le maintien du transept et de la coupole, œuvre du XIIe siècle ; dans la démolition du clocher et des deux nefs ; dans la construction de trois nefs, suivant les axes des trois absides du transept et enfin dans la construction de deux chapelles latérales. Il avait été convenu que la dépense totale ne s'élèverait qu'au chiffre de 25000 francs et que le devis serait établi en trois chapitres. Le premier devait renfermer la construction des nefs et de la façade ; le second, celle du clocher et le troisième celle des chapelles latérales.

Quelle ne fut pas la surprise du curé, lorsqu'il reçut, vers la fin du mois d'avril, des plans et devis dont la dépense présumée s'élevait à 39.000 francs ! « Comment faire adopter un tel projet ? N'avait-on pas ajourné, en 1870, l'exécution des plans de M. Germer-Durand, qui promettaient une église entièrement neuve, plus grandiose et plus commode ; mais dont la dépense avait le tort de s'élever à 42.000 francs. Aujourd'hui, serait-il possible de décider les habitants, si chatouilleux sur les questions d'argent, à dépenser une somme presque égale pour une simple restauration ? N'était-ce pas une folie de l'espérer ?

Les plans et devis de MM. Chabanon et Méry furent renvoyés comme inacceptables. Dans la lettre qui accompagnait ce renvoi, le curé se plaignait de ce qu'on n'avait pas tenu compte de ses recommandations. « Je vous avais prié, disait-il, de rédiger le devis en trois chapitres ; or vous n'en avez formé que deux et vous avez compris le perron dans le second chapitre, alors qu'il devait naturellement faire partie du premier. Vous avez encore introduit pour 3000 francs de sculpture bien qu'il eut été convenu entre nous d'ajourner ces sortes de travaux. Enfin, vous avez placé les chapelles latérales dans le premier chapitre, au lieu de les réserver pour le troisième... Veuillez donc réduire le projet total à 33.000 francs. Et comme nous ne pouvons compter pour le moment que sur 16.000 francs provenant de la fabrique et sur une allocation de 4000 francs que nous demandons au Gouvernement, faites un premier chapitre, comprenant la nef, avec son perron pour 20.000 francs. Le chapitre second comprendra l'achèvement du clocher et le chapitre troisième les chapelles latérales, avec les enduits extérieurs. »

« Ne donnez pas pour titre à votre travail le mot AGRANDISSEMENT, mais celui de RESTAURATION. »

L'architecte Méry, après quelques hésitations, réforma son devis dans le sens indiqué par cette lettre ; mais il négligea de changer le titre et l'on verra bientôt qu'elles furent les malheureuses conséquences de cet oubli.

Dans sa séance du 24 avril 1887, le conseil de fabrique approuva le chapitre I du plan et devis, modifiés par les deux architectes, s'élevant à la somme de 21.200 francs et transmit le projet à M. le maire, pour le soumettre au conseil municipal, dans sa séance du 29 mai de la même année.

A la commune, le projet ne rencontra tout d'abord qu'une faible opposition, laquelle se traduisit plutôt sous forme de vœu ou de simple préférence que sous celle d'une réelle hostilité. D'ailleurs pour combattre efficacement le projet de la fabrique, il aurait fallu présenter un contre projet et surtout déterminer les ressources que les opposants comptaient affecter à leur construction préférée. Or, comment trouver 42,000 francs pour une nouvelle église ?

Sans doute les conseillers contradicteurs se proclamaient maintenant décidés à voter une imposition extraordinaire de 20,000 francs, malgré la crainte de perdre leur popularité. Mais cette somme n'étant pas suffisante, il aurait fallu que la fabrique leur abandonnât son projet et leur cédât tous les fonds qu'elle avait si péniblement recueillis.

Après une discussion assez longue, le moment du vote étant arrivé, la majorité du conseil, malgré les préférences de quelques-uns de ses membres, recula devant une augmentation d'impôts et donna son approbation au projet de restauration tel qu'on le présentait. Elle émit donc le vœu que ce projet fût exécuté par la fabrique. Enfin, elle pria le gouvernement de vouloir bien seconder cette entreprise par l'allocation du secours qu'on lui demandait.

Trente huit jours après cette approbation, le dossier de cette affaire soigneusement établi et composé de 48 pièces, arrivait à Sous-Préfecture, le 7 juillet 1887.

Dès que le Sous-Préfet eut jeté un rapide coup d'œil sur la délibération fondamentale du projet, ayant aperçu dans la nomenclature des voies et moyens une demande d'aliénation de rentes sur l'Etat, il ordonna aussitôt, conformément à la loi, qu'une enquête de *commodo* et *incommodo* serait faite sur cette aliénation et nomma, le 9 juillet, M. Maurensac, maire de Connaux, pour remplir les fonctions de commissaire enquêteur.

Cette enquête fut annoncée par publication et affichée le 14 août et fixée au dimanche 21 du même mois.

Il semblait, qu'à l'occasion de cette formalité légale, les réclamations allaient se produire nombreuses contre le projet. Car tous ceux à qui les réparations ne plaisaient pas, allaient trouver un moyen propice de manifester leurs préférences. Il n'en fut rien. Les habitants de la campagne, ordinairement si ardents à soutenir et à défendre leurs idées dans le feu d'une discussion de cabaret, reculent toujours devant une déclaration légale et signée de leur nom. Cinq opposants seulement, sur une population de 918 habitants se présentèrent devant le commissaire enquêteur.

Quelques jours après, le Sous-Préfet d'Uzès transmettait au maire le procès-verbal de l'enquête, dressé par le commissaire et il invitait le conseil municipal, aussi bien que le conseil de fabrique, à se réunir, afin de discuter les oppositions qui s'y trouvaient consignées. Le conseil de fabrique se réunit, le 31 du même mois et les membres de cette Assemblée s'attachèrent à démontrer, dans une délibération longuement motivée, la faiblesse des oppositions formulées. A son tour le conseil municipal se réunit, le 4 septembre 1887. Cette assemblée trouva de nouveaux et nombreux motifs à ajouter à ceux du conseil de fabrique, pour détruire les allégations des cinq contradicteurs.

Du reste, rien de plus facile que de réfuter ces incohérentes protestations. Elles manquaient à la fois de logique, de sérieux et de clarté. La seule peut-être qui fut revêtue de quelque apparence de raison, était celle qui affectait de « déplorer *l'agrandissement* de l'église, alors que la population tendait à diminuer. »

Il était vrai que la population avait diminué, en 80 ans, de trois douzièmes. Cette diminution, à Tresques comme ailleurs, tenait à plusieurs causes. (1) La première et la plus constante provenait de la mise en pratique des doctrines de Malthus. Le chiffre des naissances était presque toujours inférieur au chiffre des décès. L'émigration dans les villes avait aussi joué un rôle important. Et, par réciprocité, en même temps que la campagne envahissait les villes, les villes de leur côté avaient pénétré la campagne. Les habitudes de luxe, de bien-être, de dépenses, avaient gagné le village. A 60 ans en arrière, Tresques n'avait qu'un cabaret et l'on comptait, en 1887, cinq cafés. Les petites industries de village avaient entièrement disparu. Plus de tisserands. Plus de fabricants de drap ou de toile. On se fournissait de tout à la ville. Puis était venu le service militaire obligatoire pour tous. Il a enlevé aux communes rurales tous les citoyens mâles de 21 à 24 ans. Ils sont allés au régiment. Ils y ont pris à la fois les habitudesde la ville et le dégoût du travail des champs. Combien peu retournent avec plaisir à la charrue, après avoir vécu trois ans à la caserne.

Quoi d'étonnant que cette dépopulation générale eût gagné le village de Tresques ! Mais ce qui montrait bien l'inanité de ce motif pour attaquer le projet, c'est que quand même le nombre des habitants serait descendu jusqu'à la proportion des six douzièmes, l'église aurait encore été insuffisante.

La dernière déposition, renfermée dans le procès-verbal de l'enquête, avait été formulée par le commissaire enquêteur lui-même, personnage des plus influents auprès de l'autorité civile. Cette déposition rédigée avec une certaine apparence de bonhomme et d'équité, renfermait comme conclusion un conseil

(1) Voir la brochure de M. Cornélis de Witt.

pernicieux. *In caudâ venenum.* Après avoir déclaré « que les fonds placés en rentes sur l'Etat, provenant de la vente d'emplacements de chaises, avaient été réservés pour être spécialement affectés à la restauration de l'église ; qu'ainsi, leur aliénation pouvait s'opérer sans nuire à la bonne gestion de cet établissement, attendu que les produits annuels, provenant de la location des chaises et des quêtes suffisaient à l'entretien de l'église, » le commissaire ajoutait : « que, si l'agrandissement de l'église n'était pas d'une absolue nécessité, eu égard à la diminution très sensible de la population, cependant la restauration et la consolidation de cet édifice, dans le but de rendre la sécurité aux fidèles, était reconnue comme indispensable par tous les hommes compétents et serait favorablement accueillie par la population tout entière. (1)

Sous son apparente bénignité, cette déclaration ne tendait à rien moins qu'à la ruine du projet, tel qu'il était conçu. Le conseil de fabrique s'efforça de démontrer que le commissaire enquêteur s'était trompé. Que, se borner à consolider l'église, pour assurer simplement la sécurité des fidèles, telle était peut-être l'opinion de quelques hommes parcimonieux, mais tel n'était pas l'avis des hommes compétents. Ceux-ci avaient déclaré qu'on ne pouvait restaurer l'édifice d'une manière convenable qu'en le rendant plus régulier et, pour cela, il fallait l'agrandir. (2)

Enfin, toutes ces réponses aux critiques soulevées contre le projet ayant été rédigées sous forme de délibération et jointes au dossier, celui-ci reprit le chemin de la Sous-Préfecture, où il arriva vers le milieu de septembre 1887.

(1) Archives de la Fabrique.
(2) Id.

CHAPITRE XIV

Vicissitudes subies par ce projet.

(1887-1890)

SOMMAIRE. — La destinée commune des projets d'églises. — Arrivée de celui de Tresques devant le conseil-général du Gard — Un premier succès. — Mytérieuse opposition. — Première décision ministérielle. — Hésitations du conseil de fabrique. — Une résolution téméraire. — Un legs de 3,000 francs. — Un conseil de famille. — Doléances du conseil de fabrique. — Le bureau de bienfaisance. — Un triste accident au clocher. — Interdiction d'une partie de l'église. — Seconde décision ministérielle. — Réduction du plan et devis.

C'est le propre des œuvres aimées de Dieu d'être ici-bas contrariées, délaissées ou trahies. Parmi ces œuvres, il en est peu qui soient reconnues plus utiles à la religion et plus agréables au Seigneur que celle d'élever un temple à sa gloire et à son service ; mais aussi il en est peu qui rencontrent plus d'entraves et qui attirent sur elles de plus dures épreuves.

Grâce à notre système si compliqué de centralisation administrative, il n'est jamais possible de considérer comme bien engagé un projet quelconque d'église, alors même que l'autorité locale a tout déterminé, tout approuvé et reconnu la parfaite convenance de l'entreprise. Suivez, si vous voulez la marche d'un dossier de ce genre d'affaire. Vous verrez l'infortuné, restant de longs mois empilé, avec tant d'autres, sur la table d'un bureau ou bien enseveli dans les profondes ténèbres d'un carton de préfecture. Que de peines, de démarches et de sollicitations pour obtenir que ce pauvre délaissé soit tiré de l'oubli ! Et lorsqu'enfin on veut bien se donner la peine de jeter sur lui un regard d'attention, ce regard est rarement empreint d'un bienveillant intérêt. C'est bien pire, si le malheureux dossier s'est présenté comme vraiment pauvre et demandant l'aumône d'un secours de l'Etat. Oh ! alors, quelque bien établi, quelque bien étayé qu'il soit, il sera sûrement trouvé défectueux et renvoyé à ses auteurs.

Cependant, ce fut par un petit succès que le dossier de l'église de Tresques commença la série de ses aventures administratives. Dans les premiers jours d'octobre 1887, le Sous-Préfet d'Uzès l'expédia à Nimes, après l'avoir revêtu de son visa et spécialement recommandé à la bienveillance de l'autorité supérieure.

Arrivé à la Préfecture, le volumineux paquet dut prendre la direction de la chancellerie du Conseil général ; car, il renfermait une humble supplique, dans laquelle la Fabrique demandait à cette Assemblée un avis favorable pour l'obtention d'un secours de l'Etat. On lisait dans cette pièce : « Jamais peut-être, Messieurs, aucun édifice public ne s'est trouvé dans un état si déplorable et si digne d'intérêt. Depuis plus de trois cents ans, cette église est reconnue insuffisante pour la population. Bien des tentatives ont été faites, sous les gouvernements passés, pour obtenir un agrandissement ou une reconstruction, elles sont toutes restées infructueuses. Cependant les nombreux architectes qui ont été appelés à vérifier l'état de cet édifice, notamment MM. Degan, architecte à Bagnols ; Germer-Durand, architecte à Nimes ; Chabanon, architecte à Uzès ; Méry architecte à Nimes, ont été unanimes à déclarer que la voûte principale et la tour du clocher menacent ruine... »

Dans la séance du 4 novembre 1887, les membres de la Commission départementale émirent un avis favorable au projet de restauration, et, le 18 du même mois, un renseignement officieux, émané de la Préfecture faisait connaître « que le dossier était complet et serait bientôt expédié à Paris, au ministre compétent. »

Mais l'heureuse nouvelle de l'approbation donnée par le Conseil général, au lieu d'être reçue à Tresques avec des témoignages de satisfaction, ne fut accueillie, par un certain nombre d'habitants qu'avec des marques de tristesse. Ils se disaient naïvement que l'approbation du projet allait entraîner, dans un avenir plus ou moins prochain, une imposition communale d'une dizaine de mille francs, afin de permettre l'achèvement du clocher et la construction des chapelles latérales. Or, cette perspective troublait à la fois et les partisans d'une autre église qui voyaient leurs espérances s'évanouir, et les opposants de l'enquête parce qu'ils comprenaient le peu de valeur que l'on paraissait attribuer à leur opposition.

Ces derniers s'empressèrent alors d'organiser, en secret, un nouveau plan de campagne. Démarches, protestations, réclamations, tout fut employé afin de retarder le plus possible le départ du dossier pour Paris. On obtint ce résultat, sous le prétexte qu'on voulait joindre au dossier une pétition importante, dans laquelle on devait démontrer que le nombre des opposants était bien supérieur à celui de l'enquête et produire des raisons péremptoires contre les restaurations.

Le mois de décembre s'écoula ; mais aucune pétition, appuyée de raisons péremptoires n'arriva à la Préfecture. On écrivait même de Nimes, le 2 janvier 1888 : « Le dossier est encore à la Préfecture. On veut prendre des renseignements supplémentaires afin d'arriver, si possible, à un bon résultat. Ce sera seulement vers la fin de janvier, que l'on pourra compléter le dossier et l'envoyer à Paris. » (1)

Quels pouvaient être ces renseignements supplémentaires, dont on avait besoin à la Préfecture, avant d'expédier le dossier à Paris ? Il serait bien difficile de répondre à cette question. Déjà le dossier renfermait vingt-deux pièces, sans compter les quatre pièces ajoutées pour l'enquête Il paraissait donc plus que suffisant pour éclairer l'autorité supérieure. Que manquait-il encore ?

Un impénétrable secret a toujours été gardé sur ce point. On se doutait bien qu'il s'agissait de quelque nouvelle protestation pour corroborer les oppositions de l'enquête. Mais on ne sut jamais si les documents nouveaux, bien que promis à l'administration préfectorale et attendus par elle pendant cinq mois furent envoyés. Il est possible qu'au lieu de les expédier à Nimes, les opposants leur donnèrent la direction de Paris et qu'un député complaisant se chargea de les présenter au ministère.

Quoiqu'il en soit, malgré le profond mystère dont on enveloppait avec soin ces démarches ténébreuses, on n'ignorait pas, dans le pays, que les ennemis les plus acharnés de l'église ne se trouvaient pas tous parmi les sectaires ou les incroyants de la localité. Il en existait qui se cachaient sous le manteau de la plus scrupuleuse dévotion. Depuis un an, en effet, deux ou trois bonnes femmes dévorées par la sainte ambition de posséder une église, plus près de leur demeure, avaient formé entr'elles une sorte de syndicat, dans la maison de l'ancien maire Labertrande ; et là, elles avaient organisé le plus perfide système d'obstruction contre le projet de la Fabrique.

Ce comité fonctionnait à la sourdine, à l'insu du maître de la

(1) Lettre particulière.

maison et entretenait un foyer d'ardente résistance. D'après cet aréopage féminin « le projet de restauration qu'on avait élaboré devait être aussi coûteux que celui d'une nouvelle église. » « Le but de la Fabrique était uniquement de favoriser le château au détriment du reste de la population... On n'aurait pas dû adopter ce plan de restauration, à moins que les châtelains n'eussent consenti à faire tous les frais... Que diraient plus tard nos enfants, si on leur laissait l'église en ces lieux inaccessibles ? » Ces objections, bien que dépourvues de sincérité et de vérité, étaient colportées dans le village ou expédiées à Uzès, à Nimes et à Paris.

Lorsque, après une attente de six mois, le dossier arriva enfin au ministère, le 26 mai 1888, la solution ne se fit pas attendre. L'autorité était certainement prévenue contre le projet.

A peine débarqué dans le 4e bureau du ministère des cultes, il fut soumis à l'examen du comité des édifices diocésains. Celui-ci jugea tout de suite que « les prévisions du devis étaient insuffisantes et le projet lui-même défectueux. » Pourquoi défectueux ? Probablement parce qu'il était divisé en trois chapitres. En conséquence, le comité prescrivit : « de se borner à la réparation des parties existantes, en ajoutant, pour agrandir l'église, une ou deux travées en avant. » (1) Cette solution fut notifiée au maire, le 26 juin 1888.

Le conseil de fabrique s'attendait à recevoir lui-même directement cette notification, puisqu'il était l'auteur du projet. Il ne se laissa tromper, ni sur la signification du procédé, ni sur celle des conclusions. Dans cette fin de non recevoir, il reconnut le style des opposants à l'enquête. N'était-ce pas la même naïveté dans les motifs ? On traitait le projet de défectueux, parceque les ressources étaient insuffisantes. Mais si elles eussent été suffisantes, on ne se serait pas adressé au gouvernement pour lui demander un secours. N'était-ce pas aussi le même système de conseils ? « Il faut se borner. disait-on, à consolider les parties existantes. » C'était l'avis du commissaire enquêteur. Mais hélas ! comment consolider les parties existantes sans les démolir et les reconstruire. Enfin, on conseillait, pour agrandir l'église, d'ajouter une ou deux travées de plus. Mais comment n'avait-on pas vu, que ces deux travées auraient rendu le projet aussi coûteux, puisqu'il l'était déjà trop avec l'adjonction d'une seule. De plus l'espace et le terrain ne se prêtaient pas à deux travées de plus. Ces deux travées auraient donné à la nef, non pas l'aspect d'une église,

(1) Lettre ministérielle.

mais l'aspect d'un long corridor. Et puis, pour ajouter ces « deux travées en avant, » il était nécessaire de percer le mur occidental et de construire en sous-œuvre un arc doubleau, afin de soutenir le trop chancelant clocher. Or, pour accomplir ce sous-œuvre, pour étayer convenablement une tour si massive et si lézardée, il fallait une forte dose de témérité.

Non, les inventeurs de cette solution bizarre n'étaient ni les membres du comité des édifices diocésains, ni le directeur des cultes, ni le ministre. Cette solution avait été inspirée, suggérée. réclamée peut-être, par les opposants de la localité. Les vrais ennemis de l'entreprise se trouvaient dans la place. Dès lors, l'Etat ne viendrait jamais au secours de l'œuvre, puisque dans le pays même on refusait d'être secouru. Du reste, le ministre Ferrouillat, donnant à une personne la raison pour laquelle les secours de l'Etat n'étaient pas accordés, disait que « ces sortes d'allocation ne s'attribuaient qu'aux travaux exécutés par les communes et toujours en proportion des sacrifices qu'elles s'imposaient. » (1)

Que restait-il à faire ? Deux combinaisons s'offraient au conseil de fabrique : chercher d'autre part les 6.000 francs que le gouvernement refusait, ou bien faire réduire les plans et devis, si la somme nécessaire ne pouvait se trouver.

Les jours et les mois se succédèrent. L'année 1888 s'écoula ; et sauf quelques nouveaux souscripteurs, qui promirent ensemble cinq ou six cents francs de plus, aucun donateur important ne vint combler le déficit. Aussi, dès le commencement de l'année 1889, la résolution de réduire le projet, jusqu'à concurrence de la somme disponible, était arrêtée en principe. Dans ce but, les plans et devis avaient été transmis à l'architecte et celui-ci écrivait de Nimes, le 17 février, que « dans une entrevue avec Mgr Gilly, alors vicaire capitulaire, les principales bases de cette réduction venaient d'être arrêtées. » Cette réduction consistait dans le retranchement d'une travée au devis ; ce qui devait porter la dépense du chapitre Ier à la somme de 15.000 francs, au lieu de 21.000. « Avec ce système, ajoutait l'architecte, vous ne demandez plus aucun secours soit au département, soit à l'Etat, secours qui vous serait d'ailleurs refusé ; et, dans ces conditions, l'approbation du projet ne fait plus aucun doute, puisque le gouvernement n'aura rien à y voir. »

Le curé Bouzige ne partageait pas cet optimisme. Il avait de bonnes raisons de penser que les retranchements demandés par la lettre ministérielle devaient être entendus dans le sens indiqué

(1) Lettre du ministre Ferrouillat.

par les opposants, c'est-à-dire dans le sens d'une modification s'étendant sur les trois chapitres du devis et ramenant la dépense totale au chiffre disponible de 15.000 francs. Le véritable sens de la lettre ministérielle était celui-ci : « Présentez-nous un projet complet, qui ne dépasse pas la somme disponible et qui n'entraîne, après son exécution, aucun supplément de dépense. » On reconnaissait, au ministère des cultes, la nécessité d'exécuter des travaux de restauration, mais on ne voulait pas engager la commune pour l'avenir. Il était visible que certains habitants avaient manifesté des craintes.

Les 15.000 francs dont pouvait disposer la fabrique n'étaient pas suffisants pour rendre l'église tout à la fois solide et régulière. L'autorité administrative l'aurait certainement avoué, si elle n'avait pas été circonvenue. Et quel mal y avait-il à ce que la commune intervint dans une pareille dépense ? Etait-il juste et raisonnable que la fabrique se dépouillât de tous ses revenus, destinés avant tout aux besoins du culte, qu'elle épuisât toutes ses ressources et cela pour restaurer un édifice dont la commune pouvait, soit avant, soit après la restauration revendiquer la propriété ? Evidemment, pour résoudre avec honneur le problème de cette situation inextricable, on se voyait réduit à adopter l'une ou l'autre de ces deux alternatives : Ou bien, il fallait exécuter le projet de la fabrique s'élevant à 32.000 francs ; et, dans ce cas, la fabrique et la commune devaient associer leurs efforts et leurs sacrifices. Ou bien on devait diminuer le projet ; et alors, il convenait non-seulement que la commune prit sur elle la plus lourde part de sacrifices, mais encore qu'elle fit réduire elle-même le plan.

Deux mois s'écoulèrent dans les hésitations et les atermoîments. Arriva le 28 avril 1889, jour où le conseil de fabrique devait tenir sa séance de Quasimodo. Quand le moment fut venu de dresser le budget de l'année 1890, tous les membres du conseil se trouvèrent d'accord sur la nécessité, avant de consentir à la réduction des plans et devis, d'épuiser tous les moyens possibles pour arriver à l'exécution du projet, tel qu'il avait été conçu. On eut alors l'idée, peut-être aussi hardie que téméraire, de voter l'exécution du chapitre premier des réparations par voie budgétaire.

Le budget fut donc dressé avec 22.870 francs de recettes et 21.711 francs de dépenses, parmi lesquelles les grosses réparations de l'église étaient comprises pour une somme de 21.200 francs. (1) En agissant ainsi, le conseil voulait montrer par son insistance combien il appréciait son projet de restauration, combien tout

(1) Archives de la Fabrique.

amoindrissement lui était pénible et qu'enfin il est quelquefois des circonstances impérieuses dans lesquelles il faut exécuter successivement ce qu'on ne peut exécuter d'un seul trait.

Ce budget fut approuvé par l'autorité ecclésiastique, le 9 juin 1889. Le conseil trouva ensuite, dans la ville de Bagnols, un entrepreneur capable, M. Ruisant, qui, après avoir pris une connaissance suffisante des plans, devis et cahier des charges, s'engagea par un traité passé, le 11 septembre 1889 et conformément à une délibération du 7 juillet précédent, à exécuter tous les travaux compris dans le chapitre premier du devis, moyennant les prix portés dans ce même devis. Ce traité répondait péremptoirement à l'accusation formulée à Paris par MM. les membres du Comité des édifices diocésains, trouvant « insuffisantes les sommes prévues au devis. »

Le conseil de fabrique était donc sur le point de donner les ordres nécessaires pour commencer les travaux. Que risquait-il ? Ne marchait-il pas avec un budget approuvé par l'autorité épiscopale ? N'était-il pas assuré de réaliser les fonds indispensables ? Pouvait-on contester l'utilité des réparations ?... Toutefois, agir de la sorte, en paraissant dédaigner les prétendus bienfaits de notre centralisation administrative, avec un plan non approuvé par le gouvernement, parut trop téméraire ; et, l'autorité épiscopale hésita à prononcer les deux paroles sacramentelles qu'on attendait d'elle : « allez-y. » Devant ces hésitations le conseil de fabrique, prévoyant un conflit que les opposants auraient certainement soulevé et exploité, se décida à sonder les dispositions de la préfecture. On soumit officieusement à l'un des membres de l'administration le traité passé avec l'entrepreneur Ruisant et on lui demanda : s'il y avait lieu d'espérer que ce traité fut approuvé par l'autorité préfectorale.

La réponse fut négative. Mais, chose bizarre, les motifs de ce second refus se trouvèrent exactement opposés à ceux du premier. A Paris on avait refusé d'approuver les travaux à cause de l'insuffisance des fonds ; à Nimes on refusait d'approuver parce que « la somme de 21.000 francs était trop considérable pour servir de matière à un traité de gré à gré. On exigeait une adjudication en règle. » Néanmoins, au milieu des obstacles accumulés, le conseil de fabrique reconnaissait que les dispositions de la préfecture étaient un peu plus conciliantes que celles du ministre des cultes. La préfecture comprenait mieux les circonstances locales. Elle éprouvait moins de répugnance à admettre un devis partagé en trois chapitres, à exécuter successivement. Avec elle, on aurait pu s'entendre.

Mais, au moment où le conseil de fabrique allait se trouver en mesure de demander officiellement, à la préfecture, l'autorisation d'exécuter le chapitre premier à l'aide des fonds budgétaires, de nouvelles circonstances rappelèrent le dossier à Paris.

Le 30 avril 1889, était décédée à Bagnols, Mme Anaïs Labertrande, epouse de M. François Rey, femme aussi charitable que pieuse et très renommée par ses bonnes œuvres. Avant sa mort, elle avait légué, entr'autres dispositions testamentaires : 1° au Bureau de Bienfaisance de Tresques, une terre située dans le territoire de la commune et 2° à la fabrique, une somme de 3.000 francs, *pour réparations ou embellissements a l'église.*

Dès que la notification de ces libéralités eut été adressée au bureau de bienfaisance et à la fabrique, ces deux établissements furent invités à dresser de concert le dossier nécessaire, pour obtenir du gouvernement l'autorisation relative à la délivrance de ces legs. (1)

Vers le milieu de septembre 1889, le dossier de cette double affaire avait été expédié à l'administration départementale. Mais, comme il est excessivement rare qu'un dossier se trouve complet, lorsqu'il arrive pour la première fois sous les regards administratifs, à peine celui-ci eut-il été ouvert, qu'il fut aussitôt refermé et renvoyé avec une note ainsi conçue : « Le second legs de Mme Anaïs Labertrande, étant fait à la fabrique, en vue des réparations ou embellissements de l'église, on est prié, s'il existe un plan et devis de restauration, de le joindre au dossier. » (2) Voilà donc le gouvernement lui-même qui demandait à la fabrique, de lui présenter un plan et devis de restauration.

Cette demande, il est vrai, n'avait d'autre but que celui de provoquer un renseignement. On voulait apprécier s'il y avait lieu d'ordonner la conversion en rentes sur l'Etat des 3,000 francs légués, ou bien si la fabrique avait besoin de la somme elle-même, pour l'affecter à des travaux. Mais au fond, la fabrique n'était pas fâchée de voir s'offrir à elle une légitime occasion de réexpédier son projet à Paris. Elle se garda bien de le modifier dans le sens bizarre, indiqué par la lettre ministérielle du 26 juin 1888 ; voulant montrer par là, qu'elle ne jugeait pas la modification possible. Elle se contenta, dans sa séance trimestrielle du 6 octobre, de déclarer qu'elle persistait dans son désir d'exécuter le premier chapître du devis et que pour remplacer les 6,000 francs de sub

(1) Archives de la Fabrique.
(2) Archives de la Fabrique.

vention refusés par l'Etat, elle proposait les 3,000 francs du legs et 3,000 francs du produit d'une adjudication de places dans l'église (1).

Les trois affaires qui allaient être engagées devant l'autorité supérieure comprenaient donc trois dossiers unis ensemble : celui du legs fait au bureau de bienfaisance, celui du legs fait à la fabrique et celui des restaurations de l'église. A la préfecture, on les jugea complets et on les expédia à Paris, dès la fin du mois de septembre.

Mais à peine ces trois dossiers eurent-ils été examinés dans les bureaux de l'une des sections du Conseil d'Etat, que le rapporteur réclama, pour compléter les 58 pièces qu'ils renfermaient, une autre pièce très-importante, disait-il, et qui devait être ajoutée, sur papier timbré, à l'acte notarié renfermant le consentement des héritiers à la délivrance des legs.

Parmi les héritiers ayant consenti la délivrance des libéralités contenues dans le testament de Mme Anaïs Labertrande, figurait le sieur Gaston-Marius Metge, tailleur d'habits, à Nimes, agissant au nom et comme tuteur légal de son fils Eugène Metge. Or, le directeur des cultes faisait observer, que la jurisprudence constante du Conseil d'Etat exigeait que les tuteurs « soient toujours autorisés, par une délibération du conseil de famille, lorsqu'ils ont à consentir au nom de leurs pupilles la délivrance de quelques legs soumis à l'autorisation administrative. » Et, comme M. Metge n'avait pas été autorisé à donner son consentement, il était nécessaire d'ajouter au dossier une délibération du conseil de famille du mineur Metge, autorisant son père à consentir la délivrance des legs dont il s'agissait, ou plutôt, approuvant le consentement déjà donné. (2)

Cette délibération n'était pas facile à obtenir. D'abord, plusieurs membres de ce conseil de famille étaient décédés depuis nombreuses années et ensuite, aux premières ouvertures qui lui en furent faites, le tuteur répondit : « qu'à son avis, il n'y avait pas lieu de réunir le conseil de famille de son fils, attendu que les legs n'étaient exigibles que six mois après la mort du sieur François Rey, mari de la testatrice et constitué usufruitier. » (3) Il fallut faire remarquer au sieur Metge, qu'il s'agissait uniquement de régulariser le consentement à la délivrance des legs et non pas de la délivrance elle-même.

(1) Registre des délibérations du conseil de Fabrique.

(2) Renseignements du Conseil d'Etat.

(3) Lettre de M. Metge.

Toutes ces explications occasionnèrent l'échange d'une longue et assez vive correspondance entre le président de la fabrique et le tuteur récalcitrant. Trois mois s'écoulèrent. Enfin, après bien des démarches plus ou moins ennuyeuses, on obtint la reconstitution du conseil de famille et la délibération demandée arriva, le 22 décembre 1889. On travailla alors à compléter le dossier, dans lequel on ajouta, outre la délibération du conseil de famille, une lettre dans laquelle, pour répondre à la prière du Préfet, le maire donnait un avis favorable tant sur la vente d'un titre nominatif de rente appartenant à la fabrique, que sur l'acceptation de la maison vicariale, destinée aux réparations.

Après cela, le dossier était réexpédié à la Sous-Préfecture, le 27 décembre 1889. Dans la lettre d'envoi le président s'exprimait ainsi : « Je n'ai pas besoin, M. le Sous-Préfet, de vous faire remarquer l'importance des réparations. Depuis les fâcheux accidents qui se sont produits, pendant les offices religieux, le conseil de fabrique a fait de ces réparations une question de sécurité publique et aussi une question de décharge de sa propre responsabilité, au point de vue de cette sécurité... » Le 4 janvier 1890, le triple et volumineux dossier repartait pour Paris entièrement complété, du moins, on le croyait.

Trois autres mois s'écoulèrent et le silence le plus absolu, un silence de mort, semblait planer sur les affaires de Tresques.

Dans la séance de Quasimodo du 13 avril 1890, le conseil de fabrique après avoir réglé et arrêté son compte de 1889, résolut de faire parvenir à l'autorité préfectorale de respectueuses doléances sur les préjudices que les retards, apportés à l'approbation de son projet, causaient aux intérêts de la fabrique. Ces retards, en effet, donnaient le temps aux souscripteurs de mourir avant le versement de leur souscription. Ils obligeaient le trésorier à garder dans sa caisse une somme de plus de 5.000 francs qui restait improductive, contrairement à la loi qui régit les fabriques. Enfin, ils arrêtaient le fonctionnement de l'administration fabricienne qui se trouvait dans l'impossibilité d'établir régulièrement ses recettes et ses dépenses, ne sachant quel usage il lui serait permis de faire des capitaux qu'elle possédait. Le conseil ordonna de terminer l'exposé de ces doléances, en demandant à l'autorité supérieure : s'il y avait lieu d'espérer que les restaurations seraient autorisées dans un bref délai ? Car, dans le cas d'un refus ou d'un plus long retard, il prendrait des mesures pour placer les fonds disponibles, ou pour les affecter à d'autres besoins pressants relatifs au culte. (1)

(1) Archives de la Fabrique.

Le sous-préfet d'Uzès répondit le 2 mai 1890 : « que le projet de restauration se rattachant au legs fait en faveur de la fabrique, par la dame Labertrande, ne pourra être utilement examiné et recevoir la suite qu'il comporte que lorsque l'acceptation du legs aura été autorisée... Que, par le courrier de ce jour, M. le Préfet priait M. le Ministre de procurer le plus tôt possible le décret d'autorisation d'acceptation du legs. » (2)

Devant cette réponse, un peu vague, le conseil de fabrique se décida à placer ses capitaux en compte-courant chez le trésorier-payeur général de Nimes.

Cependant, au ministère, on était sur le point d'exaucer la demande du préfet du Gard et de procéder à la rédaction du décret tant désiré, lorsqu'on reconnut la nécessité de rendre un double décret et de donner une double autorisation, l'une pour le conseil de fabrique et l'autre pour le Bureau de Bienfaisance. Or, ce dernier établissement ayant hérité d'un immeuble sur le territoire de Tresques, on trouva que, d'après la nouvelle jurisprudence adoptée par le Conseil d'Etat, tendant à l'extinction des biens de main morte, il était indispensable que le Bureau de Bienfaisance s'engageât, par délibération, à aliéner cet immeuble et à convertir le prix de l'aliénation en rentes sur l'Etat.

Des instructions furent donc envoyées dans ce sens au Préfet, qui les transmit au maire de Tresques, vers le milieu du mois. Mais cette fois encore, comme pour la réunion du conseil de famille Metge, il n'était pas aisé d'obtenir la délibération demandée. L'obligation de fournir une telle pièce allait occasionner pour la question de l'église un contre-temps des plus fâcheux, un obstacle presque infranchissable et éterniser l'attente d'une solution, que la plainte du conseil de fabrique semblait avoir heureusement provoqué.

Le bureau de bienfaisance de Tresques se trouvait, depuis le mois de février, presque entièrement désorganisé. Sur les cinq membres qui le composaient, trois seulement consentaient à se rendre aux convocations qui leur étaient adressées de temps en temps ; et, par surcroît de malheur, l'un des trois se trouvait alors absent de la localité, jusque vers la fin de juillet. Comment délibérer, avec deux membres seulement sur cinq ? Bon gré, mal gré, il fallait attendre le retour du troisième conseiller. Attendre, c'était encore le moindre mal. Mais voilà qu'après l'arrivée de l'absent, quand la proposition du gouvernement fut mise en délibération, ces messieurs ne goûtèrent nullement la nouvelle juris-

(2) Lettre du sous-préfet d'Uzès.

prudence du Conseil d'Etat, sur l'extinction des biens de main morte.

Agriculteurs de profession, amateurs de la propriété, les conseillers déclarèrent préférer à tous les titres de rente les biens-fonds, même les biens de main-morte. Ils prirent la peine d'établir, par un calcul comparatif, d'une part les revenus que produirait l'immeuble légué si on l'affermait ; et d'autre part les revenus que donnerait le prix de la vente, après sa conversion en titres de rente. Le résultat de la comparaison montra un bénéfice de 60 francs en faveur du système de fermage et du maintien de la propriété. Aussi, dans la séance du 3 août 1890, ni le bureau de bienfaisance, ni le conseil municipal ne voulurent consentir à l'aliénation proposée.

Après un refus si catégorique, on se demandait avec inquiétude quelle serait la conduite de l'administration ? N'allait-elle pas mettre un temps précieux à insister inutilement pour obtenir une délibération conforme à ses désirs ? Ou bien ne garderait-elle pas le triple dossier éternellement enfoui dans les cartons ministériels ? Août et septembre s'écoulèrent dans la plus complète inaction et dans le plus profond silence. De longtemps rien ne serait venu remettre à flots toutes ces affaires, si la Providence ne s'en était heureusement mêlée. Elle daigna intervenir, par un de ces accidents imprévus dont elle se réserve souvent le mystérieux à propos, lorsque tout semble désespéré.

Le mercredi 1er octobre 1890, à 8 heures du matin, par un temps humide, nébuleux et calme, après une longue période de pluies diluviennes, un éboulement considérable se produisit soudain à la clef de voûte de la baie ogivale du clocher, dans laquelle était installée la grosse cloche. Quantité de pierres et de vieux mortier, désagrégés par l'humidité, se détachant d'une profonde lézarde, tombèrent sur la cloche en faisant retentir une lugubre roulade de tintements aigres et précipités, rebondirent ensuite sur la toiture de la maison vicariale et se brisèrent sur les rochers de la place. Bientôt une grande partie de la population accourut à l'appel de ce tocsin d'un nouveau genre et comme électrisée par ces paroles qui volaient de bouche en bouche : « le clocher s'écroule !. le clocher s'écroule ! » Chaque nouvel arrivant manifestait à sa manière son étonnement ou ses craintes. Les uns se plaignaient des longs retards qu'éprouvait la question des restaurations. Les autres contemplaient dans une morne tristesse la brèche béante du clocher, d'où paraissaient à tout moment devoir se détacher d'autres pierres ou d'autres débris de maçonnerie.

Sur une réquisition du curé, le garde champêtre, qui, dans les petites localités, remplit souvent les fonctions d'agent de police se rendit chez le maire, pour le prévenir de l'accident qui venait de se produire.

Le magistrat municipal s'empressa d'en référer à l'autorité supérieure ; et, dans le rapport qu'il rédigea le jour même, après avoir raconté l'accident, il ajouta : « Maintenant que la clef de voûte n'existe plus, de nouveaux malheurs sont à craindre et pour la cloche et pour les personnes qui doivent sonner et pour celles qui pourraient avoir à se rendre dans la maison vicariale... Je dois constater encore, que cette partie de l'église n'est pas la seule qui menace ruine et qui offre de profondes lézardes. La voûte principale de l'édifice, la petite tour de l'horloge, les pierres de taille formant les jambages de la porte d'entrée, tout cela se trouve depuis longtemps dans nn état pitoyable et dangereux. En portant ces faits à votre connaissance, M. le sous-préfet, je tiens à dégager la responsabilité de mon administration et celle de la Fabrique. Les malheurs qui arrivent et ceux qui menacent encore n'existeraient pas, si l'autorité supérieure, dans sa bonté voulait bien s'empresser d'étudier le projet de restauration qui lui a été soumis par la Fabrique depuis bientôt treize mois. Je vous prie, M. le sous-préfet, de vouloir bien joindre vos instances aux miennes auprès de l'autorité supérieure, afin de hâter l'approbation et l'exécution de ce projet. C'est le seul moyen de mettre fin à tous les fâcheux accidents. »

Neuf jours après, on annonçait de Nimes, par un renseignement officieux : que le rapport du maire avait été transmis au ministère et qu'une solution ne tarderait pas à être donnée. En attendant, le sous-préfet d'Uzès demandait, le 16 octobre, à l'autorité municipale de lui rendre compte de ce qu'elle aurait fait pour prévenir tout nouvel accident.

Cette demande du sous-préfet semblait une réponse à la déclaration du maire, qui, dans son rapport, avait paru dégager la responsabilité de son administration. Cette responsabilité restait tout entière, puisqu'il fallait rendre compte de ce qui aurait été accompli. Mais que fallait-il faire ?... Déjà, d'après les ordres du maire, le maçon de la commune avait fermé la brèche du clocher. Il avait placé des cintres en fer pour protéger les cloches contre de nouvelles chutes de matériaux. Malgré cela, il restait d'autre parties de l'église qui menaçaient ruine et il était prudent de prendre d'autres précautions pour éviter d'autres malheurs.

Le 23 octobre 1890, le maître-maçon de la commune reçut

l'ordre de vérifier l'état de la voûte, de sonder les murs, d'examiner et de tâter les corniches branlantes, etc. Le résultat de cet examen fut de suggérer la radicale précaution d'interdire toute la partie de l'église appelée : « l'ancienne nef. »

Le conseil municipal se réunit, le 2 novembre, à l'effet de décider s'il y avait lieu d'autoriser le maire à faire exécuter ces travaux de précaution. Dans cette séance, les conseillers qui n'approuvaient pas les restaurations, préférant encore la construction d'une autre église, engagèrent une formidable lutte en faveur de ce vieux projet, sous prétexte « qu'il était demeuré cher à la majorité de la population. » La discussion devint si vive, si ardente et si animée, que les deux meneurs de l'un et de l'autre parti, à bout d'arguments, comme deux champions parlementaires, en vinrent à poser devant l'assemblée la *question de confiance.*

Le vote donna gain de cause aux partisans des restaurations. En conséquence, dès le 6 novembre, toutes les chaises placées dans l'ancienne nef étaient enlevées. Les arceaux qui établissaient la communication entre les deux nefs étaient fermés jusqu'à la hauteur de deux mètres et l'autorité supérieure était avertie que l'ancienne nef de l'église était désormais *interdite* aux exercices du culte.

En de telles circonstances, le Gouvernement ne pouvait garder plus longtemps le silence. Sept jours après, à la date du 13 novembre 1890, par décret présidentiel, « la fabrique était autorisée à accepter le legs de 3,000 francs, fait par Mme Anaïs Labertrande. » Le bureau de bienfaisance n'était autorisé à accepter la terre léguée, « qu'après une promesse formelle d'aliénation et de conversion du capital en rentes sur l'Etat. » Enfin, sur la question des réparations de l'église, le ministre se refusant, pour la seconde fois, à traiter avec le conseil de fabrique, auteur du projet et s'adressant au maire, lui faisait parvenir, le 28 du même mois, des instructions très détaillées pour arriver à une solution définitive.

Dans ces instructions, le ministre des cultes invitait la commune « ou bien à complèter les fonds nécessaires pour l'exécution du projet, tel que la fabrique l'avait conçu, ou bien à faire réduire le projet jusqu'à concurrence de la somme disponible. » Cette fois la décision était clairement exprimée. Elle portait l'empreinte d'autant de justice que de légalité. Le gouvernement ne rejetait pas absolument le projet. Il semblait même en faire prévoir la prochaine approbation, si la commune trouvait assez de ressources pour assurer la complète exécution des travaux. Dans le cas contraire, il exigeait la réduction des plans à des proportions plus modestes.

Il n'y avait donc rien de désespéré et la réussite pouvait encore être rendue facile. En effet, les restaurations ne devaient-elles pas assurer 300 places dans l'église ? Or, la fabrique offrait encore le montant de ces 300 places pour aider la construction. Ces places, à 60 francs l'une donnait une somme de 18,000 francs. La concession de la chapelle Saint-Antoine devait produire 3,000 francs. La fabrique possédait en caisse 6,000 francs. Le legs de Mme Labertrande assurait 3,000 francs. Ce qui permettait de réaliser un projet de 30,000 francs. Avec un peu d'entente et de bonne volonté, on aurait pu doter le pays d'une belle et vaste église, restaurée dans de très heureuses proportions ; et cela sans recourir à aucun emprunt et à aucune imposition extraordinaire.

Au lieu d'entrer dans ces vues éminemment avantageuses, on s'obstina à fermer les yeux sur le précieux concours offert par la fabrique. On ne voulut considérer que les inconvénients du projet, qui s'élevait à un chiffre paraissant énorme. Et, comme d'autre part, le gouvernement semblait admettre la possibilité d'une restauration à meilleur compte, en faisant réduire les proportions du plan, on préféra adopter ce dernier système.

Aihsi, entre les deux alternatives indiquées par le ministre, on choisit celle qui paraissait la plus économique et la moins onéreuse pour les habitants. On ne se doutait pas des périls renfermés dans un changement apporté aux proportions d'un pareil édifice.

Dans les premiers jours de décembre 1890, on renvoya les plans et devis à l'architecte, avec prière de supprimer une travée de 5 mètres dans la longueur de la nef et de réduire la dépense totale à la somme de 18,262 francs.

Le conseil municipal se réunit le 21 du même mois, approuva la réduction et proposa la réalisation de ce nouveau projet à l'aide : 1° d'un emprunt communal au Crédit Foncier de 12,000 francs ; 2° d'un secours de la fabrique de 5,000 francs et 3° d'une souscription volontaire de 3,000 francs.

A son tour le conseil de fabrique se réunit le 4 janvier 1891, approuva la modification, bien que contraire à ses désirs et vota la somme de 5,000 francs sur ses fonds disponibles. C'était pour la troisième fois depuis vingt ans qu'on faisait dresser et qu'on approuvait des plans et devis, au sujet de l'église.

CHAPITRE XV

Restauration et consécration (1890-1892)

SOMMAIRE. — Protestation contre ce troisième projet. — La commission des travaux publics. — Premier rapport et demande de modifications.— Réponse de l'architecte. — Retour à la commission et deuxième rapport. — Approbation du projet sous réserve. Adjudication des travaux. — Commencement des travaux. — Leur avancement rapide. — Une visite de Mgr Gilly. — Les élections municipales du 1er mai 1892. — Consécration de l'église.

On n'avait pas encore commencé à former le dossier de ce troisième projet, qu'une protestation était déjà lancée contre lui.

Dès le 31 décembre 1890, un conseiller municipal écrivit au sous-préfet d'Uzès, pour dénoncer certaines illégalités commises à l'occasion de la délibération du 21 de ce mois. Il se plaignait d'abord de ce que lui-même ainsi que plusieurs autres conseillers, au lieu d'avoir été convoqués trois jours francs avant celui de la séance, n'avaient reçu leur convocation que la veille. De plus il trouvait que l'objet de la réunion indiqué par ces termes : *restauration de l'église* était par trop laconique, faisant supposer une simple restauration, plutôt que la reconstruction en grande partie de l'édifice et ne donnant nullement à entendre le vote d'un emprunt de 12,000 francs. Enfin, il prétendait que les formalités relatives à la publication du compte-rendu de la séance n'avaient pas été remplies. A cause de ces irrégularités le pétitionnaire demandait l'annulation de cette délibération, parceque, dans son adoption, il y avait eu surprise, ou tout au moins méprise de la part des conseillers présents et délibérants.

Dans les premiers jours de janvier 1891, le maire Laurens reçut communication de cette étrange plainte qui paraissait attaquer l'honnêteté de ses procédés administratifs, et on l'invitait à fournir des explications lorsqu'il expédierait le dossier.

Le 20 janvier 1891, ce nouveau dossier était envoyé à la sous-préfecture. Dans la lettre qui l'accompagnait, le maire rappelait : « que l'urgence des réparations lui paraissait indiscutable ; que, pour prévenir de fâcheux accidents on avait dû interdire la moitié de l'église et que cet état de choses ne pouvait se prolonger sans de graves inconvénients pour le service religieux. » Il ajoutait : « que, d'une part, le chiffre total de la dépense réduit à 18.000 francs, constituait la dernière limite à laquelle il était possible de descendre sans trop blesser les exigences du culte ; d'autre part, que les voies et moyens indiqués dans la délibération du 21 décembre constituaient aussi l'extrême limite où pouvaient atteindre les ressources de la commune sans trop blesser les intérêts des habitants. » Enfin, « que si le conseil municipal avait préféré restaurer l'église plutôt que d'en construire une nouvelle, c'était d'abord pour éviter à la commune une dépense da 50 ou 60.000 francs, dépense au-dessus de ses forces et ensuite pour éviter de surexciter les jalousies de quartier, dans le choix d'un emplacement. »

Voulant réfuter, en dernier lieu, les prétendues irrégularités commises au sujet de la délibération du 21 décembre, le maire produisit : 1° Un certificat du garde-champêtre, constatant que les invitations à la séance avaient été distribuées par lui dès le 18 décembre. 2° Une déclaration du secrétaire de la mairie, assurant que le compte-rendu de la séance avait été affiché le 28 du même mois. 3° Quant au style de la lettre de convocation trouvé trop laconique, le maire soutenait que les mots : *restaurations de l'église* « étaient réguliers, suffisants et légitimes à tous les points de vue. » (1)

A la fin du mois de mars, le pétitionnaire n'ayant reçu aucune nouvelle, ni sur l'accueil fait à sa pétition, ni sur le sort réservé à la délibération qu'il avait attaquée, écrivit au sous-préfet d'Uzès, pour lui demander quelle suite on pensait donner à sa plainte. Le 31 du même mois, le sous-préfet répondit que, « vu les explications contenues dans la lettre du maire de Tresques, on avait jugé qu'il n'y avait pas lieu de donner suite à la plainte formulée contre le projet. » (2).

Mais à peine sauvé de ce premier péril, le projet de restauration allait bientôt se trouver exposé à un péril plus redoutable

(1) Lettre d'envoi.

(2) Archives de la Fabrique.

encore. Vraiment, ne semblait-il pas qu'un mauvais destin pesait sur cette œuvre, s'obstinait à multiplier les difficultés et semait de continuels obstacles ?

Les plans et devis modifiés avaient été soumis, dès le mois de février, à l'examen de la commission des travaux publics. Cette commission se réunit, le 17 mars 1891 et le rapporteur, M. Bergeron, chargé de présenter des conclusions sur ces plans et devis, les déclara remplis de défauts. Il manifesta d'abord « la crainte qu'après la démolition du clocher, des voûtes et des vieux murs, les matériaux qui en proviendraient ne fussent ou trop détériorés, ou trop insuffisants pour la nouvelle construction. » Il critiqua « le système de crénaux et de terrasse qui terminait le clocher, comme étant de nature à produire des infiltrations. » Il blama « l'absence d'un beffroi pour les cloches, l'absence d'un ravallement et celle des enduits extérieurs. » Il reprocha « à certains prix d'être peu rémunérateurs. » Il déplora « qu'on eût donné à l'édifice un caractère architectonique trop élégant, surtout en face de l'extrême sévérité des parties anciennes qu'on laissait subsister. » Enfin, il signala, chose plus grave encore « la trop grande hauteur des voûtes, ce qui établissait une proportion un peu choquante avec la longueur et la largeur de l'édifice. » (1)

Ce dernier défaut provenait de la suppression d'une travée faite au plan primitif de la Fabrique. Celle-ci avait toujours pensé « qu'un plan réduit, serait un plan détruit ; » c'est pour cela qu'elle s'était refusée à opérer elle-même cette réduction.

La commission préfectorale refusa son approbation ; et conformément aux conclusions de son rapporteur, les plans et devis durent reprendre le chemin de Tresques, vers la fin du mois de mars 1891. On les renvoya à l'architecte, en le priant d'exécuter le plustôt possible les modifications réclamées par la commission.

C'était la quatrième fois qu'on retournait à M. Méry son travail, pour le faire remanier. Aussi, il ne dissimula pas son dépit. Il déclara « que les accusations du rapporteur ne renfermaient que de pures taquineries, une simple collection de prétextes, rassemblés tout exprès pour démontrer le peu de sympathies qu'inspiraient, soit la personne de l'architecte, soit le projet de l'église. »

Cependant à son tour, M. Méry adressa un contre rapport, dans lequel, après avoir justifié son plan sur la plus grande partie des accusations portées contre lui, il consentait « à abaisser la voûte principale de 50 centimètres ; à recouvrir le clocher d'une

(1) Extraits du rapport.

toiture en briques communes et il assurait que l'entrepreneur serait chargé de remettre les mêmes cloches et le même beffroi dans le nouveau clocher. » (1)

Le conseil municipal et le conseil de fabrique furent appelés, le 24 mai 1891, à donner leur avis sur les modifications de l'architecte. Ces deux assemblées les jugèrent suffisantes pour satisfaire aux exigences de la commission et les approuvèrent. (2)

La commission des travaux publics se réunit de nouveau, le 18 juin 1891. Son rapporteur présenta de nouvelles observations, dans lesquelles il exprima derechef les mêmes craintes « sur l'insuffisance des matériaux que pourrait produire la démolition du vieil édifice. » Il insista « sur la nécessité d'ajouter au cahier des charges l'obligation pour l'entrepreneur de descendre et de remonter les cloches. » Enfin il renouvella ses premières critiques « sur la courbure des arcs des bas côtés et la disposition des contreforts des hautes voûtes reposant sur ces arcs. » Cependant malgré ces critiques il termina par cette conclusion : « que le projet lui paraissait susceptible d'être approuvé, mais seulement sous réserve expresse qu'il serait tenu compte, pendant l'exécution des travaux des dernières observations qu'il venait de faire. » Cette conclusion fut adoptée par la commission. (3)

Après cette approbation, bien que modérément favorable, ne semblait-il pas que la Préfecture allait enfin autoriser la commune à procéder aux formalités de l'adjudication ? Il n'en fut rien. En étudiant plus attentivement les pièces du dossier, on remarqua que la donation faite par M. Fortunet, de la maison contigüe à l'église, maison destinée d'après le projet, à être démolie, afin de permettre la construction d'une façade, cette donation datait de l'année 1887, c'est-à-dire de quatre années en arrière. Or, la Préfecture voulut savoir si le donateur était encore en vie. Malheureusement, dans l'intervalle des quatre années qu'avaient duré les innombrables formalités et les diverses modifications, exigées par l'administration, M. Fortunet était décédé. Il fallut donc procéder à une nouvelle donation. Son héritière, Mme Fraisse, dut passer un nouvel acte, par devant Me Fabry, notaire à Bagnols, le 29 juin 1891. Le maire de Tresques dut donner son acceptation provisoire, le 30 du même mois et enfin le conseil municipal fut encore convoqué, le 12 juillet suivant pour donner son approbation à ces dernières formalités. Les plans, devis et cahier des charges reçurent l'approbation préfectorale, les 18 et 22 juillet 1891.

(1) Rapport de l'architecte Méry.

(2) Archives de la Mairie et de la Fabrique.

(3) Deuxième rapport.

Consacrée, le 17 Octobre 1892.

Trois arrêtés furent rendus. Par le premier, en date du 18 juillet, la commune fut autorisée : 1° à emprunter, soit de gré à gré, à un taux d'intérêt qui ne devait pas excéder 4,10 o/o, soit avec publicité et concurrence, soit à la caisse nationale des retraites pour la vieillesse et aux conditions de cet établissement, la somme de 10 260 francs, destinée à concourir au payement des frais d'agrandissement et de restauration de l'église ; — 2° à s'imposer extraordinairement, pendant 30 ans, à partir de 1892, 8 centimes additionnels au principal de ses quatre contributions directes, pour, le produit de cette imposition devant s'élever annuellement à environ 630 francs, être affecté au remboursement de l'emprunt en principal et intérêts.

Par un autre arrêté du même jour, le receveur municipal était autorisé à accepter, de la part du trésorier de la fabrique, la somme de 5,000 francs, offerte par cet établissement, pour concourir au payement des frais d'agrandissement et de restauration de l'église.

Par un troisième arrêté pris en conseil de préfecture, le 22 juillet 1891, le maire de Tresques, au nom de cette commune, était autorisé à accepter la donation faite à celle-ci par Mme Emilie Fortunet, veuve Fraisse, suivant acte reçu Me Fabry, notaire à Bagnols, le 29 juin 1891 et consistant en une maison sise place de l'église, section E, n° 177 du plan cadastral et destinée à servir à l'agrandissement de l'église.

Ainsi, après quatre ans et quatre mois employés en combinaisons et en formalités, voilà donc la commune, qui en 1887 refusait à l'appel de l'Evêque de Nimes de s'imposer le moindre sacrifice pour l'église, la voilà chargée de procéder elle-même à sa restauration. Il serait difficile d'énumérer la quantité de pièces qui, pendant tout ce temps, furent réclamées à la commune ou à la fabrique. Il fallut dix-sept délibérations, une enquête *de commodo et incommodo*, trois actes de donation, la confection de trois plans et devis, un nombre considérable de lettres d'envoi ou de lettres privées. Les divers dossiers relatifs à cette affaire durent accomplir neuf fois le voyage de Tresques à Nimes et quatre fois celui de Nimes à Paris.

Un résultat aussi péniblement obtenu aurait dû, ce semble, inspirer un certain respect et même désarmer les adversaires du projet. Ce fut le contraire. Lorsque le 2 août 1891, de grandes affiches annoncèrent l'adjudication des travaux, pour le 23 du même mois, les chefs de l'opposition furent douloureusement surpris et confondus. L'un d'entr'eux, plus grincheux que les autres ne pouvant retenir son dépit jeta ce cri d'alarme dans un journal de la localité. « Des affiches annoncent l'adjudication des travaux de restauration de l'église communale, qui n'est autre qu'une ancienne chapelle seigneuriale. On va entamer là une rude besogne, dont la fin est difficile à prévoir. Nous pensons qu'il n'en résultera rien de bon pour nos malheureuses finances municipales. » « *Un contribuable.* »

Ces quelques lignes font bien voir que ce naïf contribuable était visiblement scandalisé de deux choses. D'abord, qu'on eût consenti à laisser restaurer « une église communale, qui n'étai autre qu'une ancienne chapelle seigneuriale » et ensuite qu'on eût laissé incomber une bonne partie des frais de cette restauration « aux malheureuses finances municipales. » D'après lui, toute la dépense aurait dû incomber aux bourses seigneuriales.

Un autre contribuable profita de la séance du 16 août, dans laquelle le conseil municipal s'occupa du vote relatif à l'imposition et à l'emprunt en faveur de l'église, pour consigner dans le registre des délibérations une véritable protestation contre le projet. Dans ce factum, il s'efforçait de démontrer « que les nouveaux alignements de l'église auraient pour conséquence de diminuer considérablement la largeur d'une petite rue, qui descend au sud du presbytère. » Mais cette protestation, pas plus que la note du journal, pas plus qu'une longue lettre adressée par un habitant de Paris au préfet du Gard, ne réussit à empêcher l'adjudication du 23 août 1891.

Ce jour-là, douze entrepreneurs, venus de divers pays environnants, se présentèrent à la mairie, munis de bons certificats et après avoir déposé un cautionnement de 850 francs entre les mains du receveur municipal. La lutte entre ces nombreux prétendants parut un instant devenir sérieuse. Il y eut des discussions, des disputes, des menaces. Mais, à la dernière heure, un accommodement intervint entre les combattants et le sieur Emilien Hamelin, de Tresques, fut déclaré adjudicataire, après avoir présenté un rabais de un pour cent sur les prix portés au devis.

Le procès-verbal de l'adjudication ne tarda pas à recevoir l'approbation préfectorale, et, dès le 16 septembre 1891, les travaux commencèrent par la démolition de la maison vicariale et de la vieille tour du clocher.

A la soudaineté avec laquelle l'entrepreneur Hamelin organisa ces premiers travaux, à la vue des mesures de précaution, aussi ingénieuses qu'habiles, dont il fit usage dès le début de l'entreprise, les amis aussi bien que les adversaires de l'œuvre comprirent que le règne des temporisateurs était passé et que l'heure de l'action avait sonné. La municipalité, entraînée par l'exemple de l'entrepreneur, s'employa sans retard à rechercher et à faire aménager un local pour servir d'église provisoire. La maison qui fut choisie et reconnue la plus convenable à cet usage, fut la magnanerie Plagnol, le lieu même dans lequel l'assassin du sonneur Camp avait trouvé en 1881, un refuge après son crime. On commença à célébrer les offices dans ce modeste réduit le dimanche 11 octobre 1891.

Le jeudi suivant, l'architecte Méry vint tracer et jalonner les fondations de la façade, dont les travaux de maçonnerie furent inaugurés le 19 du même mois. Dans la partie de ces fondations, sur laquelle devait plus tard être bâti le pied droit du jambage septentrional de la porte d'entrée, on déposa une plaque en zinc portant cette inscription :

ANNO Dni 1891
HÆC ECCLESIA PRIMITUS ET CIRCITER VIII° S°
IN CAPELLAM CASTRI FUNDATA
XII° S° TRIBUS ABSIDIBUS AUCTA
ANNO 1385 TURRE ET ALTISSIMIS
MŒNIIS MUNITA
ANNO AUTEM 1545 IN DUPLICEM ÆDEM
COAGMENTATA
ET IN PAROCHIALEM ECCLESIAM ERECTA
PLURIBUS BELLICIS FURORIBUS PARTIM DIRUTA
PARTIMQUE RESTITUTA
TANDEM
EX INJURIIS TEMPORUM
QUIBUSDAM FRACTIS AC LABASCENTIBUS MŒNIIS
IN NOVAM ÆDEM ET RECTIUS ORDINATAM
FUIT MAGNOPERE RESTAURATA (1)

Un heureux concours de circonstances favorisa merveilleusement la marche rapide et continue des travaux. Ce fut d'abord un hiver exceptionnellement favorisé par une température d'une douceur incomparable. Puis, contrairement aux prédictions pes-

(1) L'an du Seigneur 1891, cette église primitivement construite vers le VIIIe siècle, pour servir de chapelle au château, agrandie de trois absides au XIIe siècle ; fortifiée d'une tour et de hautes murailles en 1385 ; augmentée par l'adjonction d'une seconde nef en 1545 et érigée en église paroissiale ; en partie détruite et en partie réparée, à l'époque des guerres civiles, n'offrant plus enfin que des murailles qui menaçaient ruine, a été rendue plus régulière et considérablement restaurée.

simistes du rapporteur Bergeron, il se trouva que les démolitions fournirent une si prodigieuse quantité de belles et bonnes pierres, qu'il eût été possible de construire deux églises au lieu d'une seule. Enfin, l'heureux entrepreneur consentit plusieurs fois à embaucher des ouvriers de passage, des étrangers sans travail et qui en demandaient avec instance. Il n'eût pas lieu de s'en repentir et son chantier s'en trouva fort bien. Aussi, dès le 25 janvier 1892, les colonnes de la façade étaient placées et on terminait le petit arceau en sous-œuvre de la chapelle de la Vierge. Le 1er mars, les murs des bas-côtés étaient terminés et on allait bientôt s'occuper de dresser les colonnes intérieures de la nef principale.

Mgr Gilly, évêque de Nimes, se trouvant à Connaux le 30 mars, en tournée pastorale, voulut se rendre à Tresques pour visiter les travaux, constater leur avancement et témoigner ainsi de l'intérêt qu'il portait à cette œuvre si désirée de ses prédécesseurs. Il arriva sur le chantier dans la soirée de ce jour, se déclara hautement satisfait, félicita chaleureusement l'entrepreneur, le maire et le curé et dans sa réponse à la petite harangue du maire Laurens, il promit de revenir, après l'achèvement des travaux, consacrer soleunellement l'édifice.

Cette visite eut pour résultat d'imprimer un nouvel élan à l'activité des travailleurs. Aussi, dans les premiers jours d'avril, on jetait les grands arceaux de la nef principale et on posait la toiture des bas-côtés. Dès le 8 et le 9 avril, on plaçait la corniche sur l'arc triomphal.

Vers le milieu d'avril, un autre puissant mobile, celui de la crainte, vint s'ajouter aux encouragements de Mgr l'Évêque et contribuer d'une autre manière à hâter l'exécution des travaux. L'époque des élections municipales était proche et déjà on commençait à découvrir la trame d'un complot savamment ourdi par les ennemis de l'église pour s'emparer eux-mêmes du pouvoir, au préjudice des conseillers sortants, leurs anciens amis, qui avaient adopté le projet de restauration. Conservateurs transfuges, ils réussirent peu à peu à détacher du parti une vingtaine d'électeurs, parmi lesquels ils choisirent un nombre suffisant de candidats pour former une liste qu'ils décorèrent du titre fastueux de liste des « candidats indépendants. » Ensuite par une habile manœuvre de *ralliement*, ils tentèrent de conquérir la majorité, au moyen des voix républicaines, qu'ils allèrent humblement quémander. Ils eurent le soin, dans les réunions publiques, de représenter l'ancienne municipalité comme une collection d'arriérés, de ramollis, tous aussi dépourvus d'initiative que d'utiles conceptions. Quant à eux, ils promettaient dès leur arrivée au pouvoir, de faire réparer les chemins, construire un lavoir public plus commode, des écoles, des fontaines, etc. « Quant à l'église, ajoutaient-ils, les travaux sont trop avancés pour pouvoir y mettre obstacle, mais ils s'engagent à ne plus rien voter pour cet objet. »

Les élections eurent lieu le 1er mai 1892. Mais contrairement à l'attente presque générale, le résultat du scrutin ne donna point la victoire aux « indépendants. »

Ceux-ci protestèrent violemment contre les opérations du dépouillement et le Conseil de préfecture cassa les élections. Aussitôt les conservateurs, en prévision d'un échec définitif et pour éviter de grands embarras, si les électeurs étaient convoqués de nouveau, avant l'achèvement de l'église, firent appel au Conseil d'Etat afin de gagner du temps.

Les travaux ne subirent aucune interruption et dès le 15 octobre 1892, c'est-à-dire treize mois après le jour du tracé des fondations, l'entrepreneur arborait sur les créneaux du clocher la branche traditionnelle de laurier, attestant l'heureux achèvement de l'édifice. Deux jours après, l'Evêque de Nimes venait consacrer solennellement l'église de Tresques le 17 octobre 1892.

CHAPITRE XVI

Fête de la consécration

SOMMAIRE. — Caractère et origine de la cérémonie. — Impressions qu'elle produit sur les assistants. — Occasions de sa célébration. — Eglises qui en sont d'ordinaire gratifiées. — Pourquoi celle de Tresques en a reçu la faveur. — L'*Angelus* de la veille. — Derniers préparatifs. — Le grand jour. — Débuts de la cérémonie. — Le clergé assistant. — Symbolisme des cinq parties de la cérémonie. — Le banquet. — Les vêpres. — Ameublement de l'église. — Couronnement de l'œuvre : une école religieuse.

Parmi les augustes cérémonies en usage dans la liturgie catholique, une des plus intéressantes, des plus instructives et des plus agréablement émaillées de formes symboliques, c'est celle de la consécration d'une nouvelle église.

L'institution de ces rites admirables remonte au IVe siècle, sous le pape Saint Sylvestre, époque de la construction des basiliques constantiniennes. Un contemporain, Eusèbe de Césarée, proclamait déjà que « cette solennité offrait un spectacle consolant pour les fidèles, communiquait une joie divine, qui brillait sur les visages des assistants et transportait les âmes d'une sainte allégresse. » (1) Les causes de cette allégresse étaient multiples. Indépendamment des gracieux symboles, inhérents aux diverses parties de cette cérémonie, elle supposait encore en elle-même quelque circonstance particulièrement émouvante. En effet, ou bien il s'agissait « d'un édifice chrétien nouvellement relevé de ses ruines et que la fureur des tyrans avait naguère renversé. » C'était alors une véritable résurrection. Ou bien, on se trouvait en présence d'un nouveau monument, construit sur une nouvelle terre, grâce à la munificence impériale, ou avec les généreuses

(1) L'abbé Darras, Hist. gén. de l'Eglise, T. IX, p. 101.

offrandes des fidèles. Alors, c'était l'agrandissement du règne de Dieu qu'on célébrait.

Depuis le IVᵉ siècle jusqu'à nos jours, ces solennités ont conservé le privilège d'exciter la même joie et le même enthousiasme. D'une part, le peuple chrétien a toujours considéré, avec raison, l'ouverture des portes d'une nouvelle église comme le présage d'une nouvelle ère de grâces et de bénédictions. D'autre part, les sages mesures prescrites par l'autorité ecclésiastique ne furent pas étrangères au maintien du merveilleux éclat de ces fêtes. Elle a attribué à ces rites une place importante dans sa liturgie et concédé des indulgences en faveur de ceux qui assistent avec piété à leur célébration. Elle a donné à ces pompeuses inaugurations le nom de *Dédicaces*, et, en souvenir de l'ancienne loi, elle a ordonné un anniversaire spécial, afin de perpétuer le souvenir de ces belles fêtes. Enfin, elle a réservé aux seuls évêques le droit d'accomplir ces solennelles cérémonies ; et, les évêques, à leur tour, les ont réservées pour leurs basiliques, leurs cathédrales, ou du moins pour les églises principales de leur diocèse. Rarement la faveur d'une consécration est accordée à une modeste église de village.

Si celle de Tresques l'a obtenue, c'est par un acte tout particulier de bienveillance, auquel Mgr Gilly avait bien voulu s'engager, lorsqu'il était venu visiter les travaux en cours d'exécution, le 30 mars 1892. En retour de cette condescendance épiscopale, la population n'a pas manqué de témoigner, par son empressement, combien elle savait apprécier et la délicate distinction dont son église était l'objet et la grâce extraordinaire dont son humble village était honoré.

Dès la veille, à l'*Angelus* de midi, le son harmonieux des cloches lancées à toute volée, annonçait l'ouverture de la grande fête. Cette joyeuse publication provoqua aussitôt chez les habitants des tressaillements d'allégresse d'autant plus vifs, qu'on avait pendant plus longtemps déploré la privation de ces bruyantes et populaires sonneries. Depuis onze ans, en effet, à cause du peu de solidité de la vieille tour, une sage et officielle interdiction empêchait tout balancement de l'airain sacré. Mais, en ce jour, les heureuses cloches, récemment installées dans un élégant clocher, commodément établies sur un solide beffroi en charpente, paraissaient bondir de bonheur derrière les jalousies de leur cage aérienne. Elles semblaient chanter en même temps que la fête, les bienfaits de leur confortable installation et proclamer leur joie de se retrouver ensemble, sans avarie, après une longue période de séparation et de mutisme obligatoire.

Quoi d'étonnant, si, au réveil tant désiré de ces voix sonores, l'enthousiasme devint général dans le pays. On vit bientôt une légion de travailleurs et de travailleuses accourir à l'église et offrir son bienveillant concours, dans le dessein d'achever le plus rapidement possible les derniers préparatifs de la solennité avant l'arrivée de l'évêque. Ce fut alors un spectacle vraiment intéressant. Des groupes d'hommes, de femmes, de jeunes filles et d'enfants se mirent à l'œuvre avec un entrain et une gaieté admirables.

Les uns s'employèrent à la périlleuse opération de pavoiser la plate-forme crénelée, qui termine le clocher, pendant que les autres, sous la direction de l'architecte Méry, nettoyaient et balayaient soigneusement le pavé de l'église. Ceux-ci tressaient ou disposaient avec art des guirlandes de verdure, construisaient des arcs-de-triomphe ou plantaient de nombreux et minces poteaux, ornés d'oriflammes aux couleurs étincelantes et variées. Celles-là enfin accomodaient un petit appartement de l'ancienne école, situé derrière la grande cour et destiné à servir de chapelle des reliques.

Vers les quatre heures, les préparatifs étaient terminés. Mgr Gilly arrivait à cinq heures et descendait au château, où la plus franche et la plus cordiale hospitalité lui était réservée.

Le lendemain, lundi 17 octobre, le soleil se levait radieux dans un ciel sans nuage. Un léger vent du nord, un peu frais, agitait modérément les banderoles et les oriflammes qui décoraient le clocher et la place de l'église. De tous les points de l'horizon on voyait bientôt accourir des groupes nombreux d'étrangers, venus des villages circonvoisins et attirés par l'attrait de la cérémonie extraordinaire qui allait être célébrée. Peu à peu, les flots de la multitude qui arrivait, se mêlant à la population locale, donnaient au pays l'agréable aspect d'un centre de pélerinage.

Cependant les cloches mises en branle dès l'aurore, faisaient entendre, presque sans interruption, leurs bruyants appels et convoquaient le peuple à l'auguste cérémonie, fixée à 7 heures du matin. A ce moment, la place de l'église ainsi que les ruelles voisines de la grande tour et l'avenue de la côte étaient noires de monde. En face du perron et sur un large tapis, au milieu duquel on avait disposé un prie-Dieu, recouvert de coussins rouges et d'étoffes de même couleur, Mgr l'Evêque vint bientôt prendre place, accompagné d'une suite nombreuse de prêtres, où l'on distinguait : Mgr de Villeperdrix, vicaire-général ; le chanoine

Delacroix, curé-doyen de Bagnols ; le chanoine Tastevin, maître de cérémonie ; l'abbé Allègre, directeur au Collège Saint-Stanislas à Nimes ; MM. les curés de Saint-André-de-Roquepertuis, de Connaux, de Gaujac, de Saint-Pons-la-Calm, du Pin et de Colombiers.

Tandis que le Prélat revêtait ses ornements pontificaux, les prêtres qui l'entouraient commencèrent les prières liturgiques préliminaires, par la récitation des sept psaumes de la Pénitence. Ensuite Mgr l'Evêque adressait lui-même à la Très-Sainte Trinité cette invocation solennelle : « Venez, venez au milieu de nous, Dieu unique et Tout-Puissant, Père, Fils et Saint-Esprit. » Il faisait suivre ce chant d'une courte oraison, pour demander à Dieu la grâce de ne pas apporter de distraction dans cette sainte cérémonie.

Pendant ces débuts, la porte de l'église restait fermée, comme si l'édifice ne fut pas encore digne de recevoir l'assemblée des fidèles. Le silence et la solitude régnaient dans l'intérieur du monument. Il y avait seulement devant chacune des douze croix, peintes sur les murailles, un cierge de cire pure qui brûlait, comme symbole de la foi chrétienne que les douze apôtres ont fait briller au milieu des ténèbres du paganisme. Il est vrai que la vue de l'église fermée et en faveur de laquelle le clergé avait récité, tout d'abord, des prières de pénitence, ne pouvait qu'inspirer aux assistants des pensées un peu tristes, des idées de déchéance, d'humiliation et de repentir. Mais, dès que le Pontife eut prononcé son invocation à la Sainte-Trinité, le symbolisme de la cérémonie changea subitement et n'éveilla désormais dans les esprits que des idées de relèvement, de vertus chrétiennes, de transformation et de sanctification.

Saint-Augustin, expliquant ces mêmes cérémonies aux fidèles de son temps, leur adressait ce vœu sympathique : « Puisse ce qui a été exécuté matériellement en ces murs, se réaliser spirituellement dans vos âmes ; et, ce que nous voyons accompli dans les pierres et le bois, s'accomplir par la grâce de Dieu dans vos personnes. » (1)

La première partie de la cérémonie offrit les apparences d'un vrai Baptême ; comme si les créatures inanimées, pierres, bois, métaux, avaient, par suite de la faute originelle, participé à la souillure du péché. A ce baptême, l'évêque récita les litanies des saints ; et, en invoquant tous nos célestes protecteurs, il en choisit un, comme patron spécial et un autre comme titulaire de la

(1) S. Aug., serm. 256.

nouvelle église. (1) Puis, il aspergea à trois reprises, avec l'eau bénite les murs extérieurs, en faisant chaque fois processionnellement le tour de l'édifice. Après chacune de ces aspersions, il se présenta devant la porte fermée, qu'il frappa avec l'extrémité de sa crosse, demandant à entrer. A notre baptême, nous avons été lavés du péché, confiés à un protecteur céleste et la grâce de la foi est venue frapper à la porte de notre âme. Heureux celui qui, parvenu à l'âge de raison, a ouvert son âme à cette grâce !

Telles étaient quelques-unes des pieuses idées que suggéraient aux assistants ces multiples aspersions d'eau bénite, pendant que l'évêque en poursuivait majestueusement la triple série autour de l'édifice. Mais en prêtant l'oreille aux paroles liturgiques, il était aisé de reconnaître que celles-ci attribuaient, en outre, un sens mystique particulier à chacune des trois séries d'aspersion. A la première, qui était dirigée vers le haut des murs, les paroles que chanta le chœur et la prière que lut l'évêque rappelèrent cette importante vérité : « qu'à la hauteur des murs de ce temple matériel doit correspondre, dans l'âme du chrétien, une grande élévation de sentiments. » A la seconde, qui se rapportait aux fondations, tout signifiait : « que Jésus-Christ était le fondement, la pierre angulaire sur laquelle devait être bâti l'édifice du salut des hommes. » A la troisième, qui s'adressait au milieu des murailles et que le Pontife commença par le côté gauche, les prières liturgiques ne parlaient que « de combats, de résistances, de victoires, contre les démons et les passions ; » combats, aussi terribles à nos âmes, que la poussée des voûtes, les intempéries des saisons et les injures du temps ne sauraient l'être à ces murailles.

La seconde partie de la cérémonie commença au moment, où l'évêque, ayant frappé la porte pour la troisième fois, celle-ci s'ouvrit pour laisser entrer le prélat, suivi seulement du clergé. Ici, les rites prirent un caractère plus solennel. On se prosterna à l'entrée de la nef principale. On implora la divine influence du Saint-Esprit, par la récitation du *Veni Creator*. On demanda ensuite l'intercession de toute la cour céleste, par une seconde récitation des Litanies des Saints afin d'obtenir que la sublime vocation à laquelle l'édifice était destiné se réalisât.

Le chrétien ne peut réaliser sa vocation que par la pratique de la prière. Or, voici des symboles qui indiquent comment une église réalise la sienne et devient utile au chrétien. L'église est destinée

(1) Le titulaire de l'église de Tresques est Notre-Dame des Anges et le patron c'est *la Croix*.

à devenir la maison de Dieu ; et, tous ceux qui ont besoin de Dieu, de sa protection, de ses grâces, sont appelés à s'y rendre, de quelque lieu qu'ils viennent et quel que soit le motif qui les amène. Pour indiquer cette universalité du Maître de la maison, comme aussi l'universalité des grâces et des solliciteurs, l'évêque traça soigneusement, avec l'extrémité de sa crosse, sur une grande croix de cendres, préalablement répandues sur le pavé de la nef, les deux alphabets grec et latin. Et pendant ce temps, les chantres entonnèrent cette antienne : « O que ce lieu est terrible, c'est vraiment la maison de Dieu et le parvis du ciel. » Cette antienne fut suivie du cantique de Zacharie, publiant les merveilles de l'Incarnation et de la Rédemption. Puis, dans le dessein de faire bien comprendre que la prière chrétienne puise sa force dans les mérites de J.-C., comme aussi, afin d'inaugurer cette prière dans le nouveau temple, l'évêque s'avança, pour la première fois, devant l'autel ; et là, entonna trois fois, en élevant la voix à chaque reprise le *Deus in adjutorium meum intende*... « O Dieu venez à mon aide ; Seigneur, hâtez-vous de me secourir ! » C'est bien là l'abrégé de toutes les prières de la pauvre humanité.

La troisième partie de la cérémonie parut représenter, au moyen de nombreuses ablutions, faites sur l'autel et sur les murs intérieurs, la sanctification du chrétien, opérée par la pratique des vertus.

Pour faire ces ablutions, l'évêque prépara une eau bénite, appelée : *eau grégorienne*, dans laquelle il mélangea un peu de vin, de sel et de cendres. L'assemblage de ces quatre substances représentait admirablement la réunion des quatre vertus cardinales, qui doivent embellir le cœur du chrétien. L'eau, qui conserve toujours son juste niveau, représentait la *justice*. Le vin, avec son alcool, représentait la *force*. Le sel, qui donne aux aliments une saveur convenable, rappelait la *prudence* chrétienne. Enfin les cendres, qui proclament le néant des choses d'ici-bas, étaient l'emblème de la *tempérauce*.

Avant de procéder aux aspersions, avec cette eau symbolique, le Prélat se dirigea vers la porte d'entrée et avec sa crosse, il signa l'église d'un double signe de croix, l'un en haut de la porte et l'autre en bas, demandant à Dieu : « que ceux qui visiteront cette demeure obtiennent la paix, l'abondance, la sobriété, tous les dons du Saint-Esprit et que tous ceux qui viendront invoquer ici le saint nom de Dieu, reçoivent la plénitude de tous les biens. »

Le premier emploi que fit ensuite l'évêque de l'eau grégorienne fut réservé à l'autel. (1) L'autel étant le lieu où doit s'offrir le sacrifice qui renouvelle celui de la croix, en même temps que les chantres entonnaient l'antienne par laquelle toutes les messes commencent : *Introibo ad altare Dei...*, l'evêque, ayant trempé son pouce dans l'eau grégorienne, fit cinq croix sur la table de l'autel, pour représenter les cinq plaies, par lesquelles fut consommé le sacrifice de notre Rédemption. Il fit ensuite sept fois le tour de l'autel, l'aspergeant avec la même eau bénite et entonnant chaque fois l'antienne ; *Asperges me.* N'y avait-il pas une idée mystique bien consolante, exprimée par ces sept aspersions, qui constituaient comme le Baptême de l'autel ? Cette idée rappelait à tous que l'auguste sacrifice de la Messe, étant une grande source de pardon pour l'humanité, on pourrait aller puiser ce pardon, non seulement jusqu'à sept fois, mais jusqu'à soixante-dix fois sept fois, c'est-à-dire toujours, toutes les fois que l'homme en aurait besoin.

Après le Baptême de l'autel, l'évêque procéda à la purification du reste de l'église, à l'intérieur. L'église devenait déjà la maison de Dieu, la maison de la prière ; aussi chacune des cinq ablutions que fit l'évêque parut signaler une des cinq qualités de la prière chrétienne. A la première aspersion le Prélat bénit les murailles en les aspergeant aux fondations ; et le chœur chantait : « La maison du Seigneur est inébranlable ; ses fondements sont bâtis sur le roc. » La prière que le chrétien viendra faire ici, devra s'appuyer sur une *foi inébranlable.* A la seconde aspersion, l'évêque bénit les murs à la moitié de leur hauteur ; et le chœur chantait : « Que Dieu se lève, que ses ennemis soient dissipés et que ceux qui le haïssent fuient devant sa face. » La prière doit être l'arme de guerre du chrétien ; plus la lutte est ardente, plus la prière doit être *fervente.* A la troisième aspersion, l'évêque bénit le haut des murs ; et le chœur chantait : « Celui qui demeure dans l'asile du Très-Haut reposera sous la protection du Dieu du ciel.» La prière doit être remplie de *confiance.* A la quatrième, le Pontife partit de l'autel et se dirigea vers la porte en aspergeant le pavé. Il alla ensuite d'un mur latéral jusqu'à l'autre en aspergeant

(1) Cet autel majeur de l'église de Tresques a été construit en beau marbre blanc, d'après les plans de M. Méry, architecte et dans un style simple, élégant, se rapportant, ainsi que la façade du monument, à la période du XIIIe siècle. Le travail a été exécuté dans les ateliers de M. Th. Blanc, sculpteur marbrier d Avignon et la commande a été soldée au moyen d'un legs fait par M. Camille Labertrande, curé de Saint-Pons-la-Calm, décédé le 15 juin 1886 et inhumé, le 17 du même mois, dans le cimetière de Tresques.

le pavé ; et le chœur chantait : « Ma maison sera appelée une maison de prière. » Ausi le chrétien suppliant ne craindra pas de se prosterner avec *humilité*, le front dans la poussière de ce pavé béni. Enfin, à la cinquième, l'évêque, se tenant au milieu de l'église aspergea encore le pavé dans la direction des quatre points cardinaux. Et le chœur alors chanta : « Jacob vit une échelle dont le sommet touchait aux cieux et les anges en descendaient... » De quelque côté qu'arrivent les afflictions, quelle qu'en soit la durée ou l'intensité, le chrétien doit toujours *persévérer* dans la prière.

L'évêque termina cette troisième partie de la cérémonie par des supplications et des vœux, afin d'attirer les grâces et les bénédictions de Dieu sur cette maison et sur ceux qui viendront y prier. Puis, il prépara et bénit le ciment, dont il devait bientôt se servir pour sceller la pierre du sépulcre de l'autel.

La quatrième partie de la cérémonie renferma plusieurs intéressants détails, dont les uns précédèrent et les autres accompagnèrent l'entrée du peuple dans l'église.

Avant d'introduire les fidèles dans le nouveau temple, l'évêque et le clergé se rendirent en procession à la petite chapelle, près la grande tour, pour y prendre les reliques des saints, qui devaient être placées dans la table de l'autel. (1) N'était-ce pas, en effet, aux saints que revenait l'honneur d'entrer les premiers dans la nouvelle maison de Dieu sur la terre, puisque ces saints avaient mérité d'entrer les premiers dans sa maison du ciel ? Et puis ne devons-nous pas marcher en ce monde sur les traces des saints, si nous voulons arriver, par leur intercession à la même gloire ?

Quand les prêtres portant les vénérables reliques sur leurs épaules, arrivèrent devant le seuil de l'église, ils s'arrêtèrent quelques instants. Les reliques furent déposées sur une table, près de la porte encore fermée et, à ce moment, s'accomplit la remise officielle des clefs. Tous ceux qui avaient en quelque charge dans l'exécution de l'œuvre rendirent compte de leur mission et se démirent de leur mandat entre les mains du Pontife, qui allait rendre l'édifice au public.

De son côté, l'évêque expliqua à tout le peuple de quel respect et de quelle vénération ce temple devra désormais être l'objet,

(1) Parmi ces reliques apportées, la veille, par un délégué de l'Evêché, se trouvaient celles de Sainte-Valentine. Mystérieuse coïncidence ! Sainte-Valentine était la patronne de la personne qui avait bien voulu décorer de soie l'intérieur du tabernacle.

comme aussi, quelles peines et quels châtiments attireraient sur eux, ceux qui auraient la témérité de le profaner.

Enfin, la porte fut grande ouverte. L'évêque la marqua à l'un de ses montants, avec le saint chrême, du signe de la croix, comme le front du chrétien au sacrement de la Confirmation. Voilà cette porte consacrée dès lors vraie porte du salut . ! Et maintenant, qu'ils entrent, à la suite des reliques, tous ceux qui désirent la paix du Christ, le salut de leur âme, le bonheur éternel ! Et, pendant que le peuple entrait avec un joyeux empressement, le chœur chantait : « Entrez, saints de Dieu, car le Seigneur a préparé votre demeure et le peuple vous suit avec joie, afinque vous priiez pour nous la Majesté du Seigneur ; *Alleluia* ! »

Arrivés dans le sanctuaire, les prêtres qui portaient les reliques, les placèrent sur une petite table, près de l'autel, où elles restèrent pendant la double consécration du petit tombeau qui devait les recevoir et de la pierre qui devait fermer l'ouverture de ce tombeau. Alors, l'évêque lui-même déposa les saintes reliques dans le sépulcre et, aidé d'un maçon, il scella, avec le plus grand soin la petite pierre fermant l'orifice. Le scellement terminé, la pierre fut marquée du signe de la croix avec le saint-chrême. « Voilà un tombeau, s'écria le Pontife, qui sera glorieux ; les corps des saints ont été ensevellis dans la paix et leurs noms vivront pour toujours. »

Dans la pensée de l'Eglise, on pouvait déjà regarder l'autel comme sanctifié, par la présence des saintes reliques. Il était digne de recevoir la sainte victime ; étant établi comme le trône de la grâce, le centre et le point de départ de toutes les solennelles supplications, qui devaient monter de la terre vers le ciel. Ce fut pour exprimer cette pensée que l'évêque fit alors un encensement général de l'autel, en demandant à Dieu : « que toutes les prières qui se feront ici s'élèvent comme la fumée de cet encens jusque devant le trône de la divine Majesté. »

La cinquième et dernière partie de la cérémonie consista dans la consécration même de l'autel et de l'église. Dans celle de l'autel, tout exprima l'idée des supplications qui devaient monter de là vers le trône de Dieu. La table de l'autel avait été décorée, par le marbrier, de cinq croix gravées, l'une à son milieu et les autres à chacune des quatre angles horizontaux. Ces cinq croix représentaient les cinq plaies de Notre-Seigneur crucifié. Or, comme le motif de nos prières, aussi bien que leur mérite résideront toujours dans ces cinq plaies, l'évêque encensa d abord les cinq petites croix. Il fit ensuite, à trois reprises le tour de l'autel en l'encensant, pendant que le chœur chantait ces paroles « Que ma prière monte vers vous comme la fumée de l'encens et que l'élévation de mes mains soit à vos yeux comme le sacrifice du soir. » Ainsi était affirmée l'*union* de la prière chrétienne avec celle de Jésus-Christ sur la croix.

Afin d'indiquer ensuite les trois degrés de *puissance* de la prière sur le cœur de Dieu, l'évêque ayant pris de l'huile sainte, en marqua une première fois les cinq croix de la table et fit en encensant un premier tour de l'autel, en demandant à Dieu « que chaque prière faite devant cet autel obtint par elle-même son effet. » Puis, ayant pris une seconde fois de l'huile sainte et marqué de nouveau les cinq croix, il fit un deuxième tour de l'autel en l'encensant et demandant à Dieu : « d'accueillir favorablement les prières qui seraient accompagnées d'offrandes, afin d'en augmenter l'efficacité. » Prenant ensuite du saint-chrême, l'évêque en marqua pareillement les cinq croix et fit un troisième tour de l'autel, demandant « que le Saint Esprit sanctifie ceux qui ajouteront à leur prière, non-seulement des offrandes matérielles, mais encore l'offrande de leur cœur. C'est la troisième puissance de la prière.

Enfin, le Prélat répandit abondamment sur l'autel de l'huile sainte et du saint-chrême ; il les mélangea, les étendit avec ses mains sur toute la table, voulant exprimer par cette sorte de prodigalité, que le sacrifice de la Messe qu'on allait offrir désormais sur cet autel, renfermerait plus de puissance que tous les vœux, toutes les offrandes et tous les sacrifices particuliers. L'autel était définitivement consacré.

Après l'autel, les murailles de l'église furent aussi marquées et sanctifiées, avec le saint-chrême, aux douze places indiquées par les douze croix, préalablement peintes (1) et devant chacune desquelles brûlait un cierge. Par cette auguste consécration de ses murailles, l'église matérielle se trouvait en quelque sorte associée à la mission divine de l'Eglise, en tant que société fondée par Jésus-Christ avec les douze Apôtres et illuminée par la doctrine des douze articles de leur symbole.

La consécration de l'église terminée, le Pontife revint vers l'autel, afin de l'inaugurer et d'offrir à Dieu un premier sacrifice préparatoire, un sacrifice d'agréable odeur. Pour cela, après avoir encensé de nouveau l'autel, il bénit vingt-cinq grains d'encens, qu'il disposa ensuite cinq par cinq et en forme de croix sur les

(1) Ces douze croix avaient été dessinées et peintes, dans le mois de septembre, par M. l'abbé E. Bouzigo, curé de Bernis.

cinq croix de la table de l'autel ; et puis, sur chaque croix d'encens, il plaça une petite croix en cire d'abeilles, qu'il alluma aussitôt. Et pendant que toutes ces petites croix brûlaient et communiquaient le feu aux grains d'encens, le chœur chantait : « *Alleluia* ! Venez, Esprit-Saint, remplissez le cœur de vos fidèles et allumez-y le feu de votre amour. » Quel symbole touchant ! Comme il indiquait bien, qu'aux yeux de Dieu, rien n'est plus agréable que des cœurs embrasés de son divin amour ! Avec de pareils cœurs on pourra s'approcher de l'autel pour y communier au Saint-Sacrifice. C'est pour cela qu'en terminant, l'évêque a demandé la grâce que toutes les communions qui seraient faites à cet autel fussent des communions ferventes, gages assurés de la vie éternelle.

La cérémonie touchait à sa fin. Avant de la terminer, le Pontife développa, dans une longue et magnifique préface, tous les vœux et tous les souhaits qu'il formait pour cette église, pour cet autel et pour tous ceux qui viendront prier en ces lieux. Voulant, enfin, obtenir en quelque sorte la ratification divine de tout ce qui venait d'être accompli par son ministère, il fit une onction en forme de croix, avec le saint-chrême, sur le devant de l'autel, et les chantres entonnèrent cette antienne : « O Dieu, confirmez ce que vous avez opéré au milieu de nous. » Chose digne de remarque, ce pressant appel à la sanction du Tout-Puissant, on le retrouve à la fin de presque toutes les cérémonies sacrées. Tant il est vrai que le sentiment de notre humaine fragilité doit toujours nous faire rechercher une garantie céleste de persévérance dans le bien !

Enfin, l'évêque prit une dernière fois du saint-chrême et marqua du signe de la croix comme d'un sceau divin, chacun des quatre angles de l'autel, à la jonction même de la table avec la base. C'était un dernier symbole. Il signifiait que l'autel tenait à la terre, qu'il avait été bâti sur elle, comme sur elle avait été plantée la croix de J.-C. Tant que l'humanité subsistera, la terre portera des autels scellés sur sa surface ; car l'oblation de la grande et pure victime doit toujours et en tous lieux être offerte à la Majesté Divine. (1)

Il était neuf heures et demie. La cérémonie de la consécration terminée, Mgr Gilly prit place à son trône. On vit alors l'autel encore tout embaumé des parfums de l'encens et tout ruisselant des onctions du saint-chrême, subitement nettoyé, paré, illuminé, revêtu de ses plus beaux ornements et disposé pour la célébration

(1) Malachie, ch. I, v. II.

du premier sacrifice. Aussitôt les chantres commencèrent l'introït de la messe solennelle de la Dédicace. Elle fut chantée par M. l'abbé Delacroix, chanoine-honoraire, curé-doyen de Bagnols. (1) Ce vénérable prêtre, issu d'une famille originaire de Tresques, méritait à bien des titres l'honneur d'inaugurer et la nouvelle église et l'autel qui venait d'être consacré. A dix heures et un quart l'*Ite missa est* annonçait à la nombreuse assistance que la fête du matin était finie ; et la foule se retirait, l'âme remplie de saints ravissements et des plus douces émotions.

A l'heure de midi, dans la grande salle du château, de solennelles agapes réunissaient de nouveau, autour de Monseigneur, tous les membres du clergé qui avaient assisté à la grande cérémonie du matin. Cette seconde réunion avait été voulue et organisée par l'honorable famille Fraisse, dans la pensée d'en faire le corollaire et la suite de la fête matinale et spirituelle. Et pourquoi pas ?... Depuis dix siècles et demi, l'église et le château, assis côte à côte, sur les rochers qui dominent la rive gauche de Tave, avaient subi ensemble bien des tempêtes, esssuyé bien des orages et vu passer à leurs pieds de bien terribles inondations. Ils avaient, de conserve, traversé d'heureux et de mauvais jours et éprouvé de nombreuses transformations. Mais ils avaient tenu à garder quand même leur bon et traditionnel voisinage ; le voisinage d'un père et de sa fille. Or, en ce jour heureux, la fille, entièrement rajeunie, restaurée, parée de nouveaux atours, venait d'être solennellement unie à son époux mystique, Jésus Christ, le Prince de la paix ; (2) le château n'avait-il pas raison de se réjouir. N'avait-il pas le droit de répondre aux noces symboliques de sa fille par d'autres noces, qui, bien que n'ayant rien de mystique, n'en étaient pas moins très légitimes et très agréables.

Vers la fin du banquet, M. le curé s'inspirant de l'admirable concours de ces circonstances, porta à Monseigneur un toast des plus respectueux, dans lequel, après avoir rappelé les douces émotions produites par ces deux mémorables réunions, il remercia Sa Grandeur d'avoir accordé à sa modeste église les honneurs d'une aussi belle fête. Monseigneur répondit : que son intention

(1) Décédé à Bagnols, le 28 décembre 1893.

(2) O sorte nupta prospera,
Dotata Patris gloria.
Respersa Sponsi gratia,
....
Christo jugata Principi,
(Office de la Dédicace, I Vêpr.)

était d'honorer à la fois et l'élégante église de Tresques et son digne curé, qu'il nommait dès ce moment : *doyen honoraire.*

A trois heures, les vêpres de la Dédicace furent célébrées avec le plus merveilleux entrain et un grand concours de fidèles. A cet office, le dernier de cette inoubliable journée, Mgr l'évêque daigna témoigner encore de sa particulière bienveillance à l'égard de la paroisse. Non seulement il se fit assister à son trône par M. le curé, comme pour inaugurer la nouvelle dignité de doyen à laquelle il venait de l'élever ; mais encore, au moment de la quête, il déposa dans le bassin des offrandes deux billets de 100 francs, pour les besoins de l'église. Enfin, dans une brillante allocution, il félicita les habitants de tous les sacrifices qu'ils avaient dû s'imposer pour la restauration de l'édifice sacré, et les engagea fortement à considérer ce jour du 17 octobre 1892 « comme un monument éternel de la protection de Dieu, comme un jour dont ils devraient célébrer tous les ans le souvenir, de race en race, par un culte perpétuel. » (1)

L'église était donc restaurée, consacrée et définitivement livrée au public. Il fallait encore la meubler. Cette dernière partie de l'œuvre ne subit pas de longs retards. Dès le 20 du mois d'octobre, les ouvriers commencèrent à disposer sur le pavé de l'église les cadres en bois, destinés à recevoir les chaises pour les fidèles. Ces chaises furent ensuite données en adjudication, le 23 du même mois et pour une durée de 40 ans. La belle chaire à prêcher, (2) qui faisait le plus bel ornement de l'ancien édifice, fut remise en place, le 30 octobre de la même année. Le 5 janvier 1893, le menuisier Faldoni Sollier établissait le tambour en bois de chêne, destiné à garantir du vent du nord l'entrée de l'église. Le 18 mars de cette même année, un élégant confessionnal était placé contre le mur du midi. Enfin, le 29 octobre, un beau christ, expédié de Toulouse, complétait l'ameublement indispensable.

Cependant la grande œuvre de l'église n'avait point fait oublier une autre œuvre presque aussi utile et aussi importante pour la paroisse, celle du rétablissement de l'école religieuse de filles.

Depuis le départ aussi inattendu qu'injustifié des sœurs de la Présentation (30 septembre 1881) cette école avait dû être laïcisée. A dater de cette époque, beaucoup d'habitants n'avaient cessé de soupirer après la création d'une école libre. Douze an-

(1) Exode, chap. XIII, v. 14.

(2) Œuvre du menuisier Delhomme.

nées s'étaient déjà écoulées ; et, loin de se calmer, les lamentations des pères et des mères, réclamant le retour « des bonnes sœurs » étaient devenues sans cesse plus intenses et plus vives.

Mais, hélas ! malgré quelques faibles lueurs d'espérance, on ne voyait apparaître à l'horizon assombri aucun signe précurseur d'une sérieuse initiative lorsque, quelques mois après la consécration de l'église, le ciel, entendit enfin tant de supplications et suscita dans le cœur d'un ancien et vénérable magistrat, la généreuse pensée d'entreprendre lui-même cette importante création. Dans l'accomplissement de son projet, M. de Saint-Maurice fut admirablement secondé par Mme son épouse, née de Montrond, (1) ainsi que par Mme Fraisse. Et, dès le 20 juillet 1893, Mgr l'évêque de Nimes était informé que des religieuses du Sacré-Cœur de Jésus, de la maison de Saint-Georges de Lévégeac, devaient ouvrir le 2 octobre de la même année, une école catholique libre à Tresques.

Plus heureuses que les sœurs de la Présentation, logées à leur arrivée à Tresques, en 1839, dans les dépendances de la mairie, à 400 mètres de l'église, les religieuses du Sacré-Cœur furent reçues, grâce à leurs généreux bienfaiteurs, dans une agréable maison, récemment acquise, restaurée, meublée, approvisionnée et située près du perron de l'église, à l'ombre même du clocher.

Le 2 octobre, jour de la fête des Saints Anges Gardien2, à 8 heures du matin, la pieuse assemblée qui venait d'entendre la sainte messe, quittait l'église, à l'issue de l'office et se rendait dans la nouvelle maison destinée aux sœurs, afin d'assister à la bénédiction de l'établissement, à l'installation des religieuses (2) et à l'inauguration de l'école. Cette assemblée se composait de 25 fillettes formant le premier contingent d'élèves. Elles étaient accompagnées de leurs mères, des bienfaitrices de la maison et d'un groupe assez considérable de femmes, jadis élevées par des religieuses, connaissant par expérience les bienfaits d'une éducation chrétienne et venues tout exprès pour applaudir à cette merveilleuse résurrection scolaire. A voir la joie calme et sereine qui brillait sur tous les fronts, il était aisé de comprendre que cette inauguration de l'école chrétienne était considérée comme la suite nécessaire, le complément et le couronnement de la grande œuvre de l'église.

(2) Montrond, domaine situé sur les bords de Pépin, entre les collines de Bos-Nègre et de Courac, au Nord-Ouest de Tresques et voisin du domaine des Imbres.

(1) Les deux religieuses envoyées à Tresques étaient : la Sœur Sainte-Eugénie et la Sœur Saint-Régis.

On ne se trompait pas ; car, entre l'église et l'école, d'admirables et traditionnels rapports ont toujours existé. La fondation des écoles a toujours été regardée comme l'un des moyens les plus pratiques et les plus féconds d'apostolat. Saint Jean, l'évangéliste, avait établi à Ephèse, une école, dans laquelle il instruisait lui-même des jeunes gens. Saint Polycarpe, son disciple, imita son exemple dans l'église de Smyrne. Deux canons du sixième concile général de Constantinople, ordonnent d'établir des écoles gratuites, même dans les villages et recommandent aux prêtres d'en prendre soin. (1)

Depuis les premiers siècles jusqu'à nos jours, toutes les constructions d'églises paroissiales ont été accompagnées ou suivies de la création, auprès d'elles, de quelque établissement scolaire. Ces écoles devaient être comme une dépendance ou une annexe de l'église, et, l'enseignement moral donné du haut du bureau pédagogique, faisait toujours écho à l'enseignement donné du haut de la chaire de vérité. (2).

Il était réservé aux familles chrétiennes, qui existeraient en cette fin du XIXe siècle, d'assister à la destruction de cette alliance séculaire entre l'école et l'église. Sous prétexte de tolérance ou de liberté de conscience, mais en réalité pour anéantir l'influence du christianisme dans la société, on a supprimé tout enseignement religieux dans l'école communale. Et ainsi, singulière logique ! afin de respecter le prétendu libre arbitre de quelques centaines

(1) Dictionnaire Théol. de Bergier, au mot : Ecole.

(2) Sans aller chercher des exemples bien loin, il est permis de rappeler qu'à Tresques et à Connaux, les prêtres eux-mêmes faisaient l'école.

A Bagnols, un prêtre, M[ire] Joseph Gautéry, docteur es-droit, eut la première idée de l'établissement du collège de cette ville. Par son testament en date du 26 avril 1639, il institua ses héritiers universels, les pauvres orphelins du diocèse d'Uzès et nomma exécuteur de ses dernières volonté S. A. S. Armand de Bourbon, prince de Conti, voulant : « que soict estably en lad. ville de Baignols une communauté de bons prebtres séculhiers, lesquels feront choix de pauvres enfants orphelins, telz et en telz nombre qu'ils jugeront à propos... lesquels seront par eux instruitz et eslevez aux sciences et verteus, en la crainte de Dieu. »

Le collège de Bagnols fut définitivement fondé, le 8 avril 1661, par une ordonnance de Mgr Adhémar du Monteil de Grignan, évêque d'Uzès, qui voulait remédier aux ravages et à l'ignorance occasionnés « par le malheur des troubles de 1577. » Dans ce collège, organisé par M. Froment, prieur de Bagnols, ainsi que par le prince de Conti et confié aux prêtres missionnaires de S. Joseph de Lyon, « on enseignait publiquement depuis A B C, jusqu'à la troisième inclusivement » ; les langues française, latine et grecque ; l'histoire, la géographie, l'arithmétique et la science héraldique. (*Voir le Bulletin de l'Art chrétien, T. II*, p. *29, 31, recherches de l'abbé René.*)

d'enfants, on a renversé et rejeté tout un système d'éducation, quelque profitable et avantageux qu'il fut à deux ou trois cent mille autres enfants, non moins intéressants sans doute que les premiers.

Quelle a été la conséquence de cette déplorable innovation ? Bien qu'elle s'offrit presque timidement et, au moyen d'un ingénieux euphémisme, sous le titre d'école neutre, la plupart des familles, mêmes celles dont les chefs avaient tous les dehors de libres-penseurs, ont préféré l'école libre et chrétienne. Pourquoi cela ? C'est que les parents se sont généralement refusé à admettre que l'éducation de leurs chers enfants ne consisterait qu'à les initier aux sciences naturelles, sans jamais leur donner aucun enseignement moral et religieux. A leur avis, pour être complète, l'éducation d'un enfant ne doit pas se borner à développer son intellect et à meubler sa mémoire, mais à cultiver simultanément toutes les facultés de son âme, à modeler même cette âme, puisque à cette époque de la vie elle est encore d'une extrême malléabilité.

Elever un enfant, c'est en effet éclairer son intelligence, orner sa mémoire, former sa conscience, guider sa volonté, diriger son cœur vers le beau, le vrai et le bien. Or, tout cela ne peut s'accomplir, sans le secours de la religion. M. Thiers a dit : « L'école n'est pas bonne, si elle ne demeure à l'ombre de l'église... » Il avait raison. Il sera toujours vrai de proclamer heureux, l'enfant qui a sucé, dans sa jeunesse, le lait pur de la doctrine évangélique, céleste enseignement du Verbe de Dieu, sublime doctrine de Celui qui seul a pu dire aux hommes : « JE SUIS LA VOIE, LA VÉRITÉ ET LA VIE. » (1)

Muni des principes de cette merveilleuse doctrine, l'enfant, à sa sortie de l'école, ne se trouvera pas complètement sans armes, pour soutenir le combat de la vie. Sans doute, il est encore un pilote inexpérimenté ; mais il possède au moins une boussole pour se guider sur le vaste océan du monde. Son intelligence, sa mémoire et son cœur ont été impreignées de la rosée céleste et ont reçu quelques grains de la divine semence. Tôt ou tard, cette semence germera dans son âme et, un jour, il recueillera les fruits réservés à ceux « qui entendent la parole de Dieu et qui la gardent. » (2) Ces fruits nombreux et inappréciables, un saint auteur les énumère ainsi : *La divine parole arrête les passions, elle vivifie, elle illumine, elle enflamme, elle purifie, elle nourrit*,

(1) S. Jean, chap. XIV, v. 6.
(2) S. Luc, chap. XI, v. 28.

elle fortifie, elle guérit, elle féconde, elle adoucit et elle rend capable de tout bien. (1)

(1) Frenat a peccatis, vivificat, illuminat, inflammat, mundat, pascit, confirmat, sanat, fœcundat, emollit et totius boni capacem facit. (Saint-Thomas-de-Villeneuve.)

APPENDICE

COUTUMES ET USAGES PARTICULIERS

Pour compléter les renseignements archéologiques renfermés çà et là dans cet ouvrage, il n'est peut-être pas hors de propos d'ajouter ici quelques notes, sur les coutumes et usages particuliers pratiqués dans l'église de Tresques.

Les coutumes religieuses d'un peuple contituent pour lui une sorte de patrimoine paroissial, légué par ses ancêtres dans la foi. C'est par elles, que ce peuple se distingue des autres, possède une physionomie spéciale, prend sa place, soutient son rang dans le monde des sociétés et devient véritablement autonome. Elles contribuent à donner de l'éclat à ses fêtes, entretiennent son enthousiasme, font apparaître ses qualités, aident à mieux connaître et à mieux apprécier son caractère, ses mœurs, sa piété, ses tendances ; et, pour tous ces motifs, elles doivent appartenir à son histoire.

A cet égard, l'église de Tresques a reçu des siècles passés un trop précieux héritage de bonnes et vieilles coutumes, pour négliger l'occasion d'en donner dans ce travail, au moins l'édifiant inventaire.

Il peut se faire que, dans le nombre de ces pieuses pratiques, il s'en trouve quelques-unes pareillement usitées dans d'autres églises ; mais la grande majorité n'a été en vigueur que dans celle de Tresques et on peut les considérer comme tout à fait locales. La population s'est montrée longtemps glorieuse de les posséder. Elle avait voué à leur maintien un attachement si pro fond, que toute tentative de suppression l'aurait autrefois considérablement froissée et irritée.

On ne saurait raisonnablement accuser ces pratiques d'avoir introduit des modifications dans la liturgie sacrée, dont la parfaite unité constitue le vœu le plus ardent de l'Eglise. Car elles ne modifient en rien les prescriptions générales qui régissent le culte ; elles les corroborent plutôt et accentuent davantage leurs significations mystiques. Du reste, l'unité liturgique n'a jamais été incompatible avec une certaine tolérance à l'égard précisément des coutumes populaires, plus ou moins anciennes. C'est même une grande règle, en matière ecclésiastique, que « les anciens usages particuliers des églises doivent être conservés, lorsqu'ils n'ont rien de contraire aux mœurs ni aux lois générales de l'Eglise.» (1)

Il faut avouer cependant, qu'il serait difficile d'appuyer la plupart des pratiques, dont on va parler ici, sur un précepte ecclésiastique quelconque ; et on doit dire d'elles ce que Tertullien disait des observances qui existaient de son temps : « Si vous demandez un précepte de l'Ecriture qui les autorise, vous n'en trouverez point ; la tradition les a établies, la coutume les a confirmées et la foi les garde. » (2)

Oui, c'est bien la foi qui les a gardées nos observances séculaires. Elles ont subsisté, en effet, jusque vers l'année 1871, c'est-à-dire jusqu'à l'époque où un grand travail de *déchristianisation* a été entrepris, même au milieu des populations rurales. A mesure que ce travail avançait, la foi semblait diminuer, l'église commençait à être de moins en moins fréquentée et, par suite, quelques unes des anciennes coutumes étaient peu à peu abandonnées.

Mais cet abandon, outre qu'il ne paraît être que momentané, n'offre-t-il pas précisément un motif de plus de les relater ici, avant que la génération actuelle en ait complètement perdu le souvenir ?

I. — L'annonce des SS. Mystères.

De temps immémorial à Tresques, le rôle de la cloche, aux messes du dimanche et des fêtes d'obligation, ne s'est pas borné à convoquer les fidèles à l'église, au moyen des trois sonneries habituelles, (1) on s'en est encore servi pour annoncer les princi-

(1) André, *Cours alphabétique de Droit canon.*
(2) Tertullien, *De corond.* c. 3.

pales divisions de l'office sacré. Ainsi, quand le prêtre descend de l'autel, pour commencer la messe, un coup de cloche fait connaître cet instant à toute la paroisse. A la fin de la Préface, lorsque le célébrant, unissant sa voix au concert des Anges, des Archanges et des Séraphins, prononce le triple *Sanctus* et l'*Hosanna* éternel, aussitôt, trois coups de cloche invitent tous les échos de la campagne et toutes les âmes à répercuter ce cantique céleste. Le moment solennel de l'Elévation n'est pas oublié. Trois coups de marteau sur l'airain sacré annoncent que les SS. Mystères s'accomplissent ; et, trois autres coups, en désignent la fin.

Cet usage est tout à fait monastique. Et, si on se rappelle que, depuis le milieu du XIV° siècle jusqu'à la Révolution, les prieurs de la Chartreuse de Villeneuve-les-Avignon étaient aussi prieurs de Tresques, (2) on est légitimement porté à attribuer aux Chartreux l'introduction, dans leur prieuré de Tresques, de ces sonneries.

Quant aux motifs, qui ont dû faire introduire cette coutume dans un village, ils sont faciles à découvrir. Le dimanche et les fêtes d'obligation, tous les fidèles sont convoqués à la messe. Mais parmi ceux , hélas ! toujours trop nombreux, qui ne se rendent pas à l'appel général, il est une catégorie bien digne d'intérêt. C'est celle des malades, des infirmes et de ceux qui ont la charge de leur donner des soins. C'est surtout en faveur de cette classe d'absents que la cloche sonne et annonce au loin l'accomplissement successif des principales parties du divin sacrifice.

Ingénieux système ! que celui d'utiliser ainsi la voix de l'airain sonore, pour publier à travers l'espace les mystérieuses opérations de la grâce et les saintes relations entre la terre et le ciel ! Les malheureux qui se débattent avec la souffrance, étant les plus avides des secours divins et les plus désireux de recueillir les fruits du saint sacrifice, pour eux, la voix de la cloche devient la messagère de la grâce... Ma fille — dit, en ces circonstances, une mère

(1) Avant l'invention des horloges publiques, les sonneurs, afin de connaître le moment de la sonnerie des offices, usaient d'un moyen assez ingénieux, aux beaux jours. Ils se guidaient d'après les indications fournies par de petits cadrans solaires, gravés d'une façon rudimentaire sur un ou deux moellons, situés près de la porte méridionale de l'église et munis chacun d'un petit style de fer. Ces pierres, profondément gravées, se voyaient encore, moins le style, en 1891, avant la restauration de l'édifice. On peut voir de pareils cadrans, près de la porte de l'église Saint-Martin-de-Jussan et généralement près de la porte des anciennes églises paroissiales.

(2) On peut lire leurs noms à la page 41.

que la maladie tient clouée sur un lit de douleur — je viens d'entendre la cloche ; la messe est commencée. Prends mon *livre d'heure* et lis-moi les prières du Saint-Sacrifice. »

Et le fille obéissante commence la pieuse lecture. A partir de ce moment, bien que dans une maison solitaire et éloignée de l'église, voilà ces deux récluses de la souffrance, qui appartiennent d'esprit et de cœur à l'assemblée des fidèles réunis dans le lieu saint. Leurs pensées, leurs sentiments, les aspirations de leurs âmes, tout en elles, jusqu'à leur attitude contribue à les faire participer au bénéfice de la pieuse réunion paroissiale. Et, lorsque les lentes pulsations de la cloche annoncent l'Elévation, au même instant, dans cette modeste chambre comme à l'église, les têtes s'inclinent, le murmure de la prière s'arrête, le silence se fait et les cœurs s'ouvrent à la grâce qui descend du ciel.

Que de charmantes scènes ces sonneries ont souvent provoquées ! Mais qui pourrait dire aussi leurs mystérieux et multiples résultats dans les âmes ? Quels troubles soulevés dans celle que la passion égare peut-être, ou dont la foi est devenue chancelante ! Au contraire, quelles consolations et quelles espérances dans celles qui sont visitées par le repentir ou l'affliction !

II. — Les cierges d'honneur

L'emploi des *céroféraires* est fort ancien dans les églises, puisqu'il en est déjà question dans le IVe concile de Carthage, tenu en 398. Mais la fonction de se tenir à genoux avec un cierge allumé à la main, pendant l'accomplissement des SS. Mystères, bien que réservée dans le principe aux seuls ecclésiastiques, ne tarda pas à être conférée à des laïques notables et zélés.

Ces laïques, appelés d'abord Bayles et plus tard Marguilliers, en outre des soins qu'ils prenaient des affaires matérielles des églises, furent honorés de la charge de *céroféraires*, dans un grand nombre de paroisses rurales.

A Tresques, la coutume s'introduisit, non seulement de confier à deux de ces Marguilliers le soin d'aller se placer devant l'autel, aux messes solennelles, depuis le commencement du canon jusqu'après la communion, en tenant à la main un gros cierge allumé et décoré d'un blason religieux, mais encore de distribuer d'autres cierges d'honneur, pareillement allumés et décorés, d'abord au premier Magistrat du village et ensuite à tous les membres de la famille seigneuriale.

Une pareille coutume ne pouvait procéder que d'une pensée de piété et du désir d'accroître la majesté des cérémonies. Car pendant de longs siècles, dans les pauvres églises de campagne, le degré plus ou moins élevé des solennités chrétiennes se mesurait, non pas à la richesse des décors ou des ornements sacrés, mais à l'aspect plus ou moins imposant présenté par l'assemblée réunie dans le lieu saint.

C'était, en effet, un spectacle bien touchant que celui de voir, aux jours de grande fête, ceux des assistants qui se trouvaient revêtus de quelque autorité, s'empresser d'en offrir publiquement l'hommage à la suprême autorité de Dieu, d'où descend tout pouvoir. C'est aussi un spectacle éminemment instructif, à cause des sublimes significations attachées au cierge. (1)

Aujourd'hui l'usage du cierge d'honneur a disparu, par la double raison, qu'avec nos idées d'égalité sociale, on n'a plus considéré cette coutume que comme une simple marque de distinction et qu'on a perdu les précieuses notions du symbolisme des cierges.

Il est bien vrai que le seul fait de présenter publiquement un de ces beaux cierges à quelqu'un, renfermait un témoignage d'honneur et de considération. C'est pour cela qu'un des seigneurs de Tresques voulut établir, par son testament, une fondation perpétuelle, dans le but d'assurer à ses héritiers et successeurs le privilège de recevoir un de ces cierges, aux mêmes offices où on les présentait aux consuls. Mais il faut reconnaître aussi qu'à côté du privilège et de l'honneur, il y avait des enseignements et des symboles.

Le cierge est un emblême de la foi chrétienne. Or, en confiant à une personne considérable le soin de le porter, à une cérémonie

(1) Il est toujours intéressant pour le chrétien de réfléchir sur le symbolisme du cierge allumé, dont l'usage lui est recommandé dans les principaux évènements de sa vie, depuis le cierge du Baptême, jusqu'à celui de l'agonie. Que de significations mystiques, consolantes, instructives, encourageantes, dans le cierge de la première communion, dans celui du Mariage, des processions, des orages, des offrandes et des cérémonies funèbres ? Ces significations se résument presque toutes dans ce conseil que Jésus donnait à ses disciples : « Que vos reins soient ceints. » C'est-à-dire soyez toujours prêts à accomplir les œuvres de votre Seigneur, et « portez des lampes ardentes. » C'est-à-dire ne vivez point dans les ténèbres ; mais que la lumière de la raison soit toujours devant vous pour vous montrer ce qu'il faut faire ou éviter : et alors, vous pourrez mettre votre espérance dans la venue du Rédempteur *(S. Thom Catena Auréa ; in S. Lucam, C. XII, v. 35).*

publique, c'était rappeler à ce personnage : que plus il était élevé dans la société, plus il devait montrer ostensiblement sa foi.

Le cierge, que la flamme consume et qui est offert à Dieu, au moment où ce Dieu vient se sacrifier pour l'homme, est encore l'emblême des sacrifices que l'homme, de son côté, doit être disposé à accepter pour Dieu.

Offert à Notre-Seigneur, le cierge rappelle aussi, que, selon l'expression de Saint Jean, Jésus-Christ est « la vraie lumière qui éclaire tout homme venant en ce monde. » (1)

Sans doute, dans une humble église du village ces enseignements symboliques pouvaient bien ne pas être tous compris par le peuple agricole qui la fréquentait. Mais l'assemblée entière était toujours profondément édifiée des exemples de piété donnés par les représentants de l'autorité. Le peuple aimait à considérer ses chefs, comme les délégués de la communauté auprès de Dieu. Il se plaisait à penser qu'ils priaient pour eux et qu'ils offraient à la Majesté divine des hommages et des requêtes, capables d'attirer sur lui la protection et la bénédiction du ciel.

Enfin, un dernier effet, produit par le spectacle de cet ancien usage, était d'entretenir entre toutes les classes de la société cette uniformité de pensées, de vœux et de sentiments, qui faisait dire, en parlant des chrétiens de la primitive Eglise : « Ils ont tous un seul cœur et une seule âme. »

III. — Aux Vêpres

L'office des vêpres paroissiales jouit, à Tresques, comme la messe, d'une ancienne coutume, bien propre à en rehausser la solennité.

Au milieu de cet office, en effet, au moment de chanter le cantique de la Vierge, l'autel de Marie est invariablement illuminé et on sonne les cloches pendant le chant des deux ou trois premiers versets du *Magnificat*.

Le motif, qui a sans doute fait introduire cet usage, doit être d'honorer d'une manière spéciale la titulaire de l'église : N.-D. des Anges. Cet honneur lui est encore fidèlement rendu de nos jours, tous les dimanches de l'année ; et on ajoute même l'en-

(1) Ev. de S. Jean, ch. I, v. 9. — Ch. III, v. 19.

censement de son autel, à toutes les fêtes de la Vierge. De plus, aux jours de grande solennité, tous les autels de l'église restent illuminés pendant tout l'office ; et, au moment du *Magnificat*, le célébrant, accompagné de tous les clercs, va devant chaque autel reproduire la cérémonie de l'encensement. Les cierges d'honneur étaient distribués, comme à la messe paroissiale, pour la bénédiction du Saint-Sacrement.

Ces coutumes locales donnaient aux offices religieux un caractère de dévotion et de majesté, dont la population s'est toujours montrée heureuse et fière. Mais, il ne serait pas téméraire de penser, que la présence du chapitre collégial à Tresques, pendant plusieurs siècles, a dû contribuer pour beaucoup à l'introduction de ces diverses coutumes.

IV. — Les premiers pas de l'enfant.

La sollicitude maternelle a coutume de s'exercer à peu près continuellement, pendant tout le premier âge d'un enfant. Mais elle est surtout en éveil, lorsqu'arrive, pour la petite créature, un de ces moments qui doivent être marqués d'ordinaire par un développement quelconque, physique ou moral.

Chaque mère voudrait voir alors son enfant briller parmi les plus précoces et les plus favorisés des dons de la nature. Le grand désir qu'elles ont toutes de hâter ce résultat leur fait adopter tous les moyens qu'elles jugent salutaires et employer tous les systèmes plus ou moins scientifiques qui leur sont suggérés ; mais toutefois, sans jamais négliger ceux que la foi ou la piété leur inspirent.

Un de ces moments de perplexité maternelle est toujours celui, où il devient nécessaire de faire exécuter au jeune enfant ses premiers exercices de marche. L'ambition de la mère réclame alors, non seulement que son nourrisson ne se trouve affligé d'aucune déviation, mais encore que sa démarche soit douée de toutes les qualités possibles de sûreté, de régularité et même d'élégance.

Or, le système traditionnel de la plupart des mères, à Tresques, pour arriver à ce résultat, consiste à faire exécuter dans l'église même les premiers essais de marche à leurs jeunes enfants. Et c'est ainsi que le pavé de la vieille église a été souvent transformé en véritable champ de manœuvre. L'édifice, du reste, avec ses deux nefs juxtaposées et communiquant entr'elles au moyen de larges arceaux, se prêtait merveilleusement à ces sortes d'exercices. On pouvait monter par une nef et descendre par l'autre. La mère choisissait ordinairement, pour procéder à ces manœuvres, le milieu du jour, c'est-à-dire le moment où l'église était plus solitaire.

Mais il ne faut pas oublier qu'au fond de toutes les traditions, léguées par les siècles passés, se trouve toujours cachée quelque pensée morale. Nos ancêtres ne demandaient jamais à Dieu des grâces corporelles sans se préoccuper de certaines grâces spirituelles correspondantes. Les avantages du corps ne leur faisaint jamais oublier les avantages encore plus précieux de l'âme. Et, à ce point de vue, il est permis de soupçonner que la mère chrétienne, alors qu'elle se montrait soucieuse de la manière dont son enfant marcherait physiquement, n'était pas non plus sans inquiétude de sa marche morale et du chemin qu'il pourrait suivre, dans toute sa vie. Elle avait appris que : « le cœur de l'homme prépare bien sa voie et forme bien des desseins ; mais que c'est au Seigneur à conduire ses pas et à les faire réussir. » (1) Elle savait que : « c'est le Seigneur qui dresse les pas de l'homme et qui rend ses démarches heureuses... Quel est l'homme qui peut comprendre la voie par laquelle il marche, ni savoir où elle le conduit ! » (2).

Qui pourrait dire toutes les pensées délicates, les saints désirs, les vœux d'une mère, pendant qu'elle est occupée à apprendre à son enfant la manière de marcher ; et cela, sous le regard même de Jésus, devant le Saint-Tabernacle !.. Que de fois, elle a dû, pendant ces exercices, adresser à Dieu cette prière : « Daignez, Seigneur, régler ses voies de telle sorte, qu'il garde toujours la justice de vos commandements. » (3)

V. — L'offrande des cocons

Une autre coutume, qui ne manque ni de foi pratique, ni de générosité chrétienne, c'est celle de l'offrande des cocons.

Après la récolte des vers-à-soie, chaque ménagère apporte fidèlement à l'église les prémices de son industrie séricicole, et

(1) Prov., chap. XVI, v. 9.
(2) Prov., chap. XX, v. 24.
(3) Ps. CXVIII, v. 5.

dépose sur l'autel de la Vierge la plus belle *mugue* de sa chambrée. On se figure aisément l'effet pittoresque produit par la décoration bizarre de l'autel, lorsque sa table se trouve entièrement recouverte par ces bouquets d'un nouveau genre.

Ces présents, pieusement déposés sur l'autel, ne semblent-ils pas représenter comme une lointaine et volontaire imitation de l'offrande des prémices qui était prescrite par le Seigneur au peuple d'Israël ? (1) Peut-être aussi faut-il attribuer à la même origine tous les dons, en nature, que certaines familles chrétiennes continuent encore d'offrir à leur pasteur, à des époques et après des récoltes déterminées. Quoi qu'il en soit, ces précieux cocons, témoignages touchants de reconnaissance envers le souverain Maître de la nature, ont dû attirer souvent les bénédictions divines sur celles qui les apportaient.

Après quelques jours d'exposition sur l'autel, ces cocons sont vendus par le soin des sacristines, et les sommes provenant de ces ventes servent à l'achat de quelque objet utile pour l'ornementation de l'autel de Marie.

Mais, depuis une quarantaine d'années environ, la maladie des vers-à-soie a d'abord sensiblement diminué et ensuite presque entièrement fait disparaître cette industrie, et les secrets de la science ont été impuissants à la rétablir. (2).

VI. — Les Processions

Les constitutions ecclésiastiques ont divisé les processions ou marches solennelles du clergé et du peuple, en trois grandes catégories, selon le but pour lequel chacune d'elles a été instituée.

(1) Exode. ch. XXIII, v. 19. — Deut. ch. XVIII, v. 4. — Nomb. ch. XVIII, v. 13, 14. — Prov. ch. III. v. 9.

(2) Il suffira de jeter un coup-d'œil sur le tableau ci-dessous, pour apprécier la diminution sensible de cette industrie agricole. Elle est suffisamment attestée par la diminution correspondante des offrandes des cocons.

Années	Offrandes	Année	Offrandes	Années	Offrandes	Années	Offrandes
1870	1,75	1875	9,20	1880	2,00	1885	9,60
1871	19,80	1876	3,50	1881	6,00	1886	12,60
1872	12,50	1877	10,50	1882	4,00	1887	*
1873	17,00	1878	7,50	1883	5,00	1891	6,75
1874	14,00	1879	6,00	1884	*	1893	7,05

Il y a donc : les processions de Pénitence, appelées aussi de supplication ou simplement litanies, instituées pour implorer la miséricorde divine. Il y a, en second lieu, les processions d'actions de grâces, pour remercier Dieu de quelque bienfait. Il y a, enfin, les processions généralement nommées : religieuses ou pieuses, pour augmenter la pompe du culte divin ou pour honorer, soit la mère de Dieu, soit quelque saint en particulier.

Les rites à suivre, dans chacune de ces différentes processions, ont été réglés par les prescriptions de l'Eglise, avec autant de soin que ceux de toutes les autres cérémonies du culte. Et, dans cette sage réglementation, tout a été déterminé : l'ordre, la marche, les préséances, le chant, les prières, les stations, les sonneries et même les objets religieux qui peuvent ou doivent être portés. Cependant quelques rigoureux que soient les statuts émanés de l'autorité ecclésiastique, ils n'ont pas empêché, dans le cours des âges, que certaines coutumes ne se soient peu à peu introduites, selon les circonstances de temps et de lieux, ou bien selon le caractère des populations.

A Tresques, les processions ont toujours été marquées par la faveur populaire et par l'abondance de ces coutumes antiques, dont la plupart semblent provenir — il faut l'avouer — du profond attachement que la population avait voué aux anciennes liturgies gallicanes, restées si longtemps en vigueur dans nos pays. (1)

Il convient de signaler ici quelques-uns de ces vieux usages. On remarquera, que, sans trop s'écarter des prescriptions générales de l'Eglise, ils ont imprimé néanmoins à ces cérémonies une allure et une forme particulières.

Aux processions des Rogations, une ancienne coutume a toujours fait réserver, pour les Litanies des Saints, un chant spécial, sur un rithme de ton mineur et avec des modulations empreintes d'une extrême mélancolie. Ces douces et longues mélodies s'allient merveilleusement avec le murmure de la brise matinale ou le chant des oiseaux sous la verte feuillée.

Mais, pendant le cours de cette marche religieuse, ce qui préoccupe le plus l'homme des champs qui y assiste, ce n'est pas le gazouillement des oiseaux, ni le spectacle du soleil levant, ni la poésie des sites pittoresques, ni le parfum de l'aubépine en fleurs, c'est plutôt l'examen attentif auquel il se livre, comme malgré

(1) Ce fut en vertu d'une ordonnance de Mgr Cart, en date du 18 mai 1835, que, « à partir des premières Vêpres du premier Dimanche de l'Avent », de la même année, la liturgie, alors suivie dans le diocèse de Nimes, cessa d'être en vigueur et fut remplacée par la liturgie romaine.

lui, en considérant à droite et à gauche la manière dont telle ou telle propriété se trouve cultivée, la belle apparence de telle récolte, la superbe venue de ce blé, ou bien la triste situation de cette luzerne...

Et cependant, au milieu de ces réflexions agricoles, bien excusables, dans une procession qui a pour but la bénédiction de ses récoltes, quand l'agriculteur entend le chantre des Litanies prononcer le nom de son saint patron, il ne manque jamais de se découvrir la tête, en signe de respect et d'hommage particuliers.

Lorsque la procession arrive devant une croix champêtre, dressée sur le bord du chemin, le cortège religieux s'arrête, sans toutefois rompre ses rangs. Là, après le chant d'une antienne, avec verset et oraison, en l'honneur de la croix, (1) le prêtre asperge la campagne, répandant à quatre reprises l'eau bénite en se tournant successivement vers les quatre points cardinaux et chantant chaque fois cette invocation : *Ut fructus terræ dare et conservare digneris.* Il bénit ensuite, avec la petite croix processionnelle, l'assistance ainsi que tous les fruits de la terre ; et ensuite la procession reprend sa marche, un instant interrompue.

Cette cérémonie usitée à Tresques dans toutes les stations devant les croix champêtres, se distingue singulièrement de celle qui était prescrite autrefois par le rituel nimois, resté en vigueur dans le diocèse pendant 24 ans. (2) Mais cette différence même prouve évidemment que la coutume suivie à Tresques est antérieure à la Révolution et doit remonter à une ancienne liturgie gallicane.

Lorsque la procession passe devant la statue de Saint-Roch, au quartier de Favan, elle s'arrête encore, mais seulement le court espace de temps nécessaire pour chanter l'antienne *Similabo,* avec le verset et l'oraison du saint Confesseur.

Le cours de la marche religieuse est également interrompu, lorsqu'on passe devant le cimetière. On s'arrête alors devant la

(1) Cet hommage particulier rendu à la Croix s'explique très bien dans une paroisse comme celle de Tresques, dont l'église est dédiée à l'Exaltation de la Sainte-Croix.

(2) D'après le rituel nimois, les prières des stations étaient modifiées selon qu'il s'agissait des processions du jour de S. Marc, ou de celles des Rogations. Aux premières, on interrompait les Litanies pour chanter le trait : *Domine non secundum,* avec une oraison, suivie de la bénédiction commune sur le peuple. (*Rit. Nim., pag. 320-324.*) — Aux trois jours des Rogations, au lieu de cette bénédiction commune, on devait donner une longue bénédiction appelée : *B. super territorium,* laquelle était suivie du chant d'un évangile selon Saint-Luc (ch. X, V. 17-22.) et d'une courte oraison. (*Rit. Nim. pag. 327-331.*)

porte ; et là on chante les prières du *Libera* avec l'oraison pour tous les défunts.

Le même itinéraire n'est pas suivi, chacun des trois jours consacrés à ces grandes prières. Ne faut-il pas, en effet, contenter le plus grand nombre possible de propriétaires, tous animés du plus ardent désir de voir le pieux cortège défiler sur les bords de son champ ; trop heureux, lorsqu'au moins une goutte d'eau sainte a pu tomber sur leur terre. (1)

Faut-il signaler ici, à la suite de ces pieuses coutumes, un usage qui est un peu moins louable ? C'est celui qui se pratique au retour de ces processions de Pénitence, quand, après une heure de marche, les premiers rangs arrivent vers 6 heures du matin aux premières maisons du village. On voit alors les laborieux agriculteurs, tellement épris du désir d'aller reprendre leurs travaux, qu'un grand nombre commence à s'éclipser successivement, les uns à droite, les autres à gauche, préférant chacun regagner au plus vite sa maison, plutôt que de remonter à l'église, prendre part aux dernières prières. Aussi, ces dernières prières sont toujours récitées devant une assistance réduite à un quart seulement de ce qu'elle était au départ.

Aux processions de la Fête-Dieu, on comptait autrefois un assez grand nombre d'anciens usages, qui, depuis une vingtaine d'années ont disparu, parce qu'on s'est réduit à la stricte observance des règles de la liturgie romaine. On n'y porte donc plus aujourd'hui aucune bannière de Saint, ni aucun emblême religieux. On n'y fait plus voltiger aucune colombe. On n'y représente plus, avec des costumes, portés par de jeunes enfants, aucune personne ecclésiastique, prêtre, évêque ou cardinal ; ni aucun personnage historique de la Bible, tels que : Jésus-Christ portant sa croix et sa couronne d'épines, ou Saint-Jean-Baptiste, ou Sainte-Magdeleine... Enfin, les représentants de l'autorité municipale ne se considèrent plus comme obligés et honorés d'escorter le Saint-Sacrement, revêtus de leurs insignes.

A la procession en l'honneur de Saint Joseph, on a conservé l'ancienne coutume de réserver aux hommes, qui ont ce grand saint pour patron, le privilège de porter sa statue.

A la procession des funérailles, les hommes faisant partie du

(1) Aux processions de Pénitence, voici la série des stations, telle que la tradition l'a établie. Le 25 avril, la croix d'Escarésieux, la croix de Saint-Marc, le cimetière. — Le lundi des Rogations, la croix d'Escarésieux, la croix de Saint-Loup, le cimetière. — Le Mardi des Rogations, la croix de Saint-Martin, la croix de la Roquette, près Bernon. — Le Mercredi des Rogations, la statue de Saint-Roch, la croix de la Resse.

deuil assistaient autrefois à cette cérémonie religieuse, revêtus de manteaux funèbres, que la Fabrique mettait à leur disposition. Cet usage a peu à peu disparu depuis une vingtaine d'années. Mais, une autre pratique bien louable et qui a subsisté jusqu'à nos jours, c'est d'attribuer diversement le privilège de porter la croix de procession et le corps du défunt, selon son âge et son sexe, ou bien à des enfants, ou à des jeunes gens, ou à des jeunes filles, ou a des hommes, ou à des femmes. Coutume éminemment charitable et qui donne bien à entendre qu'un chrétien doit toujours trouver, parmi ses *pareils*, assez de sympathie et de charité pour pouvoir en attendre les derniers devoirs.

VII. — Les diverses sonneries

La tour de l'église n'a jamais possédé que deux cloches pour le service paroissial. Mais quelle prodigieuse quantité d'avertissements, d'idées et d'impressions, il a été possible de produire au moyen de ces deux seuls instruments !...

Il faut le reconnaître, la communauté paroissiale, telle que les siècles passés nous l'ont transmise, avait été organisée à l'instar de celles qui vivaient dans les monastères, si nombreux au moyen-âge. Dans les unes comme dans les autres, depuis le lever de l'aurore jusqu'au déclin du jour, les indications de la cloche déterminaient pour le chrétien tous les principaux actes de sa vie, tant spirituelle que sociale. L'heure de la prière, celle de l'instruction, celle de la réception des sacrements ; les évènements heureux ou malheureux qui se produisaient ; les jours d'allégresse publique et les jours de deuil ; les circonstances où il fallait craindre quelque malheur et celles où il était permis d'espérer quelque bénédiction ; tout était annoncé par la cloche. La cloche était la grande régulatrice du village, comme du monastère. Et, chose admirable ! la plupart de ces indications si utiles et si différentes, ne consistaient que dans une judicieuse combinaison des sons, réunis ou isolés, dans de simples coups de battants, leur nombre, la rapidité, la lenteur ou la force de leur percussion.

A Tresques, les systèmes de sonneries avaient été si habilement combinés, qu'on pourrait appeler innombrables les services particuliers rendus par les cloches.

Fallait-il réunir le conseil général de la communauté ou le

conseil municipal, elles étaient chargées de ce soin. Fallait-il appeler les enfants, soit aux écoles, soit au catéchisme, la cloche remplissait cet office. Fallait-il des auxiliaires pour accompagner le prêtre se rendant auprès d'un malade, les tristes pulsations de la cloche, imitant les battements d'un cœur qui va s'arrêter, se chargeaient d'en demander. La voix de la cloche était encore utilisée pour convoquer les clercs, lorsque leur présence devenait nécessaire ; et si celle du prêtre lui-même était inopinément réclamée, la cloche savait le retrouver et l'avertir.

Dans les sonneries spéciales des baptêmes et des enterrements, la cloche diversifiait si bien son langage, qu'on pouvait aisément comprendre si le nouveau-né était un garçon ou une fille et si le défunt était un homme ou une femme.

Dès la veille d'une fête, il suffisait de prêter l'oreille aux indications de la sonnerie, pour être renseigné sur le degré liturgique ou la classe à laquelle devait appartenir la fête du lendemain.

Le samedi, à l'*Angelus* du soir, on pouvait déjà connaître le plus ou moins de solennité avec laquelle le dimanche serait célébré.

En retour de tant de services, l'habitant de Tresques avait voué, de temps immémorial, à ses cloches une affection toute particulière, une sorte de sympathie, dont les manifestations ne manquaient pas d'une certaine originalité. Autrefois, alors que les cloches, comme des sentinelles vigilantes, étaient postées aux fenêtres de la vieille tour, il n'était pas rare de voir de tout jeunes enfants, tenus sur les bras de leur mère, prendre un singulier plaisir à considérer longuement ces masses d'airain et à écouter leurs voix sonores avec la plus vive admiration. Et, quand ils les voyaient quelquefois se balancer majestueusement dans les airs, avec de grands éclats, ils les contemplaient comme des êtres animés et fantastiques qu'ils appelaient : *Dan, Dan.* Plus tard, devenus grands, ces jeunes paroissiens semblaient encore prendre un vif intérêt, à se rendre sur la place de l'église, la veille ou le jour même d'une grande fête, afin de jouir du spectacle des grandes oscillations des cloches ; et ce spectacle leur était toujours infiniment agréable. Parvenus enfin à l'âge mûr ou à la vieillesse, ils ne pouvaient s'empêcher de manifester encore leur attachement pour ces chères cloches. Mais alors, c'était en réclamant des sonneries plus prolongées et en protestant contre les procédés trop expéditifs des sonneurs, accusés — souvent bien à tort — de vouloir gagner leur argent sans trop de peine.

Aujourd'hui les cloches, installées sur un beffroi en charpente dans l'intérieur de la tour, ne sont plus visibles et les enfants ne peuvent plus jouir du spectacle de leurs grandioses balancements. Mais les merveilleux attraits de leurs voix harmonieuses, loin d'avoir diminué par cette réclusion, semblent au contraire avoir gagné quelque chose de plus mystérieux et de plus céleste.

VIII. — Après le Baptême

Une coutume très ancienne et très édifiante, est celle qui se pratique après l'accomplissement des cérémonies du baptême, alors que le prêtre regagne la sacristie. Avant de rapporter le nouveau baptisé à sa mère, qui attend son retour à la maison, avec une pieuse et légitime anxiété, on se fait un devoir de le présenter à Marie, sa mère du ciel.

Pour cela, pendant quelques secondes, le parrain ou la marraine dépose respectueusement l'enfant sur la pierre sacrée de l'autel de la Vierge, comme pour le confier à sa bienveillante sollicitude. Heureuse et louable coutume, que celle de confier ce nouveau chrétien, dès le moment de son Baptême et pour toute sa vie, à la puissante protection de la mère de Dieu ! L'établissement de cet usage se comprend surtout dans une paroisse, autrefois désignée sous le titre de : *Prieuré N.-D. de Tresques*.

IX. — Formules de Prières

Il serait peut-être utile de donner ici quelques exemples de ces antiques formules de prières spécialement usitées dans l'église de Tresques.

Sans doute ces prières trouveraient à bon droit leur place dans ce catalogue des observances et des pieux usages de la paroisse ; et, elles pourraient contribuer, à leur tour, à faire connaître quelles étaient autrefois les préoccupations, les préférences, les besoins ou les peines de la population. Du reste, en général, toutes les formules de prières ont été rédigées dans un but complexe. Ce but ne consiste pas seulement à venir en aide aux chrétiens qui désirent se mettre en communication avec Dieu, mais encore à répondre aux intérêts particuliers des âmes, à leur insinuer la vraie piété, les bons sentiments et la pure doctrine de la religion.

Cependant il faut l'avouer, si d'une part les formules usitées à Tresques se font remarquer par leur antique simplicité et par l'esprit de vraie dévotion qui les caractérise, d'autre part, elles n'ont jamais été réunies dans un recueil spécial (1) et elles ne sont parvenues jusqu'à nos jours, que par la voie de la tradition orale. Aussi, est-il arrivé que le plus grand nombre d'entr'elles renferme de fréquentes altérations dans le style, beaucoup d'idiotismes populaires et des changements trop maladroits pour qu'il soit possible de les citer.

De plus le nombre de ces formules est trop considérable. (2) Il comprend même plusieurs catégories, où l'on compte non seulement les *prières* proprement dites et souvent fort longues mais encore des *invocations* ; des *actes* de vertus chrétiennes, d'adoration, de respect, de gratitude, de demande ; des *préparations* pour la réception des Sacrements ; des *amendes honorables* et enfin des *consécrations*. Or, il serait difficile et trop long de faire des emprunts, parmi tous ces pieux souvenirs du passé.

Il suffira de citer cette courte prière qu'on adressait à la Sainte-Vierge, en sa qualité de titulaire de l'église :

O Marie, qu'il m'est doux de penser que vous êtes ma mère et que je suis votre enfant ! Mère tendre et compatissante, veillez toujours sur moi, soutenez-moi, aidez-moi, encouragez-moi, tous les jours de ma vie et surtout à l'heure de ma mort.

(1) La neuvaine en l'honneur de l'Immaculée-Conception, composée par M. le curé Gonnet, n'a jamais été imprimée.

(2) Autrefois on priait beaucoup et on s'efforçait, parmi le peuple de pratiquer le conseil évangélique de la prière continuelle. Aussi, on possédait une quantité de formules de prières pour une quantité de circonstances, où, aujourd'hui on se contente de se recueillir. Ainsi il y avait une prière spéciale qu'on récitait en prenant de l'eau bénite au moment d'entrer dans l'église ; elle était différente, lorqu'on sortait du lieu saint. Il y avait une formule à réciter en saluant l'autel, où résidait le Saint-Sacrement et une en saluant l'autel de la Vierge ou de St-Joseph. On saluait différemment la croix, selon qu'elle apparaissait aux regards, sur le tabernacle d'un autel, ou sur une place publique, dans la campagne ou bien sur le bord d'une grande route, ou sur le bord d'un précipice. Or, les formules de ces différentes prières avaient le double avantage d'augmenter aussi bien la dévotion que l'instruction populaire.

X. — Cantiques populaires

Indépendamment des chants liturgiques, exécutés par ses chantres et ses chapelains, l'église de Tresques possédait autrefois un fonds assez riche de cantiques populaires. Ces cantiques étaient de trois sortes. Les uns se rapportaient à l'Eucharistie et étaient réservés pour les messes de communion générale. Les autres étaient appelés cantiques de dévotion. Il y avait enfin les cantiques réservés pour les fêtes.

On le voit, une large part était réservée, dans les offices religieux, à l'idiome populaire et le culte catholique ne méritait pas ici le reproche qu'on lui a trop souvent adressé : de n'employer dans ses chants et dans ses prières qu'un langage étranger et inintelligible au public. Au moyen des chants populaires, les fidèles peuvent manifester à Dieu, leurs sentiments de joie, de reconnaissance ou de repentir. Ils peuvent joindre leurs hommages et leurs vœux à ceux du prêtre qui célèbre à l'autel. Ainsi l'usage des cantiques, lorsqu'il est maintenu dans certaines conditions d'ordre, de convenance et de sage modération, devient un auxiliaire très utile pour rehausser la pompe et la majesté du culte.

Toutefois, cette part réservée aux cantiques, ne peut jamais avoir qu'une durée essentiellement variable, comme du reste les circonstances dans lesquelles ces cantiques ont du être composés. Pareils à ces superbes décorations de fleurs, qui ornent les autels, aux jours de grandes fêtes et qui, après avoir fait l'admiration générale pendant quelques années, finissent par se faner et doivent être remplacées, ainsi les cantiques populaires, après avoir produit pendant plusieurs années le plus grand charme des fêtes chrétiennes, voient bientôt leur popularité diminuer, puis s'évanouir ; et, ils doivent enfin céder la place à d'autres, plus en harmonie avec les goûts, les besoins, les joies ou les tristesses d'une autre époque.

Cependant, il existe encore certains cantiques composés dans le XVIIIe siècle, qui ont conservé toute leur vogue et qui font les délices et l'édification des assemblées religieuses. Parmi ces anciens cantiques, il en est un qui a toujours joui, à Tresques de la faveur populaire. C'est un Noël, appelé : *le Noël du Prieur,* parce qu'on attribue généralement sa composition, ou du moins son introduction dans le pays, au prieur Troncart. La prédilection des habitants pour ce cantique est, aujourd'hui encore, si absolue que la fête de la Nativité serait considérée comme incomplète et peu dignement célébrée, si tout le peuple ne pouvait se délecter de ce chant tradionnel :

1

Quel triomphe ! Ah ! quel bonheur !
Nous avons un Rédempteur.
Le maître du tonnerre
Comme ami, comme frère,
Descend cette nuit sur la terre.
En cette fête
La paix est faite
Ah ! quel bonheur !
Homme débile
Soyez tranquille
Près du Sauveur.

2

Déjà les plus doux concerts
Retentissent dans les airs ;
De la cour immortelle
Un messager fidèle
Vient nous annoncer la nouvelle,
Dans une étable
Bien misérable
Jésus est né.
Dieu nous appelle,
L'homme rebelle
Est pardonné.

3

Bergers, quittez vos troupeaux,
Descendez de vos côteaux ;
Venez voir sur la dure,
Sans éclat, sans parure,
L'auteur de toute la nature,
Peuple fidèle,
C'est un modèle
D'humilité.
De cette crèche
Jésus nous prêche
La pauvreté.

4

Qu'il est beau, qu'il est charmant
Le Dieu qui s'est fait enfant !
Deux bêtes l'ont vu naître
Et reconnu pour maître ;
Ah ! qui le pourrait méconnaître ?
Dans l'indigence
De sa naissance
Qu'il est charmant !
Chantons la gloire
Et la victoire
De cet enfant.

5

Chrétien, prends-le pour appui ;
Va, cours vite auprès de lui,
L'Eternel est son père,
Une Vierge est sa mère
Et chaque chrétien est son frère.
Quand il s'abaisse
Par sa tendresse,
Ce doux Sauveur,
L'unique offrande
Qu'il nous demande
C'est notre cœur.

De nos jours, la principale source où l'on va puiser le plus grand nombre de cantiques populaires, c'est Lourdes. Depuis environ trente ans, ce célèbre sanctuaire est devenu le rendez-vous général des foules pieuses. Là, de nombreux pèlerins, venus des point les plus éloignés de la France et du monde catholique, se trouvent réunis et fraternisent sous le regard bienveillant de la bonne Mère. Là, pendant qu'on voit se dérouler, dans un site des plus enchanteurs, de superbes processions, on entend aussi les chants populaires les plus beaux et les plus variés. Ces chants se succèdent, se mêlent, se confondent presque sans interruption et au milieu des plus délicieux transports.

Souvent après ces ravissantes cérémonies, les pèlerins se communiquent leur manuel de pélerinage, pratiquent de gracieux échanges ou exécutent de fraternels emprunts des cantiques qu'ils ont le plus admirés. Bientôt les répertoires et les recueils des uns et des autres se trouvent sensiblement augmentés, et les pèlerins retournent dans leur église, l'âme remplie des plus délicieuses émotions.

Pour en faire part, autant que possible, à ceux des leurs qui n'ont pas pu jouir de toutes ces merveilles, ils se font un plaisir de leur communiquer le petit trésor de mélodies saintes qu'ils ont pu recueillir.

Telle a été l'origine d'une quantité de cantiques, aujourd'hui contenus dans le recueil de l'église de Tresques. Telle a été aussi l'origine de l'usage qui fait intercaler le refrain suivant, entre chaque verset du *Magnificat*, lorsqu'il est chanté sur le sixième ton irrégulier, aux jours de grande fête :

Vierge, notre espérance,
Etend sur nous ton bras,
Sauve, sauve la France,
Ne l'abandonne pas.

Pour les vêpres de la fête de Noël, les paroles de ce refrain sont changées en celles-ci :

Vierge, dans cette étable
Que Jésus est charmant !
Que Jésus est aimable
Dans son abaissement.

Aux vêpres du jour de Pâques, le refrain est encore modifié, conformément à l'esprit de la fête :

Vierge, quelle victoire !
Votre fils est vivant.
Jésus est plein de gloire,
Jésus est triomphant.

Telle est la nomenclature, aussi complète que possible des coutumes et usages particuliers de l'église de Tresques.

Ces quelques notes suffiront pour montrer que, bien loin de renfermer quoi que ce soit de contraire à la foi chrétienne, ces pratiques servaient plutôt à accentuer le respect et les hommages dûs à l'Eucharistie, la dévotion à la Sainte Vierge, la fidélité des paroissiens à la pratique de leurs devoirs. Elles augmentaient la majesté du culte et entretenaient la piété et la ferveur dans les âmes.

Faut-il s'étonner si, dans le passé, tant de générations ont vécu satisfaites de ces pratiques et de ces observances qui comblaient merveilleusement les aspirations des cœurs chrétiens ?

Ce qu'il y aurait d'étonnant, ce serait de voir les nouvelles générations abandonner des coutumes si respectables, venues de leurs ancêtres. Pour arriver jusqu'à nos jours, ces usages ont eu à traverser des périodes bien critiques et ont rencontré bien des obstacles. Cependant, ni les scandales, ni les désastres accumulés par les guerres religieuses, ni les railleries des mécontents, ni les attaques d'une philosophie sectaire, n'ont pu réussir à les détruire tant elles avaient pénétré profondément dans les habitudes populaires !

Le peuple des campagnes n'est pas amateur des changements et des nouveautés. Quoi qu'on en dise, il n'est ni crédule, ni versatile. De même, qu'avant de modifier ses anciens systémes de culture, il veut attendre et se convaincre par lui-même des résultats, plus ou moins avantageux, produits par les nouvelles méthodes, de même, avant d'abandonner sa foi et les observances de ses pères — ces deux sources, où il va encore se régénérer aux jours de défaillance — avant de se laisser ravir ce qui a fait longtemps sa force et son soutien, il veut savoir ce qu'on lui donnera à la place. Si c'est le vide, le vide seul, pendant sa vie et le néant après sa mort, il n'en veut pas et il a parfaitement raison.

Le vide des pratiques religieuses finit par creuser dans l'esprit comme un abîme, sombre, insondable, effrayant où se meuvent sans cesse toutesles idées bizarres qu'enfante le doute ; abîme où la raison elle-même perd bientôt sa force, se sentant prise de vertige et tombe évanouie entre les bras du scepticisme.

Non, l'homme des champs qui plante, cultive, ensemence et attend ensuite du ciel sa récolte aussi bien que la récompense de ses travaux, ne sera jamais sceptique. Il préférera toujours rester fidèle à cette religion de ses pères, qui satisfait si bien toutes les nobles aspirations de son esprit et de son cœur ; et il suivra le conseil de l'apôtre Saint-Paul, qui disait : « Demeurez fermes dans la foi que vous avez reçue ; et conservez les traditions que vous avez apprises. (*II aux Thessaloniciens, Ch. II, 14.*)

TABLE DES MATIÈRES

Pages

Pages

CHAPITRE XIV

CHAPITRE XV

CHAPITRE XVI

APPENDICE

ERRATA

Page 4, ligne 12 : Alors à droite, *lisez* : Alors à gauche.
Page 13, ligne 15 : bloc, *lisez* : blocs.
Page 23, ligne 34 : Cinq après, *lisez* : Cinq ans après.
Page 27, ligne 29 : Saint-Martin de Jussau, *lisez* : Saint-Martin de Jussan.
Page 38, ligne 40 . Ménare, *lisez* : Ménard.
Page 45, ligne 25 : Gaillard et de Montcalm, *lisez* : Gaillard de Montcalm.
Page 73, lignes 15, 18, 25, 39 Goudin, *lisez* : Gondin..
Page 86, ligne 12 : Gaspard Tramoutil, *lisez* : Tramontil.
Page 92, ligne 19 : sans docte, *lisez* : sans doute.
Page 116, ligne 3 : parce quand elle, *lisez* : parceque quand elle.
Page 153, ligne 38 : avait été, *lisez* : avaient été.
Page 186, ligne 35 : M. d'Azon, *lisez* : M. d'Alzon.
Page 213, ligne 24 : réuni, *lisez* : réunis.
» ligne 40 : architecte de Bagnols. *lisez* : de Bagnols,
Page 215, ligne 26 : avaient à Tresques, *lisez* : venaient à Tresques.
Page 226, ligne 40 : de bonhomme et d'équité, *lisez* : de bonhomie et d'équité.
Page 242, ligne 7 : ces places... donnait, *lisez* : ces places... donnaient.
Page 254, ligne 19 : la grande cour, *lisez* : la grande tour.
Page 260, ligne 38 : chacune des quatre angles, *lisez* : chacun des quatre angles.
Page 269, ligne 5 : contituent, *lisez* : constituent.

www.ingramcontent.com/pod-product-compliance
Ingram Content Group UK Ltd.
Pitfield, Milton Keynes, MK11 3LW, UK
UKHW022006170726
13837UKWH00001B/20

9 782019 947187